普通高等教育“十二五”应用型本科规划教材·专业课（经营）系列

审计学

中国高等教育学会　组织编写
主　编　周　洋　张振华　孙立新
副主编　胡晓清　刘　丽　初　征

中国人民大学出版社
·北京·

前言

随着我国社会主义市场经济的发展，尤其是资本市场的发展，审计环境发生了深刻的变化，审计进入了一个飞速发展的阶段，并受到社会高度的关注和重视。审计学已经成为会计学、审计学、财务管理学、财政学专业和其他经济管理类专业的重要课程。为适应经济形势发展的要求，培养社会需要的经济管理人才，我们以实际应用为编写指导思想，紧紧围绕审计领域改革和发展的新动向，编写了本教材。

本书针对国内外审计发展的新趋势，以《中华人民共和国审计法》、《中华人民共和国注册会计师法》为依据，按照《中华人民共和国国家审计准则》、《中国注册会计师执业准则》、《中国内部审计准则》及审计相关法律法规的要求，在借鉴审计学科最新研究成果的基础上，在保证教材整体架构完整的前提下，突出审计学重点理论与实务问题，注重理论联系实际，用案例阐述深奥的审计理论问题，使学习者更容易接受，更贴近审计实务。在体例求新的基础上，力求教材内容适应应用型本科教育，并注重自学的特点，强调专业知识讲述的系统性、实践性和宽泛性。本书具有以下特色：

（一）突出“新理论”、“新实务”。本书借鉴国际风险导向审计的新成果，以注册会计师审计为主线，以风险导向审计为基础，以财务报表审计为重点，将审计的基本理论和知识融入审计基本技能之中，旨在使学生掌握会计报表审计的基本理论和方法，熟悉注册会计师审计的基本内容。

（二）突出案例教学。全书大部分章节都配有案例，并对各案例进行深入浅出的分析，与理论阐述紧密结合，便于学习者理解深奥的审计理论，更好地运用审计理论解决实务问题，以进一步掌握审计理论，达到事半功倍的作用。

（三）突出应用性。本书紧紧围绕高等教育应用型人才培养的目标，侧重应用能力培养，对注册会计师审计的基本原理、风险导向审计流程、各交易循环审计程序、审计报告等进行了系统的阐述。突出实务，兼顾理论，力求理论与实务的相互贯通和有机融合，并用案例诠释审计理论与方法，充分体现适应培养应用型人才的需要，具有新颖性、时代性、实践性和通用性等特点。

本书注重理论联系实际，体系科学、内容精练、结构严谨、重点突出、深浅适中，有较强的可读性。本书既可作为普通高等学校应用型会计学、财务管理学、审计学和财政学等专业的教材，也可作为其他经济管理专业、职业教育、成人教育审计学的教材，还可作为从事审计等相关实际工作的人员的考试和参考用书。

本书由山东科技大学的周洋、张振华、孙立新、胡晓清、初征，泰山学院的刘丽共同编写完成。周洋、张振华、孙立新担任主编，其他同志担任副主编。具体分工是：周洋编写第一章、第二章；张振华编写第三章、第四章、第十五章；胡晓清编写第五章至第七章；刘丽编写第八章、第九章；孙立新编写第十章至第十二章；初征编写第十三章、第十四章、第十六章。最后，由周洋教授对全书进行了总纂、定稿。

本书在编写过程中，借鉴、吸收了国内外审计理论研究、实务操作和教学的优秀成果，在此谨向相关作者（不仅限于列出部分）表示诚挚的谢意！

由于本书编写是应用型教材改革的初步尝试，加之作者水平有限，书中难免有不妥之处，恳请广大读者、师生及学界同仁批评指正，以便修正、改进。

编　者

2014 年 6 月

目　录

第一章　总　论

学习目标

通过本章的学习，了解审计的产生和发展及我国审计历史发展的各个阶段及其特征；理解审计的对象、任务和作用；熟悉审计的基本分类与其他分类，掌握审计的概念、特点、属性、职能，审计与会计的关系等；为以后各章的学习奠定基础。

第一节　审计的产生和发展

一、审计产生的客观基础

审计作为一种经济监督活动，自从有了社会经济管理活动，就必然在一定意义上存在了。所不同的是，在社会发展的各个时期，由于生产力发展水平不同，社会经济管理方式不同，审计的广度、深度和形式也自然各不相同。审计是因授权管理经济活动的需要而产生，因而，受托经济责任关系是审计产生的真正基础。

在生产力低下的原始社会不需要审计；在经济不发达时期，对于小规模的经济，生产资料的占有者可以亲临管理，生产资料的所有者也是生产资料的经营者和监督者，当然也不需要第三者去审计。随着社会生产力的提高和社会经济的发展，社会财富日益增多，剩余的生产产品逐渐集中在少数人手中。当生产资料的所有者不能直接管理和经营其所拥有的财富时，就有必要授权或委托他人代为管理和经营，这就导致了生产资料所有权与经营管理权的分离，从而也就产生了委托和受托代理之间的经济责任关系，这就为以监督检查为职责的审计诞生奠定了基础。因为财产物资的所有者为了保护其财产的安全完整并有所增值，需要定期或不定期地了解其授权或委托的代理人员是否忠于职守、尽职尽责地从事管理和经营，有无徇私舞弊及提供虚假财务报告等行为，这就有必要授权或委托熟悉会计业务的人员去审查代理人员所提供的会计资料及其他管理资料，以助于在辨明真伪、确认优劣的基础上定赏罚，由此就产生了审计关系。

所谓审计关系就是构成审计三要素之间的经济责任关系，如图 1—1 所示。作为审计主体的第一关系人在审计活动中起主导作用，他既要接受第三关系人的委托或授权，又要对第二关系人所履行的经济责任进行审查和评价，但是他独立于两者之间，与第二关系人及第三关系人不存在任何经济利益上的联系。作为审计授权或委托人的第三关系人，在审计活动中起决定性作用，他如果不委托第二关系人对其财产进行管理或经营，那么就不存在第三关系人和第二关系人之间的经济责任关系，自然也就不必要委托或授权第一关系人去进行审查和评价。因此，受托经济责任关系，才是审计产生的真正基础。

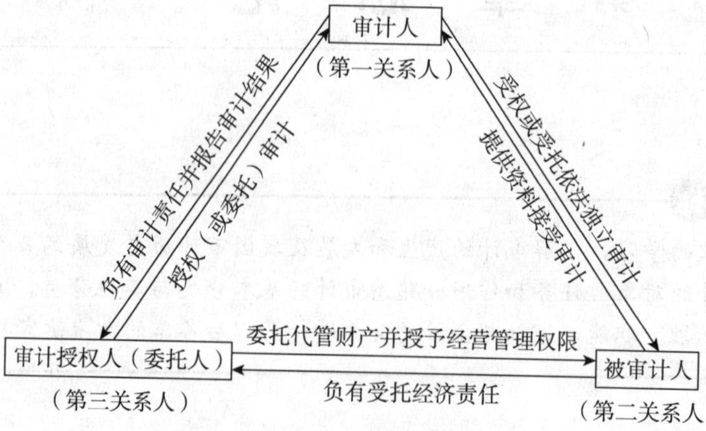

图 1—1　审计关系

二、政府审计的产生和发展

政府审计是指由政府审计机关执行的审计，也称为国家审计。

（一）外国政府审计的产生与发展

在西方国家，随着生产力的发展和受托经济责任关系的出现，早期的政府审计也应运而生。据考证，早在奴隶制度下的古罗马、古埃及和古希腊时代，就已建立了官厅审计机构，设有监督官一职。审计人员以“听证”的方式，对掌管国家财物和赋税的官吏进行审查和考核（即一个官员的记账需与另一官员的记录以口头验证的方法进行核对，以防止负责财务的官员欺诈）。听账人的拉丁文是 Auditus，这就产生了英文 Auditing（审计）这个名词，成为具有审计性质的经济监督工作。到中世纪，西方国家的封建王朝中大都设有审计机构和审计人员，对国家的财政收支进行监督。在西方国家中，英国的政府审计有着悠久的历史。1866 年《国库和审计部法案》在伦敦议会通过，标志着现代英国政府审计制度的建立。美国在 1921 年公布了《预算和会计法》，并根据该法成立了会计总署（General Accounting Office，GAO，现已更名为“政府责任署”，Government Accountability Office，GAO）。会计总署是隶属于国会的一个独立经济监督机构，它担负着为国会行使立法权和监督权提供审计信息和建议的重要职责。会计总署和总审计长置于总统管辖以外，独立行使审计监督权。

第二次世界大战以后，西方国家不仅在审计体制上有了较大的发展，更重要的是在审计理论和实务上也有了较大的发展，即把经济监督和经济管理相互结合，从传统的财务审计向现代的绩效审计方面发展。

（二）我国政府审计的产生与发展

我国政府审计经历了一个漫长的发展过程，大体上可分为六个阶段：西周初期初步形成阶段、秦汉时期最终确立阶段、隋唐至宋日臻健全阶段、元明清停滞不前阶段、中华民国不断演进阶段、新中国振兴阶段。

1. 西周初期初步形成阶段

我国西周国家财计机构分为两个系统：一是地官大司徒系统，掌管财政收入；二是天官宰系统，掌管财政支出。天官所属中大夫司会，为主官之长，主天下之大计，分掌王朝财政经济收支的全面核算，司会有总司审计监督的大权，进行财政收支的审核和监督。《周礼》中记载："凡上之用，必考于司会。"即凡帝王所用的开支，都要受司会的检查，可见司会的权力很大。而且还说："以参互考日成，以月要考月成，以岁要考岁成。"即司会每旬、每月、每年都要对下级送上来的报告加以考核，以判断每一个地方官吏每月和每年所制的报告是否真实、可靠，再由周王据此决定赏罚。这是西周内部审计的形成。我国政府审计的起源，基于西周的宰夫。《周礼》云："宰夫岁终，则令群吏正岁会。月终，则令正月要。旬终，则令正日成。而考其治，治以不时举者，以告而诛之。"即年终、月终、旬终的财计报告先由宰夫命令督促各部门官吏整理上报，宰夫就地稽核，发现违法乱纪者，可越级向天官宰或周王报告，加以处罚。由此可见，宰夫是独立于财计部门之外的官职，标志着我国政府审计的产生。

2. 秦汉时期最终确立阶段

秦汉时期是我国审计的确立阶段，主要表现在以下三个方面。

一是初步形成可统一的审计模式。秦汉时期是我国封建社会的建立和成长时期，封建社会经济的发展，促进了秦汉时期逐渐形成全国审计机构与监察机构相结合、经济法制与审计监督制度相统一的审计模式。秦朝，中央设"三公"、"九卿"辅佐政务。御史大夫为"三公"之一，执掌弹劾、纠察之权，专司监察全国的民政、财政以及财物审计事项，并协助丞相处理政事。汉承秦制，西汉初中央仍设"三公"、"九卿"，仍由御史大夫领掌监督审计大权。

二是"上计"制度日趋完善。所谓"上计"，就是皇帝亲自参加听取和审核各级地方官吏的财政会计报告，以决定赏罚制度。这种制度始于周朝，至秦汉时期日趋完善。

三是审计地位提高，职权扩大。御史制度是秦汉时代审计建制的重要组成部分，秦汉时代的御史大夫不仅行使政治、军事的监察之权，还行使经济的监督之权，控制和监督财政收支活动，钩稽总考财政收入情况。应该指出的是，秦汉时期审计制度虽已确立，但仍属初步发展时期。

3. 隋唐至宋日臻健全阶段

隋唐时代是我国封建社会的鼎盛时期，宋代是我国封建社会经济的持续发展时期。隋唐及宋，中央集权不断加强，官僚系统进一步完善，审计在制度方面也随之日臻健全。隋开创一代新制，设置比部，隶属于都官或刑部，掌管国家财计监督，行使审计职权。唐改设三省六部，六部之中，刑部掌天下律令、刑法、徒隶等政令，比部仍隶属于刑部。凡国家财计，不论军政内外，无不加以钩稽，无不加以审核审理。比部审计之权通达国家财经各领域，而且一直下伸到州、县。由此可见，唐代的比部审查范围极广，项目众多，而且具有很强的独立性和较高的权威性。

宋代审计，一度并无发展。元丰改制后，财计官制复唐之旧，审计之权重归刑部之下的比部执掌，审计机构重获生机。此外，还专门设置“审计司”，隶属于太府寺。北宋时又曾将这个机构改称为“审计院”。南宋时，湖广和四川还设有审计院。宋代审计司（院）的建立，是我国“审计”的正式命名，从此，“审计”一词便成为财政监督的专用名词，对后世中外审计建制具有深远的影响。

4. 元明清停滞不前阶段

元明清各朝，君主专制日益强化，审计虽有发展，但总体上停滞不前。元代取消比部，户部兼管会计报告的审核，独立的审计机构即告消亡。明初设比部，不久即取消，洪武十五年设置都察院，以左右都御史为长官，审察中央财计。清承明制，设置都察院，职掌内容是“对君主进行规谏，对政务进行评价，对大小官吏进行纠弹”，成为最高的监察、监督、弹劾和建议机关。虽然明清时期的都察院制度有所加强，但其行使审计职能却具有一揽子性质。由于取消了比部这样的独立审计组织，其财计监督和政府审计职能削弱，与唐代行使司法审计监督职能的比部相比，后退了一大步。

5. 中华民国不断演进阶段

中华民国于1912年在“国务院”下设审计处，1914年北洋政府改为审计院，同年颁布了《审计法》。国民党政府根据孙中山先生五权分立的理论，设立司法、立法、行政、考试、监察五院。在监察院下设审计部，各省（市）设审计处，不能按行政区域划分的企事业单位，如国库、铁路局、税务机关等，则根据需要对企事业单位的财政和财务收支实行审计监督。国民党政府也于1928年颁布过《审计法》和实施细则，次年还颁布了《审计组织法》，审计人员有审计、协审、稽查等职称。这一时期，我国审计有所发展，但由于政治不稳定，经济发展缓慢，审计工作进展不大。

6. 新中国振兴阶段

中华人民共和国成立以后，国家没有设立独立的审计机构。对财政、财务收支的经济监督是由财政、税务和银行等部门通过其业务在一定范围内进行的。党的十一届三中全会后，实行以经济建设为中心的改革开放政策，我国的经济发展和改革开放取得了很大成效，不同经济实体的涌现使人们逐渐认识到了建立健全社会主义审计制度的重要性和必要性。1982年12月，第五届全国人民代表大会第五次会议通过的《中华人民共和国宪法》规定在我国建立审计机关实行审计监督制度。1983年9月，成立了审计署，隶属国务院，与此同时，县以上各级政府也相继设立了审计局（厅）。1985年，国务院发布了《国务院关于审计工作的暂行规定》和《审计工作试行程序》。1988年，国务院又颁布了《中华人民共和国审计条例》。1995年1月1日实施了《中华人民共和国审计法》（以下简称《审计法》）。2006年2月28日，第十届全国人民代表大会常务委员会第二十次会议对该法进行了修订，时任国家主席胡锦涛签署第48号主席令予以公布。这些都标志着新中国政府审计的迅速发展和完善，审计制度和审计工作进入了振兴时期。

三、民间审计的产生与发展

民间审计又称注册会计师审计、社会审计和独立审计等，是指由经政府有关部门审核批准的注册会计师组成的会计师事务所进行的审计。

（一）西方民间审计的产生与发展

西方民间审计是伴随着资本主义生产力和生产关系的发展而发展的。它萌芽于意大利的合伙企业制度，形成于英国的股份制企业制度。发展和完善于美国发达的资本市场，一般分为以下三个阶段：

1. 注册会计师审计的起源

15 世纪，在意大利的威尼斯出现了世界上最早的合伙企业。合伙企业的出现产生了对独立会计师业务的需要。在这种情况下，注册会计师职业便应运而生。1581 年创立的威尼斯会计师协会，是世界上第一个注册会计师职业团体。其后，米兰等城市的职业会计师也成立了类似的组织。

2. 注册会计师审计的形成

在创立和传播注册会计师审计事业的过程中发挥历史性作用的是英国的职业会计师们。

18 世纪中期以后的工业革命使社会生产力得到了前所未有的发展，工厂逐步代替了手工作坊，企业的所有权与经营权也开始分离，从而产生了对审计的需要。工厂主希望由外部的会计师来检查他们所雇佣的管理人员，特别是会计人员是否有贪污、盗窃和其他舞弊行为，于是，英国出现了一批以查账为职业的独立会计师。他们受业主委托，对企业的会计账目进行逐笔检查，检查的目的是查错防弊，检查结果也只向企业主报告，是否聘请会计师查账也完全根据工厂主需要自己决定。

股份有限公司的兴起，使企业的所有权与经营权进一步分离，绝大多数股东已完全脱离了对企业的经营管理。因此，这在客观上进一步产生了由独立会计师对公司财务报表进行审计，以保证财务报表数据真实可靠的需求。同时，由于当时对股份制企业缺乏必要的管理制度，从而在客观上助长了舞弊行为，甚至导致公司因经营失败而破产倒闭。1721 年的南海公司破产事件，为英国产生第一位股票上市公司的审计师创造了条件。为了监督经营者的经营管理，防止营私舞弊，保护投资者和债权人的利益，避免“南海公司事件”的重演，英国国会于 1844 年通过了《公司法》，规定公司的账目需经董事以外的第三者——监事的审查。由于监事未必熟悉会计审计业务，英国国会于 1845 年又对《公司法》进行了修订，通过了《公司条款联合法》，改为“监事可以用公司的费用聘请有记账技能的会计师和其他人员协助办理审计业务。”于是，独立会计师业务得到迅速发展，独立会计师人数越来越多。此后，英国政府对一批精通会计业务、熟悉查账知识的独立会计师进行了资格确认。1853 年，苏格兰爱丁堡创立了“爱丁堡会计师协会”，被后人认为是第一个注册会计师的专业团体，标志着注册会计师职业的诞生。1862 年，英国《公司法》又确定注册会计师为法定的破产清算人，奠定了注册会计师审计的法律地位。这一英国模式的注册会计师审计对当时欧、美及日本等国产生了重要影响。

英国式注册会计师审计的特点主要是：(1) 注册会计师审计由任意审计转为法定审计。(2) 审计目的是查错防弊，保护企业财产的安全与完整。(3) 审计方法是对会计账目进行逐笔审计——详细审计。(4) 审计报告使用人主要为企业股东、债权人和其他有利害关系的人。

3. 注册会计师审计的发展

19 世纪后期，世界经济发展的重心开始向美国转移，美国股份公司的规模不断扩大，并吸引了大量的英国资本，英国会计师也来到美国，并于 1883 年开始在美国陆续成立了会计师事务所。1887 年，美国成立了美国公共会计师协会（The American Assosiation of

Public Accountants)，其审计方法主要是沿袭英国的详细审计。1916 年，该会改组为美国注册会计师协会（AICPA），成为世界上最大的注册会计师职业团体。由于当时美国尚无全国性的资本市场，公司周转金主要靠银行贷款采解决，而不是靠发行股票和债券来筹集，银行最关心的是企业的偿债能力，而最能说明企业偿债能力的是企业的资产负债表，于是，银行要求申请贷款的企业提供由职业会计师署名的资产负债表，以了解企业周转资金的流动程度，并在公司不履行债务责任时作为向法院起诉的依据。贷款企业也发现，经过职业会计师审查署名的资产负债表更容易获得信用。这样，在美国就产生了帮助贷款人及其他债权人了解企业信用的资产负债表审计，即美国式注册会计师审计。

美国式注册会计师审计的主要特点是：（1）审计对象由会计账目扩大到资产负债表。（2）审计目的是通过对资产负债表数据的审查判断企业的信用状况。（3）审计方法从详细审计初步转向抽样审计（因为资产负债表审计的特点是通过对几个少数重要账户进行深入的审查来验证资产负债表，而无须详细审核全部经济业务）。（4）审计报告使用人除企业股东外，更突出了债权人。从此，以资产负债表审计为特点的美国式审计便逐步取代了以详细审计为特点的英国式审计，这是审计技术的一大进步。

从 1929 年到 1933 年，西方各国经历了严重的经济危机，大批企业倒闭，投资者和债权人蒙受了巨大的经济损失。这从客观上促使企业利益相关者从只关心企业财务状况，转变到更加关心企业盈利水平，产生了对企业损益表进行审计的要求。1933 年美国《证券法》规定，在证券交易所上市企业的财务报表必须接受注册会计师审计，向社会公众公布注册会计师出具的审计报告，使审计报告使用人也扩大到整个社会公众。这一时期（20 世纪 30、40 年代）注册会计师审计的主要特点是：（1）审计对象转为以资产负债表和损益表为中心的全部财务报表及相关财务资料。（2）审计的主要目的是对财务报表发表审计意见，以确定财务报表的可信性，查错防弊成为次要目的。（3）审计的范围已扩大到测试相关的内部控制，并广泛采用抽样审计。（4）审计报告使用人扩大到股东、债权人、证券交易机构、税务、金融机构及潜在投资者。（5）审计准则开始拟订，审计工作向标准化、规范化过渡。（6）注册会计师资格考试制度广泛推行（1917 年开始举行全美注册会计师统一考试），注册会计师专业素质普遍提高。

第二次世界大战后，经济发达国家通过各种渠道推动本国企业向海外拓展。跨国公司得到空前发展，国际资本的流动带动了注册会计师审计的跨国界发展，形成了一大批国际会计师事务所，并在竞争中逐渐合并为“八大”国际会计师事务所，20 世纪 80 年代末又合并为“六大”国际会计师事务所，之后又合并为“五大”国际会计师事务所。2001 年，美国出现了安然公司会计造假丑闻。安然公司在清盘时，不得不对其编造的财务报表进行修正，将近 3 年来的利润额削减 20%，约 5.86 亿美元。安然公司作为美国的能源巨头，在追求高速增长的狂热中利用会计准则的不完善，进行表外融资的游戏，并通过关联交易操纵利润。出具审计报告的安达信会计师事务所，因涉嫌舞弊和销毁证据受到美国司法部门的调查，之后宣布关闭，世界各地的安达信成员所也纷纷与其他国际会计师事务所合并。因此，时至今日，尚存“四大”国际会计师事务所，分别为“普华永道”（Price Water House Coopers）、“安永”（Ernst & Young）、“毕马威”（KPMG）、“德勤”（Deloitte Touche Tohmatsu）国际会计师事务所。与此同时，审计技术也在不断发展：抽样审计方法得到普遍运用，风险导向审计方法得到推广，计算机辅助审计技术得到广泛采用。注册会计师业务扩大到代理纳税、会计服务、投资咨询、管理咨询等领域。

（二）我国民间审计的产生与发展

我国注册会计师审计起步较晚。1918 年 9 月，北洋政府颁布了我国第一部注册会计师法规——《会计师暂行章程》，并于同年批准著名会计学家谢霖先生为中国的第一位注册会计师，其创办的中国第一家会计师事务所——正则会计师事务所也获准成立。此后，又逐步批准成立了一批会计师事务所，包括著名会计学家潘序伦先生创办的潘序伦会计师事务所（后改称立信会计师事务所）。1925 年，在上海成立了全国会计师公会，1933 年又成立了全国会计师协会，到 1947 年，全国已拥有 2 619 名注册会计师。但由于当时我国正处于半封建、半殖民地状态，又加上事务所都集中在上海、天津和广州等沿海城市，我国的注册会计师审计事业没有得到较大发展，其业务也主要局限于为企业设计会计制度、代理申报纳税、培训会计人才和其他会计咨询服务等。

中华人民共和国成立之初，由于推行苏联高度集中的计划经济模式，中国的民间审计便悄然退出了经济舞台。

十一届三中全会后，我国实行“对外开放、对内搞活”的方针，工作重点转移到经济建设上来，商品经济得到迅速发展，为注册会计师制度的恢复和重建创造了客观条件。1980 年 12 月 14 日，财政部颁布了《中华人民共和国中外合资经营所得税法实施细则》，规定外资企业财务报表要由注册会计师进行审计，为恢复我国注册会计师制度提供了法律依据。1980 年 12 月 23 日，财政部发布《关于成立会计顾问处的暂行规定》，标志着我国注册会计师行业开始复苏。1981 年 1 月 1 日，上海会计师事务所成立，成为新中国第一家由财政部批准独立承办注册会计师业务的会计师事务所。当时，主要服务对象是“三资”企业。1984 年 9 月 25 日，财政部印发《关于成立会计咨询机构问题的通知》，明确了注册会计师应该办理的业务。1986 年 7 月 3 日，国务院颁布《中华人民共和国注册会计师条例》，同年还开始建立审计师事务所。1988 年 11 月 15 日，财政部领导下的中国注册会计师协会正式成立。1993 年 10 月 31 日，第八届全国人民代表大会常务委员会第四次会议审议通过了《中华人民共和国注册会计师法》（以下简称《注册会计师法》），于 1994 年 1 月 1 日起实施。1996 年 10 月 4 日，中国注册会计师协会加入亚太会计师联合会，并于 1997 年 4 月亚太会计师联合会第四十八次理事会上当选为理事。1997 年 5 月 8 日，国际会计师联合会（IFAC）全票通过，接纳中国注册会计师协会为正式会员。按照国际会计师联合会章程的规定，中国注册会计师协会同时成为国际会计准则委员会的正式成员。目前，中国注册会计师协会已与 50 多个国家和地区的会计师团体建立了友好关系。

1991 年起，我国正式实行注册会计师全国统一考试制度。截至 2013 年 12 月 31 日，全国共有会计师事务所 8 209 家，注册会计师 98 707 人，非执业会员 95 069 人；全国具有证券期货业务资格事务所 40 家，获准从事 H 股企业审计业务的内地大型会计师事务所 11 家。

目前，注册会计师行业的业务范围涵盖经济、政治、社会、文化和生态文明建设各领域 800 多类项目，服务企事业单位和行政机关超过 350 万家。根据中注协 2013 年年度发布的事务所综合评价全国前百家信息，前百家事务所中，业务收入超过 1 亿元的有 44 家，超过 5 亿元的有 14 家，超过 10 亿元的有 10 家，超过 20 亿元的有 5 家。

四、内部审计的产生与发展

内部审计是指由本部门或本单位内部专职的审计机构和审计人员对本部门或本单位的财务收支、经营管理和经济效益等所实施的审计。

一般认为，内部审计是伴随政府审计而逐步形成和发展的。古代的内部审计与政府审计很难截然划分清楚，直到进入中世纪后，内部审计才具有较为完整的形态。在当时的行会、庄园及寺院中，由于内部管理职能的分工和分权控制，行会的首领、庄园的领主、寺院的长老，与经营管理者之间形成了委托与受托的关系，出于监督的需要，就出现了内部审计的雏形。

20 世纪初，以美国为代表的资本主义国家的经济日益发展，企业生产规模急剧扩大，涌现出大量的股份公司和垄断组织，其分支机构遍及各地，管理层次增多．企业内部只能采取分权管理体制。企业为了保证经营方针和管理制度的贯彻执行，必须对下属公司进行审查。因此，一些企业在内部设置专门机构和人员，由最高管理层授权，对其所属分支机构进行检查和监督，这是近代内部审计的早期阶段。20 世纪 40 年代，内部审计有了进一步发展。1941 年美国纽约最早创建了“内部审计师协会”，并取得了内部审计理论研究的系列成果，内部审计获得了长足发展。1947 年该协会制定了《内部审计师职责说明》，以后又不断修订，并于 1977 年完成了《内部审计专业实务准则》，使内部审计的发展进入了高潮阶段。

我国的内部审计是伴随政府审计的恢复和重建而产生与发展的。1983 年，在我国恢复政府审计监督制度的同时，国家审计署开始筹划我国内部审计工作。1985 年，国务院发布了《内部审计暂行办法》，审计署根据该规定，发布了《关于内部审计工作的若干规定》，为内部审计发展提供了法律上的条件。1987 年在北京正式成立了中国内部审计协会。根据《审计法》的有关规定，1995 年 7 月审计署又颁布了《关于内部审计工作的规定》，进一步规范了我国内部审计工作。所有这些，都对我国内部审计的发展产生了巨大的影响，为内部审计的进一步完善创造了条件。

第二节　审计的含义

一、审计的概念

世界各国的审计界都对审计概念进行了深入的研究，最具代表性的是美国会计学会（American Accounting Association，AAA）审计基本概念委员会发表于 1973 年的《基本审计概念说明》，该说明考虑了审计的过程和目标，将审计定义为，审计是一个客观地获取和评价与经济活动和经济事项的认定有关的证据，以确认这些认定与既定标准之间的符合程度，并把审计结果传达给有利害关系的用户的系统过程。

1997 年我国的《中华人民共和国审计法实施条例》提出的审计概念是：“审计是审计机关依法独立检查被审计单位的会计凭证、会计账簿、会计报表以及其他与财政收支、财务收支有关的资料和资产，监督财政收支、财务收支真实、合法和效益的行为。”

日本学者三泽一对审计的定义是：“审计是站在公正的第三者立场上的人对有关人员的行为进行直接监督，以及时进行行为结果调查，并对调查结果表示意见。”

对于什么是审计，目前在审计界并没有统一的概念。一般认为，审计（Audit）是由独立的专职机构或人员接受委托或根据授权，按照法规和一定的标准，对被审计单位特定时期的财务报表和其他有关资料及其所反映的经济活动的真实性、合法性、合规性、公允性和效益性进行审查，并发表意见的一种具有独立性的经济监督、鉴证和评价活动。

注册会计师审计作为审计的一种类型，其含义具有特殊性。国内外许多会计职业组织都对注册会计师审计进行定义，其中影响较大的是国际会计师联合会和美国注册会计师协会的定义。

国际会计师联合会（IFAC）的审计实务委员会在《国际审计准则》中把审计定义为：“独立审计人员对财务报表加以检查，收集必要证据。其目的是对这些财务报表是否按照公认会计原则公允地反映财务状况、经营成果和现金流量发表意见。”

美国注册会计师协会（AICPA）在《审计准则说明书》第 1 号中，将审计描述为：“独立审计人员对财务报表加以检查，收集必要证据。其目的是对这些财务报表是否按照公认会计原则公允地反映财务状况、经营成果和现金流量发表意见。”

中国注册会计师协会在《中国注册会计师审计准则第 1101 号——财务报表审计的目标和一般原则》中，将审计定义为：“财务报表审计的目标是注册会计师通过执行审计工作，对财务报表下列方面发表审计意见：(1) 财务报表是否按照使用的会计准则和相关会计制度的规定编制。(2) 财务报表是否在所有重大方面公允反映被审计单位的财务状况、经营成果和现金流量。”

二、审计的特点

（一）审计是经济管理的监督环节，不直接参加具体经济业务的管理

审计具有监督的性质，这可从审计的发展过程和审计在管理中的地位看出来。审计从一开始就是独立于财政之外的一种监督，由国家统治者设置专门的官职，执行国家的监督职能。其后发展到社会审计（民间审计）和内部审计，同国家审计一样，都是由不直接参加经济业务的专门人员，接受所有者（投资人）的授权和委托，或代表他们的上级经营管理者对经管其财产资源的单位实行审查，据以监督被审查单位对于经管资源财产责任的履行。管理一般包括决策、组织、指挥、调节和监督 5 个环节。其中，监督是以有关规定的方针、政策、计划、法规、制度及经济理论和方法等为依据，对其他 4 个环节进行的。所以说，审计虽然是管理的一个环节，由于不直接参与具体的业务活动，相对来说，较为独立、客观、公正，并能够进行较为严格的监督。

（二）审计是经济监督，不是行政监督或法律监督

审计的内容是被审计单位的经济活动，这些经济活动是在承担和履行经营管理财产资源的经济责任下发生的，所以具有经济监督的性质。行政监督的内容是国家行政机关实施行政的管理活动。行政管理也包括经济活动，但这是行政机关之间的监督和被监督，不同于审计以第三方身份接受财产所有者授权和委托，对于财产资源经营管理者进行经济监督。行政机

关上级对下级的工作检查，对于检查出来的问题有管理权和处罚权；现时审计则无这种权力。法律监督的内容是法律关系。法律监督的最高机关是全国人民代表大会常务委员会，有权监督宪法的贯彻实施。实行法律监督的专门机关有法院和检察院，按照法律程序进行监督。审计应当依法进行监督，但审计的依据除国家法律外，还有国家的经济政策、客观的经济规律、计划、决策和规章制度等。因此，依法监督，并不等于法律监督。

（三）审计是具有独立性、广泛性和权威性的经济监督

审计是一种经济监督，它同国家计划、统计、财政、税务、银行、工商行政等部门的经济监督一起构成我国社会主义的经济监督体系。在一个部门或一个单位内部，又同计划、统计、财务、会计等监督密切结合，形成一个部门或一个单位的经济监督体系。与其相比，审计监督一般具有以下三个特征。

1. 监督关系上的独立性

审计一般是由三方关系人构成：第一方是审计人，即政府审计机关、部门单位的内部审计机构和民间审计组织；第二方是被审计人；第三方是审计授权人或委托人。审计人并不参加被审计人的经济活动，而是独立于被审计经济活动之外，有其独立的工作机构，保持独立的地位，同被审计人没有利害关系，相对被审计人，其地位超脱，因而具有独立性，比较客观、公正。其他经济监督则是两方关系：监督者和被监督者。监督者参加被监督者的经济活动，同被监督者有利害关系，这样的经济监督不具有超脱的地位，没有独立性。

2. 监督范围上的广泛性

审计的监督内容，取决于审计授权人或委托人的目的。其他经济监督则由监督者自己决定，而且限于监督者的业务范围。以税务监督为例，监督内容限于同税务有关的经济活动。审计则在审计目的的范围内，并不局限于某种业务范围。所以审计监督内容的范围，比其他经济监督更为广泛。

3. 监督地位上的权威性

审计组织的权威性是审计监督正常发挥作用的重要保证。审计以外的其他监督，不能监督自身，也不能相互监督，这就需要审计来进行监督，因而审计就成为其他经济监督的再监督。审计组织的权威性由以下两个方面决定。(1) 审计组织的地位和权力由法律明确规定，这样就使得审计组织在地位上和权力上的权威性在法律上得到了体现。(2) 审计人员依法执行职务，受法律保护。法律规定，审计人员依法执行职务时，任何组织和个人不得拒绝、阻碍审计人员依法执行职务，不得打击报复审计人员；审计组织或人员以独立于企业所有者和经营者的“第三者”身份进行工作，审计人员的审计报告具有一定的社会权威性。

三、审计的属性

独立性是审计的重要特征。审计是具有独立性的经济监督活动。正因为审计具有独立性，才受到社会的信任，才能保证审计人员依法进行的经济监督活动客观公正，提出证实财务状况和经营成果的审计信息才更有价值，才能对被审计单位确定或解除受托经济责任提供依据，更好地发挥审计的监督作用。所以，独立性的经济监督活动是审计的属性。审计的属性，明确揭示了独立性是审计的特征，经济监督是审计的性质。为了充分体现审计的属性，在审计机构的设置和审计的工作过程中，必须遵循独立性原则，具体包括：

（一）机构独立

为确保审计机构独立地行使审计监督权，对审查的事项做出客观公正的评价和鉴证，充分发挥审计监督作用，审计机构应当独立于被审计单位之外，这样才能更有效地进行经济监督。

（二）经济独立

审计机构或组织从事审计业务活动，必须要有一定的经济收入和经费来源，以保证其生存和发展的需要。经济独立指审计机构或组织的经济来源应有一定的法律、法规作保证，不受被审计单位的制约。即使是民间审计组织，也规定除了正常的业务收费外，不允许与被审计单位有其他经济往来。

（三）人员独立

审计人员执行审计业务，必须按照审计范围、审计内容、审计程序进行独立思考，坚持客观公正、实事求是的精神，做出公允、合理的评价和结论，不受任何部门、单位和个人的干涉。

美国注册公共会计师协会指出体现审计属性的三个方面：一是审计人员的自主性，即不受委托人的任何影响；二是精神上的独立性，即审计人员必须公正无私，不带任何偏见；三是审计人员地位的独立性，这种独立性应受到公认，为社会所接受。

最高审计机关国际组织（International Organization of Supreme Audit Institutions，INTOSAI）在《利马宣言——审计规则指南》第一章中，就审计的属性，首先提到最高审计机关的独立性，强调最高审计机关必须独立于被审计单位之外，并不受外来影响，才能客观而有效地完成其工作任务；其次提到最高审计机关成员和官员的独立性，强调最高审计机关成员的独立性应由宪法予以保证；最后提到了最高审计机关财政上的独立性。

新修正的《中华人民共和国审计法》第五条规定：审计机关依照法律规定独立行使审计监督权，不受其他行政机关、社会团体和个人的干涉。第十一条规定：审计机关履行职责所必需的经费，应当列入财政预算，由本级人民政府予以保证。第十五条规定：审计人员依法执行职务，受法律保护。任何组织和个人不得拒绝、阻碍审计人员依法执行职务，不得打击报复审计人员。审计机关负责人依照法定程序任免。审计机关负责人没有违法失职或者其他不符合任职条件的情况，不得随意撤换。地方各级审计机关负责人的任免，应当事先征求上一级审计机关的意见。由此可见，我国《审计法》也对审计机关、经费来源及审计人员三方面的独立性作了明确规定。

从上述情况来看，无论是我国还是外国都承认独立的经济监督活动是审计的属性。没有独立性的经济监督活动，如财政、银行、税务、工商行政管理等部门所从事的经济监督活动，则不能称为审计。

四、审计与会计的关系

审计与会计之间既有联系，又有区别。

1. 审计与会计的联系

（1）两者的起源密切相关。会计是社会生产发展到一定阶段而产生的管理活动，审计也是社会生产发展到一定阶段而产生的监督活动，两者都是随着经济的发展而发展的。最初的民间审计主要是查账，会计资料是审计的直接审查对象。会计资料正确，会计工作搞好了，审计就容易进行。否则，就会给审计工作带来困难。相反，审计工作做好了，不仅可以减少审计风险，而且可以帮助会计揭示差错和弊端，有助于提高会计工作的质量。

（2）两者彼此渗透、融合。两者虽是两门独立的学科，但无论理论上还是方法上都有着彼此渗透、融合的地方。审计原则、标准、证据等都与会计有着紧密的关系，都是审计人员执行审计任务，作为审计结论和决定的依据。

（3）两者最终目的一致。经济活动的内容是审计和会计的共同对象，会计是管理经济的一种手段，加强会计核算是为了管好经济，提高经济效益。审计是经济监督的手段，也是为了改善经营管理，提高经济效益，维护财经纪律。

2. 审计与会计的区别

（1）本质不同。会计是一项经济管理活动，属于经济管理系统的组成部分，单位会计人员对业务经办人员在会计事项处理过程中所进行的日常业务监督，是第一层次监督性质的会计管理控制。审计是一项经济监督活动，由具有独立地位的专职人员对被审计单位经济责任履行情况进行审查和监督，属于经济监督系统的重要组成部分，是较高层次的经济监督活动。

（2）职能不同。会计的职能，是对经济活动过程的记录核算、反映、监督，会计的监督检查是对财会部门、对会计业务本身的内部检查。审计的职能，是经济监督、经济评价、经济签证。

（3）工作程序不同。会计的工作程序是先填制记账凭证，再登记账簿，最后编制会计报表，而且分别按照经济业务发生时间先后顺序进行工作。审计工作的程序一般按照准备阶段、实施阶段和报告阶段来进行，并不按照经济业务的时间顺序进行工作，有时甚至采用会计工作的反顺序开展审计工作。

（4）工作时间不同。会计工作是一项经常性的工作，它必须是连续、系统、全面核算和监督资金运动的全过程。只要有经济业务，就必须要有会计核算。会计工作就不能停止。而审计工作的时间不同，如民间审计必须在委托的情况下才能进行审计，没有委托，则不能开展审计工作，而且在进行审计工作时，一般是事后、定期审计，不像会计工作是一项经常性的工作。

（5）工作方法不同。会计核算方法主要有设置账户、复式记账、填制和审核会计凭证、登记账簿、成本核算、财产清查、编制会计报表等七个。而审计的方法主要有审查取证和审计抽样两大类方法，比会计核算方法要复杂得多。

（6）执行者不同。会计的执行者是单位内部的职能部门，由单位领导直接安排会计核算工作。审计的执行者是具有独立性、权威性的第三者——审计人，由其依法进行审计工作。

第三节　审计对象

一、审计对象的含义

审计对象是指审计监督的客体，即审计监督的内容和范围的概括。正确认识审计的对象，有利于对审计概念的正确理解、审计方法的正确运用和审计监督职能的进一步发挥。

描述审计的对象，必须明确与审计对象有关的基本问题：一是审计的主体，即审计机构和审计人员，也即实施审计监督的执行者；二是审计的范围，即审计监督客体的外延，它是审计对象的组成部分，具体指被审计单位；三是审计的主要内容，即财务收支及其经营管理活动，它构成了审计对象的内涵；四是审计所依据的信息来源，即形成审计证据的各种文字、数据以及电子计算机的磁带、磁盘、磁鼓等。

二、审计对象的内容

综上所述，审计的对象可以概括为被审计单位的财务收支及其经营管理活动。具体地说，包括下列两个方面的内容。

（一）被审计单位的财务收支及其有关的经营管理活动

不论是传统审计还是现代审计，不论是政府审计还是民间审计、内部审计，都要求以被审计单位客观存在的财务收支及其有关的经营管理活动为审计对象，对其是否公允、合法、合理进行审查和评价，以便对其所负受托经济责任是否认真履行进行确定和监督。根据宪法规定，政府审计的对象为国务院各部门和地方各级政府及其各部门的财政收支、国有金融机构和企业、事业单位的财务收支。内部审计的对象为本部门、本单位的财务收支以及其他有关的经济活动。民间审计的对象为委托人指定的被审计单位的财务收支及其有关经营管理活动。

（二）被审计单位的会计资料和其他有关资料

审计对象主要包括记载和反映被审计单位财务收支、提供会计信息载体的会计凭证、账簿、报表等会计资料以及有关计划、预算、经济合同等其他资料；作为被审计单位的经营管理活动信息的载体，除上述会计资料、计划、统计等资料以外，还有经营目标、预测、决策方案、经济活动分析资料、技术资料等其他资料，电子计算机的磁带、磁盘、磁鼓等会计信息载体。以上这些都是审计的具体对象。

综上所述，审计的对象是指被审计单位的财务收支及其有关的经营管理活动，以及作为提供这些经济活动信息载体的会计资料和其他有关资料。因此，会计资料和其他有关资料是审计对象的形式，其所反映的被审计单位的财务收支及其有关的经营管理活动才是审计对象的本质。

第四节　审计的职能和作用

一、审计的职能

审计职能是指审计本身所固有的内在功能。审计职能不是一成不变的，它是随着社会经济的发展对审计需要的变化而不断发展变化的。目前国内审计理论界对于审计职能的论述、见解各异，影响较大的是三职能论，即审计具有经济监督、经济鉴证和经济评价三种职能。

（一）经济监督

监督是指监察和督促。经济监督是指监察和督促被审单位的全部经济活动或其某一特定方面确在规定的范围以内、在正常的轨道上合理进行。

纵观审计产生和发展的历史，审计无不表现为经济监督的活动，履行着经济监督的职能。从政府审计来看，其审计活动就是国家各级政府对所属单位经济活动的综合监督。具体来说，就是对国家的财政收支和国有企业、事业单位的财政、财务收支及相关的经营管理活动的真实性、合法性、合规性进行监督，并通过审查揭示错弊，督促被审计单位遵守国家的法律、法规，履行经济责任，使经济活动更加合法、有效。从内部审计来看，内部审计的主要职责同样是依照法规、内部经营目标和管理规定，对本部门、本单位的经济活动进行监察和督促，以保证对内部单位的有效管理，完成既定的管理目标。对于民间审计，其也是代理审计委托者对被审计单位财务收支的合法性和公允性进行审查验证，纠正被审计单位在会计记录、经营管理方面的弊端和不足，从而实现对被审计单位的经济监督。通过审计监督，可以严肃财经纪律，维护国家、人民和股东的利益，可以保证企业、事业单位经济活动的合法性。

（二）经济鉴证

鉴证是指鉴定和证明。经济鉴证是指通过对被审计单位的财务报表及其他相关资料的审核和验证，以证实被审计单位记载经济活动的有关资料是否合法和公允，并按审查结果向审计委托人出具书面报告，以取得审计委托人或社会公众的信任。

经济鉴证职能是随着现代审计的发展而出现的一项职能，它不断受到人们重视，并显示其重要作用。不少国家的法律明文规定，企业的财务报表必须经过注册会计师的审查鉴证后，才可向财务报表的使用者及社会公众公布。随着社会主义市场经济的逐步确立，我国民间审计的经济鉴证职能也在不断发展和健全，表现为各类企业的财务报表必须经中国注册会计师审计并出具审计报告后，才可对外报出。因此，审计的经济鉴证职能在我国社会主义市场经济中将发挥越来越重要的作用。

（三）经济评价

经济评价就是通过审核检查，对被审计单位的计划、预算、决策、方案是否先进可行，经济活动及其结果是否完成了预定的目标，经济效益的高低优劣，内部控制制度是否健全、有效等进行评定，从而有针对性地提出意见和建议，以促进其改善经营管理，提高经济效益。

在现代审计中，经济评价的职能更加重要。这是因为，经济监督的目的是保证经济活动的合法、有效，而经济评价则可在监督的基础上对被审计单位取得的成就、存在的不足给予更为深刻的揭示和说明，从而有助于被审计单位改进工作，进一步提高管理水平和经济效益。经济评价职能既突出地表现在政府审计的经济效益审计和内部审计的经营管理审计之中，也表现在民间审计对被审计单位内部控制的管理建议书中。

应该说明的是，不同的审计组织形式在审计职能的体现上侧重点有所不同，政府审计和内部审计侧重于经济监督和经济评价，而民间审计则更侧重于经济鉴证。

二、审计的作用

审计的作用与审计的职能紧密相连，是履行审计职能、实现审计目标过程中所产生的社会效果。总结古今中外的审计实践，审计具有防护性和促进性两大作用。

（一）防护性作用

防护性作用是指通过对被审计单位的财务收支及其有关经营管理活动进行审核检查、监督和鉴证，在确保财经法规和财务制度得到遵守和执行方面所起到的防护和制约作用。

在市场经济条件下，被审计单位报出的各种信息资料真实、正确、可靠与否，会直接涉及国家、企业、投资人和债权人的经济利益。审计依其独立的身份对被审计单位报出的财务报表等资料进行审核、验证，可揭示各种错弊行为，以确保被审计单位对国家法律与法规、计划和预算的贯彻执行，以及报出的会计资料及其他资料的真实、可靠。这也是审计应发挥的最基本的作用。通过定期的和经常的审计制度，可以对违法和违纪行为形成制约和威慑，从而对维护国家财经法纪、保护所有者的权益、保证会计资料的正确和可靠起到防护性作用。

（二）促进性作用

促进性作用是指通过对被审计单位的经营管理活动和经营管理制度进行审查和评价，对被审计单位完善内部控制制度、改善经营管理和提高经济效益起到建设性的促进作用。

通过对被审计单位经营管理活动和经营管理制度的审查和评价，确定其取得的成绩，并总结经验，提出进一步奋斗的方向；揭示经营管理中存在的问题和管理制度上的薄弱环节，提出改进建议，促进改善经营管理。通过对被审计单位经营管理活动所实现的经济效益进行审查和评价，揭示经营管理活动效益低下的环节，并深入分析原因，提出改进意见和建议，从而促使被审计单位改进生产经营管理，不断提高经济效益。

第五节　审计的种类

审计可以从不同的角度来考察，从而做出不同的分类。研究审计分类的意义在于从不同的角度认识审计，加深对审计的认识；同时，又有利于审计人员合理组织不同类型的审计工作程序，从而提高审计工作的质量和效益。

一、审计的基本分类

审计的基本分类是以审计的本质属性为标准进行的分类。由于审计主体、内容、目标分别从不同角度阐明了审计的本质属性，因此，审计的基本分类包括按审计主体分类和按审计内容、目标分类。

（一）按审计主体分类

审计按其主体分类，可分为政府审计、民间审计和内部审计三大类。

1. 政府审计

政府审计（Government Auditing）是由政府审计机关依法实施的审计。政府审计机关包括按我国宪法规定由国务院设置的审计署，由各省、自治区、直辖市、市、县等地方各级政府设置的审计局和政府在地方或中央各部委设置的派出审计机关。政府审计机关主要是依法对国务院各部门和地方各级人民政府及其各部门、国有的金融机构、国有企业事业单位以及其他有国有资产的单位的财政、财务收支及其经济效益进行审计监督。

2. 民间审计

民间审计（Private Audit）是指由经财政部门审核批准成立的会计师事务所实施的审计，又称注册会计师审计。民间审计组织接受政府审计机关、国家行政机关、企事业单位和个人的委托，依法对被审计单位的财务收支及其经济效益承办审计鉴证、经济案件鉴定、注册资本验证和年检、管理咨询服务等项业务。

3. 内部审计

内部审计（Internal Audit）是指由部门或单位内部专职的审计机构或人员所实施的审计，包括部门内部审计和单位内部审计两大类。这种专职的审计机构或人员，独立于财会部门之外，直接接受本部门、本单位主要负责人的领导，依法对本部门、本单位及其下属单位的财务收支、经营管理活动及其经济效益进行审计监督。

（二）按审计内容和目的分类

审计按其内容和目标分类，可分为财政财务审计、财经法纪审计和经济效益审计三大类。

1. 财政财务审计

财政财务审计是指审计机构对被审计单位的财务报表及其有关资料的公允性及其所反映的财政收支、财务收支的合法性和合规性所进行的审计。财政审计是对国务院各部门和地方各级人民政府及其各部门的财政收支活动所进行的审计。财务审计是对各类金融机构、企事业单位的财务收支活动所进行的审计。财政财务审计的目标是审查和评价被审计单位财政、财务收支活动的真实性和合法性，同时还需审查和验证反映这些活动的财务报表及其有关资料的公允性，查明有无错弊行为，以确定或解除被审计单位履行的受托经济责任。

2. 财经法纪审计

财经法纪审计是指审计机构对被审计单位和个人严重侵占国家资财、严重损失浪费以及其他严重损害国家经济利益等违反财经纪律行为所进行的专案审计。其主要内容是审查严重侵占国家资财、贪污盗窃、偷税漏税、行贿受贿，以及由于失职、渎职造成严重损失浪费等重大经济案件。审计的目的是保护国家财产的安全与完整，维护企事业单位、所有者和职工的合法权益不受侵害，保证国家的法律、法规得以贯彻执行。

3. 经济效益审计

经济效益审计是指审计机构对被审计单位的财政财务收支及其经营管理活动的经济性和效益性所实施的审计。经济效益审计的内容通常包括各级政府的财政收支及其管理活动、企业的财务收支及其经营管理活动、行政事业单位的资金使用及其管理活动、固定资产投资及其管理活动等实现经济效益的程度及其影响因素、途径。审计的目的是检查和评价被审计单位经济活动的合理性和有效性，促使被审计单位改善经营管理，提高经济效益和工作效率。

当前国外流行的“绩效审计”、“经营审计”、“管理审计”以及“三E审计”、“五E审计”等均属于经济效益审计的范畴。“三E”指经济性、效率性和效果性；“五E”指经济性、效率性、效果性、公平性和环境性。

二、审计的其他分类

（一）按审计范围分类

审计按其范围分类，可以分为全部审计、局部审计和专项审计。

1. 全部审计

全部审计，又称全面审计，是指对被审计单位一定期间的财政财务收支及有关经济活动的各个方面及其资料进行全面的审计。这种审计的业务范围较广泛，涉及被审计单位的会计资料及其经济资料所反映的采购、生产、销售、各项财产物资、债权债务和资金以及企业利润、税款等经济业务活动。其优点是审查详细彻底，缺点是工作量太大、费时费力、审计成本高。

2. 局部审计

局部审计，又称部分审计，是指对被审计单位一定期间的财务收支或经营管理活动的某些方面及其资料进行部分的、有目的和重点的审计。如对企业进行的现金审计、银行存款审计、存货审计等，以及为了查清贪污盗窃案件，对部分经济业务进行的审查，都属于局部审计。其优点是审计范围小，重点突出，省时省力，能及时发现和纠正问题，达到预定的审计目的和要求。但容易遗漏问题，所以具有一定的局限性。

3. 专项审计

专项审计，又称专题审计，是指对某一特定项目所进行的审计。如自筹基建资金来源审计、支农扶贫专项资金审计、世界银行贷款审计等。该种审计的特点是针对性较强，只要求审查事项的某一个方面，如对真实性和效益性做出评价。有时涉及的面较广，但始终是围绕某一个特定的目的和需要而进行的。

（二）按审计实施时间分类

按照被审计单位经济业务发生的时间分为事前、事中和事后审计。

1. 事前审计

事前审计是指在被审计单位经济业务发生以前所进行的审计。审计的内容主要包括财政预算、信贷计划、企业生产经营的计划和决策，诸如投资方案可行性、固定资产更新改造决策、产品生产或个别部件加工方案的选择等以及行政事业单位经费预算等。审计的目的在于加强预算、计划、决策的准确性、合理性和可行性。其优点是预防错弊，防患于未然，避免出现重大的决策失误，有利于发挥审计的防护性作用。

2. 事中审计

事中审计是指在被审计单位经济业务执行过程中进行的审计。通过对被审计单位的费用预算、费用开支标准、材料消耗定额等执行过程中的有关经济业务进行事中审计，便于及时发现并纠正偏差，保证经济活动的合法性、合理性和有效性。

3. 事后审计

事后审计是指在被审计单位经济业务完成以后所进行的审计。事后审计的适用范围十分广泛，财务报表审计这类传统的审计均属事后审计。其主要目的是监督和评价被审计单位的财务收支及有关经济活动、会计资料和内部控制制度是否符合国家财经法规与财务会计制度的规定，是否符合会计准则的要求。政府审计、民间审计大多实施事后审计，内部审计也经常进行事后审计。

另外，按照审计是否定期可分为定期审计和不定期审计。定期审计是按照预先规定的时间进行的审计，如民间审计对各类企业的年度财务报表审计。不定期审计是出于需要而临时安排进行的审计，如政府审计对被审单位存在的贪污、受贿案件而进行的财经法纪审计等。

(三) 按审计执行地点分类

审计按其执行地点分类，可以分为报送审计和实地审计。

1. 报送审计

报送审计，又称送达审计，是指审计机构按照审计法规的规定，对被审计单位按期报送来的计划、预算和财务报表及有关账证等资料进行的审计。这种方式的优点是节省人力、物力，缺点是不能实地观察、了解被审计单位的实际情况，不易从财务报告、报表资料中发现被审计单位的实际问题。

2. 实地审计

实地审计是指审计机构委派审计人员到被审计单位所在地所进行的审计。按照实地审计的具体方式不同，又可分为驻在审计、专程审计和巡回审计三种。驻在审计是审计机构委派审计人员长期驻在被审计单位所进行的就地审计。专程审计是审计机构为查明有关问题而委派有关人员专程到被审计单位进行的实地审计。巡回审计是审计机构委派审计人员轮流对若干被审计单位所进行的实地审计。实地审计可以深入实际，调查研究，易于全面了解和掌握被审计单位的实际情况，是我国审计监督中使用最广泛的一种方式。

(四) 按审计动机分类

审计按其动机分类，可以分为强制审计和任意审计。

1. 强制审计

强制审计是指审计机构根据法律、法规规定对被审计单位行使审计监督权而进行的审计。这种审计是按照审计机关的审计计划进行的，不管被审计单位是否愿意接受审查，都应依法进行。我国政府审计机关根据法律赋予的权力．对国务院各部门和地方各级政府及其各部门的财政收支、国有金融机构和企事业单位的财务收支实行强制审计。我国各类企业按照《公司法》的规定，年度财务报表需经中国注册会计师进行审计也属于强制审计。

2. 任意审计

任意审计是根据被审计单位自身的需要，要求审计组织对其进行的审计。一般民间审计接受委托人的委托，按照委托人的要求对其进行的内部控制审计或经济效益审计，即属于这种审计。任意审计是相对于强制审计而言的。

（五）按审计是否通知被审计单位分类

审计按照它在实施前是否预先告知被审计单位进行分类，可以分为预告审计和突击审计。

1. 预告审计

预告审计是指在进行审计以前，把审计的目的、主要内容和日期预先通知被审计单位的审计方式。采用这种审计方式，可以使被审计单位有充分时间做好准备工作，以有利于审计工作的顺利进行。一般进行财务审计和经济效益审计时，多采用这种方式，事前向被审单位下达审计通知书或签订审计业务约定书。

2. 突击审计

突击审计是指在对被审计单位实施审计之前，不预先把审计的目的、内容和日期通知被审计单位而进行的审计。其目的是使被审计单位或被审计者在事前不知情的情况下接受审查，没有时间去弄虚作假、掩饰事实真相，以利于取得较好的审计效果。这种审计方式主要用于财经法纪审计。

（六）按审计使用的技术和方法分类

审计按照它所使用的技术和方法进行分类，可以分为账表导向审计、系统导向审计和风险导向审计。

1. 账表导向审计

这种审计技术和方法是围绕着会计账簿、财务报表的编制过程进行的，通过对账表上的数字进行详细核实来判断是否存在舞弊行为和技术性错误。账表导向审计技术和方法是适应评价简单的受托经济责任，是审计技术和方法发展的第一阶段，在审计技术和方法史上占据着十分重要的地位。

2. 系统导向审计

这种审计技术和方法强调对内部控制系统的评价，当评价的结果证明内部控制系统可以信赖时。在实质性测试阶段只抽取少量样本就可以得出审计结论了；当评价结果认为内部控制系统不可靠时，才根据内部控制的具体情况扩大审查范围。系统导向审计是财务审计发展的高级阶段。但是，系统导向审计仍需运用账表导向审计的一些技术方法。

3. 风险导向审计

这种审计技术和方法要求审计人员从对企业环境和企业经营进行全面的风险分析出发，使用审计风险模型，积极采用分析程序，以制定与企业状况相适应的多样化审计计划，以达到审计工作的效率性和效果性。风险导向审计是迎合高度风险社会的产物，是现代审计方法的最新发展。风险导向审计还可分为传统风险导向审计和经营风险导向审计。

随着社会经济的发展，审计的外延也越来越丰富，其表现形态日益多样化。上述审计分类虽然是从多角度、多方位进行的，但各种审计类型之间并不是各自孤立的，而是依据不同的审计主体相互交叉、相互结合在同一审计项目中。

复习思考题

1. 什么是审计关系？审计关系是由哪三种审计关系人所组成？

2. 简述审计的概念、审计的对象。
3. 审计的独立性表现在哪几个方面？如何理解审计监督与其他经济监督的本质区别？
4. 何为审计的职能？
5. 简述审计的作用。
6. 简述审计的基本分类。
7. 简述审计的其他分类。
8. 审计与会计的关系如何？

第二章　审计组织形式

学习目标

通过本章学习，掌握政府审计的特征，了解政府审计机关的设置、职责和权限；掌握民间审计的特征和民间审计的业务范围，了解民间审计组织及人员；掌握内部审计的特征，了解内部审计机构的设置、职责和权限；掌握注册会计师职业道德基本原则的主要内容；掌握注册会计师法律责任的成因和种类，了解注册会计师避免法律诉讼的具体措施。

审计组织形式又称审计组织体系或审计模式，是指负担不同审计任务的审计组织之间形成的相互联系、互为补充的完整审计系统，包括审计机构和审计人员。建立和健全审计组织并配备合格的审计人员，是实行审计制度的必要前提和组织基础。世界各国一般都分别建立了适应各自国情的审计组织，其中包括政府审计机关、民间审计组织和内部审计机构，并配备了相应的审计人员。我国的审计监督体系由三部分组成，即政府审计机关、民间审计组织和内部审计机构。这三者之间，既相互联系，又各自独立、各司其职，泾渭分明地在不同领域开展审计工作。它们各有特点，相互不可替代，不存在主导和从属关系。

第一节　政府审计机关

一、政府审计机关及其人员

（一）政府审计机关的隶属模式

政府审计机关是指代表政府依法行使审计监督的行政机关。它具有国家赋予的独立性和权威性。政府审计机关不仅是最早的审计组织形式，而且也是审计机构体系中最重要的组成部分，是国家政权的一个重要组成部分。由于世界各国的文化传统和政治体制的不同，各个国家的最高审计机关的隶属关系和地位也不同。目前世界各国建立的政府审计机关从隶属关系上看，主要分为以下三种类型。

1. 立法型

政府审计机关隶属于立法部门。直接对立法部门负责和报告工作，不受行政当局的控制和干涉。目前世界上大多数国家的最高审计机关都属于立法型审计机关。如英国国家审计署、加拿大审计总署、美国审计署、西班牙审计院等。立法型审计机关地位高、独立性强，有利于充分发挥审计的作用。

2. 司法型

政府审计机关隶属于司法部门，拥有很强的司法权。这种模式下的审计机关一般以审计法院的形式存在。如法国审计法院、意大利审计法院等。司法型的政府审计机关具有审计和经济审判的职能，有很高的权威性。与立法型审计机关相比，司法型特别强调审计机关的权威性，并以法律形式来强化这种权威性，审计人员大多享有司法职权。

3. 行政型

政府审计机关隶属于政府行政部门，它是政府行政部门的一个职能部门，根据国家赋予的权限，对政府所属各级、各部门、各单位的财政预算和财务收支活动进行审计。它们对政府负责，保证政府财经政策、法令、计划、预算等的正常实施。这种体制的特点是审计机关依据政府法规进行审计工作，其独立性相对较低，具有广泛性和直接性。如泰王国审计长公署、瑞士联邦审计局、菲律宾审计委员会、中国的政府审计署等，它们向本国政府或内阁总理负责。

此外，一些国家的政府审计机关，介于立法、司法及行政部门之间，如日本的会计检察院、德国的联邦审计院等。

无论何种类型。都应保证政府审计机关具有独立性和权威性，客观、公正地行使审计监督权。

（二）我国政府审计机关的设置

现行《中华人民共和国宪法》第 91 条规定：国务院设立审计机关，对国务院各部门和地方各级政府的财政收支，对国家的财政金融机构和企事业组织的财务收支，进行审计监督。审计机关在国务院总理领导下，依照法律规定独立行使审计监督权，不受其他行政机关、社会团体和个人的干涉。以最高法律的形式明确了实行审计监督的制度。

政府审计机关实行统一领导、分级负责的原则。国务院设审计署，在国务院总理领导下，负责组织领导全国的审计工作，是国家的最高审计机关，向国务院负责并报告工作。审计署根据工作需要，按照工作内容和范围分别设置财政、金融、外贸外资、农林水利、基本建设、科教卫生等若干司（局）职能机构，开展对行政机关、企业、事业、团体、军队等各种专业性审计工作。

县级以上地方各级人民政府设置审计机关。地方各级审计机关分别在省长、自治区主席、市长、州长、县长、区长和上一级审计机关的领导下，组织领导本行政区的审计工作，根据工作需要，设置若干职能机构（处、科、室、股），负责领导本级审计机关审计范围内的审计事项，对上一级审计机关和本级人民政府负责并报告工作。

审计机关根据工作需要，可以在重点地区、部门设立派出机构，进行审计监督。审计署向重点地区、城市和计划单列市派出审计特派员，在该地区和城市组成审计特派员办事处，代表审计署执行审计业务，解决某些地方审计局难以解决的审计项目。

审计署对地方各级审计机关（包括审计特派员办事处）实行业务上的领导。在我国形成了从中央到地方，自上而下的独立的、具有权威性的政府审计组织系统。

（三）政府审计人员

政府审计人员是指政府审计机关中接受政府委托，依法行使审计监督权，从事审计业务的人员。他们对包括各级政府机构、国家金融机构、国有企事业单位以及其他有国家资产单位的财政、财务收支的真实性、合法性、效益性进行综合性的经济监督活动。

我国政府审计人员是审计机关的工作人员，包括领导人员和审计专业人员。审计署的主要领导人为审计长（一人）和副审计长（若干人），审计长由国务院总理提名，全国人民代表大会决定，国家主席任命，副审计长由国务院任命。地方各级审计机关的负责人由本级人民代表大会任免，同时应当事先征求上一级审计机关的意见。政府审计机关的专业工作人员主要由熟悉会计、审计、财务和税务等业务的专职人员构成。

政府审计人员的权利与义务主要包括：审计人员应当具备与其从事的审计工作相适应的专业知识和业务能力；审计人员办理审计事项，与被审计单位或者审计事项有利害关系的，应当回避；审计人员对其在执行职务中知悉的国家秘密和被审计单位的商业秘密，负有保密的义务；审计人员依法执行职务，受法律保护，任何组织和个人不得拒绝、阻碍审计人员依法执行职务，不得打击报复审计人员；审计机关负责人依照法定程序任免；审计机关负责人没有违法失职或者其他不符合任职条件的情况的，不得随意撤换。

二、政府审计机关的职责权限

（一）政府审计机关的职责

政府审计机关应按有关法律、法规规定的审计客体的范围，对各单位的下列事项进行审计监督：

（1）审计机关对本级各部门（含直属单位）和下级政府的预算执行情况和决算，以及其他财政收支情况，进行审计监督。

（2）审计署在国务院总理的领导下，对中央预算执行情况和其他财政收支情况进行审计监督，向国务院总理提出审计结果报告。地方各级审计机关对本级预算执行情况和其他财政收支情况进行审计监督，向本级人民政府和上一级审计机关提出审计结果报告。

（3）审计署对中央银行的财务收支，进行审计监督。审计机关对国有金融机构的资产、负债、损益，进行审计监督。

（4）审计机关对国家的事业组织以及使用财政资金的其他事业组织的财务收支，进行审计监督。

（5）审计机关对国有企业的资产、负债、损益，进行审计监督。

（6）对国有资产占控股地位或者占主导地位的金融机构的审计监督，由国务院规定。

（7）审计机关对政府投资和以政府投资为主的建设项目的预算执行情况和决算，进行审计监督。

（8）审计机关对政府部门管理的和其他单位受政府委托管理的社会保障基金、社会捐赠资金以及其他有关基金、资金的财务收支，进行审计监督。

（9）审计机关对国际组织和外国政府援助、贷款项目的财务收支，进行审计监督。

(10) 审计机关按照国家有关规定，对国家机关和依法属于审计机关监督对象的其他单位的主要负责人，在任职期间由本地区、本部门或者本单位的财政收支、财务收支以及有关经济活动应负经济责任的履行情况，进行审计监督。

(11) 除《审计法》规定的审计事项外，审计机关对其他法律、行政法规规定的应当由审计机关进行审计的事项，依照《审计法》和有关法律、行政法规的规定进行审计监督。

(12) 审计机关有权对与国家财政收支有关的特定事项，向有关地方、部门、单位进行专项审计调查，并向本级人民政府和上一级审计机关报告审计调查结果。

(13) 审计机关根据被审计单位的财政、财务隶属关系或者国有资产监督管理关系，确定审计管辖范围。

(14) 依法属于审计机关审计监督对象的单位，应当按照国家有关规定建立健全内部审计制度，其内部审计工作应当接受审计机关的业务指导和监督。

(15) 社会审计机构审计的单位依法属于审计机关监督对象的，审计机关按照国务院的规定，有权对该社会审计机构出具的相关审计报告进行核查。

(二) 政府审计机关的权限

政府审计机关在审计过程中，行使下列权限：

(1) 审计机关有权要求被审计单位按照审计机关的规定提供预算或者财务收支计划、预算执行情况、决算、财务会计报告，运用电子计算机储存、处理的财政收支、财务收支电子数据和必要的电子计算机技术文档，在金融机构开立账户的情况，社会审计机构出具的审计报告，以及其他与财政收支或者财务收支有关的资料，被审计单位不得拒绝、拖延、谎报。

(2) 审计机关进行审计时，有权检查被审计单位的会计凭证、会计账簿、财务会计报告和运用电子计算机管理财政收支、财务收支电子数据的系统，以及其他与财政收支或财务收支有关的资料和资产，被审计单位不得拒绝。

(3) 审计机关进行审计时，有权就审计事项的有关问题向有关单位和个人进行调查，并取得有关证明材料。有关单位和个人应当支持、协助审计机关工作，如实向审计机关反映情况，提供有关证明材料。

(4) 审计机关进行审计时，被审计单位不得转移、隐匿、篡改、毁弃会计凭证、会计账簿、财务会计报告以及其他与财政收支或者财务收支有关的资料，不得转移、隐匿所持有的违反国家规定取得的资产。

审计机关对被审计单位正在进行的违反国家规定的财政收支、财务收支行为，有权予以制止；制止无效的，经县级以上审计机关负责人批准，通知财政部门和有关主管部门暂停拨付与违反国家规定的财政收支、财务收支行为直接有关的款项，已经拨付的，暂停使用。采取该项措施不得影响被审计单位的合法业务活动和生产经营活动。

(5) 审计机关认为被审计单位所执行的上级主管部门有关财政收支、财务收支的规定与法律、行政法规相抵触的，应当建议有关主管部门纠正；有关主管部门不予纠正的，审计机关应该提请有权处理的机关依法处理。

(6) 审计机关可以向政府有关部门通报或者向社会公布审计结果。审计机关公布或者通报审计结果，应当依法保守国家秘密和被审计单位的商业秘密，遵守国务院的有关规定。

（7）审计机关履行审计监督职责，可以提请公安、监察、财政、税务、海关、价格、工商行政管理等机关予以协助。

对违反财经法规的被审计单位，应按下列规定处理：

（1）被审计单位违反《审计法》规定，拒绝或者拖延提供与审计事项有关的资料的，或者提供的资料不真实、不完整的，或者拒绝、阻碍检查的，审计机关责令改正，可以通报批评，给予警告；拒不改正的，依法追究责任。

（2）被审计单位违反《审计法》规定，转移、隐匿、篡改、毁弃会计凭证、会计账簿、财务会计报告以及其他与财政收支、财务收支有关的资料，或者转移、隐匿所持有的违反国家规定取得的资产，审计机关认为对直接负责的主管人员以及其他直接责任人员依法应当给予处分的，应当提出给予处分的建议，被审计单位或者其上级机关、监察机关应当依法及时做出决定，并将结果书面通知审计机关；构成犯罪的，依法追究刑事责任。

（3）对本级各部门（含直属单位）和下级政府违反预算的行为或者其他违反国家规定的财政收支行为，审计机关、人民政府或者有关主管部门在法定职权范围内，依照法律、行政法规的规定，区别情况采取下列处理措施：①责令限期缴纳应当上缴的款项；②责令限期退还被侵占的国有资产；③责令限期退还违法所得；④责令按照国家统一的会计制度的有关规定进行处理；⑤其他处理措施。

（4）对被审计单位违反国家规定的财务收支行为，审计机关、人民政府或者有关主管部门在法定职权范围内，依照法律、行政法规的规定，区别情况采取前条规定的处理措施，并可以依法给予处罚。

（5）审计机关在法定职权范围内做出的审计决定，被审计单位应当执行。

审计机关依法责令被审计单位上缴应当上缴的款项，被审计单位拒不执行的，审计机关应当通报有关主管部门，有关主管部门应当依照有关法律、行政法规的规定予以扣缴或者采取其他处理措施，并将结果书面通知审计机关。

（6）被审计单位对审计机关做出的有关财务收支的审计决定不服的，可以依法申请行政复议或者提起行政诉讼。

被审计单位对审计机关做出的有关财政收支的审计决定不服的，可以提请审计机关的本级人民政府裁决，本级人民政府的裁决为最终决定。

（7）被审计单位的财政收支、财务收支违反国家规定，审计机关认为对直接负责的主管人员和其他直接责任人员依法应当给予处分的，应当提出给予处分的建议，被审计单位或者其上级机关、监察机关应当依法及时做出决定，并将结果书面通知审计机关。

（8）被审计单位的财政收支、财务收支违反法律、行政法规的规定，构成犯罪的，依法追究刑事责任。

（9）报复陷害审计人员的，依法给予处分；构成犯罪的，依法追究刑事责任。

（10）审计人员滥用职权、徇私舞弊、玩忽职守或者泄露所知悉的国家秘密、商业秘密的，依法给予处分；构成犯罪的，依法追究刑事责任。

三、最高审计机关国际组织

截至2007年，世界上已有180多个国家的政府审计机关加入了国际性的审计组织——最高审计机关国际组织（International Organization of Supreme Audit Institutions, INTOSAL）。

最高审计机关国际组织是联合国经济和社会理事会下属的、一个由联合国成员国的最高审计机关组成的非政府间的永久性国际审计组织。这个组织是经过长期筹备以后才建立的。由一些国家的政府审计机关发起，先后于1953年、1956年、1959年、1962年和1965年，在哈瓦那、布鲁塞尔、里约热内卢、维也纳和耶路撒冷等地召开会议，筹建政府审计机关的国际组织。1968年在东京举行大会，制定了组织章程，通过了《东京宣言》，正式宣布“最高审计机关国际组织”成立。

最高审计机关国际组织规定联合国组织及其任何一个专门机构中的所有成员国的最高审计组织均可参加，但各国政府对国际审计组织不承担任何义务。该组织的宗旨是互相介绍情况，交流经验，推动和促进各国最高审计组织更好地完成该国的审计工作。该组织每三年召开一次代表大会，各国可将有关问题、意见和建议提交大会讨论。经国务院批准，我国于1982年派代表参加了该组织在马尼拉召开的第十一届代表大会，并于1983年我国审计署成立后正式加入了该组织。我国审计署加入了这一国际组织，有利于与外国审计机关交流经验，互通信息，有利于借鉴国外审计理论和方法，加速我国审计事业的发展。

最高审计机关国际组织设有代表大会、理事会、秘书处等机构。总部设在奥地利首都维也纳。目前主要有5个专业委员会（审计准则委员会、会计准则委员会、内部控制准则委员会、数据处理委员会、公共债务委员会）、3个工作小组（环境审计工作小组、项目评估工作小组、民营化工作小组）和7个区域组织（最高审计机关拉丁美洲和加勒比海组织、最高审计机关非洲组织、最高审计机关阿拉伯组织、最高审计机关亚洲组织、最高审计机关南太平洋组织、最高审计机关加勒比海组织、最高审计机关欧洲组织）。

第二节　民间审计组织

一、民间审计组织及人员

我国民间审计组织是指根据国家法律或条例规定，经过政府有关部门审核批准、登记注册的会计师事务所。会计师事务所是经国家批准、注册登记，依法独立承办鉴证业务以及其他法定业务的单位。

会计师事务所由注册会计师组成，是其依法承办业务的机构。在我国，注册会计师不能以个人名义承办业务，而必须由会计师事务所统一接受委托。会计师事务所在承办业务时，由于委托人不同，其被授予的权限也不同。在接受国家机关委托办理的业务时，根据业务的需要，注册会计师有权查阅有关财务会计资料和文件，查看业务现场和设施，向有关单位和个人进行调查与核实；接受其他委托人的委托时，需要查阅资料、文件和进行调查的，则应按照依法签订的业务约定书的约定办理。

（一）我国会计师事务所的组织形式

目前，我国会计师事务所的组织形式主要有有限责任会计师事务所和合伙制会计师事务所。

1. 有限责任会计师事务所

有限责任会计师事务所是指由发起人通过共同出资并以其出资额为限对本所债务承担有限责任，会计师事务所以其全部资产对其债务承担责任的社会中介机构。注册会计师可以发起设立有限责任会计师事务所，事务所以其全部资产对其债务承担责任，事务所的出资人所承担的责任以其出资额为限。

设立有限责任会计师事务所必须符合的条件有：不少于人民币 30 万元的注册资本；有 10 名以上在国家规定的职龄以内的专职从业人员，其中至少有 5 名注册会计师；有 5 名以上符合规定条件的发起人；有固定的办公场所；审批机关规定的其他条件。另外，申请设立有限责任会计师事务所的单位还必须符合财政部《有限责任会计师事务所审批办法》的有关规定。经批准设立的会计师事务所，应当自接到批复文件 20 日内到所在地的省、自治区、直辖市注册会计师协会领取财政部统一印制的“会计师事务所执业证书”，并办理执业登记。

2. 合伙制会计师事务所

合伙制会计师事务所是由 2 名以上的注册会计师共同出资设立、共同执业，合伙人按出资比例或协议以各自的财产对事务所债务承担连带责任的社会中介机构。合伙设立的会计师事务所的债务由合伙人按出资比例或者协议的约定，以各自的财产承担责任。合伙人对会计师事务所的债务承担连带责任。

设立合伙会计师事务所必须具备的条件有：有 2 名以上符合规定的注册会计师为合伙人，由合伙人聘用一定数量符合规定条件的注册会计师和其他专业人员参与会计师事务所工作；有固定的办公场所和必要的设施；有能够满足执业和其他业务工作所需要的资金。此外，财政部颁发的《合伙会计师事务所设立及审批试行办法》第十六条规定：合伙会计师事务所应当建立风险基金，或向保险机构投保职业保险。建立风险基金的，每年提取的基金数应当不少于业务收入的 10%。合伙会计师事务所的收入，扣除各项费用，按合伙人应分配额缴纳所得税后，提取不低于 30%作为共同基金，其余部分由合伙人按照协议进行分配。共同基金属于合伙人权益。

（二）中国注册会计师协会

中国注册会计师协会（The Chinese Institute of Certified Public Accountants, CICPA）是中国注册会计师行业的自律性组织，于 1988 年 11 月 15 日成立，接受财政部的监督和指导。其基本职责包括：依法加强自律性监管，指导、督促注册会计师公正执业，严格遵守职业道德规范；加强执业标准建设，强化业务指导，不断提高注册会计师执业水平；认真组织注册会计师考试，完善后续教育制度；及时向政府有关部门反映注册会计师的建议和意见，努力改善注册会计师的执业环境；提供必要的专业援助，维护注册会计师的合法权益；加强行业与国际组织、执业机构的交流与合作。

中国注册会计师协会的宗旨是：服务、监督、管理、协调，即以诚信建设为主线，服务本会会员，监督会员执业质量、职业道德，依法实施注册会计师行业管理，协调行业内、外部关系，维护社会公众利益和会员合法权益，促进行业健康发展。

中国注册会计师协会的会员有个人会员（包括执业会员和非执业会员）、团体会员（会计师事务所）和名誉会员（境内、外有关知名人士）三类，会员入会均须履行申请和登记手续。

协会最高权力机构是全国会员代表大会，凡重大事项，必须经会员代表大会讨论决定。协会执行机构是理事会，协会理事会由全国会员代表大会选举理事若干人组成，并设有若干专门委员会和若干专业委员会。协会的常设办事机构由秘书长、副秘书长若干人并配备必要数量的专职人员组成。秘书长主持协会常设办事机构的日常工作。

（三）民间审计人员

民间审计人员主要是注册会计师，目前，在我国取得注册会计师资格的途径是通过注册会计师资格考试。我国于 1991 年起施行了注册会计师全国统一考试和注册登记制度。注册会计师考试与注册登记制度是注册会计师管理制度的重要内容之一，它是一系列选拔注册会计师的措施、制度的总称。

根据《注册会计师法》及《注册会计师全国统一考试办法》的规定，具有下列条件之一的中国公民，均可报名参加考试：(1) 高等专科以上学历。(2) 会计或者相关专业（审计、统计和经济）中级以上专业技术职称。《注册会计师考试制度改革方案》将注册会计师考试划分为两个阶段：第一阶段，即专业阶段，设会计、审计、财务成本管理、公司战略与风险管理、经济法、税法等 6 科。主要测试考生是否具备注册会计师执业所需的专业知识，是否掌握基本技能和职业道德要求。第二阶段，即综合阶段，设综合 1 科。主要测试考生是否具备在注册会计师执业环境中运用专业知识，保持职业价值观、职业态度与职业道德，有效解决实务问题的能力。考生在通过第一阶段的全部考试科目后，才能参加第二阶段的考试（在通过第一阶段考试后的 5 年内通过）。两个阶段的考试，每年各举行 1 次。基于第二阶段的考试侧重于考查考生的胜任能力，建议考生在参加第二阶段考试前注意积累必要的实务经验。

通过注册会计师全国统一考试，考试科目全科成绩合格者，领取全国考试委员会颁发的全科合格证书，并可申请加入中国注册会计师协会，成为注册会计师协会的非执业会员。

根据《注册会计师法》的规定，参加注册会计师全国统一考试成绩合格，并从事审计业务工作 2 年以上的，可以向省、自治区和直辖市注册会计师协会申请注册。省级注册会计师协会负责注册会计师的审批，受理的注册会计师协会应当批准符合法律规定条件的申请人的注册，并报财政部备案。经批准注册的注册会计师，由财政部统一制发注册会计师证书。

二、民间审计的业务范围

根据《注册会计师法》的规定，注册会计师依法承办审计业务、会计咨询和会计服务业务。此外，注册会计师还根据委托人的委托，从事审阅业务、其他鉴证业务和相关服务业务。

（一）审计业务

1. 审查企业财务报表，出具审计报告

注册会计师审计作为会计监督体系的重要组成部分，国家对此十分重视。《国务院关于整顿会计工作秩序进一步提高会计工作质量的通知》明确指出，为了有效制止和防范利用财务报表弄虚作假，提高财务报表质量，要依法实行企业年度财务报表审计制度。可见，国家对注册会计师在整顿会计工作秩序、规范和加强会计工作以及保证会计信息质量方面寄予厚望。随着执业准则体系的逐步完善，注册会计师执业行为日益规范，执业水平不断提高，注册会计师行业必将成为享有较高公信力的行业，为维护会计秩序、保证会计信息质量作出应有的贡献。

目前，国家对上市公司进行监管所依据的信息主要来自于上市公司的财务报表和注册会计师对其出具的审计报告，注册会计师在某种程度上已成为上市公司监管的第一道防线，在证券市场上扮演着越来越重要的角色。注册会计师审计上市公司，旨在对财务报表是否按照适用的会计准则编制发表审计意见。如果注册会计师出具了非标准审计报告，表明财务报表存在着程度不同的问题，或需要在某一方面予以强调。上市公司为了避免注册会计师出具这种类型的审计报告，无论是否情愿，都必须遵守国家颁布的企业会计准则。从某种意义上说，注册会计师通过对上市公司年度财务报表的审计，实施了对上市公司的监管，提高了会计信息的质量。因此，注册会计师作为独立审计人，是联系资本市场和广大投资者必不可少的纽带，对投资者承担着重大责任。

不仅上市公司需要注册会计师审计，国有企业及其他企业也需要注册会计师审计。财政部规定，从1998年起，国有企业年度财务报表除个别特殊行业（企业）外，不再实行财政审批制度，其年度财务报表应于年度终了在规定时间内委托注册会计师实施审计。2001年1月1日起施行的《企业财务会计报告条例》，要求国有企业、国有控股的或占主导地位的企业应当至少每年一次向本企业的职工代表大会公布财务会计报告，并重点说明注册会计师审计的情况。此外，《公司法》也要求各类公司依法接受注册会计师的审计。

2. 验证企业资本，出具验资报告

验资是指注册会计师依法接受委托，对被审验单位注册资本的实收情况或注册资本及实收资本的变更情况进行审验，并出具验资报告。根据《公司法》、《公司登记管理条例》等法律、法规的规定，公司及其他企业在设立审批时，必须提交注册会计师出具的验资报告，公司及其他企业申请变更注册资本时，也要提交验资报告。因此，验资业务成为注册会计师业务的重要组成部分。与审计报告一样，验资报告具有法定证明效力，注册会计师及其所在的会计师事务所对其出具的验资报告承担相应的法律责任。

3. 办理企业合并、分立或清算事宜中的审计业务，出具有关报告

企业在合并、分立或终止清算时，应当分别编制合并、分立财务报表以及清算的财务报表。为了帮助财务报表使用者增强对这些报表的信赖程度，企业需要委托注册会计师对其编报的财务报表进行审计。注册会计师办理企业合并、分立或清算事宜中的审计业务后出具的相应的审计报告同样具有法定证明效力，承办注册会计师及其所在的会计师事务所应当承担相应的法律责任。

4. 办理法律和行政法规规定的其他审计业务，出具相应的审计报告

在实际工作中，注册会计师还可根据国家法律和行政法规的规定接受委托，承办特殊目的业务审计。如按照特殊编制基础编制的财务报表、财务报表的组成部分（包括财务报表特定项目、特定账户或特定账户的特定内容）、合同遵循情况、简要财务报表等进行审计。对于执行特殊目的审计业务出具审计报告，也具有法定证明效力，注册会计师及其所

在的会计师事务所对此也应承担相关的法律责任。

（二）审阅业务

注册会计师的业务范围经历了由法定审计业务向其他领域拓展的过程。从目前情况看，无论在国外，还是在我国，注册会计师承办的业务范围已经十分广泛。对历史财务信息进行鉴证，除了审计外，还有审阅业务。小企业可以聘请注册会计师对年度财务报表进行审阅。财务报表审阅是指注册会计师在实施审阅程序的基础上，说明是否注意到某些事项，使其相信财务报表没有按照适用的会计准则和相关会计制度的规定编制，未能在所有重大方面公允反映被审阅单位的财务状况、经营成果和现金流量。相对审计而言，审阅程序简单，保证程度有限，审阅成本也较低。同时，面对全球化、多元化和竞争激烈的会计市场，注册会计师实现审计业务收入的持续增长已非易事，必须不断地开拓新的市场和业务。

（三）其他鉴证业务

我国注册会计师承办的业务范围较为广泛，既有针对历史财务信息的审计和审阅业务，又有历史财务信息以外的其他鉴证业务，如预测性财务信息审核、内部控制审核，以及基建工程预算、结算、决算审核等。预测性财务信息是指被审核单位依据对未来可能发生的事项或采取的行动的假设而编制的财务信息。注册会计师接受委托对预测性财务信息实施审核并出具报告，可增强该信息的可信赖程度。内部控制审核是指注册会计师接受委托，就被审核单位管理层对特定日期与财务报表相关的内部控制有效性的认定进行审核，并发表意见。

（四）相关服务业务

相关服务业务包括对财务信息执行商定程序、代编财务信息、税务服务、管理咨询服务以及会计服务等。

(1) 对财务信息执行商定程序，是注册会计师对特定财务数据、单一财务报表或整套财务报表等财务信息执行与特定主体商定的具有审计性质的程序，并就执行的商定程序及其结果出具报告。

(2) 代编财务信息，是注册会计师运用会计而非审计的专业知识和技能，代客户编制一套完整或非完整的财务报表，或代为收集、分类和汇总其他信息。

(3) 税务服务包括税务代理和税务筹划。税务代理是注册会计师接受企业或个人委托，为其填制纳税申报表，办理纳税事项。税务筹划是由于纳税义务发生范围和时间不同，注册会计师从客户利益出发，代替纳税义务人设计可替代或不同结果的纳税方案。

(4) 管理咨询服务，是注册会计师与非注册会计师激烈竞争的一个领域。管理咨询服务范围很广，主要包括对公司的治理结构、信息系统、预算管理、人力资源管理、财务会计以及经营效率、效果和效益等提供诊断及专业意见与建议。

注册会计师提供的会计咨询和会计服务业务，除了代编财务信息外，还包括对会计政策的选择和运用提供建议，担任常年会计顾问等。注册会计师执行的会计咨询和会计服务业务属于服务性质，是所有具备条件的中介机构甚至个人都能够从事的非法定业务。

三、民间审计国际组织

民间审计国际组织的名称为“国际会计师联合会”（International Federation of Accountants，IFAC）。它是由各国的会计师职业团体联合署名成立的国际性会计师联盟。国际会计师联合会成立于 1977 年 10 月，当时，在慕尼黑举行的国际会计师代表大会上，来自 49 个国家的 63 个会计职业团体签署了建立该组织的协议。该组织在瑞士日内瓦注册，实际行政总部设在纽约。目前参加的会员已发展到 80 多个国家的 120 多个会计职业团体。它的领导机构包括由各成员团体指定一名代表组成的代表大会和来自美、英、法、日等 18 个国家的代表组成的理事会。国际会计师联合会的宗旨是建立会计师在执行国际业务时应遵循的职业道德准则和制定能够协调国际业务的审计标准，发展和提高世界范围内会计职业的协作。

第三节　内部审计机构

一、内部审计机构及其人员

内部审计是指由部门或单位内部相对独立的审计机构和审计人员对本部门或本单位的财政财务收支、经营管理活动及其经济效益进行审核和评价，查明其真实性、正确性、合法性、合规性和效益性，提出意见和建议的一种专职经济监督活动。其主要目的是健全内部控制系统，严肃财经纪律，查错揭弊，改善经营管理，提高经济效益。

（一）内部审计机构的设置

目前，世界各国对于内部审计机构的设置，因其所属企业领导层次的不同，大体分为以下几种体制。（1）董事会领导体制；（2）董事会下设的审计委员会领导体制；（3）总经理领导体制；（4）总会计师或财务副总经理领导体制。从国外的情况来看，现代西方国家的企业普遍设立了审计委员会，对本企业的经济活动实行内部审计监督。从西方国家企业内部审计机构的隶属关系来看，内部审计机构在在股份公司中的隶属关系层次越高，其在本单位的独立性、权威性也就越强，越能有利于审计工作的顺利开展。

我国的内部审计机构是根据审计法规和其他财经法规的规定设置的，主要包括部门内部审计机构和单位内部审计机构。

（1）部门内部审计机构。国务院和县级以上地方各级人民政府各部门，应当建立内部审计监督制度，根据审计业务需要，分别设立审计机构并配备审计人员，在本部门主要负责人的领导下，负责所属单位和本行业的财务收支及其经济效益的审计。

（2）单位内部审计机构。大中型企业事业单位应当建立内部审计监督制度，设立审计机构，在本单位主要负责人的领导下，负责本单位的财务收支及其经济效益的审计。内部审计机构在本单位主要负责人或者在董事会的领导下开展内部审计工作。审计业务少的单位和小型企业事业单位，可设置专职的内部审计人员，而不设独立的内部审计机构。企事业单位可以根据需要，设立审计委员会，配备总审计师。

（二）内部审计人员

无论是部门内部审计机构还是单位内部审计机构，都有其专职的从业人员，需保证其独立性和权威性。内部审计人员是指在部门和单位内部设置的在内部审计机构中工作的领导人员和审计专业人员。内部审计人员根据内部审计机构的隶属关系决定其任免程序。如内部审计机构隶属于董事会或其下属的审计委员会领导的内部审计机构的审计人员，其任免应通过董事会或审计委员会进行；内部审计机构隶属于部门或单位负责人领导的内部审计机构的审计人员，其任免通过部门或单位内部领导层进行。在我国，部门或单位内部审计人员尤其是审计主管人员的任免与调动，应征得上级主管部门内部审计机构的同意。内部审计人员也应当由熟悉会计、财务、税务、经济管理、工程技术、法律、计算机等知识和业务技能的专职人员组成，同时，要求熟悉本部门或本单位的内部控制或管理制度、生产与经营特点、工艺流程及相关业务等。

（三）内部审计的特点

内部审计机构独立于会计部门和其他部门，独立行使内部审计职权。在业务上，接受同级政府审计机关的指导和监督，向本部门、本单位的行政领导和同级政府审计机关报告工作。内部审计的特点如下：

（1）服务的内向性。内部审计机构和人员处于本部门、本单位的内部，是为加强经济管理和监督服务的，是部门、单位领导的助手和参谋。

（2）范围的广泛性。内部审计机构和人员不仅要进行财务收支的审计，而且还要进行经济效益等方面的审计，既要进行事后审计，又要进行事前和事中审计，其审计范围要比外部审计范围广泛得多。

（3）审计的及时性。内部审计机构和人员比较熟悉本部门、本单位的情况，可随时掌握各种情况，发现各种问题，及时采取措施，提出建议，纠错防弊。

（4）微观监督和宏观监督的统一性。内部审计机构和人员一方面为加强内部管理和监督服务，另一方面还必须从国家利益出发，对本部门、本单位是否遵守国家政策、法律、法规和规章制度进行审查，既是本部门、本单位领导在经济管理和监督方面的助手和参谋，又是政府审计的重要业务基础。

二、内部审计机构的职责权限

我国的部门和单位内部审计机构是依据审计法规和其他财经法规而建立的，为了便于其行使审计监督权，在法规中对其职责权限也作了明确规定。

（一）内部审计机构的职责

根据本部门和本单位主要负责人或权力机构的要求，内部审计机构应履行的职责包括：

（1）对本部门和本单位及所属单位（含占控股地位或者主导地位的单位，下同）的财政收支、财务收支及其有关的经济活动进行审计。

（2）对本部门和本单位及所属单位的预算内、预算外资金的管理和使用情况进行审计。

（3）对本部门和本单位内设机构及所属单位领导人员的任期经济责任进行审计。

（4）对本部门和本单位及所属单位固定资产投资项目进行审计。

（5）对本部门和本单位及所属单位内部控制制度的健全性和有效性以及风险管理进行

审计。

(6) 对本部门和本单位及所属单位经济管理和效益情况进行审计。

(7) 法律、法规规定以及本部门和本单位主要负责人或权力机构要求办理的其他审计事项。

(二) 内部审计机构的权限

为保证内部审计机构履行相应的职责，本部门和本单位主要负责人或权力机构应当赋予其必需的权限，主要包括：(1) 要求被审计单位按时报送生产、经营、财务收支计划、预算执行情况、决算、会计报表和其他有关文件资料等。(2) 参加本单位有关会议，召开与审计事项有关的会议。(3) 参与研究制定有关的规章制度，提出内部审计规章制度，由单位审定公布后实施。(4) 检查有关生产、经营和财务活动的资料、文件和现场勘察实物。(5) 检查有关的计算机系统及其电子数据和资料。(6) 对审计涉及的有关事项进行调查，并索取有关文件和资料等证明材料。(7) 对正在进行的严重违反财经法规、严重损失浪费的行为，经部门或单位主要负责人同意，可以做出临时制止决定。(8) 对可能转移、隐匿、篡改、毁弃会计凭证、会计账簿、财务会计报告以及与经济活动有关的资料，经部门或单位主要负责人或权力机构批准，可以暂时封存。(9) 提出改进管理、提高经济效益的建议和纠正、处理违反财经法规行为的意见。(10) 对严重违反财经法规和造成严重损失浪费的单位和直接责任人员，提出处理建议。

本部门和本单位主要负责人或权力机构在其管理权限范围内，应当赋予内部审计机构必要的处理、处罚权，具体如下。

(1) 被审计单位不配合内部审计工作、拒绝审计或者不提供资料、提供虚假资料、拒不执行审计结论或者报复陷害内部审计人员的，单位主要负责人或权力机构应当及时予以处理；构成犯罪的，移交司法机关追究刑事责任。

(2) 被审计单位无正当理由拒不执行审计结论的，内部审计机构应当责令其限期改正；拒不改正的，报请本单位主要负责人或者董事会依照有关规定予以处理。

(3) 对被审计单位违反财经法规、造成严重损失浪费行为负有直接责任的主管人员和其他直接责任人员，构成犯罪的，依法追究刑事责任；不构成犯罪的，依照有关规定予以处理。

(4) 报复陷害内部审计人员，构成犯罪的，依法追究刑事责任；不构成犯罪的，依照有关规定予以处理。

三、国际内部审计机构

1941 年，美国内部审计师协会在纽约正式成立，标志着传统内部审计工作开始向现代内部审计发展。这一年也被称为内部审计的奠基年。布林克 (B. Z. Brink) 发表了最早的一本关于内部审计的单行本——《内部审计——它的性质、职能、程序和方法》。内部审计协会自成立以来，发展相当迅速。到 20 世纪 50 年代逐步发展成为国际性组织——国际内部审计师协会 (Institute of Internal Auditors，IIA)。

国际内部审计师协会在联合国经济和社会开发署享有顾问地位，是最高审计机关国际组织的常任观察员，是国际政府财政管理委员会、国际会计师联合会的团体会员。IIA 自 1974 年起在全球指定地点举行注册内部审计师 (Certified Internal Auditor，CIA) 资格考试制度，给考试合格者颁发注册内部审计师证书，授予“注册内部审计师”称号。它不仅是国际内部审计领域专家的标志，也是目前国际审计界唯一公认的职业资格。1978 年 6 月，内部审计师协会又拟定了《内部审计专业实务准则》，对内部审计的含义、职责、独立性、机构和人员，以及工作范围和工作程序等都作了原则性的规定。1985 年 7 月在澳大利亚悉尼召开的第 44 次会议特邀我国代表列席参加。1987 年，内部审计师协会在美国纽约举行了理事会，经过讨论通过，批准中国内部审计协会以国家分会形式加入该组织。从此，中国内部审计协会成为国际内部审计师协会的成员国，标志着中国内部审计步入了国际化的轨道。1998 年，中国内部审计协会与 IIA 签订协议，将 IIA 在国际上举办的国际注册内部审计师考试引入中国，并取得成功。

国际内部审计师协会的机构主要有理事会、执行委员会、国际委员部和总部，总部设在美国佛罗里达州。国际内部审计师协会出版的主要刊物有（1）《内部审计师》（*The Internal Auditor*）；（2）《今日内部审计师协会》（*The IIA Today*）；（3）《国际内部审计师协会教育者》（*The IIA Educator*）。

第四节　注册会计师职业道德和法律责任

一、注册会计师职业道德

职业道德（Professional Ethics）是某一职业组织以公约、守则等形式公布的，其会员自愿接受的职业行为标准。注册会计师职业道德，是注册会计师职业品德、职业纪律、专业胜任能力及职业责任等的总称。注册会计师的职业性质决定了其对社会公众应承担的责任。为使注册会计师切实担负起神圣的职责，为社会公众提供高质量的、可信赖的专业服务，在社会公众中树立良好的职业形象和职业信誉，就必须大力加强对注册会计师的职业道德教育，强化道德意识和提高道德水准。注册会计师的道德水平是关系到整个行业能否生存和发展的大事，尤其在我国，注册会计师事业恢复与重建的历史只有 20 多年，注册会计师尚未普遍树立起强烈的风险意识、责任意识和道德意识。在推进社会主义市场经济建设中，强调注册会计师的职业道德，更有其深刻的现实意义和深远的历史意义。

从世界各国来看，凡是建立注册会计师制度的国家，都制定了相应的注册会计师职业道德规范，以昭示注册会计师应达到的道德水准。中国注册会计师协会自成立以来，一直非常重视注册会计师职业道德规范建设。1992 年，中国注册会计师协会发布了《中国注册会计师职业道德守则（试行）》；1996 年 12 月 26 日，经财政部批准，发布了《中国注册会计师职业道德基本准则》。考虑到该基本准则只对注册会计师职业道德作原则性的规定，需要进一步制定更详细的具体要求以指导注册会计师如何遵守职业道德，中国注册会计师协会又制定和发布了《中国注册会计师职业道德规范指导意见》，于 2002 年 7 月 1 日起施行。

注册会计师职业道德规范一般分为两个层次，一是基本原则，二是具体要求。本节主要介绍注册会计师职业道德基本原则。《中国注册会计师职业道德守则》和《中国注册会计师协会非执业会员职业道德守则》已经中国注册会计师协会职业道德准则委员会审议通过，自2010年7月1日起施行。

注册会计师为实现职业目标，必须遵守一系列基本原则。包括独立、客观、公正，专业胜任能力和应有的关注、保密、职业行为、技术准则等。

（一）独立、客观、公正

独立、客观、公正是注册会计师职业道德中的三个最重要的概念，也是注册会计师职业道德的三条最重要、最基本的要求。

1. 独立

独立（Independence）是指注册会计师在执行鉴证业务时，应当保持实质上的独立和形式上的独立。实质上的独立（Independence in Substance）是指注册会计师在发表意见时其专业判断不受影响，公正执业，保持客观和专业怀疑态度。注册会计师只有保持实质上的独立，才能够以客观、公正的心态发表意见。形式上的独立（Independence in form）是指会计师事务所或项目组成员以独立于委托方的身份出现在第三方面前，使得理性的第三方能够利用其所拥有的充分相关的信息做出客观、公正的判断，以避免第三方的利益受到损害。也就是说，会计师事务所或项目组成员在第三方面前必须呈现出一种独立于鉴证客户的身份。如果注册会计师连形式上的独立性都不具备，就无法让人相信他们具有实质上的独立。可见，形式上做到独立，是保证实质独立的前提。独立性是注册会计师执行鉴证业务的灵魂，注册会计师只有具备独立性，才可能做到客观、公正，也才可能获得社会公众的信任。

会计师事务所和注册会计师应当考虑可能损害独立性的因素，包括经济利益、自我评价、关联关系和外界压力等。

经济利益因素可能损害独立性的情形主要包括：（1）鉴证客户存在专业服务收费以外的直接经济利益或重大的间接经济利益；（2）收费主要来源于某一鉴证客户；（3）过分担心失去某项业务；（4）与鉴证客户存在密切的经营关系；（5）对鉴证业务采取或有收费的方式；（6）可能与鉴证客户发生雇佣关系。

【案例2—1】 A会计师事务所接受委托，承办B商业银行2013年年度财务报表审计业务，并于2013年底与B商业银行签订了审计业务约定书。A会计师事务所指派甲和乙注册会计师为该审计项目负责人。

假定B商业银行以2013年年度经营亏损为由，要求A会计师事务所降低一定数额的审计收费，但允诺给予其正在申请的购买办公楼的按揭贷款利率予以相应优惠。A会计师事务所同意了B商业银行的要求，并与之签订了补充协议。

要求：判断A会计师事务所的上述做法是否违反独立性。

【案例分析】 A会计师事务所上述做法违反了审计独立性。因为A会计师事务所正在审计B商业银行2013年年度的财务报表，A会计师事务所取得贷款优惠，不是按正常的贷款程序、条件和要求进行的，而是以降低审计收费为条件来换取其正在申请的购买办公楼的按揭贷款利率的优惠，A会计师事务所与B商业银行之间存在审计收费以外的其他经济利益，威胁到审计独立性。

自我评价因素可能损害独立性的情形主要包括：（1）鉴证小组成员曾是鉴证客户的董事、经理、其他关键管理人员或能够对鉴证业务产生直接重大影响的员工；（2）为鉴证客户提供直接影响鉴证业务对象的其他服务；（3）为鉴证客户编制属于鉴证业务对象的数据或其他记录。

【案例2—2】 甲公司系乙会计师事务所的常年审计客户。2013年11月，乙会计师事务所与甲公司续签了审计业务约定书，审计甲公司2013年年度财务报表。甲公司由于财务人员短缺，2013年向乙会计师事务所借用一名注册会计师，由该注册会计师将经会计主管审核的记账凭证录入计算机信息系统。乙会计师事务所未委派该注册会计师参加甲公司2013年年度财务报表审计项目组。

要求：判断乙会计师事务所上述做法是否违反独立性。

【案例分析】 乙会计师事务所上述做法不违反独立性。因为该注册会计师从事的记账凭证输入工作不属于编制鉴证业务对象的数据和其他记录，不会产生自我评价对独立性的危害，况且乙会计师事务所已采取措施防范可能的影响，即未委派该注册会计师参加甲公司2013年年度财务报表审计项目组。所以乙会计师事务所上述做法不违反独立性。

关联关系因素可能损害独立性的情形主要包括：（1）与鉴证小组成员关系密切的家庭成员是鉴证客户的董事、经理、其他关键管理人员或能够对鉴证业务产生直接重大影响的员工；（2）鉴证客户的董事、经理、其他关键管理人员或能够对鉴证业务产生直接重大影响的员工是会计师事务所的前高级管理人员；（3）会计师事务所的高级管理人员或签字注册会计师与鉴证客户长期交往；（4）接受鉴证客户或其董事、经理、其他关键管理人员或能够对鉴证业务产生直接重大影响的员工的贵重礼品或超出社会礼仪的款待。

外界压力因素可能损害独立性的情形主要包括：（1）在重大会计、审计等问题上与鉴证客户存在意见分歧而受到解聘威胁；（2）受到有关单位或个人不恰当的干预；（3）受到鉴证客户降低收费的压力而不恰当地缩小工作范围。

【案例2—3】 甲公司系A会计师事务所的常年审计客户。2013年11月，A会计师事务所与甲公司续签了审计业务约定书，审计甲公司2013年年度财务报表。假定由于甲公司降低2013年年度支付A会计师事务所的财务报表审计费用，仅支付以前年度审计费的二分之一，导致A会计师事务所审计收入不能弥补审计成本，A会计师事务所决定不再对甲公司下属的2个重要的销售分公司进行审计，并以审计范围受限为由出具了保留意见的审计报告。

要求：判断A会计师事务所上述做法是否损害独立性。

【案例分析】 A会计师事务所上述做法损害独立性。因为A会计师事务所受到甲公司降低收费的压力而不恰当地缩小工作范围，即由于外界压力对独立性造成威胁。

当识别出损害独立性的因素时，会计师事务所和注册会计师应当采取必要的措施以消除影响或将其降至可接受水平。

会计师事务所应当从整体上维护其独立性。维护独立性的措施主要包括：（1）会计师事务所的高级管理人员重视独立性，并要求鉴证小组成员保持独立性；（2）制定有关独立性的政策和程序，包括识别损害独立性的因素、评价损害的严重程度以及采取相应的维护措施；（3）建立必要的监督及惩戒机制以促使有关政策和程序得到遵循；（4）及时向所有高级管理人员和员工传达有关政策和程序及其变化；（5）制定能使员工向更高级别人员反映独立性问题的政策和程序。

在承办具体鉴证业务时，会计师事务所应当维护其独立性。维护独立性的措施主要包括：（1）安排鉴证小组以外的注册会计师进行复核；（2）定期轮换项目负责人及签字注册会计师；（3）与鉴证客户的审计委员会或监事会讨论独立性问题；（4）向鉴证客户的审计委员会或监事会告知服务性质和收费范围；（5）制定确保鉴证小组成员不代替签证客户行使管理决策或承担相应责任的政策和程序；（6）将独立性受到损害的签证小组成员调离鉴证小组。

当维护措施不足以消除损害独立性因素的影响或将其降至可接受水平时，会计师事务所应当拒绝承接业务或解除业务约定。

2. 客观

客观（Objectivity）是指注册会计师执行鉴证业务时，不应因偏见、利益冲突和他人的不当影响而损害其职业判断。它是一种思想状态，一种能为注册会计师的服务增加价值的品质，也是一项职业的特征。客观性原则要求注册会计师对有关事项的调查、判断和意见的表述，应当基于客观的立场，以客观事实为依据，不掺杂个人的主观意愿，也不受外部因素所引导、控制和约束，不为他人的意见所左右，在分析问题、处理问题时，不能以个人的好恶、推测、成见或偏见行事。

3. 公正

公正（Integrity）是指注册会计师执行鉴证业务时，应当保持正直和诚实，秉公处事、实事求是。公正是注册会计师职业得以存在的前提，是注册会计师获得公众依赖的基础，也是注册会计师执行所有专业服务的基准。它要求注册会计师应当具备坦率、诚实的品质，在所有职业关系和商业关系中不偏不倚地对待有关利益各方。

（二）专业胜任能力和应有的关注

注册会计师要向社会公众提供高质量的专业服务，除了要具有良好的职业品质外，还应具备较强的业务能力，遵守一定的技术要求，并保持应有的关注。

1. 专业胜任能力

注册会计师应当具有专业知识、技能或经验，能够胜任承接的工作。专业胜任能力既要求注册会计师具有专业知识、技能和经验，又要求其经济、有效地完成客户委托的业务。注册会计师如果不能保持和提高专业胜任能力，就难以完成客户委托的业务；注册会计师如果缺乏足够的知识、技能和经验提供专业服务，就构成了一种欺诈。依法取得注册会计师执业证书，表明其在该领域具备了一定的知识，但要保持专业胜任能力还需要不断地学习和提高，专业胜任能力是注册会计师职业得以存在的基石。专业胜任能力原则也要求当某项业务所需的能力超出注册会计师个人或其所在事务所的能力时，通常应当拒绝委托，不承接自己不能胜任的业务。

注册会计师应当通过教育、培训和执业实践保持和提高专业胜任能力。为保证专业服务符合国内和国际规定，要求：（1）注册会计师不得宣称自己具有本不具备的专业知识、技能或经验；（2）注册会计师不得提供不能胜任的专业服务；（3）在提供专业服务时，注册会计师可以在特定领域利用专家协助其工作；（4）在利用专家工作时，注册会计师应当对专家遵守职业道德的情况进行监督和指导。

2. 应有关注

应有关注是指注册会计师提供专业服务时，应当保持应有的职业关注、专业胜任能力和勤勉，并且随着业务、法规和技术的不断发展，应使自己的专业知识和技能保持在一定水平之上，以确保客户能够享受到高水平的专业服务。应有关注要求注册会计师在执业过程中保持职业谨慎，以质疑的思维方式评价所获取证据的有效性，并对产生怀疑的证据保持警觉。

（三）保密

注册会计师的职业性质决定了他能够掌握和了解大量的客户信息，即客户的商业秘密。这些商业秘密一旦被泄露或被利用，往往会给客户造成经济损失。因此，注册会计师需要保密，这是他与客户之间保持相互信赖的基础。

保密原则要求注册会计师对在执业过程中获知的信息保密。具体规定包括：(1) 注册会计师应当对执业过程中获知的客户信息保密，这一责任不因业务约定的终止而终止；(2) 注册会计师应当采取措施，确保业务助理人员和专家遵守保密原则；(3) 注册会计师不得利用在执业过程中获知的客户信息为自己或他人牟取不正当的利益。

除非有法定的或专业的披露权力及义务，在未经正当或特别授权的情况下，注册会计师不得使用或披露任何类似信息。注册会计师在以下情况下可以披露客户的有关信息：(1) 取得客户的授权，比如前后任注册会计师之间的沟通；(2) 根据法规要求，为法律诉讼准备文件或提供证据，以及向监管机构报告发现的违反法规行为；(3) 接受同业复核以及注册会计师协会和监管机构依法进行的质量检查。

（四）职业行为

注册会计师的行为应符合本职业的良好信誉，不得有任何损害职业形象的行为。注册会计师必须履行对社会公众、客户和同行的责任。

1. 对社会公众的责任

注册会计师应当遵守职业道德准则，履行相应的社会责任，维护社会公众利益。注册会计师行业的一个显著标志是对社会公众承担责任。社会公众利益是指注册会计师为之服务的人士和机构组成的整体的共同利益。注册会计师行业作为一个肩负重大社会责任的行业，应以维护社会公众利益为根本目标。

2. 对客户的责任

注册会计师对社会公众履行责任的同时，也对客户承担着特殊责任，包括：(1) 注册会计师应当在维护社会公众利益的前提下，竭诚为客户服务；(2) 注册会计师应当按照业务约定履行对客户的责任；(3) 注册会计师应当对执行业务过程中知悉的商业秘密保密，并不得利用其为自己或他人谋取利益；(4) 除有关法规允许的情形外，会计师事务所不得以或有收费形式为客户提供鉴证服务。

3. 对同行的责任

对同行的责任是指会计师事务所、注册会计师在处理与其他会计师事务所、注册会计师相互关系中所应遵循的道德标准，包括：(1) 注册会计师应当与同行保持良好的工作关系，配合同行工作；(2) 注册会计师不得诋毁同行，不得损害同行利益；(3) 会计师事务所不得雇用正在其他会计师事务所执业的注册会计师，注册会计师不得以个人名义同时在两家或两家以上的会计师事务所执业；(4) 会计师事务所不得以不正当手段与同行争揽业务。

4. 其他责任

能否争取到业务和拥有较多的客户，关系到一家会计师事务所的生存和发展。因而，在业务承接环节也最易发生败坏职业声誉的行为。因此，注册会计师应当维护职业形象，不得有损害职业形象的行为，包括：(1) 注册会计师应当维护职业形象，不得有可能损害职业形象的行为；(2) 注册会计师及其所在会计师事务所不得采用强迫、欺诈和利诱等方式招揽业务；(3) 注册会计师及其所在会计师事务所不得对其能力进行广告宣传以招揽业务；(4) 注册会计师及其所在会计师事务所不得以向他人支付佣金等不正当方式招揽业务，也不得向客户或通过客户获取服务费之外的任何利益；(5) 会计师事务所、注册会计师不得允许他人以本所或本人的名义承办业务。

(五) 技术准则

注册会计师应当遵照相关的技术准则提供专业服务。注册会计师应当遵守以下技术规则：(1) 中国注册会计师执业准则；(2) 企业会计准则；(3) 与执业相关的其他法律、法规和规章。

二、注册会计师的法律责任

注册会计师审计是一种有目的的、独立的、公正的具有权威性的经济鉴证活动，其结论正确与否对有关单位或个人具有很大影响，不仅涉及有关单位的经济利益，还会涉及某些个人的经济责任和法律责任，包括注册会计师应当承担的职业责任和法律责任。

(一) 注册会计师的职业责任

1. 对所审计财务报表的责任

在被审计单位治理层的监督下，按照适用的会计准则和相关会计制度的规定编制财务报表是被审计单位管理层的责任；按照中国注册会计师审计准则的规定，对财务报表发表审计意见是注册会计师的责任。

注册会计师作为独立的第三方，对财务报表发表审计意见，有利于提高财务报表的可信赖程度。为履行这一职责，注册会计师应当遵守职业道德规范，按照审计准则的规定计划和实施审计工作，搜集充分、适当的审计证据，并根据搜集的审计证据得出合理的审计结论，发表恰当的审计意见。注册会计师通过签署审计报告确认其责任。

2. 发现错误与舞弊的责任

错误是指导致财务报表错报的非故意行为。错误的主要情形包括：为编制财务报表而搜集和处理相关数据时发生失误；在做出会计估计或判断时，由于疏忽了某些事实，或没有充分理解有关事实，导致做出的会计估计或判断不恰当；在运用与确认、计量、分类或列报（包括披露，下同）相关的会计政策时发生失误。

舞弊是指被审计单位的管理层、治理层、员工或第三方使用欺骗手段获取不当或非法利益的故意行为。舞弊行为主体的范围很广，可能是被审计单位的管理层、治理层、员工或第三方。涉及管理层或治理层一个或多个成员的舞弊通常被称为“管理层舞弊”，只涉及被审计单位员工的舞弊通常被称为“员工舞弊”；舞弊行为的目的是为特定个人或利益集团获取不当或非法利益。

防止或发现舞弊是被审计单位治理层和管理层的责任。在财务报表审计中，注册会计师对错误和舞弊的责任在于，按照中国注册会计师审计准则的规定实施审计工作，获取财务报表在整体上不存在重大错报的合理保证，无论该错报是由舞弊还是由错误导致。这就要求注册会计师在实施审计时保持职业怀疑态度，按审计准则的要求，充分考虑审计风险，通过实施适当的审计程序，将使财务报表产生重大错报的错误和舞弊揭示出来。

由于审计的固有限制，注册会计师即使按照审计准则的规定恰当地计划和实施审计工作，也不能对财务报表整体不存在重大错报承担绝对保证，只能承担合理保证。承担合理保证的责任意味着审计工作并不能保证发现所有的重大错报（包括不能保证发现由所有的错误和舞弊导致的重大错报）。如果在完成审计工作后发现由舞弊导致的财务报表重大错报，特别是由串通舞弊或伪造文件记录导致的重大错报，并不必然表明注册会计师没有遵循审计准则。要判断注册会计师是否按照审计准则的规定实施了审计工作，应当取决于其是否根据具体情况实施了审计程序，是否获取了充分、适当的审计证据，以及是否根据证据评价结果，出具了恰当的审计报告。

3. 发现违反法规行为的责任

保证经营活动符合法律法规的规定，防止和发现违反法规行为是被审计单位管理层的责任。注册会计师不能对防止被审计单位违反法规行为负责，但执行年度财务报表审计可能是遏制违反法规行为的一项措施，因为注册会计师在执行年度财务报表审计过程中可能会发现被审计单位的违反法规行为。《中国注册会计师审计准则第 1142 号——财务报表审计中对法律法规的考虑》规定：在设计和实施审计程序以及评价和报告审计结果时，注册会计师应当充分关注被审计单位违反法规行为可能对财务报表产生重大影响。

（二）注册会计师的法律责任

注册会计师的法律责任是指注册会计师未能履行审计责任，违反法律、执业准则而应该承担的法律责任。会计师事务所和注册会计师在执业过程中未能履行合同条款，或者未能保持应有的职业怀疑，或者故意出具不实报告，致使审计报告的使用者遭受损失，依照有关法律、法规，注册会计师或会计师事务所应承担相应的法律责任。

注册会计师的违约、过失和欺诈行为是产生法律责任的真正根源。法律责任的出现，通常是因为注册会计师在执业时没有保持应有的职业怀疑，并因此导致了对其他人权利的损害。应有的职业怀疑（或称职业谨慎）指的是注册会计师应当具备足够的专业知识和业务能力，在执业时，要以质疑的思维方式评价所获取证据的有效性，并对产生怀疑的证据保持警觉。如果注册会计师在审计过程中没有尽到应有的职业怀疑，就属于审计失败（审计失败是指注册会计师出于没有遵守审计准则的要求而发表了错误的审计意见）。在这种情况下，注册会计师则可能会因其在工作中未能恪守应有的职业怀疑而要对客户或客户以外的第三者承担法律责任。

1. 违约

所谓“违约”，是指合同的一方或几方未能达到合同条款的要求。违约责任是指注册会计师因违反业务合同约定造成了损失而承担的法律责任。比如，在商定的期间内，注册会计师未能完成审计或者其他业务约定，或违反了与被审计单位订立的保密协议等。

2. 过失

所谓“过失”，是指在一定条件下，缺少应具有的合理的谨慎。评价注册会计师的过失，是以其他合格注册会计师在相同条件下可做到的谨慎为标准的。当过失给他人造成损害时，注册会计师应负过失责任。通常按过失程度不同，分为普通过失和重大过失。

普通过失通常是指注册会计师没有保持应有的职业怀疑、没有完全遵循专业准则的要求。例如，未按特定审计项目取得充分、适当的审计证据就出具审计报告的情况，可视为普通过失。

重大过失是指注册会计师连起码的职业谨慎都不保持，对业务或事务不加考虑，满不在乎；根本没有遵循专业准则或没有按专业准则的基本要求执行业务。

此外，还有一种过失叫“共同过失”，即对于他人过失，受害方自己未能保持合理的谨慎，因而蒙受损失。

3. 欺诈

欺诈，是以欺骗或坑害他人为目的的一种故意的错误行为。作案具有不良动机是欺诈的重要特征，也是欺诈与普通过失和重大过失的主要区别之一。对于注册会计师而言，欺诈就是为了达到欺骗他人的目的，明知委托人的财务报表有重大错报，却加以虚伪的陈述，出具无保留意见的审计报告。简而言之，欺诈属于注册会计师的舞弊行为。

（三）注册会计师法律责任的种类

注册会计师因违约、过失或欺诈给被审计单位或其他利害关系人造成损失的，按照有关法律和规定，可能被判负行政责任、民事责任或刑事责任。这三种责任可单处，也可并处。

(1) 行政责任是指注册会计师由于行政违法而应承担的法律后果。行政责任的具体表现是仍据法律规定，承受一定的制裁。行政制裁是国家行政机关、行业管理部门对行政违法行为追究行政责任所给予的制裁，分为行政处罚和纪律处分两种。对注册会计师个人来说，行政处罚包括警告、暂停执业、吊销注册会计师证书；对会计师事务所而言，行政处罚包括警告、没收违法所得、罚款、暂停执业、撤销等。

(2) 民事责任是指注册会计师由于民事违法而应承担的法律后果。我国会计师事务所和注册会计师承担的民事责任形式主要有赔偿损失、支付违约金等。

(3) 刑事责任是指注册会计师由于违反国家的法律法规，情节严重，构成刑事犯罪行为而应承担的法律后果。刑事责任的表现，就是依据刑法及有关法规，承受一定的刑事制裁。

一般来说，因违约和过失可能使注册会计师负行政责任和民事责任，因欺诈可能使注册会计师负民事责任和刑事责任。

近年来，我国颁布的不少重要的经济法律、法规中，都有专门规定会计师事务所、注册会计师法律责任的条款，如《注册会计师法》、《公司法》、《证券法》和《刑法》等，目的是强化注册会计师的责任意识，严格注册会计师的法律责任，以保证其职业道德和执业质量。

（四）注册会计师法律责任的防范

注册会计师的职业特点决定了它是一个容易遭受法律诉讼的行业，那些蒙受损失的受害人总想通过起诉注册会计师尽可能使损失得以补偿。在我国，随着注册会计师地位、作用和知名度的不断提高，注册会计师的社会影响力越来越大。政府部门和社会公众在了解注册会计师作用的同时，对注册会计师责任的了解也在增加。近几年来，我国注册会计师行业发生了一系列震惊整个行业乃至全社会的案件。有关会计师事务所均因出具虚假审计报告造成严重后果而被撤销、没收财产或取消特许业务资格，有关注册会计师也被吊销资格，有的被追究刑事责任。除一些大案件外，涉及注册会计师的中小型诉讼案更有日益上升的趋势。如何避免法律诉讼，已成为我国注册会计师非常关注的问题。

1. 注册会计师减少过失和防止欺诈的措施

注册会计师要避免法律诉讼，就必须在执行审计业务时尽量减少过失，为此，注册会计师应达到以下基本要求。

(1) 增强执业独立性。

独立性是注册会计师审计的生命。在实际工作中，绝大多数注册会计师能够始终如一地遵循审计准则，但也有少数注册会计师忽视独立性，甚至接受可能是错误的陈述，并帮助被审计单位掩饰舞弊。

(2) 保持职业谨慎。

在所有注册会计师审计过失中，最主要的是由于缺乏认真而谨慎的职业态度而引起的。在执行审计业务过程中，没有严格遵守审计准则，没有执行适当的审计程序，对有关被审计单位的问题没有保持应有的职业谨慎，或为节省时间而缩小审计范围和简化审计程序，都会导致财务报表中的重大错报未被发现。

(3) 强化执业监督。

审计中的许多差错是由于注册会计师失察或未能对助理人员进行切实的监督而发生的。对于业务复杂且重大的委托单位来说，其审计是由多个注册会计师及助理人员共同协作完成。如果审计人员分工不合理，又缺乏严密的执业监督，发生过失是不可避免的。

2. 注册会计师避免法律诉讼的措施

(1) 严格遵循职业道德规范和执业准则的要求。

注册会计师是否应承担法律责任，关键在于注册会计师是否有过失或欺诈行为。而判别注册会计师是否具有过失的关键在于注册会计师是否按照执业准则的要求执业。因此，保持良好的职业道德，严格遵循执业准则的要求执行业务、出具报告，对于避免法律诉讼或在提起的诉讼中保护注册会计师具有无比的重要性。

(2) 建立、健全会计师事务所质量控制制度。

会计师事务所不同于一般的公司、企业，质量管理是会计师事务所生存的核心。如果一个会计师事务所质量管理不严，很有可能因为某一个人或一个部门的原因导致整个会计师事务所遭受灭顶之灾。因此，会计师事务所必须建立健全一套严密、科学的内部质量控制制度，并把这套制度推行到每一个人、每一个部门和每一项业务，迫使注册会计师按照专业标准的要求执业，保证整个会计师事务所的质量。

(3) 严格签订业务约定书。

《注册会计师法》第16条规定：注册会计师承办业务，会计师事务所应与委托人签订委托合同（即业务约定书）。业务约定书具有法律效力，它是确定注册会计师和委托人责任的一个重要文件。会计师事务所不论承办何种业务，都要按照业务约定书准则的要求与委托人签订约定书，这样才能在发生法律诉讼时将一切争辩减少到最低限度。

(4) 审慎选择被审计单位。

中外注册会计师法律案例告诉我们，注册会计师如果想避免法律诉讼，必须慎重地选择被审计单位。如果被审计单位对其顾客、职工、政府部门和其他方面没有正直品格，也必然会蒙骗注册会计师，使注册会计师落入它们设定的圈套。因此，注册会计师在接受委托之前，一定采取必要的措施了解被审计单位的历史情况，如与前任注册会计师联系等程序，评价她的品格，弄清委托的真正目的，尤其是在执行特殊目的业务时更应如此。对陷入财务和法律困境的被审计单位要尤为注意。一般说来，不宜与下列被审计单位打交道：曾经有不诚实的记录或在业界的声誉不佳的；以前年度曾经发生过舞弊或违反法律法规行为的；管理层过分强调盈利预测的实现和企业股价的表现的；管理层过去常与注册会计师发生争议，或曾经欺骗过注册会计师，或对注册会计师不够尊重的；经常变更会计师事务所、倾向于购买审计意见的；经常从事内幕交易的；倾向于采用不稳健的会计政策和不适当的冒险做法的；面临较大的经济和财务压力，陷入财务困境的。

（5）深入了解被审计单位的业务。

在很多案件中，注册会计师未能发现错误，一个非常重要的原因就是不了解被审计单位所在行业的情况及被审计单位的实际业务。会计是经济活动的综合反映，不熟悉被审计单位的经济业务和生产经营实务，仅局限于有关的会计资料，就可能发现不了某些错误。

（6）提取风险基金或购买责任保险。

在西方国家，投保充分的责任保险是会计师事务所一项极为重要的保护措施。尽管保险不能免除可能受到的法律诉讼，但能防止或减少诉讼失败时会计师事务所发生的财务损失。我国《注册会计师法》也规定了会计师事务所应当按规定建立职业风险基金，办理职业保险。

（7）聘请熟悉注册会计师法律责任的律师。

会计师事务所在可能的条件下，应当聘请熟悉相关法规及注册会计师法律责任的律师。在执业过程中如遇重大法律问题，注册会计师应同本所的律师或外聘律师详细讨论所有潜在的危险情况，并仔细考虑律师的建议。一旦发生法律诉讼，也应聘请有经验的律师参与诉讼。

四、民间审计与政府审计、内部审计的关系

（一）民间审计与政府审计的关系

最初的政府审计是随着国家管理事务中经济责任关系的形成，为了促使经济责任的严格履行而诞生的。现代意义上的政府审计是近代民主政治发展的产物。按照民主政治的原则，人民有权对国家事务和人民财产的管理进行监督。因此，各级政府机构和官员在受托管理属于全民所有的公共资金和资源的同时，还要受到严格的经济责任制度的约束。这种约束方式就表现为政府审计机关对受托管理者的经济责任进行监督。因此，政府审计担负的是对全民财产的审计责任。

民间审计是商品经济发展到一定阶段的必然产物，也是商品经济条件下社会经济监督机制的主要表现形式。由于所有权与经营权的分离，以及债权人对自身权益的关心，必然产生对投资运用或债务收回前景的密切关注。这种关注即依赖于民间的审计结果。因此，相对于审计客体而言，政府审计和注册会计师审计均是外部审计，都具有较强的独立性。从我国来看，两者在许多方面存在区别：

1. 两者的审计目标不同

政府审计是对单位的财政收支或者财务收支的真实、合法和效益依法进行的审计。民间审计是注册会计师对财务报表是否按照适用会计准则和相关会计制度编制进行的审计。

2. 两者的审计标准不同

政府审计是审计机关依据《审计法》和国家审计准则等进行的审计。民间审计是注册会计师依据《注册会计师法》和中国注册会计师审计准则进行的审计。

3. 两者的经费或收入来源不同

政府审计履行职责所必需的经费，应当列入财政预算，由本级人民政府予以保证。注册会计师的审计收入来源于审计客户，由注册会计师和审计客户协商确定。

4. 两者的取证权限不同

审计机关有权就审计事项的有关问题向有关单位和个人进行调查，并取得有关证明材料。有关单位和个人应当支持、协助审计机关工作，如实向审计机关反映情况，提供有关证明材料。注册会计师在获取证据时很大程度上有赖于被审计单位及相关单位的配合和协助，对被审计单位及相关单位没有行政强制力。

5. 两者对发现问题的处理方式不同

审计机关审定审计报告，对审计事项做出评价，出具审计意见书；对违反国家规定的财政收支、财务收支行为，需要依法给予处理、处罚的，在法定职权范围内做出审计决定或者向有关主管机关提出处理、处罚意见。注册会计师对审计过程中发现需要调整和披露的事项只能提请被审计单位调整和披露，没有行政强制力，如果被审计单位拒绝调整和披露，注册会计师视情况出具保留意见或否定意见的审计报告；如果审计范围受到被审计单位或客观环境的限制，注册会计师视情况出具保留意见或无法表示意见的审计报告。

（二）民间审计与内部审计的关系

内部审计与民间审计一样都是现代审计体系的组成部分。从我国情况看，民间审计与内部审计在许多方面存在很大区别：

1. 两者的审计目标不同

内部审计主要是对内部控制的有效性、财务信息的真实性和完整性以及经营活动的效率和效果所开展的一种评价活动。民间审计主要对被审计单位财务报表的合法性和公允性进行审计。

2. 两者独立性不同

内部审计为组织内部服务，接受总经理或董事会的领导，独立性较弱。民间审计为需要可靠信息的第三方提供服务，不受被审计单位管理层的领导和制约，独立性较强。

3. 两者接受审计的自愿程度不同

内部审计是代表总经理或董事会实施的组织内部监督，是内部控制制度的重要组成部分，单位内部的组织必须接受内部审计人员的监督。注册会计师审计是以独立的第三方对被审计单位进行的审计，委托人可自由选择会计师事务所。

4. 两者遵循的审计标准不同

内部审计人员遵循的是内部审计准则。注册会计师遵循的是注册会计师审计准则。

5. 两者审计的时间不同

内部审计通常对单位内部组织采用定期或不定期的审计，时间安排比较灵活。民间审计通常是定期审计，每年对被审计单位的财务报表审计一次。

民间审计与内部审计尽管存在很大的差别，但是民间审计作为一种外部审计，在工作中要利用内部审计的工作成果。任何一种外部审计在对一个单位进行审计时，都要对其内部审计的情况进行了解并考虑是否利用其工作成果。这是由于：

第一，内部审计是单位内部控制的一个重要组成部分。内部审计作为单位内部的经济监督机构，虽然不参与单位内部的经济管理活动，但主要对各项经营管理活动是否达到预定目标，是否遵循了单位的规章制度等进行监督，属于单位内部控制体系的一个组成部分。外部审计人员在对被审计单位进行审计时，要对内部控制进行测评，就须了解其内部审计的设置和工作情况。

第二，内部审计和外部审计在工作上具有一致性。内部审计在审计内容、审计方法等方面都和外部审计有许多一致之处。例如，在进行财务审计时，两者在方法上都要评价内部控制制度，检查凭证、账册，核对账表一致性等。这就为外部审计利用内部审计工作的成果创造了条件。

第三，利用内部审计工作成果可以提高工作效率，节约审计费用。外部审计人员在对内部审计工作进行评价以后，利用其全部或者部分工作成果，可以减少现场测试的工作量，提高工作效率，从而节约被审计单位的审计费用。

复习思考题

1. 简述我国的审计组织体系。
2. 简述我国政府审计机关的设置、职责和权限。
3. 简述民间审计的业务范围。
4. 简述我国内部审计机构的设置、职责和权限。
5. 简述独立、客观、公正的含义。
6. 什么是职业怀疑？注册会计师应该如何保持应有的职业怀疑？
7. 什么是注册会计师的过失？如何区分注册会计师的普通过失和重大过失？什么是注册会计师的欺诈？
8. 注册会计师如何避免法律诉讼？
9. 简述政府审计、民间审计和内部审计的主要特征。

第三章　审计目标

学习目标

通过本章的学习，掌握政府审计、民间审计和内部审计的总目标；理解和掌握民间审计理论中被审计单位通过会计报表所进行的认定；掌握注册会计师根据总目标和被审计单位的认定确定的具体目标。

第一节　审计总目标

审计目标（Audit Objectives）是指在一定历史环境下，人们通过审计实践活动所期望达到的理想境界或最终结果，也是审计活动的目的与要求。审计目标的确定，除受审计对象的制约之外，还取决于审计的社会属性、审计基本职能和审计授权者或委托者对审计工作的要求。同时，审计目标规定了审计的基本任务，决定了审计的基本过程和应办理的审计手续。审计目标具有一定的层次性，分为总目标和具体目标。

审计总目标是根据审计授权人和委托人的要求，对被审计单位或个人所应承担的经济责任的监督、鉴证与评价，是一种带有战略性的综合性目标。审计的目标因审计主体的不同有所区别。

一、政府审计总目标

我国的政府审计目标要体现国家实行审计监督制度的需要，根据《审计法》及《国家审计准则》的规定，其总目标是通过监督被审计单位财政收支、财务收支以及有关经济活动的真实性、合法性、效益性，维护国家经济安全，推进民主法治，促进廉政建设，保障国家经济和社会健康发展。

（1）真实性。是指反映财政收支、财务收支以及有关经济活动的信息与实际情况相符合的程度。即财政收支、财务收支及其有关的经济活动是否发生、是否真实存在，在会计资料及其他有关资料中的反映，是否符合客观实际，有无任意增加、减少、隐瞒等虚假行为。

（2）合法性。是指财政收支、财务收支以及有关经济活动遵守法律、法规或者规章的情况。即财政收支、财务收支及其有关的经济活动是否遵循法律、法规和有关规章制度的规定。如各级预算内财政资金的支出必须符合本级人民代表大会批准的预算，企业成本、费用的计算、归集和分配必须符合国家有关会计准则、财务通则等财务会计制度有关方面的规定。

(3) 效益性。是指财政收支、财务收支以及有关经济活动实现的经济效益、社会效益和环境效益。即财政收支、财务收支及其有关的经济活动的经济效益和效果。这里所讲的效益，不仅仅是指用于经营资金所产生的经济效益，还包括资金投入的经济性，即资金是否节约；资金运用的效率，即资金合理利用的程度；资金使用的效果，即是否达到预期的目标。有些资金使用并不能产生经济效益，但一定会产生相应的社会效果。

二、内部审计总目标

内部审计，是指组织内部的一种独立客观的监督和评价活动。内部审计的总目标是通过审查和评价组织内部经营活动及内部控制的适当性、合法性和有效性来促进组织目标的实现。根据《审计署关于内部审计工作的规定》的规定，内部审计是独立监督和评价本单位及所属单位财政收支、财务收支及其有关的经济活动的真实、合法和效益的行为，以促进经济管理的加强和经济目标的实现。

三、注册会计师审计总目标

《中国注册会计师执业准则》将鉴证业务按保证程度分为合理保证和有限保证。合理保证的保证水平高于有限保证的保证水平。合理保证鉴证业务的目标是注册会计师将鉴证业务风险降至该业务环境下可接受的低水平，以此作为以积极方式提出结论的基础。财务报表审计属于合理保证鉴证业务，因此其目标应符合合理保证鉴证业务的目标，即将审计业务风险降至审计业务环境下可接受的低水平。该目标是注册会计师审计业务的终极目标。注册会计师对财务报表的审计目标包括财务报表审计的总目标和与各类交易、账户余额和披露相关的审计目标两个层次。

根据《中国注册会计师审计准则第 1101 号——财务报表审计的目标和审计工作的基本要求》规定，审计的目的是提高财务报表预期使用者对财务报表的信赖程度。这一目的可以通过注册会计师对财务报表是否在所有重大方面按照适用的财务报告编制基础编制发表审计意见得以实现。就大多数通用目的财务报告编制基础而言，注册会计师针对财务报表是否在所有重大方面按照财务报告编制基础编制并实现公允反映发表审计意见。

在执行财务报表审计工作时，注册会计师审计的总体目标是：

(1) 对财务报表整体是否不存在由于舞弊或错误导致的重大错报获取合理保证，使得注册会计师能够对财务报表是否在所有重大方面按照适用的财务报告编制基础编制发表审计意见。

(2) 按照审计准则的规定，根据审计结果对财务报表出具审计报告，并与管理层和治理层沟通。

应该指出，注册会计师的审计意见旨在提高财务报表的可信赖程度。这是对财务报表审计业务目标的一个原则性的界定，该目标是注册会计师财务报表审计业务的总目标。

第二节　被审计单位的认定

一、认定的含义

认定，是指被审计单位的管理层在财务报表中做出的明确或隐含的表达。认定与审计目标密切相关，注册会计师的基本职责就是确定被审计单位管理层对其财务报表的认定是否恰当。注册会计师了解了认定，就很容易确定每个项目的具体目标，并以此作为评估重大错报风险以及设计和实施进一步审计程序的基础。

管理层在财务报表上的认定有些是明确表达的，有些则是隐含表达的。例如，管理层在资产负债表中列报存货及其金额，意味着做出了下列明确的认定：

(1) 记录的存货是存在的。

(2) 存货以恰当的金额包括在财务报表中，与之相关的计价或分摊调整已恰当记录。

同时，管理层也做出下列隐含的认定：

(1) 所有应当记录的存货均已记录。

(2) 记录的存货都由被审计单位拥有。

二、认定的分类

管理层对财务报表各组成要素均做出了认定，注册会计师的审计工作就是要确定管理层的认定是否恰当。为了有针对性的获取审计证据，实现审计目标，注册会计师将被审计单位的认定通常分为以下三类。

(一) 一定期间各项交易或事项的认定

1. 发生

会计系统中记录的交易或事项已发生且与被审计单位有关。该认定明示地表达了凡是被审计单位会计系统中记录的交易或事项确实已经发生，不存在虚构交易或事项的情形。该认定与被审计单位交易或事项的“高估”的舞弊或错误相关。

2. 完整性

被审计单位所有应当记录的交易或事项均已记录。该认定暗示地表达了凡是被审计单位已经发生的交易或事项均已记录于会计系统，不存在漏记交易或事项的情形。该认定与被审计单位交易或事项的“低估”的舞弊或错误相关。

3. 准确性

与交易或事项有关的金额及其他数据已恰当记录被审计单位的会计系统。该认定明示地表达了被审计单位会计系统中记录的交易或事项的金额是正确的，不存在金额方面的舞弊或错误。需注意的是，“发生”和“完整性”认定侧重于交易或事项“项目”的虚增或虚减，而“准确性”则是侧重于“金额”记录或计算的正确性。

4. 截止

本公司的交易或事项已记录于正确的会计期间。该认定暗示地表达了被审计单位按照会计分期假设和及时性质量信息要求进行了正确的会计处理，不存在“跨期”调解交易或事项的错误或舞弊。

5. 分类

本公司的交易或事项已记录于恰当的账户。该认定明示地表达了被审计单位是按照公认会计原理和会计准则的要求进行会计核算的，对交易或事项会计核算正确，以恰当记录于有关账户。

（二）与期末账户余额相关的认定

被审计单位的资产负债表是根据各账户的期末余额编制的，而账户的期末余额是各账户的期初余额和本期发生的交易或事项共同影响的结果。被审计单位对账户期末余额进行了下列认定：

1. 存在

被审计单位各账户期末余额记录的资产、负债和所有者权益是存在的。该认定明示地表达了各资产、负债、所有者权益类账户期末结账后，结出的账户期末余额对应的资产、负债、所有者权益确实存在。不存在虚列资产、负债和所有者权益的情形。该认定与被审计单位资产、负债、所有者权益的“高估”的舞弊或错误相关。

2. 完整性

被审计单位所有应当记录的资产、负债和所有者权益均已记录。该认定暗示地表达了凡属于被审计单位的资产、负债和所有者权益均已记录于会计系统，不存在漏记、少计的情形。该认定与资产、负债、所有者权益项目期末余额项目“低估”的舞弊或错误相关。

3. 权利与义务

会计系统记录的资产由被审计单位拥有或控制，记录的负债是被审计单位应当履行的偿还义务。该认定暗示地表达了被审计单位会计系统中记录的资产归被审计单位所有，不存在产权争议。记录的负债是被审计单位承担的偿还义务，被审计单位具有偿还义务。

4. 计价与分摊

资产、负债和所有者权益以恰当的金额包括在财务报表中，与之相关的计价或分摊调整已恰当记录。该认定明示地表达了资产、负债、所有者权各账户的余额所列金额是正确和恰当的。如固定资产折旧的计提、坏账的估计等各种计价、摊销和结转方法合理，计算结果正确。

（三）与财务报表的列报和披露相关的认定

前述一定期间各类交易或事项认定正确，以及各项资产、负债、所有者权益账户余额的认定正确只是为列报正确打下了必要的基础，但是财务报表还可能因被审计单位误解有关列报的规定或舞弊等而产生错报。另外，被审计单位还可能因没有遵守一些专门的披露要求而导致财务报表错报。被审计单位通过财务报表的认定包括：

1. 发生及权利和义务

列报和披露的交易或事项和其他情况已发生，且与被审计单位有关。该认定明示表达了利润表、现金流量表及会计报表附注中列报和披露的交易或事项确实已经发生。资产负债表及报表附注中所列报或披露的资产、负债、所有者权益确实存在，并属被审计单位的权利或义务。即会计报表中不存在“虚列”项目情形，该认定与财务报告的“高估”相关。

2. 完整性

所有应当包括在财务报表中的披露均已包括。该认定暗示了被审计单位的列报和披露是充分的，不存在应列报和披露而未列报和披露的事项，即财务报表中不存在“漏记”项目情形，该认定与财务报表的“低估”相关。

3. 分类和可理解性

财务信息已被恰当地列报和描述，且披露内容表述清楚。

4. 准确性和计价

财务信息和其他信息已公允披露，且金额恰当。

第三节　注册会计师具体审计目标

注册会计师具体审计目标是审计总目标的具体化，并受到总目标的制约，它是注册会计师为实现审计总目标，根据被审计单位的认定而确定的。包括与各类交易或事项相关的审计目标、与期末账户余额相关的审计目标和与列报相关的审计目标三个层次。具体审计目标必须根据被审计单位管理层认定和审计总目标来确定。

一、与各类交易或事项相关的审计目标

（一）发生

由被审计单位关于“发生”认定推导出的具体审计目标是，已记录的交易和事项是真实的。例如，如果没有发生销售交易，但在销售日记账中记录了一笔销售，则被审计单位违反了该目标。

发生认定所要解决的问题是管理层是否把那些不曾发生的项目记入财务报表，它主要与财务报表组成要素的高估有关。

（二）完整性

由被审计单位“完整性”认定推导出的审计目标是，已发生的交易确实已经记录于会计系统。例如，如果发生了销售交易，但没有在销售日记账和总账中记录，则违反了该目标。

发生和完整性两者强调的是相反的关注点，发生目标针对潜在的高估，而完整性目标则针对漏记交易（低估）。

（三）准确性

由准确性认定推导出的审计目标是已记录的交易是按正确金额反映的。例如，如果销售交易中发出商品的数量与账单上的数量不符，或是开账单时使用了错误的销售价格，或是账单中的乘积或加总有误，或是在销售日记账中记录了错误的金额，则违反了该目标。

准确性与发生、完整性之间存在区别，发生和完整性是针对“项目”存在的舞弊或错误，而准确性是针对金额。例如，若已记录的销售交易是不应当记录的（如发出的商品是寄销商品），则即使发票金额是准确计算的，仍违反了发生目标；又如，若已入账的销售交易是对正确发出商品的记录，但金额计算错误，则违反了准确性目标，但没有违反发生目标。在完整性与准确性之间也存在同样的关系。

（四）截止

由截止认定推导出的审计目标是接近于资产负债表日的交易或事项记录于恰当的会计期间。例如，如果本期交易推到下期，或下期交易提到本期，均违反了截止目标。

（五）分类

由分类认定推导出的审计目标是被审计单位记录的交易经过适当分类。例如，如果将现销记录为赊销，将出售经营性固定资产所得的收入记录为营业收入，则导致交易分类的错误，违反了分类的目标。与各类交易和事项相关的认定与具体审计目标的关系列表，如表3—1所示。

表3—1　与各类交易和事项相关的认定与具体审计目标的关系表

序号	认定的分类	各类认定的含义	具体审计目标 （注册会计师需要确认的事项）
1	发生	记录的交易和事项已发生，且与被审计单位有关	已记录的交易是真实的
2	完整性	所有应当记录的交易和事项均已记录	已发生的交易确定已经记录
3	准确性	与交易和事项有关的金额及其他数据已恰当记录	已记录的交易是按正确金额反映的
4	截止	交易和事项已记录于正确的会计期间	接近于资产负债表日的交易记录于恰当的期间
5	分类	交易和事项已记录于恰当的账户	被审计单位记录的交易经过适当分类

【案例3—1】　甲会计师事务所接受乙上市公司委托对其2013年年度财务报表进行审计。注册会计师张明作为该业务的项目负责人需要对管理层的有关固定资产认定作出判断。乙公司当年购入一台设备，会计部门在入账时，漏记了该设备的运费，经查该笔运费占购买价款的15%。

要求：注册会计师张明判断乙上市公司此项交易处理违反了哪项认定？

【案例分析】　注册会计师张明判定乙上市公司此项交易处理不符合准确性认定。因为交易确实已经记录，但是已经记录的交易是按错误金额反映的。

二、与期末账户余额相关的审计目标

（一）存在

由存在认定推导出的审计目标是各账户余额记录的金额确实存在。例如，如果不存在某顾客的应收账款，在该公司的应收账款明细账中却列出了对该顾客的应收账款，则违反了存在目标。

（二）完整性

由完整性认定推导出的审计目标是已存在的金额均已记录于各账户余额。例如，如果存在应向某顾客收取的应收账款，但在应收账款明细账中却没有列入对该顾客的应收账款，则违反了完整性目标。

（三）权利和义务

由权利和义务认定推导出的审计目标是各资产账户期末所列资产归属于被审计单位，各负债账户期末所列负债属于被审计单位的义务。例如，将他人寄售的商品记入被审计单位的存货中，则违反了权利目标；将不属于被审计单位的债务记入账内，则违反了义务目标。

（四）计价或分摊

资产、负债和所有者权益以恰当的金额包括在财务报表中，与之相关的计价或分摊调整已恰当记录。

与期末账户余额相关的认定与具体审计目标的关系列表，如表3—2所示。

表3—2　与期末账户金额相关的认定与具体审体目标的关系表

序号	认定的分类	各类认定的含义	具体审计目标（注册会计师需要确认的事项）
1	存在	记录的资产，负债和所有者权益是存在的	记录的金额确实存在
2	权利和义务	记录的资产由被审计单位拥有或控制，记录的负债是被审计单位应当履行的偿还义务	资产归属于被审计单位，负债属于被审计单位的义务
3	完整性	所有应当记录的资产，负债和所有者权益均已记录	已存在的金额均已记录
4	计价或分摊	资产、负债和所有者权益以恰当的金额包括在财务报表中，与之相关的计价或分摊调整已恰当记录	资产，负债和所有权益以恰当的金额包括在财务报表中，与之相关的计价或分摊调整已恰当记录

【案例3—2】 注册会计师张明在审计甲上市公司年度财务报表时，关注到下列事项：（1）资产负债表所列的存货均存在并可供使用；（2）所有应当记录的存货均已记录；（3）当期的全部销售交易均已登记入账；（4）期末已按成本与可变现净值孰低的原则计提了存货跌价准备。

要求：请代注册会计师张明针对上述交易或事项，列出分别应确定哪些具体审计目标。

【案例分析】 根据事项（1）应确认与期末“存货”余额相关的“存在”具体目标；根据事项（2）应确认期末“存货”余额相关的“完整性”审计目标；根据事项（3）应确认与“销售”交易相关的“完整性”审计目标；根据事项（4）应确认与“存货”余额相

关的“计价或分摊”审计目标。

三、与列报相关的审计目标

各类交易和账户余额的认定正确只是为列报正确打下了必要的基础，财务报表还可能因被审计单位误解有关列报的规定，或没有遵守一些专门的披露要求，或舞弊等而导致财务报表产生错报。因此，注册会计师还应当对各类交易、账户余额及相关事项在财务报表中列报的正确性实施审计。

（一）发生及权利和义务

如果被审计单位将没有发生的交易、事项，或与被审计单位无关的交易和事项包括在财务报表中，则违反该目标。例如，复核董事会会议记录中是否记载了应收账款质押或售让等事项，询问管理层应收账款是否经过质押或出售，即是对列报的权利认定的运用。如果质押或售让应收账款则需要在财务报表中列报，说明其权利受到限制。

（二）完整性

如果应当披露的事项没有包括在财务报表中，则违反该目标。例如，检查关联方和关联交易，以验证其在财务报表中是否得到充分披露，即是对列报的完整性认定的运用。

（三）分类和可理解性

财务信息已被恰当地列报和描述，且披露内容表述清楚。例如，检查存货的主要类别是否已披露，是否将一年内到期的长期负债列作流动负债，即是对列报的分类和可理解性认定的运用。

（四）准确性和计价

财务信息和其他信息已公允披露，且金额恰当。例如，检查财务报表附注是否分别对原材料、在产品和产成品等存货成本核算方法作了恰当说明，即是对列报的准确性和计价认定的运用。

与列报相关的认定与具体审计目标的关系列表，如表 3—3 所示。

表 3—3　　与列报相关的认定与具体审计目标的关系表

序号	认定的分类	各类认定的含义	具体审计目标（注册会计师需要确认的事项）
1	发生及权利和义务	披露的交易、事项和其他情况已发生，且与被审计单位有关	发生的交易、事项、或与被审计单位有关的交易和事项包括在财务报表中
2	完整性	所有应当包括在财务报表中的披露均已包括	应当披露的事项已包括在财务报表中
3	分类和可理解性	财务信息已被恰当地列报和描述，且披露内容表述清楚	财务信息已被恰当地列报和描述，且披露内容表述清楚
4	准确性和计价	财务信息和其他信息已公允披露，且金额恰当	财务信息和其他信息已公允披露，且金额恰当

在审计过程中，注册会计师应紧紧围绕具体审计目标搜集证据。将搜集的证据累积起来，注册会计师就可对管理层的任何认定是否正确下结论，再把对每个认定的结论综合起来，就可对整个财务报表发表意见了。

第四节　审计程序

审计程序是审计人员对审计项目从开始到结束的整个过程中所采取的系统性工作步骤。为了使审计工作有组织、有计划、有步骤地进行，保证审计工作的质量和提高审计工作效率，审计人员执行审计业务时，都必须遵循一定的审计程序，选用一定的审计方法来获取审计证据，以支持其对被审计单位的财务状况和经营成果发表审计意见和做出审计结论。

审计程序的规范化，有利于审计工作的管理和控制；有利于审计人员掌握审计工作规律；有利于提高审计工作的效率和质量；有利于贯彻各项法律、法规和政策，维护各方权益，更好地实现审计职能。

一、注册会计师审计程序

风险导向审计模式要求注册会计师在审计过程中，以重大错报风险的识别、评估和应对作为工作主线。相应地，审计程序大致可分为以下几个阶段。

（一）接受业务委托

会计师事务所应当按照执业准则的规定，谨慎决策是否接受或保持某客户关系和具体审计业务。在接受新客户的业务前，或决定是否保持现有业务或考虑接受现有客户的新业务时，会计师事务所应当执行有关客户接受与保持的程序，以获取相应信息。会计师事务所执行客户接受与保持的程序的目的，旨在识别和评估会计师事务所面临的风险。例如，如果注册会计师发现潜在客户正面临财务困难，或者发现现有客户曾做出虚假陈述，那么可以认为接受或保持该客户的风险非常高，甚至是不可接受的。会计师事务所除考虑客户的风险外，还需要考虑自身执行业务的能力，如当工作需要时能否获得合适的具有相应资格的员工；能否获得专业化协助；是否存在任何利益冲突；能否对客户保持独立性等。

注册会计师需要做出的最重要的决策之一就是接受和保持客户。一项低质量的决策会导致不能准确确定计酬的时间或未被支付的费用，增加项目合伙人和员工的额外压力，使会计师事务所声誉遭受损失，或者涉及潜在的诉讼。

一旦决定接受业务委托，注册会计师应当与客户就审计约定条款达成一致意见。对于连续审计，注册会计师应当根据具体情况确定是否需要修改业务约定条款，以及是否需要提醒客户注意现有的业务约定书。

（二）计划审计工作

签约之后，注册会计师应拟订审计计划，明确审计工作的具体步骤并作出合理安排。

会计师事务所和注册会计师需要根据不同的审计任务编制审计计划。注册会计师报表审计的审计计划，包括总体审计策略和具体审计计划。

（三）实施风险评估程序

审计准则规定，注册会计师必须实施风险评估程序，以此作为评估财务报表层次和认定层次重大错报风险的基础。风险评估程序是指注册会计师为了解被审计单位及其环境，以识别和评估财务报表层次和认定层次的重大错报风险（无论该错报由于舞弊或错误导致）而实施的审计程序。

风险评估程序是必要程序，了解被审计单位及其环境为注册会计师在许多关键环节做出职业判断提供了重要基础。了解被审计单位及其环境实际上是一个连续和动态地收集，更新与分析信息的过程，贯穿于整个审计过程的始终。一般来说，实施风险评估程序的主要工作包括：了解被审计单位及其环境；识别和评估财务报表层次以及各类交易、账户余额和披露认定层次的重大错报风险，包括确定需要特别考虑的重大错报风险（即特别风险）以及仅通过实施实质性程序无法应对的重大错报风险等。

（四）实施控制测试和实质性程序

注册会计师实施风险评估程序本身并不足以为发表审计意见提供充分、适当的审计证据，还应当实施进一步审计程序，包括实施控制测试（必要时或决定测试时）和实质性程序。因此，注册会计师在评估财务报表重大错报风险后，应当运用职业判断，针对评估的财务报表层次重大错报风险确定总体应对措施，并针对评估的认定层次重大错报风险设计和实施进一步审计程序，以将审计风险降至可接受的低水平。有关控制测试和实质性程序的内容，将在后续章节中展开讨论。

（五）完成审计工作和编制审计报告

注册会计师在完成进一步审计程序后，还应当按照有关审计准则的规定，做好审计完成阶段的工作并根据所获取的审计证据，合理运用职业判断，形成适当的审计意见。本阶段主要工作有：考虑持续经营假设、或有事项和期后事项；获取管理层声明；汇总审计差异，提请被审计单位调整或披露；复核审计工作底稿和财务报表；与管理层和治理层沟通；评价所有审计证据，形成审计意见；编制审计报告等。

二、政府审计程序

政府审计程序是指政府审计机关和审计人员进行审计时，从开始到结束的审计工作步骤和顺序，主要包括审计准备、审计实施和审计报告三个阶段。

（一）准备阶段

审计准备阶段是整个审计工作的起点，直接关系到审计工作的成效。审计准备阶段主要包括以下工作。

1. 编制审计项目计划，确定审计事项

审计项目计划是审计机关一定时期（通常为一年）对需要审计的事项所作的具体规划。编制审计项目计划时必须按照本级人民政府和上级审计机关要求，确定年度审计工作重点，按照审计对象进行预测和分类，力求计划科学合理。

审计项目计划的内容主要包括：项目计划编制依据；项目单位名称和数量；项目分别

地区和部门；具体审计项目及其主要审计内容；时间安排；审计目标；完成计划措施等。

2. 组成审计组

审计组是审计机关特派的实施审计活动的基本单位。审计事项确定以后，审计机关应根据审计事项的特点和要求，组织一定数量和质量的审计人员组成审计组。审计组实行组长负责制，其他组员在组长领导和协调下开展工作，并对分担的工作各负其责。选派审计组成员应当考虑其对所承担审计项目的专业胜任能力，同时为保证审计的客观公正，与被审计单位或审计事项有利害关系的，还应当回避。审计组长对审计组工作全面负责，包括制定审计方案和具体实施审计检查、组织撰写审计报告等。

3. 开展审前调查

在实施审计前，审计组应当针对审计项目进行审前调查，了解被审计单位的基本情况，并取得与审计项目有关的资料。审前调查应当了解被审计单位的经济性质、管理体制、机构设置、人员编制情况；财政、财务隶属关系或者国有资产监督管理关系；职责范围或者经营范围；财务会计机构及其工作情况；相关的内部控制及其执行情况；重大会计政策选用及变动情况；以往接受审计情况及其他需要了解的情况等。审前调查需要收集的与审计项目有关的资料包括政策法规；银行账户、财务会计资料；重要会议记录和有关文件；审计档案资料；电子数据、数据结构文档及其他需要收集的资料等。审前调查一般要到被审计单位去实地进行，但也可根据需要，通过查阅档案材料、媒体信息，走访有关主管部门、监管部门、组织人事部门等方式进行。在此基础上确定审计目标和重点，拟定审计方案。

4. 编制审计方案

审计方案是指审计机关为顺利完成审计任务，达到预期审计目的，在实施审计前对审计工作所作的计划和安排。审计机关在实施审计前，应当制定审计方案。审计方案对于保证审计质量，提高审计效率是至关重要的。审计方案包括审计工作方案和审计实施方案。审计机关统一组织由不同级次审计机关或多个审计组参加的行业审计、专项资金审计或者其他统一审计项目时，应当编制审计工作方案。审计组具体承办审计项目或者实施单个审计项目时，应当编制审计实施方案。

审计实施方案的内容包括编制的依据；被审计单位的名称和基本情况；审计目标；重要性水平的确定和审计风险的评估；审计的范围、内容、重点以及对审计目标有重要影响的审计事项的审计步骤和方法；预定的审计工作起止时间；审计组组长、审计组成员及其分工；编制的日期及其他有关内容。

审计实施方案编制的过程，首先是通过审前调查，在对被审计单位的基本情况充分掌握的基础上，经过认真分析研究，结合以往工作经验，确定重要性水平和评估审计风险，进一步明确审计目标，并围绕审计目标确定审计的范围、内容和重点，对于重点事项，要明确其具体的审计步骤和方法，最后根据审计工作量和时间、人员、经费等要求，确定审计起止时间，审计组成员及其分工。审计实施方案由审计组组长编制，经审计组所在部门负责人审核，报审计机关分管领导批准或者审计业务会议审定后，由审计组负责实施。在实施审计过程中，如有必要，还应经过一定程序调整审计实施方案。

5. 制发审计通知书

审计通知书是审计机关通知被审计单位接受审计的书面文件，是审计组执行审计任务和进行审计调查取证的基本依据。制发审计通知书是一项法定的审计程序。审计通知书由审计机关负责人签发，其内容一般包括被审计单位名称，执行审计任务的依据，审计范围、方式、时间、具体要求，必要的追溯和延伸审计事项，审计组组长姓名、审计组成员姓名，审计机关公章及签发日期等。审计机关应当在实施审计三日前，向被审计单位送达审计通知书。但如果遇有特殊情况，经本级人民政府批准，审计机关可以直接持审计通知书实施审计。

（二）实施阶段

审计实施阶段是将审计的工作付诸实施，是审计全过程中的最主要阶段。主要包括以下工作：

1. 进入被审计单位

审计通知书送达被审计单位三日后（特殊情况下审计组持审计通知书），即可进入被审计单位实施审计工作。为使被审计单位进一步了解审计意图和要求，取得被审计单位的配合，一般要召开由被审计单位负责人、财会人员、其他有关人员和审计人员参加的审计工作会议。

2. 实施内部控制测评

审计组应当在审计准备阶段初步了解被审计单位内部控制的基础上，进一步对其内部控制的设置和运行情况进行调查了解和相关测试，对内部控制的有效性做出评价，以确定是否依赖内部控制，确定实质性测试的性质、范围、时间和重点。

3. 进行实质性测试

实施实质性测试是审计实施阶段的重点。审计人员主要运用检查、监盘、观察、查询、函证、分析性复核、计算等方法，对财政财务收支的真实、合法、效益进行深入检查，并取得审计证据，提出审计意见。审计人员要将审计取证的过程记入审计日记，对被审计单位违反国家规定的财政财务收支行为以及对审计结论有重要影响的审计事项，还要编写审计工作底稿，准确、完整地记录审计的事实和结论。

在审计实施阶段，审计组不但有权检查被审计单位的财政财务收支情况，还有权向其他有关单位和个人进行调查取证。审计人员向有关单位和个人进行调查时，应当出示审计人员的工作证件和审计通知书副本，使审计人员的工作受到监督，切实保护有关单位和个人的合法权益。

（三）报告阶段

报告阶段是审计工作的总结阶段和报告阶段，主要包括以下工作：

1. 汇总审计资料

审计组要对审计实施中取得的资料、编写的审计日记和审计工作底稿进行归类、分析、整理，对审计事项做出综合评价，为撰写审计报告做好准备。

2. 撰写审计组的审计报告

审计组对审计事项实施审计后，应当提出审计报告。它是对被审计单位财政财务收支的真实、合法、效益发表审计意见的书面文件，是对审计工作成果的集中反映。审计组的审计报告在报送审计机关前，应当先以审计机关的名义征求被审计对象（包括被审计单位和接受经济责任审计的单位主要负责人）的意见。审计组应对被审计对象反馈意见进行核实，并对审计报告作必要的修改。

3. 制发审计机关的审计报告、审计决定书和审计移送处理书

审计组应将审计组的审计报告连同被审计对象对审计报告的书面意见、审计组的书面说明、审计实施方案、审计工作底稿、审计证据以及其他有关材料报审计组所在部门复核。审计组所在部门复核审计报告后，应当提出复核意见并代拟审计机关的审计报告，对依法应当给予处理、处罚的，应当代拟审计决定书。对审计发现的依法应当由其他有关部门纠正、处理、处罚或者追究有关人员责任的问题，还应当代拟审计移送处理书。审计组所在部门代拟的审计报告、审计决定书、审计移送处理书经审计机关法制工作机构复核、总审计师审核、审计业务会议审定后报送审计机关分管领导或者主要负责人签发，并在规定期限内送达被审计单位和有关单位。

4. 向社会公告审计结果

审计机关可以向政府有关部门通报或者向社会公布审计结果。审计机关通报或者公布审计结果，应当以审计报告的内容为主要根据，可以制发专门文书。

（四）审计延续

审计延续包括：复审、后续审计和受理审计行政复议等。

1. 复审

复审是审计机关对原来的审计工作进行全部或部分的复查，以确定原来所作的审计结论的正确性。引起复审的原因可以归纳为以下三个方面：（1）被审计单位对审计结论提出异议；（2）审计机关对于审计小组的工作进行检查，为保证审计质量而进行复审；（3）法律诉讼引起复审。

对审计机关做出的审计结论和决定不服时，可以在收到审计结论和决定之日起的十五日内，向上一级审计机关申请复审。上一级审计机关应当在收到复审申请之日起的三十日内，做出复审结论和决定。

2. 后续审计

后续审计是在指审计决定发出后的规定期限内，对被审计单位执行审计决定的情况所进行的审计。其目的是确保审计决定的贯彻执行，维护政府审计监督的权威性、严肃性，总结经验，以利于不断改进审计工作，提高审计工作质量。

对被审计单位是否实施后续审计，由审计机关根据有关规定决定。后续审计实施的时间没有明确规定，审计机关认为较为适当的时候就可以进行，但时间间隔不宜过长。实施后续审计是有条件的，不是每个审计项目必需的审计步骤。一般而言，对于性质严重或审计决定不是短期内就可得到贯彻执行的项目，需要进行后续审计。

后续审计的范围取决于审计决定的内容，实施审计时，应根据审计决定的内容，逐项检查决定事项的落实情况，撰写审计报告并报送审计机关，并将有关情况存档。对拒不执行审计决定的被审计单位，审计机关应采取必要的措施。

3. 受理审计行政复议

审计机关的审计决定送达后，被审计单位对地方审计机关做出的具体行政行为不服的，可以先向上一级审计机关或本级人民政府申请复议；对地方性法规规定或本级人民政府交办的事项审计不服的，应先向本级人民政府申请复议；对审计署做出的具体行政行为不服的，应先向审计署申请复议，对复议决定不服的，可依法向人们法院起诉。审计行政

复议程序有四个步骤：申请、受理、决定、送达。复议结束后，有关复议资料应归入审计档案。

4. 建立审计档案

审计工作结束后，审计组应将具有保存价值的各相关文件资料按照一定的要求归类、装订、立卷，建立审计档案。审计档案是国家档案的重要组成部分，必须按规定保存。

三、内部审计程序

内部审计程序是指内部审计机构和人员进行审计时，从开始到结束的审计工作和顺序。从形式上看，与政府审计程序所包含的基本阶段大体相同。也分为准备、实施和报告三个阶段，但内容上又有一定的区别。内部审计的繁简程度，主要取决于部门或单位内部管理层根据需要做出的具体规定。内部审计的基本审计程序涉及下列几个方面。

（一）制定年度审计计划

内部审计机构负责人应确定年度审计工作目标，制定年度审计计划，编制人力资源计划和财务预算。

（二）审计准备阶段

内部审计人员应在考虑组织风险、管理需要及审计资源的基础上，制定每个项目的审计计划，对审计工作做出合理安排。内部审计人员在实施审计前，应向被审计单位送达内部审计通知书，并做好必要的审计准备工作。

（三）审计实施阶段

内部审计人员应深入调查、了解被审计单位的情况，采用抽样审计等方法，对其经营活动及内部控制的适当性、合法性和有效性进行测试。内部审计人员可以运用审核、观察、询问、函证和分析性复核等方法，获取充分、相关、可靠的审计证据，以支持审计结论和建议。内部审计人员应将审计程序的执行过程及收集和评价的审计证据，记录于审计工作底稿。

（四）审计报告阶段

内部审计人员应在实施必要的审计程序后，出具审计报告。审计报告的编制应当以经过核实的审计证据为依据，做到客观、完整、清晰、及时，具有建设性，并体现重要性原则。审计报告应说明审计目的、范围，提出审计结论和建议，并应当包括被审计单位的反馈意见。审计报告应声明内部审计是按照中国内部审计准则的规定实施，若存在未遵循该准则的情形，审计报告应对其做出解释和说明。经批准的审计意见书和审计决定，送达被审计单位。被审计单位必须执行审计决定。

（五）后续审计

内部审计人员应进行后续审计，检查采纳审计意见和执行审计决定情况，以促进被审计单位对审计发现的问题及时采取合理、有效的纠正措施。

被审计单位对审计意见书和审计决定如有异议，可以向内部审计机构负责人提出，该负责人应当及时处理。

复习思考题

1. 什么是审计目标？

2. 政府审计总目标有哪些？内部审计总目标有哪些？财务报表审计业务的总目标是什么？

3. 简述注册会计师审计的具体目标。

4. 简述被审计单位管理层的认定和相应的具体审计目标。

5. 什么是审计程序？怎样正确理解审计程序的含义？

6. 审计程序有何作用？政府审计程序一般包括哪三个步骤？

7. 民间审计程序一般包括哪些内容？

8. 内部审计工作程序有哪些特点？

第四章 审计方法

学习目标

通过本章的学习，了解审计方法的含义及其选用原则；理解审计方法的发展和演变过程及原因；深刻理解审计取证的基本方法和审计取证的各种技术方法；深刻理解审计抽样的特征和意义；掌握统计抽样和非统计抽样的区别及统计抽样的优点；掌握抽样风险及其类型；掌握审计抽样的基本原理；了解抽样技术在控制测试和实质性程序的运用；熟练运用各种审计方法收集充分、适当地审计证据，保证取得预期的审计效果。

第一节 审计方法概述

一、审计方法的含义

审计方法（Audit Methods）是指审计人员检查和分析审计对象，收集审计证据，并对照审计依据，形成审计结论和意见的各种专门手段的总称。审计方法是从长期审计实践中总结和积累起来的，随着审计实践的发展和审计理论的丰富，审计方法也呈现日趋多样化和现代化。现代审计方法已经超越了传统的事后查账技术，发展到广泛运用审计调查、审计分析、内部控制系统评价及经营风险导向审计等技术方法，并日趋多样化和现代化，已形成了一个完整的审计方法体系。

二、审计模式方法的演进

（一）账项基础审计

1. 账项基础审计产生的背景

在审计发展的早期（19 世纪以前），由于企业组织结构简单，业务性质单一，审计主要是为了满足财产所有者对会计核算进行独立检查的要求，促使受托责任人在授权经营过程中做出诚实、可靠的行为。因此，其受托经济责任实质是经营责任。作为经济责任的受托方，只要能证明其操行清廉、不舞弊、不中饱私囊，即可解除受托人的受托经济责任。与之相适应的审计是采取对会计账簿和凭证进行详细检查的账项基础审计。

2. 账项基础审计的含义及特点

账项基础审计（Accounting Number-based Audit Approach）是指审计工作围绕着对记录被审计单位交易或事项的会计凭证、账簿、报表进行详细检查基础上的一种审计模式。审计人员取得的证据主要来自会计部门内部。通过对凭证、账簿和报表的检查，以及将相关交易或事项的会计分录、账簿记录与交易原始文件的比较来发现会计工作中的问题。该审计模式的实施需要进行大量检查、核对、加总和重新计算工作，审计人员需要具备良好的簿记和会计知识。该阶段的审计目标就在于揭露各种错误、舞弊和不忠于职守的行为；审计方法是围绕着会计账簿、财务报表的编制过程进行的，通过对账表上的数字进行详细核实来判断是否存在舞弊行为或技术性错误；审计的重点是以交易为基础的详细审计。

该阶段的后期，审计工作主要是围绕着财务报表项目进行的。由于审计范围的扩展和企业规模的扩大、业务量增多等因素，审计人员开始采用抽样测试技术，审计方式转向以交易为基础的抽样审计方向发展。在样本的选择方面，尽管采用了抽样技术，由于当时审计人员并没有认识到内部控制系统的重要性，还是以判断抽样为主，带有很大的盲目性，抽查的数量很大，而且审查工作仍然是以交易过程为中心进行的。

账项基础审计在发展中经历了数据稽核阶段、账簿审计阶段、详细审计阶段、资产负债表审计阶段和财务报表审计阶段。财务报表审计的目标由传统为所有者查找错弊转变为对社会的公证，在审计方法上由详查转变为抽查。但是，在这一阶段，无论审计如何演变，都是以审查账表上的会计事项为主线，所以被称为账项基础审计。

账项基础审计是审计技术和方法发展的第一阶段，在审计技术和方法史上占据着十分重要的地位，对其后的审计产生了深远的影响。然而，这种技术和方法自身也包含着难以克服的局限性，进入20世纪以后，这种局限性越来越明显，审计技术和方法的变革已日益迫切。

3. 账项基础审计的不足

审计方式耗费大量的人力和时间；即使采用有限制的抽查技术，但由于对会计系统的不了解，容易造成由于抽查原因而遗漏重大有问题项目的事件；由于以交易为基础的审计工作主要都是围绕着交易开展的，因此不容易发现会计工作中的程序性错误，对于会计系统中的缺陷和不合理现象也很难发现，这样即使查出了技术性错误或舞弊的情况，却不能追根溯源，堵塞漏洞，避免重犯。

在审计实践中，审计人员逐渐发现会计系统的可靠性对于审计工作来说具有非常重要的意义。20世纪初的资产负债表审计，审计虽然仍是对企业期末财务状况的静态数字的分析与检查，审计的主要目标是证明企业会计记录的正确无误和揭发舞弊行为，但是当时已经产生了评价会计系统可靠性的需要。这种最初的对于评价会计系统可靠性评价的需要，可以说是一种新型审计方式——制度基础审计产生的萌芽。

（二）制度基础审计

1. 制度基础审计的产生背景

进入20世纪后，受托经济责任的内容有了重大变化，审计技术和方法也发生了相应的重大变化。20世纪20年代初美国审计职业界面临着另一受托经济责任。这种受托经济责任最早来自企业寻求短期商业贷款，后来则是因向社会发行债券、筹集资金而产生的。与先前的受托经济责任相比，这种受托经济责任关系具有如下特点：(1) 经济责任委托人已不再限于股东，而扩大到贷款的银行和作为未来投资者的一般大众；(2) 这种受托经济责任要求承担经济责任的一方，在受托经济责任关系正式确定以前，先提交说明其财务状况的报告，以便决定是否托付资金；(3) 这种报告的目的不在于说明经营者是否存在账目的错误和舞弊行为，而在于如实说明经营状况和财务成果，使现有和未来的出资人（受托经济责任关系中的委托人）决定是否出资和增资。

受托经济责任内容出现的上述变化，使审计目标发生了相应变化，从发现舞弊和不合法行为，转向了说明财务报表的可信性，进而影响着审计技术和方法的变革。审计目标的转变改变了对审计技术和方法的要求。对舞弊和各种差错的审查，只能借助于对账证的详细核查，在内部控制不健全的时代尤为如此。而验证财务报表的可信性则要借助于评审内部控制系统，这就导致了制度基础审计（System-based Audit Approach）的产生。

2. 制度基础审计的含义及特点

所谓制度基础审计，是指在重点审查内部控制制度各个控制环节基础上，借以发现内部控制制度的薄弱之处，找出问题发生的根源，然后针对这些环节扩大检查范围；对内部控制制度有效之处，则可缩小其检查范围或简化其审计程序的一种审计模式。制度基础审计的审计技术和方法，是以内部控制系统审查为基础的一种审计技术和方法。这就要求审计人员对组织的内部控制系统有全面的了解，更多地强调对内部控制系统的评价。当评价的结果证明内部控制系统可以信赖时，在实质性测试阶段只抽取少量样本就可以得出审计结论；而当评价结果认为内部控制系统不可靠时，才根据内部控制的具体情况扩大审查范围。

经济发展的外部因素使审计工作越来越依赖组织的内部控制系统。随着经济的不断发展，企业规模的不断扩大，交易过程越来越复杂，审计工作不得不依赖于企业内部控制系统的自我控制作用。同时，企业内部控制系统是否健全可靠已经成为能否成功地应用抽样技术的先决条件。

20世纪50年代，以系统为基础的审计方式开始在英美等西方主要资本主义国家中得到应用。以系统为基础的审计方式采用了“内部控制调查表”、“流程图”和“内部控制薄弱环节记录表”等方法，并且在确定测试数量时广泛应用了统计抽样技术，强调对内部控制系统有方向、有重点地检查，改变了过去那种盲目的机械检查方法，大大提高了审计工作效率，节省了审计成本。

制度基础审计是现代审计发展和成熟的重要标志。在人类审计发展的历史上，没有哪种管理方法像内部控制系统那样强有力地冲破了束缚审计和技术方法的种种限制，使审计科学从不成熟状态走向成熟状态。

3. 制度基础审计的不足

由于内部控制系统本身所具有的局限性，以系统为基础的审计方法也不是万能的。例如，它对于无规律的业务就很难发挥作用。在实践中，审计人员发现，以系统为导向的审计方法存在着一种危险的趋势，即由于审计人员特别强调对于系统的检查，因而给管理部门造成错觉，认为控制方面的缺陷只能用控制来弥补，这就容易形成为了控制系统而加强控制的状况，其结果是控制系统的确是加强了，但是系统所产生的结果却并没有得到改进，而且控制的加强必然会加大成本，影响到最终的结果。造成这种危险趋势的根本原因是，在强调控制系统的同时忽略了人的因素。

制度基础审计还存在一项更大的无法解决的致命弱点，那就是基于内部控制系统的审计模式没有与审计风险联系起来，没有为有效降低审计风险提供指南和帮助，而影响审计风险的因素要远远超出内部控制系统的作用范围。因此，制度基础审计必然要被更适合现代审计环境的新的审计模式所代替，那就是风险导向审计模式。

（三）风险导向审计

1. 风险导向审计产生的背景

20 世纪 90 年代以来，随着世界科学技术和政治经济的快速发展，企业间竞争日益激烈，破产倒闭事件日益增加，会计造假案件层出不穷，给投资人、债权人造成巨大损失。不断爆发诉讼审计人员的事件表明审计进入“诉讼爆炸”时代，社会对审计质量提出了更高的要求。这种形势对审计界既有动力也有压力，它要求审计人员必须从高于内部控制系统的角度，综合考虑企业内外的环境因素，全面、广泛地评价企业受托经济责任的履行情况。具体地说，审计人员在制定计划时，为了全面评价被审计者受托经济责任的履行情况，追求审计工作的效率性和效果性，首先应充分把握被审计者各方面的情况，分析被审计者经济业务中出现差错和舞弊的风险情况，以及审计人员发表意见的财务报表中存在的审计人员没有注意到的重大舞弊和差错的概率。

适应这种局面的方式之一，是发展一种新的、多维的审计技术，以缓解审计人员所面临的错综复杂的风险。在这一时代背景下，开始强调审计战略，使用审计风险模式，并积极采用分析程序。这种审计称为风险导向审计（Risk-oriented Audit Approach），是现代审计方法的最新发展。它要求审计人员重视对企业环境和企业经营进行全面的风险分析。以此为出发点，制定审计战略，制定与企业状况相适应的多样化审计计划，以达到审计工作的效率性和效果性。

目前，尽管风险导向审计还处在初级阶段，但是对现代审计发展所产生的影响却是重大的。它迫使现代审计从系统导向转向风险导向。这是因为：

（1）企业环境，即经济、社会、政治和技术等发生了急剧的变化，这些变化对企业的经营管理产生了重大影响。为了更好地实施追求有效性和效率性的风险导向审计，有必要在审计中考虑审计风险。

（2）信息系统的高度发展也促进了审计向风险导向转化。企业信息系统的联机实施系统和数据库管理系统化，使得会计系统不再是孤立的和独立的，而与其他信息系统有着密切的关系，并与企业的经营分析密切相关。

（3）风险导向审计重视并广泛利用分析程序，使审计人员具有风险导向意识。因为分析程序不仅重视会计信息，而且重视经济信息、产业信息和业务信息。

（4）近年来，会计师事务所之间的竞争日趋激烈，企业要求降低审计收费的呼声越来越高。现在，随着电子计算机的广泛应用，固定费用的增加和职工工资的提高成为突出的问题。所以，会计师事务所应从管理的角度出发，认真考虑审计工作的效率性问题。

2. 风险导向审计的含义和特点

风险导向审计也称为风险基础审计，是指以被审计单位的风险评估为基础，综合分析评审影响被审计单位经济活动的各因素，并根据量化风险水平确定实施审计的范围和重点，进而进行实质性审查的一种审计方法。

以风险为导向的审计不是对制度基础审计的否定，而是在后者基础上的发展。风险导向审计是对制度基础审计的发展，代表了现代审计方法发展的最新趋势。风险导向审计的目标是强调审计战略，要求制定适合被审计单位业务的审计计划；要求不仅应检查与会计系统有关的因素，而且应检查企业内外的各种环境因素；不仅应进行与会计事项有关的个别风险分析，而且应进行涉及各种环境因素的综合风险分析。此外，与制度基础审计模式强调内部控制系统与审计测试之间的关系不同，风险导向审计模式要求从固有风险、控制风险、重大错报风险、检查风险和分析程序这一更为广泛的角度来考虑审计测试。

风险导向审计这一模式得以产生，并且被越来越多的会计师事务所用于审计实践，显示了它旺盛的生命力，这说明风险导向审计是行之有效的，能够满足审计人员降低审计成本的需要和缩小客户期望差。风险导向审计之所以能达到这种效果，是因为在实践中采用了几项以审计风险评估为代表的基本审计方法。

3. 风险导向审计与制度基础审计的异同

风险导向审计与制度基础审计具有许多共同点，其中最大的共同之处是它们都建立在评价被审计单位内部控制系统的基础之上，从这个意义上讲，它们可以归为一类。但是，两者也存在很多不同之处：

（1）指导思想不同。

账项基础审计、制度基础审计和风险导向审计分别产生于不同的历史时期，这既是审计实践的一种历史进步和发展，又能折射出它们所处时代社会环境的影子。账项基础审计可以说是实证主义思想在审计领域中的应用，制度基础审计产生于系统理论建立和发展的时期，因此系统理论实际上就构成了制度基础审计的指导思想。风险导向审计产生则产生于审计风险急剧增加时期，审计人员因审计风险的增加，力求减少风险，规避风险，必须运用风险理论来指导和运用于审计工作。

（2）审计侧重点不同。

制度基础审计以内部控制系统的评价为基础，据以确定审计的重点、范围和方法。风险导向审计是以评价内外环境下的审计风险为基础，据以确定审计的重点、范围和方法。风险导向审计实际上并没有离开对内部控制系统的评价，只是风险导向审计不限于此，而是将评价范围扩大到生产经营等外部环境中。即使对内部控制的评价也不局限于内部控制系统本身的强弱，而是从风险可能性大小的角度进行评价。所以，风险导向审计实际上也是以内部控制为基础的，只是换一个角度去看待它们。因此，风险导向审计的全称应该是“风险导向系统基础审计”。

（3）对内部控制的理解不同。

在制度基础审计中，使用内部控制概念，包括内部会计控制和内部管理控制两个方面，其中财务审计一般注重评价内部会计控制，而管理审计注重评价内部管理控制。在风险导向审计中，内部控制系统变为内部控制架构。内部控制架构概念强调控制环境和控制风险的评价，评价范围和重点都发生了重要变化。

（4）审计程序不同。

制度基础审计和风险导向审计都是由很多步骤组成的。由于它们都要评价内部控制系统或内部控制架构，因此它们之间有许多共同点。主要区别是出发点不同，制度基础审计是从了解和评价内部控制系统开始，风险导向审计主要是从分析程序和评价固有风险、重大错报风险开始，并以审计风险为线索，运用审计风险模式指导整个审计工作。

(5) 审计资源分配不同。

制度基础审计由于没有进行系统的审计风险分析，容易导致审计资源在审计领域的不恰当分配，进而影响审计工作的效率。风险导向审计则不然，由于它从风险分析开始，能够把主要精力放在容易出错的领域，减少了不容易出错领域的工作，从而在保证审计效果的前提下提高审计工作效率。

(6) 审计方法不同。

风险导向审计广泛采用分析程序的审计方法。这既是一种审计方法，也是一种审计证据。分析程序研究财务报表的整体合理性，找出其中存在的异常现象，从而为进一步审计提供依据。而且它的审计成本很低，因此成为现代审计的首选方法，在审计计划、实施和报告阶段都使用。在制度基础审计中，分析程序则很少应用。

三、审计方法的选用原则

在审计过程中，如果选用合理的审计方法，便能提高审计工作的效率，收到事半功倍的结果。相反，如果采用的审计方法不合理，不但不能以一定的人力、物力取得必要的审计证据，而且可能误入歧途，导致错误的审计意见和结论。因此，审计方法的选用，应当遵循以下原则。

(一) 审计方法的选用要适应审计的目的

审计方法是达到审计目的的手段，达到不同的审计目的，要用不同的审计方法。例如，在财经法纪审计中，可根据有关线索，对有关方面进行详细检查；在财政财务审计中，则在评价被审计单位内部控制制度的基础上，决定进行详查还是抽查，等等。

(二) 审计方法的选用要适合审计方式

不同的审计方式，所需审计证据不同，可以取证的途径不同，就要求采取不同的审计方法。例如对被审计单位进行财务审计采用报送审计的方式时，就无法采用盘点法、观察法，而在采用实地审计方式时，这些方法就可以选用。

(三) 审计方法的选用要有利于审计工作的开展

审计方法的选用要有利于缩短审计时间，尽快做出审计结论，节约审计费用，降低审计成本。例如在进行进一步测试时，由于控制测试和交易业务实质测试经常利用同一凭证或账项样本来完成，因此在实际工作中，它们常常结合在一起执行，这种测试方法称为双重目的的测试。

(四) 审计方法的选用要联系被审计单位的实际

任何审计方法都是在特定的环境中被运用和实施的，从来就没有最好的审计方法，只有最适合特定环境的审计方法。被审计单位经营管理良好，内部控制比较健全有效，就可选用分析程序或交易测试方法；相反，被审计单位经营管理较差，内部控制不完善，财会工作混乱，则应选用详细余额测试的方法。

因此，正确把握被审计单位的特定环境，科学、合理地选用审计方法，对做好审计工作，提高审计工作质量具有重要意义。

第二节　审计取证方法

审计取证方法一般由基本方法和技术方法两大类组成。审查书面资料的方法是审计取证最主要的方法，即通过审查会计凭证、会计账簿、财务报表等书面资料获取审计证据的方法。查账的方法按其是否直接取证，可分为两类：一类是非直接取证方法，它们仅与取证的顺序和取证的范围有关，是一种程序性的方法，具备通用性，所以称为审计取证的基本方法。另一类是直接取证的技术方法。

一、审计取证的基本方法

审计取证的基本方法是指与取证的顺序和范围有关的方法。审计取证的基本方法有两种划分标准：按取证的先后顺序划分和按取证的范围或数量划分。

（一）按照取证的先后顺序划分

按照取证的先后顺序或审查会计资料的顺序可以分为顺查法和逆查法。

1. 顺查法

顺查法又称正查法，是按照会计核算的处理顺序依次进行检查核对的一种方法。会计核算处理一般是按下列顺序进行的。如图 4—1 所示。

填制记账凭证 → 取得原始凭证 → 登记会计账簿 → 编制会计报表

图 4—1　会计核算的处理顺序

顺查法的审查顺序和会计核算的顺序一致，审计时首先要审查原始凭证，着重审查和分析经济业务是否真实、正确、合法、合规，核对证证是否相符；其次是审查和分析记账凭证，查明会计科目处理和数据计算是否正确、合规；再次，审查各类会计账簿的记账和过账是否正确、完整、合规；最后，审查和分析财务报表的各个项目是否正确、完整，核对账表、表表是否相符。

顺查法的优点在于：方法比较简单，并且由于从原始凭证入手，审查的内容系统全面，不易造成重大疏漏。其缺点是：工作量大、烦琐，审查时不易抓住重点。因此，顺查法主要适用于规模较小，业务十分简单的被审计单位，或已经发现有严重问题的被审计单位以及重要的审计事项。

2. 逆查法

逆查法又称倒查法，是指按照与会计核算的处理程序相反的顺序依次进行审计的方法。采用逆查法时，审计人员首先审查和分析财务报表，从中找出增减变化异常、数额较大、容易出现错弊的项目，从而确定下一步审计的重点项目和线索；其次，按照所确定的重点和可疑账项，追溯到相关的会计账簿，进行账表、账账核对，发现可能存在的问题；最后，进一步审查相关的记账凭证和原始凭证，以查明被审计事项的真相。

逆查法的优点在于：从被审计对象的总体着眼，在进行全面观察、综合分析的基础上，抓住疑点或重点进行深入审查，可以相对减少工作量，节约人力和时间，提高审计工作效率。其缺点是：审查不够系统、全面，容易遗漏问题。因此，逆查法主要适用于规模较大、业务量较多的大中型企业单位，以及内部控制健全有效和会计基础较好的被审计单位。

（二）按照取证的范围或数量划分

按照取证的范围或数量可以分为详查法和抽查法。

1. 详查法

详查法是对被审计单位某一期间内的所有会计凭证、会计账簿、财务报表或某一项目的全部会计资料进行详细审查，并获取审计证据的一种审计方法。

详查法的优点是：能够全面查清被审计单位存在的问题，特别是对弄虚作假、营私舞弊等违反财经法纪的行为，一般不易疏漏，审计风险较小，审计工作质量较高。详查法的缺点是：工作量大，费时费力，审计成本较高。因此，该方法主要适用于经济业务相对比较简单的小型企业和单位，或是经济问题非常严重的专题审计。在现代审计中，较少采用详查法，而大部分采用抽查法。

2. 抽查法

抽查法是指从被审计单位一定时期内的全部会计资料中，选择其中某一部分或某段时期的会计资料进行审查，并获取审计证据的一种审计方法。

抽查法的优点是审计成本较低，能明确审查重点，审计效率较高。其缺点是审计结果过分依赖所审查部分的情况，如果所审查的部分不合理或缺乏代表性，抽查结果往往不能发现问题，甚至以偏概全，做出错误的审计结论。因此抽查法仅适用于内部控制健全有效、会计基础较好的单位。

抽查法与审计抽样是一对密切相关的概念，但不能将两者完全等同。审计抽样在使用中有着严格的程序和方法，其特征是根据被审查期的审计对象总体的具体情况，以及审计的目的和要求，选取具有代表性的样本，然后根据抽取样本的审计结果来推断总体的正确性，或推断其余未抽查部分有无错误或舞弊。而广义的抽查法可以用来了解情况、确定审计重点、获取审计证据，但在使用中并无严格要求。审计抽样在现代审计中被广泛使用，具体方法将在下节做专门介绍。

二、审计取证的技术方法

审计取证的技术方法，是指直接获取审计证据的方法。主要包括审查书面资料方法、分析方法和证实方法。

（一）审查书面资料方法

审查书面资料方法是指通过审查书面资料以获取审计证据的一系列方法。它是审计中广泛使用的直接获取审计证据的最基本的方法，审查的对象主要是会计凭证、会计账簿、财务报表和其他有关资料，因此也称查账法。审查书面资料的具体方法主要包括审阅法、核对法和验算法。

1. 审阅法

审阅法（Examination）是指通过仔细审查阅读被审计单位一定时期的会计资料和其

他有关资料以获取审计证据的一种审查方法。审阅法广泛用于财政财务审计，审阅的内容包括会计凭证、会计账簿和财务报表以及计划、预算、决策方案、合同等书面资料，其中又以会计凭证、账簿和报表的审阅最为重要。通过审阅，审计人员可以初次确定会计资料及其他有关资料是否真实、正确。审阅的具体内容如下：

（1）原始凭证的审阅。主要审阅原始凭证上反映的经济业务是否符合规定。检查凭证上记载的抬头、日期、数量、单价、金额等方面的字迹是否清晰、数字是否相符。如有不符合规定的情况或有涂改字迹、数字的情况，就有可能存在舞弊行为。还要审阅填发原始凭证的单位名称、地址和图章，审查凭证的各项手续是否完备。

（2）记账凭证的审阅。主要审阅记账凭证是否附有合法的原始凭证，记账凭证的记载是否符合会计准则的规定，所记账户名称和会计分录是否正确，业务摘要是否与原始凭证记载的交易或事项的内容一致，有关人员是否签章等。

（3）账簿的审阅。主要审阅明细账和日记账。在审阅明细账时，应注意各项记录是否真实、正确、规范，其账户对应关系是否正确、合理，有无错误或舞弊，特别是注意审阅应收应付账款、材料成本差异、管理费用、制造费用、销售费用、财务费用等容易掩盖错弊和经常反映会计转账事项的账簿。

（4）财务报表的审阅。主要审阅财务报表的编制是否符合会计准则及其他财务会计法规的规定，报表项目是否完整，有关项目的对应关系和钩稽关系是否正确，相关数据是否一致，报表附注是否按照具体会计准则的要求对相关的内容做了充分的披露。通过审阅，审查报表各项目是否合理、合规、合法，有无异常变化现象。

（5）其他文件资料的审阅

如对计划资料、合同资料、预算资料、业务规范、技术经济指标、各种规章制度和其他有关经济资料等进行审阅，以便掌握情况，发现问题，获取证据。

2. 核对法

核对法（Review）是指对被审计单位的会计凭证、会计账簿和财务报表等书面资料之间的有关数据，按照其内在的联系进行相互对照检查，以获取审计证据的方法。核对的主要内容如下：

（1）证证核对。证证核对是指原始凭证之间、原始凭证与记账凭证、记账凭证与汇总记账凭证之间的核对。其主要内容是核对原始凭证上记载的数量、单价、金额和合计数是否相符；核对记账凭证与其所附原始凭证是否相符，原始凭证的合计数与记账凭证的合计数是否相符，原始凭证的张数与金额是否相符；记账凭证按日期、科目将有关数量、金额相加与汇总记账凭证的有关数据是否相符。

（2）账证核对。账证核对是指记账凭证或某些原始凭证与账簿之间的核对。其中，又以凭证与明细账和日记账的核对为主。其主要内容是核对记账凭证是否已过入有关明细账和总账，两者的日期、摘要、会计科目、金额是否相符；日记账的记录是否与相应的原始凭证记录相符。

（3）账账核对。账账核对是指明细账、日记账与总账之间的核对。主要核对各明细账户的余额合计数与总账中有关账户的余额是否相符，日记账上的本期发生额合计与总账本期发生额是否相符；核对总账各账户的期初余额、本期发生额和期末余额的计算是否正确，各账户的借方余额合计数与贷方余额合计数是否相符。

(4) 账表核对。账表核对是指将有关财务报表项目与总账和明细账进行核对，主要是核对财务报表上各项目的余额与相应总账各账户余额或明细账户余额以及发生额合计是否相符。

(5) 表表核对。表表核对主要是将不同报表之间有关项目进行核对，主要是核对资产负债表、利润表、现金流量表及所有者权益（股东权益）变动表上的数字计算是否正确无误，各张报表之间的相关数字是否相符。如果涉及前期的数字，还应核对是否与前期财务报表上的有关数字相符。

(6) 账实核对。账实核对主要是核对账卡上所反映的实物余额是否与实际存在的实物数相符，通常是核对实物盘点表与有关账簿是否相符。此外，还须核对银行对账单、客户往来清单等外来对账单是否与本单位有关账项的记载相符。

通过上述详细核对之后，可以比较容易地发现会计资料中存在的差错和问题，而且取得的审计证据也较为可信，因此，核对法是现代审计中常用的方法之一。审计人员在使用核对法时，为避免核对内容重复和遗漏，使核对工作井然有序，可以使用一些符合进行标记。符号是多种多样的，既可用本书上提供的，也可以自己创造。一般使用的符号有以下几种：

√—表示已经核对，√̸ 表示已核对二次，≸ 表示已核对三次，等等。

×—表示所核对的资料有错误。

？—表示所核对的资料可能有问题，待查。

！—表示所核对的数据有待调整。

\—表示有待详查。

?√—表示疑点已经消除。

5/2—表示已核对至 5 月 2 日。

3. 验算法

验算法（Checking the arithmetical accuracy）又称重算法、复算法，是指对被审计单位记录和文件中数据计算的准确性进行的验算或另行计算。重新计算包括对被审计单位的凭证、账簿和报表中有关数字的正确性和准确性进行验算。

重新计算的关键是审计人员要进行独立稽核，否则容易陷入被审计单位错误计算的误区，而难以实现审计目标。

(二) 分析方法

分析方法是通过对会计资料的有关指标的观察推理、分解和综合，以揭示其本质和了解其构成要素的相互关系的审计方法。

分析方法在审计工作中运用较为广泛，民间审计将分析方法称为分析程序。一般而言，在整个审计过程中，都将运用分析方法，以判断会计数据的合理性及报表认定表达的公允性。分析方法按其分析的技术可以分为比较分析法、比率分析法、趋势分析法、账户分析法、账龄分析法、平衡分析法、因素分析法、综合分析法和逻辑分析法等。

注册会计师的分析程序，是指注册会计师通过分析不同财务数据之间以及财务数据与非财务数据之间的内在关系，对财务信息做出评价。分析程序还包括在必要时对识别出的、与其他相关信息不一致或与预期值差异重大的波动或关系进行调查。

（三）证实方法

证实方法（Verifying）是指审计人员通过收集书面资料以外的审计证据，对客观事物的所有权、数量、质量和价值等进行证实的一种审计方法。证实方法主要包括观察法、查询法、鉴定法、盘存法和调节法等。

1. 观察法

观察法（Observation）是指审计人员亲赴现场，对审计对象的环境状况和实施状况进行实地观察，从而取得审计证据的方法。例如，审计人员对被审计单位执行的存货盘点或控制活动进行观察，等等。该方法常用于对生产经营管理、财产物资保管、内部控制系统的遵守执行、资源的利用、劳动效率和纪律等情况的观察。

运用观察法时，审计人员应深入基层，到被审计单位的仓库、车间、工地、科室等现场，对内部控制的执行情况、财产物资的保管和利用情况等进行直接观察，从中发现薄弱环节和存在的问题。由于审计人员亲眼目睹，可以获得被审计单位执行有关过程或程序的审计证据，取得的审计证据较为可信。但观察所取得审计证据仅限于观察发生的时点，而且被观察人的行为可能因为被观察而受到影响，这会使观察提供的审计证据受到限制。观察法与其他审计方法结合起来，才能取得更好的效果。必要时可视具体情况和要求，对现场进行摄影和拍照，作为审计记录。

2. 查询法

查询法（Inquiry）是指审计人员对审计过程中的疑点和问题，通过向有关人员询问和质疑等方式来证实客观事实或书面资料，取得审计证据的一种审计方法。查询法有面询和函证两种方式。

面询是审计人员向被审计单位内外的有关人员当面询问意见，核实情况。征询意见的方式可采用面谈，也可用书面回答。运用面询法时，审计人员应讲究方式方法，谋求被询问人员的真诚合作，提供切实有用的审计证据。面询必须做成书面记录，并由答询人签字盖章，作为查询证实证据。

函证（Confirmation）是指审计人员通过向第三方（被询证者）发函来了解有关信息和现存情况，以取得和评价审计证据的方法，可广泛应用于债权、债务审计及放置于企业外部的资产取证中。通常情况下，审计人员以函证方式直接从被询证者处获取的审计证据，比被审计单位内部生成的审计证据更可靠。通过函证等方式从独立来源获取的相互印证的信息，可以提高审计人员从会计记录或管理层书面声明中获取的审计证据的保证水平，所以，函证是审计人员获取审计证据的重要方法。审计人员应根据审计对象的重要性程度，以及存在错报风险的高低，决定采用什么方式的函证。函证有积极式函证和消极式函证两种方式。

积极式函证是指要求被询证者对询证函中询问的事项无论与事实是否相符必须给予复函；消极式函证是指要求被询证者对询证函中询问的事项有异议时才给予复函。函证工作应由审计人员直接办理，函件应由审计人员直接寄发和收取，不得委托被审计单位代办。询证函内容应简明扼要，便于对方答复。

3. 鉴定法

鉴定法（Verification）是指对书面资料、实物和经济活动等的分析、鉴别，超过审计人员的能力和知识水平，而邀请专门部门或人员运用专门技术进行识别、测试和鉴定以获取审计证据的方法。如对书面资料真伪的鉴定，对实物性能、质量、价值的鉴定，以及对经济活动的合法性和有效性的鉴定等。鉴定需要专门知识和鉴别技能，通常需要配备或聘请有关专业人员，运用化验分析、物理检验等专门方法进行鉴定检查。例如，当伪造凭证的人不承认其违法行为时，可通过公安部门对其笔迹进行鉴定，出具证明；当对商品材料的质量、价值难于确定时，可请商检部门通过检查化验，确定商品质量和实际价值；当确定某项基建工程的质量时，可请基建方面的专家进行鉴定等。鉴定法是通过观察法不能取得证据时必须使用的一种方法。应用鉴定法时，鉴定人员必须提供鉴定结论。鉴定结论必须具体、客观和准确，并作为一种独立的审计证据，详细地记入审计工作底稿。

4. 盘存法

盘存法又称盘点法，是根据账簿记录对各项财产物资进行实地清查盘点，以确定账存与实存是否相符的一种方法。盘存法可分为直接盘存和监督盘存两种。

直接盘存是指审计人员亲临现场组织实施盘点，并要求被审计单位有关人员协同执行。这种方法常用于对库存现金、有价证券、贵重物品的盘存。直接盘点可以采取预先不告知有关人员盘点的时间以突击的方式进行，以防有关人员对舞弊进行掩饰。

监督盘存又称监盘。是指由被审计单位的财产保管人员及其他有关人员进行实物盘点，审计人员亲临现场监督盘点，并进行适当抽查盘点的审计方法。这种方法常用于盘存数量较大的实物，如大宗的产成品、在产品、原材料等。但监盘也有其局限性，它为实物资产是否确实“存在”提供有力的审计证据，但却不能保证被审计单位对该资产拥有所有权，并且也不能对该资产的价值准确性和完整性提供充分有力的审计证据。

监盘在有形资产审计中是重要的和必需的，在有形资产盘点现场实施监盘时，审计人员应当实施下列审计程序：评价管理层用以记录和控制有形资产盘点结果的指令和程序；观察管理层制定的盘点程序的执行情况；检查有形资产；执行抽盘。

5. 调节法

调节法是指在审查某个项目时，通过调整有关数据，从而求得需要证实的数据的方法。

在审计过程中，往往出现现成的数据和需要证实的数据在表面上不一致，为了证实数据是否正确，可采用调节法。如对银行存款实存数的审查，通常运用调节法编制银行存款余额调节表，对企业单位与开户银行双方所发生的“未达账项”进行增减调节，以便根据银行对账单的余额来验证银行存款账户的余额是否正确。

运用调节法还可以证实财产物资是否账实相符。当盘点日与书面资料结存日不同时，结合实物盘点，将盘点日期与结存日期之间新发生的出入数量用来以结存日期有关财产物资的结存数进行调节，以验证或推算结存日期有关财产物资的应结存数。其计算公式为：

结存日(书面资料日期)数量＝盘点日盘点数量＋结存日至盘点日发出数量－结存日至盘点日收入数量

【案例 4—1】 某企业 2013 年 12 月 31 日账面结存 A 材料 2 000 千克，通过审阅和核对并无错弊。2014 年 1 月 1 日至 15 日期间收入 35 000 千克，发出 34 500 千克。1 月 1 日期初余额及收发数额均经核对、审阅和复算无误。2014 年 1 月 15 日下班后监督盘点实存量为 2 800 千克。

【案例分析】 运用此方法调节计算如下：

结存日数量＝2 800＋34 500－35 000＝2 300（千克）

经过上述调节计算2013年12月31日的实存数为2 300千克，与账面记录的A材料2 000千克不一致。审计人员应要求有关人员说明原因，并进行查账核实。如有故意歪曲事实者，应进一步查明责任人员，并追究其责任。

三、审计方法之间的相互关系

审计取证的方法很多，它们都有各自的使用目的和适用性。但许多方法并不是相互排斥的，而是存在密切的关系，通常使用某一种方法时必须结合另一种方法。例如，在审计取证的基本方法中，可以采用顺查法或逆差法，采用顺查法时，局部常常采用逆查法；采用逆查法时，局部常常采用顺查法。而且，顺查时既可以进行详查，也可以进行抽查；逆查时既可以进行抽查，也可以进行详查。当然，从方法特点上看，顺查时更适合采用详查法，逆查时更适合采用抽查法。详查与抽查也是密不可分的，抽查往往与详查相结合。

审计取证的基本方法与技术方法之间也存在着密切关系。例如，顺查时必须同时使用审阅法、核对法和验算法等方法；逆查时必须同时使用分析法和审阅法等方法。审计取证的技术方法之间也存在密切关系。如采用审阅法时，往往与核对法和验算法结合使用；盘存法时常与调节法相结合；应用观察法时，常与查询法、盘存法等其他审计方法结合起来使用等。由此可见，审计人员在审计过程中一定要注意审计方法之间的内在联系及相互关系，恰当地运用审计方法，提高审计效率和质量。

第三节　审计抽样

一、审计抽样概述

（一）审计抽样的意义

抽样是指从特定对象总体中选取一定数量的样本进行审查，并根据审查结果推断总体特征的一种方法。审计抽样（Audit Sampling）是指审计人员对某类交易或账户余额中低于百分之百的项目实施审计程序，使所有抽样单元都有被选取的机会。审计抽样使审计人员能够获取或评价与被选取项目的某些特征有关的审计证据，以形成或帮助形成对从中抽取样本的总体的结论。审计抽样应当具备三个基本特征：对某类交易或账户余额中低于百分之百的项目实施审计程序；所有抽样单元都有被选取的机会；审计测试的目的是为了评价该账户余额或交易类型的某一特征。

（二）审计抽样的适用

审计人员拟实施的审计程序将对运用审计抽样产生重要影响，并非所有的审计程序都适宜采用审计抽样。有些审计程序可以使用审计抽样，有些审计程序则不宜使用审计抽样。

1. 风险评估程序

风险评估程序通常不适宜采用审计抽样。审计人员通过询问被审计单位管理层和内部其他相关人员、观察、检查等程序了解被审计单位控制的设计和确定控制是否执行时，不宜采用抽样审计。原因是：一方面审计人员了解被审计单位及其环境，识别和评估重大错报风险，不需要对总体取得结论性证据；另一方面，风险评估程序实施的范围较为广泛，且需要根据所获取的信息进行判断，具有较强的主观色彩，因此通常不涉及使用审计抽样方法。

2. 控制程序

对内部控制制度执行的有效性进行控制测试时，如果显示控制有效运行的特征留下了运行轨迹，审计人员通常可以在控制测试中运用审计抽样方法。对未留下运行轨迹的控制实施测试时，审计人员应当考虑实施询问、观察等审计程序，以获取有关控制运行有效性的审计证据，此时不涉及使用审计抽样方法。

3. 实质性程序

一般适宜采用抽样审计。实质性程序包括对各类交易、账户余额、列报的细节测试，以及实施实质性分析程序。在实施细节测试时，审计人员通常可以使用审计抽样方法。但在实施实质性分析程序时，审计人员不宜使用审计抽样方法。

（三）审计抽样的种类

审计抽样通常分为统计抽样和非统计抽样两种抽样方法。

1. 统计抽样

统计抽样（Statistical Sampling）是指审计人员运用数理统计方法确定样本及样本量，进而随机选择样本，并根据样本的审查结果来推断总体特征的一种审计抽样方法。统计抽样需同时具备下列特征：随机选取样本项目；运用概率论评价样本结果，包括计量抽样风险。

统计抽样能够科学地确定抽样规模，并且审计对象总体中各项目被抽取的机会均等，可以防止人为的偏见，保证审计结论在规定的可靠程度之上和一定的精确度之内做出。统计抽样还能使审计人员量化、控制抽样风险。但统计抽样的技术性较强，可能需要花费较高成本来训练审计人员掌握这种技术。

2. 非统计抽样

非统计抽样（Non-statistical Sampling）是指审计人员运用专业经验和主观判断来确定样本规模和选取样本的一种审计抽样方法。

非统计抽样的优势在于，一是简单易行；二是能充分利用审计人员的实践经验和判断能力。缺点是审计人员全凭主观标准和个人经验来确定样本规模，往往导致要么样本量过大，浪费了人力和时间；要么样本量过小，易得出错误的审计结论。

究竟应选用哪种抽样技术，主要取决于审计人员对成本效果方面的考虑。非统计抽样可能比统计抽样花费的成本要小，但是统计抽样的效果则可能比非统计抽样要好得多。

需要注意的是，无论采用统计抽样还是非统计抽样，都离不开审计人员的职业判断（Professional Judgment）。例如，审计人员在决定使用审计抽样时，必须依靠职业判断去决定是运用统计抽样还是运用非统计抽样；不管运用统计抽样还是非统计抽样，都要求审计人员在确定总体及其特征、设计与选择样本、对抽样结果进行质量上和数量上的评价时运用职业判断。

（四）统计抽样的方法

统计抽样在审计工作中的具体应用，主要有属性抽样和变量抽样两种。

1. 属性抽样

属性抽样（Attribute Sampling）是一种用来对总体中某一事件的发生率得出结论的统计抽样方法。其最常见的用途是审查某一设定控制的偏差率，以支持审计人员评估控制的有效性。在属性抽样中，设定控制发生的每一次偏差都被赋予同样的权重，而不考虑交易金额的大小。其对某一特定控制的抽样个体测试的结果，通常给出定性的“对或错”，“是或否”结论。审计人员在进行控制测试时，通常采用固定样本量抽样、停——走抽样、发现抽样等属性抽样法。

2. 变量抽样

变量抽样（Variable Sampling）是一种用来对总体金额得出结论的统计抽样方法。变量抽样通常要回答下列问题：金额是多少？或账户是否存在错报，如存在，存在多少错报？变量抽样在审计中的主要用途是进行细节测试（实质性测试）。审计人员通常采用均值估计抽样、差异估计抽样、比率估计抽样等变量抽样方法。

属性抽样和变量抽样是按审计抽样目的的不同对统计抽样的进一步分类。一般而言，属性抽样得出的结论与总体发生率有关，而变量抽样得出的结论与总体的金额有关，但均属于统计抽样。在审计实务中，经常存在同时进行控制测试和细节测试的情况，在此情况下采用的审计抽样称为双重目的的抽样。

（五）抽样风险和非抽样风险

审计人员在运用抽样技术进行审计时，会遇到两方面的不确定性因素，一方面是直接与抽样相关的因素，由此造成的不确定性称为抽样风险；另一方面是与抽样无关的因素，由此造成的不确定性称为非抽样风险。

1. 抽样风险

抽样风险（Sampling Risk）是指审计人员根据样本得出的结论，和对总体全部项目实施与样本同样的审计程序得出的结论存在差异的可能性。也就是说，抽样风险与选取的样本不能代表总体的可能性有关。无论实施控制测试还是实施细节测试，审计人员都应关注抽样风险。

审计人员在实施控制测试时，应当关注两种抽样风险，即信赖不足风险和信赖过度风险。

信赖不足风险（The Risk of Under-reliance）是指审计人员根据抽样结果推断的控制有效性低于其实际有效性。即抽样结果使审计人员没有充分信赖实际上应予信赖的内部控制的可能性。

信赖过度风险（The Risk of Over-reliance）。信赖过度风险是指审计人员根据抽样结果推断的控制有效性高于其实际有效性。即抽样结果使审计人员对内部控制的信赖超过了其实际上应予信赖的可能性。

审计人员在实施细节测试时，也应关注以下两种抽样风险，即误拒风险和误受风险。

误拒风险（The Risk of Incorrect Rejection）是指审计人员根据抽样结果推断某一重大错报存在而实际上不存在的风险。即抽样结果表明账户余额存在重大错报，而实际上不存在重大错报的可能性。

误受风险（The Risk of Incorrect Acceptance）是指审计人员根据抽样结果推断某一重大错报不存在而实际上存在。即抽样结果表明账户余额不存在重大错报，而实际上存在重大错报的可能性。

上述这些抽样风险，又可分为两种类型：一类是影响审计效果的抽样风险；另一类是影响审计效率的抽样风险。其中，信赖过度风险和误受风险会影响审计效果。因为信赖过度风险和误受风险使审计人员评估的重大错报风险水平偏低，可能会不适当地减少从实质性程序中获取的证据，从而不足以查出重大错报，使审计的有效性下降，容易导致审计人员发表不恰当的审计意见，因而对审计人员来说是最危险的风险，审计人员应予以特别关注。信赖不足风险和误拒风险会影响审计效率。因为信赖不足风险和误拒风险使审计人员评估的重大错报风险水平高于实际水平，可能会增加不必要的实质性程序、扩大细节测试的范围，降低审计效率，但审计效果一般都能保证。

2. 非抽样风险

非抽样风险（Non-sampling Risk）是指审计人员因采用不恰当的审计程序或方法，或因误解审计证据等而未能发现重大错报，导致得出错误结论的可能性。显然这种风险并非抽样所致，而是由其他因素引起的。导致非抽样风险的原因主要包括：审计人员选择的总体不适合于测试目标；审计人员未能发现样本中存在的偏差或错报；审计人员运用了不适于实现特定目标的审计程序；审计人员误解审计证据可能导致没有发现误差。

非抽样风险同样对审计工作的效率和效果有一定的影响。非抽样风险无法量化，但审计人员可通过对审计工作的适当计划、指导和监督，以坚持质量控制标准，力争有效地降低非抽样风险。

二、审计抽样的基本原理

审计人员运用审计抽样，主要分为三个阶段：样本设计、选取样本和评价样本结果。

（一）样本设计

审计人员在设计审计样本时应当考虑审计程序的目的和抽样总体的特征。围绕样本的性质、样本量、抽样工作质量要求所进行计划工作。应当考虑以下基本因素：

1. 确定测试目标

确定测试目标是样本设计阶段的第一项工作。一般而言，控制测试是为了获取关于某项控制的设计或运行是否有效的证据，而细节测试的目的是确定某类交易或账户余额的金额是否正确，获取与存在的错报有关的证据。

2. 定义总体和抽样单元

总体是指审计人员从中选取样本并期望据此得出结论的整个数据集合。在实施抽样之前，审计人员必须仔细定义总体，确定抽样总体的范围。总体可以包括构成某类交易或账户余额的所有项目，也可以只包括某类交易或账户余额中的部分项目。例如，如果应收账款不存在个别重大项目，审计人员直接对应收账款账面余额进行抽样，则总体包括构成应收账款期末余额的所有项目。如果审计人员已将应收账款中的个别重大项目挑选出来单独测试，只对剩余的应收账款余额进行抽样，则总体只包括构成应收账款期末余额的部分项目。审计人员在确定总体时，应保证总体的适当性和完整性。适当性是指审计人员应确定总体适合于特定的审计目标，包括适合于测试的方向；完整性是指审计人员应当从总体项目内容和涉及时间等方面确定总体的完整性。

抽样单元是构成总体的个体项目。在定义抽样单元时，应使抽样单元与审计测试目标保持一致。审计人员在定义总体时通常都指明了适当的抽样单元。

在控制测试中，抽样单元通常是能够提供控制运行证据的一份文件资料、一个记录或其中一行。例如，如果测试目标是确定付款是否得到授权，且设定的控制要求付款之前授权人在付款单据上签字，抽样单元可能被定义为每一张付款单据。

在细节测试中，抽样单元可能是一个账户余额、一笔交易或交易中的一项记录。例如，如果抽样的目标是测试应收账款是否存在，审计人员可能选择各应收账款明细账余额、发票或发票上的单个项目作为抽样单元。审计人员应当根据审计目的及被审计单位实际情况，确定抽样单元。

审计人员依据不同的要求和方法，从审计对象总体中选择若干抽样单元，称之为样本，样本的数量称之为样本规模。

3. 分层

如果总体项目存在重大的变异性，审计人员应当考虑分层。分层是指将一个总体划分为多个子总体的过程。每个子总体由一组具有相同特征（通常为货币金额）的抽样单元组成。分层可以降低每一层中项目的变异性，从而在抽样风险没有成比例增加的前提下减小样本规模。审计人员应当仔细界定子总体，以使每一抽样单元只能属于一个层。

审计人员利用分层，既可以提高抽样效率，也可以提高样本的代表性和审计的有效性。例如，为了函证应收账款，审计人员可以将应收账款账户按其金额大小分为三层，即账户金额在 10 000 元以上的；账户金额为 5 000～10 000 元的；账户金额在 5 000 元以下的。然后根据各层的重要性分别采取不同的选样方法。对于金额在 10 000 元以上的应收账款账户应进行全部函证；对于金额在 5 000～10 000 元以及 5 000 元以下的应收账款账户，则可采用适当的选样方法选取进行函证的样本。

【案例 4—2】 对应收账款进行函证时，将涉及的往来明细账户按余额的大小分为若干层次，再对每个层次采用不同的审计方法，如表 4—2 所示。

表 4—2　　应收账款分层示例

层次	分层标准	抽样方法	函证方式
1	余额在 10 000 元以上	100%函证	肯定式
2	余额 5 000～10 000 元之间	随机选样	肯定式
3	余额在 5 000 元以下	系统选样	否定式

4. 定义误差构成条件

审计人员必须事先准确定义构成误差的条件。在控制测试中，误差是指控制偏差。审计人员要仔细定义所要测试的控制及可能出现偏差的情况。审计人员应根据对内部控制的理解，确定哪些特征能够显示被测试控制的运行情况，然后据此定义构成误差条件。例如，误差可能被定义为缺乏盖有“已付”戳记的发票和验收报告等证明文件的款项支付。在细节测试中，误差是指错报。审计人员应根据审计目标确定哪些情况构成错报。如果错报定义为账面金额与审计人员审定金额之间的差异，不符合相关特征的差异就不是错报。审计人员应特别关注异常误差，异常误差是指对总体中的错报或偏差明显不具有代表性的误差。

5. 确定样本规模

样本规模（Sample Size）是指从总体中选取样本项目的数量。审计人员应当确定足够的样本规模，以将抽样风险降至可接受的低水平。影响样本规模的因素包括：

（1）可接受的抽样风险。样本规模受审计人员可接受的抽样风险水平的影响。在控制测试中，可接受的抽样风险主要是指可接受的信赖过度风险；在细节测试中，可接受的抽样风险主要是指可接受的误受风险。可接受的抽样风险与样本规模成反比。审计人员愿意接受的抽样风险越低，样本规模通常越大；审计人员愿意接受的抽样风险越高，样本规模越小。

（2）可容忍误差。可容忍误差（Tolerable Error）是指审计人员在认为测试目标已实现的情况下准备接受的总体最大误差。在控制测试中，可容忍误差表现为可容忍偏差率，即审计人员在不改变其计划评估的控制有效性，从而不改变其计划评估的重大错报风险水平的前提下，愿意接受的对于设定控制的最大偏差率；在细节测试中，可容忍误差表现为可容忍错报。即在不导致财务报表存在重大错报的情况下，审计人员对各类交易、账户余额、列报确定的可接受的最大错报金额，它与在审计计划阶段设定的重要性水平有关。在其他因素既定的条件下，可容忍误差与样本规模成反比，即审计人员确定的可容忍误差越小，所需的样本规模越大；确定的可容忍误差越大，所需的样本规模越小。

（3）预计总体误差。预计总体误差（Expected Overall Error）是指审计人员根据以前对被审计单位的经验或实施风险评估程序的结果而估计总体中可能存在的误差。预计总体误差在控制测试中是指预计总体偏差率，在细节测试中是指预计总体错报。预计总体误差越大，可容忍误差也应当越大。在既定的可容忍误差下，当预计总体误差增加时，所需的样本规模越大。

（4）总体变异性。总体变异性（Variability of Population）是指总体的某一特征（如金额）在各项目之间的差异程度。在控制测试中，审计人员在确定样本规模时一般不考虑总体变异性；在细节测试中，审计人员确定适当的样本规模时要考虑特征的变异性。总体项目的变异性越低，通常样本规模越小。审计人员可以通过分层，将总体分为相对同质的组，以尽可能降低每一组中变异的影响，从而减少样本规模。

（5）总体规模。除非总体非常小，一般而言总体规模对样本规模的影响几乎为零。对小规模总体而言，审计抽样比其他选择测试项目的方法的效率低。影响样本规模的因素，如表 4—3 所示。

表 4—3　影响样本规模的因素

影响因素	控制测试	细节测试	与样本规模的关系
可接受的抽样风险	可接受的信赖过度风险	可接受的误受风险	反向变动
可容忍误差	可容忍误差率	可容忍错报	反向变动
预计总体误差	预计总体误差	预计总体错报	同向变动
总体变异性	—	总体变异率	同向变动
总体规模	总体规模	总体规模	影响很小

使用统计抽样方法时，审计人员必须对影响样本规模的因素进行量化，并利用根据统计公式开发的专门的计算机程序或专门的样本量表来确定样本规模。在非统计抽样中，审计人员可以只对影响样本规模的因素进行定性的估计，并运用职业判断确定样本规模。

（二）选取样本

审计人员不管是采用统计抽样还是非统计抽样，在选取样本项目时，应使总体中的所有抽样单元均有被选取的机会。只有这样，才可使样本能够代表总体，从而保证由抽样结果所推断出的总体特征具有合理性和可靠性。所不同的是：在统计抽样中，审计人员选取样本项目时每个抽样单元被选取的概率是已知的；在非统计抽样中审计人员根据判断选取样本项目。

在审计实务中，选取样本的方法有多种：常用的选样方法有随机选样、系统选样和随意选样等。

1. 随机选样

随机选样（Random Selection）是指对审计对象总体或次级总体的所有项目，按随机规则选取样本。具体又分为使用随机数表选样和利用计算机辅助审计技术选样两种方式。随机选样以总体中每个项目都有不同的编号为前提。可以使用计算机生成的随机数，如电子表格程序、随机数码生成程序产生的随机数，也可以使用随机数表获得随机数。所谓随机数表，就是随机产生的由 0～9 这 10 个数字组成的数据表。这些数字随机纵横排列，每个数字在表中出现的次数是大致相同的，它们出现在表中的顺序和位置是随机的。表 4—4 列示了部分随机数表。

表 4—4　　随机数表（部分列示）

	1	2	3	4	5	6
1	69 358	26 533	94 923	56 241	38 942	57 255
2	85 385	39 380	15 570	39 289	74 903	81 072
3	43 510	69 105	07 145	94 724	45 873	73 892
4	63 378	21 991	05 588	26 649	10 368	47 457
5	22 571	98 025	14 588	72 537	33 875	88 622
6	93199	52 608	51 696	98 143	17 524	99 434
7	17 178	85 263	63 285	21 300	82 412	33 452
8	65 199	34 810	24 622	50 472	06 464	82 499
9	17 282	69 064	84 088	49 739	04 197	87 668
10	57 885	72 453	18 185	38 640	19 336	63 992

审计人员运用此法时，首先应确定随机数表中的数字与审计对象总体中项目的一一对应关系。如果总体中的项目已连续编号，则这种一一对应关系就很容易建立，但有时需要重新编号才能建立这种一一对应关系。审计人员使用随机数表时，应选择一个起点和一个选号路线，起点和选号路线可任意选择，但一经选定，就不得改变，必须从起点开始，按照选号路线依此选取。

现举例说明如何使用随机数表。假定审计人员对某公司连续编号为500～5 000的现金支票进行随机选择，拟选取一组样本量为20的样本。首先，审计人员确定只用随机数表所列数字的前四位数来与现金支票号码一一对应。则从左到右，从上到下，选出的20个号码为：2653、3894、3938、1557、3928、4351、0714、4587、2199、0558、2664、1036、4745、2257、1458、3387、1752、1717、2130、3345。选出这20个号码后，找出与其对应的20张支票作为选定样本进行审查。

随机选样不仅使总体中每个抽样单元被选取的概率相等，而且使相同数量的抽样单元组成的每种组合被选取的概率相等。这种方法在统计抽样和非统计抽样中均适用。

2. 系统选样

系统选样（Systematic Felection）也称等距选样，是指首先计算选样间隔，确定随机起点，然后按照间隔，顺序选取样本的方法。选样间隔计算公式为：

选样间隔＝总体规模/样本规模

例如，审计人员拟采用系统抽样从2 000张销货发票中选取200张作为样本，则选样间隔为10。假定审计人员把第101号发票作为随机起点，每隔10张凭证选取一个样本。则所选取的样本号码依此为：101、111、121、131、141、151……

系统选样方法使用方便，并可用于无限总体，但使用系统选样方法要求总体必须是随机排列的，如果测试的特征在总体内分布具有某种规律性，则选取的样本的代表性就可能较差。例如，应收账款明细表每页的记录均以账龄的长短按先后次序排列，则选中的200个样本可能多数是账龄相同的记录。

克服系统选样方法的这一缺点，可采用两种方法，一是增加随机起点的个数，二是在确定选样方法之前对总体特征的分布进行观察，如发现总体特征的分布呈随机分布，则采用系统选样方法；否则，考虑使用其他选样方法。

3. 随意选样

随意选样（Haphazard Selection）是指审计人员不带任何偏见地选取样本，选取样本时，不采用结构化的方法，即不考虑样本项目的性质、金额大小、位置、外观或其他特征而选取总体项目。随意选样的缺点在于很难完全无偏见地选取样本项目，即这种方法难以彻底排除审计人员的个人偏好对样本的影响，因而其结果有时缺乏合理性与可靠性。

（三）评价样本结果

审计人员必须运用恰当的审计技术对所选取的样本进行审查，并按照下列步骤评价抽样结果。

1. 分析样本误差

审计人员应当调查识别出的所有偏差或错报的性质和原因，并评价其对审计程序的目的和审计的其他方面可能产生的影响。无论是统计抽样还是非统计抽样，对样本结果的定性评估和定量评估一样重要。即使样本的统计评价结果在可以接受的范围内，审计人员也应对样本中所有误差（包括控制测试中的控制偏差和细节测试中的金额错报）进行定性分析。

在极其特殊的情况下，如果认为样本中发现的某项偏差或错报是异常误差，审计人员应当对该项偏差或错报对总体不具有代表性获取高度保证。异常误差是指对总体中的错报或偏差明显不具有代表性的错报或偏差。同时，审计人员还应分析误差的性质和原因，考虑存在舞弊的可能性。在获取这种高度保证时，审计人员应当实施追加的审计程序，获取充分、适当的审计证据，以确定该项偏差或错报不影响总体的其余部分。

2. 推断总体误差

在实施控制测试时，审计人员将样本中发现的偏差数量除以样本规模，就计算出样本偏差率。由于样本的误差率就是整个总体的推断误差率，审计人员无须推断总体误差率。在控制测试中，无论使用统计抽样或非统计抽样方法，样本偏差率都是审计人员对总体偏差率的最佳估计，但审计人员必须考虑抽样风险。

当实施细节测试时，审计人员应当根据样本中发现的误差金额推断总体误差金额，并考虑推断误差对特定审计目标及审计的其他方面的影响。

3. 形成审计结论

审计人员应当评价样本结果，以确定对总体相关特征的评估是否得到证实或需要修正。

（1）控制测试中的样本结果评价。

在控制测试中，审计人员应当将总体偏差率与可容忍误差比较，但必须考虑抽样风险。

在统计抽样中，有以下三种情况：如果估计的总体偏差率上限低于可容忍偏差率，则总体可以接受。审计人员可以对总体做出结论，样本结果支持计划评估的控制有效性，从而支持计划的重大错报风险评估水平；如果估计的总体偏差率上限低于但接近可容忍偏差率，审计人员应当结合其他审计程序的结果，考虑是否接受总体，并考虑是否需要扩大测试范围，以进一步证实计划评估的控制有效性和重大错报风险水平；如果估计的总体偏差率上限大于或等于可容忍偏差率，则总体不可以接受。审计人员可以对总体做出结论，样本结果不支持计划评估的控制有效性，从而不支持计划的重大错报风险评估水平。这时，审计人员应当修正重大错报风险评估水平，并增加实质性程序的数量。

在非统计抽样中，抽样风险无法直接计量。

（2）细节测试中的样本结果评价。

在细节测试中，审计人员首先必须根据样本中发现的实际错报要求被审计单位调整账面记录金额。将被审计单位已更正的错报从推断的总体错报金额中减掉后，审计人员应当将调整后的推断总体错报与该类交易或账户余额的可容忍错报相比较，但必须考虑抽样风险。

在统计抽样中，如果计算的总体错报上限低于可容忍错报，则总体可以接受。这时，审计人员对总体做出结论，所测试的交易或账户余额不存在重大错报；如果计算的总体错报上限大于或等于可容忍错报，则总体不可以接受。这时，审计人员对总体做出结论，所测试的交易或账户余额存在重大错报。通常，审计人员会建议被审计单位对错报进行调查，且在必要时调整账面记录。

在非统计抽样中，审计人员运用其经验和职业判断评价抽样结果。如果调整后的总体错报大于可容忍错报、或虽小于可容忍错报但两者很接近，审计人员通常做出总体实际错报大于可容忍错报的结论。如果对样本结果的评价显示，对总体相关特征的评估将要修正，审计人员可以单独或综合采取下列措施：提请管理层对已识别的误差和存在更多误差的可能性进行调查，并在必要时予以调整；修改进一步审计程序的性质、时间和范围；考虑对审计报告的影响。如果调整后的总体错报远远小于可容忍错报，审计人员可以做出总体实际错报小于可容忍错报的结论。如果调整后的总体错报虽然小于可容忍错报但两者之间的差距很接近，审计人员必须特别仔细地考虑，总体实际错报超过可容忍错报的风险是否能够接受，并考虑是否需要扩大细节测试的范围，以获取进一步的证据。

三、控制测试中抽样技术的应用

控制测试中的审计抽样，通常被称作属性抽样。属性抽样用于检查内部控制制度情况。它是根据样本检查的结果，推断总体中某些特征或属性发生的频率或次数，借以评价客户的内部控制是否值得信赖并为实质性程序提供依据。

属性抽样的最终任务是要在一定的可靠程度下，测定和估计总体差错率不超过某个水平。属性抽样主要有固定样本量抽样、停——走抽样和发现抽样三种方法。

（一）固定样本量抽样

固定样本量抽样是一种最为广泛使用的属性抽样，常用于估计审计对象总体中某种差错发生的频率。相对于停——走抽样、发现抽样两种形式而言，审计人员所考察的样本数量的大小是一定的。其思路是对所确定的样本量全部抽出进行审查，获得样本差错率，再通过对样本差错率的分析和评价，确定可否接受，如可以接受，则据之推断出总体差错率，做出控制测试结论。这种方法的最一般的结论形式为：在一定可靠程度下，总体误差率不超过多少。其具体做法是：

1. 确定样本规模

使用统计公式计算样本规模，在基于泊松分布的统计模型中，样本量的计算公式如下：

$$样本量(n)=可接受的信赖过度风险系数(R)\div 可容忍偏差率(TR)$$

其中，“可接受的信赖过度风险系数”取决于特定的信赖过度风险和预期将出现的偏差的个数。控制测试中常用的风险系数，如表 4—5 所示。

表 4—5　　控制测试中常用的风险系数表

预期发生偏差的数量	依赖过度风险	
	5%	10%
0	3.0	2.3
1	4.8	3.9
2	6.3	5.3
3	7.8	6.7
4	9.2	8.0
5	10.5	9.3
6	11.9	10.6
7	13.2	11.8
8	14.5	13.0
9	15.7	14.2
10	17.0	15.4

例如，审计人员确定的可容忍信赖过度风险为10%，可容忍偏差率为7%，并预期至多发现1例偏差。所需的样本量计算如下：

$$n=R\div TR=3.9\div 0.07=56$$

其中，风险系数3.9是根据预期发生偏差的数量1、信赖过度风险10%，从表4—5中查出的。

2. 推断总体误差

（1）计算总体偏差率。将样本中发现的偏差数量除以样本规模，就可以计算出样本偏差率。样本偏差率就是审计人员对总体偏差率的最佳估计，因而在控制测试中无须另外推断总体偏差率。

（2）考虑抽样风险。在实务中，审计人员使用统计抽样方法时通常使用公式、表格直接计算在确定的信赖过度风险水平下可能发生的偏差率上限，即估计的总体偏差率与抽样风险允许限度之和。

使用统计公式评价样本结果。假定审计人员对上述56个项目实施了既定的审计程序，且未发现偏差，则在既定的可接受信赖过度风险下，根据样本结果计算总体最大偏差率如下：

$$\text{总体偏差率上限(MDR)}=R/n=2.3/56=4.1\%$$

其中的风险系数根据可接受的信赖过度风险10%、偏差数量0，在表4—5中查出为2.3，这意味着：（1）如果样本量为56且无一例偏差，总体实际偏差率不超过4.1%的风险为10%，即有90%的把握保证总体实际偏差率不超过4.1%。由于审计人员确定的可容忍偏差率为7%，因此可以得出结论，总体的实际偏差率超过可容忍偏差率的风险很小，总体可以接受。也就是说，样本结果证实审计人员对控制运行有效性的估计和评估的重大错报风险水平是适当的。（2）如果在56个样本中有两个偏差，则在既定的可接受信赖过度风险下，按照公式计算的总体偏差率上限如下：

$$\text{总体偏差率上限(MDR)}=R/n=5.3/56=9.5\%$$

这说明，如果样本量为56且有两个偏差，总体实际偏差率超过9.5%的风险为10%，在可容忍偏差率为7%的情况下，审计人员可以做出结论，总体的实际偏差率超过可容忍偏差率的风险很大，因而不能接受总体。也就是说，样本结果不支持审计人员对控制运行有效性的估计和评估的重大错报风险水平。审计人员应当扩大控制测试范围，以证实初步评估结果，或提高重大错报风险评估水平，并增加实质性程序的数量。

3. 分析偏差的性质和原因

除了评价偏差发生的频率之外，审计人员还要对偏差进行定性分析，即分析偏差的性质和原因。

（二）停——走抽样

停——走抽样采用边抽样、边审查、边判断的方法，一旦能得出审计结论即可中止抽样，所以并非一定要把样本量全部抽出才能得出审计结论。其思路是先根据零差错率确定一个初始样本量进行抽样审查，如果未发现差错或例外，则可停止抽样，得出在一定可靠程度下总体误差率不超过某一可容许差错率的结论；如果发现差错，则扩大样本规模继续进行抽样审查，直到原预计差错率得到肯定或否定为止。

停——走抽样一般适用于审计人员估计差错率为零或非常低的审计总体。在这种情况下，采用固定样本量抽样，若预计总体差错率大大高于实际差错率，其结果将是选取了过多的样本，降低了审计效率。停——走抽样以预计总体差错率为零开始，通过边抽样边审计来完成抽样审计工作，这样可以有效地提高工作效率，降低审计费用。可见，停——走抽样是固定样本量抽样的特殊形式。

（三）发现抽样

发现抽样是在既定的可信赖程度下，在假定误差以既定的误差率存在于总体之中的情况下，至少查出一个误差的抽样方法。发现抽样主要用于搜查重大非法事件，它能够以极高的可信赖程度（如 99.5%以上）确保查出误差率仅在 0.5%～1%之间的误差。使用发现抽样时，当发现重大的误差，如欺诈的证据时，无论发生次数多少，审计人员都可能放弃一切抽样程序，而对总体进行全面彻底的检查。若发现抽样未发现任何例外，审计人员可得出下列结论：在既定的误差率范围内没有发现重大误差。

使用发现抽样时，审计人员需确定可信赖度及可容忍误差。然后，在预期总体误差为 0 的假设下，参阅适当的属性抽样表，即可得出所需的样本量。例如，审计人员怀疑企业的职员伪造请购单、验收单及进货发票，以虚构进货交易而达到支付现金的目的。为确定此种舞弊是否存在，审计人员必须在企业的已付凭单中找出一组不实的单据。假设审计人员设定：如果总体中包含 2%或 2%以上的欺诈性项目，那么在 95%的可信赖度下，样本将显示出不实的凭单。在预期总体误差为 0 及可容忍误差为 2%时，所需样本量为 149 个。经审计人员选取并检查 149 个凭证后，未发现有不实情况，则审计人员有 95%的把握确信总体中的不实凭单不超过 2%。

发现抽样适用于总体容量较大，但差错率较低的情况，在怀疑存在舞弊欺诈行为的审计情况下，采用这种方法最为有效。

四、实质性程序中抽样技术的运用

在实质性程序中，审计抽样只能在细节测试中运用。在实施细节测试时，审计人员可以使用统计抽样方法，也可以使用非统计抽样方法。在细节测试中运用的统计抽样方法，主要是变量抽样和概率比例规模抽样法（PPS 抽样）。变量抽样是用来估计总体金额的一种统计抽样方法，PPS 抽样是一种运用属性抽样原理对货币金额而不是对发生率得出结论的统计抽样方法。

（一）变量抽样

变量抽样是根据样本检查的结果，推断总体货币金额的统计抽样方法。通常采用均值估计抽样、差额估计抽样、比率估计抽样三种方法。

1. 均值估计抽样法

均值估计抽样法是通过检查确定样本的平均值，再根据样本平均值推断总体的平均值和总值的方法。这种方法适用范围十分广泛，无论被审计单位提供的数据是否完整、可靠，甚至在被审计单位缺乏基本的经济业务或事项账面记录的情况下，均可使用此法。

使用这种方法时，审计人员先计算样本中所有项目审定金额的平均值，然后用这个样本平均值乘以总体规模，得出总体金额的估计值。总体估计金额和总体账面金额之间的差额就是推断的总体错报。

例如，审计人员从总体规模为 1 000、账面金额为 1 000 000 元的存货项目中选择了 200 个项目作为样本。在确定了正确的采购价格并重新计算了价格与数量的乘积之后，审计人员将 200 个样本项目的审定金额加总后除以 200，确定样本项目的平均审定金额为 980 元。然后计算估计的存货金额为 980 000 元（980×1 000）。推断的总体错报就是 20 000 元（1 000 000－980 000）。

2. 差额估计抽样法

差额估计抽样法是指以样本实际金额与账面金额的平均差额来估计总体实际金额与账面金额的平均差额，然后再以这个平均差额乘以总体规模，从而求出总体的实际金额与账面金额的差额（总体错报）的一种抽样方法。计算公式如下：

$$平均错报=\frac{样本实际金额与账面金额的差额}{样本规模}$$

$$推断的总体错报=平均错报\times 总体规模$$

例如，审计人员从总体规模为 1 000 个的存货项目中选择了 200 个项目作为样本检查。总体的账面金额总额为 1 040 000 元。审计人员逐一比较 200 个样本项目的实际金额和账面金额并将账面金额（208 000 元）和实际金额（196 000 元）之间的差异加总，本例中为 12 000 元。12 000 元的差额除以样本项目个数 200，得到样本平均错报 60 元。然后审计人员用这个平均错报乘以总体规模，计算出总体错报为 60 000 元（60×1 000）。

差额估计抽样法主要用于对审查项目正确值与账面值随项目变化但不成比例变化的总体审查。

3. 比率估计抽样法

比率估计抽样法是指以样本的实际金额与账面金额之间的比率关系来估计总体实际金额与账面金额之间的比率关系，然后再以此比率乘以总体的账面金额，从而求出估计的总体实际金额的一种抽样方法。比率估计抽样法确定样本量的方法同单位均值估计抽样法相同，而在进行抽样结果评价时的计算公式如下：

$$比率=\frac{样本实际金额}{样本账面金额}\times 100\%$$

$$估计的总体实际金额=总体账面金额\times 比率$$

$$推断的总体错报=估计的总体实际金额-总体账面金额$$

如果上例中审计人员使用比率估计抽样法，则样本实际金额合计与样本账面金额的比例为 0.94（196 000÷208 000）。审计人员用总体账面金额乘以该比例 0.94，得到估计的总体实际金额为 977 600 元（1 040 000×0.94）。推断的总体错报则为 62 400 元（1 040 000－977 600）。

比率估计抽样法主要用于对审查项目正确值与账面值随项目变化并大致成比例变化的总体审查。

（二）概率比例规模抽样法

概率比例规模抽样（Probability Proportional-to size Sampling，PPS 抽样），有时也被

称为金额加权抽样、货币单位选样、累计货币金额抽样等，是以货币单位作为抽样单元进行选样的一种方法。在该方法下总体中的每个货币单位被选中的机会相同，所以，总体中某一项目被选中的概率等于该项目的金额与总体金额的比率。项目金额越大，被选中的概率就越大。但实际上审计人员并不是对总体中的货币单位实施检查，而是对包含被选取货币单位的余额或交易实施检查。审计人员检查的余额或交易被称为逻辑单元。

PPS 抽样有助于审计人员将审计重点放在较大的余额或交易上，此抽样方法之所以得名，是因为总体中每一余额或交易被选取的概率与其账面金额（规模）成比例。

1. PPS 抽样的优点

（1）PPS 抽样一般比传统变量抽样更易于使用。由于 PPS 抽样以属性抽样原理为基础，注册会计师可以很方便地计算样本规模，并手工或使用量表评价样本结果。样本的选取可以在计算机程序或计算器的协助下进行。

（2）PPS 抽样的样本规模不需考虑被审计金额的预计变异性。传统变量抽样的样本规模是在总体项目共有特征的变异性或标准差的基础上计算的。PPS 抽样在确定所需的样本规模时不需要直接考虑货币金额的标准差。

（3）PPS 抽样中项目被选取的概率与其货币金额大小成比例，因而生成的样本自动分层。如果使用传统变量抽样，审计人员通常需要对总体进行分层，以减小样本规模。

（4）PPS 抽样中如果项目金额超过选样间距，PPS 系统选样自动识别所有单个重大项目。

（5）如果审计人员预计没有错报，PPS 抽样的样本规模通常比传统变量抽样方法更小。

（6）PPS 抽样的样本更容易设计，且可在能够获得完整的总体之前开始选取样本。

2. PPS 抽样的缺点

（1）使用 PPS 抽样时通常假设抽样单元的审定金额不应小于零或大于账面金额。如果审计人员预计存在低估或审定金额小于零的情况，在设计 PPS 抽样方法时就需要特别考虑。

（2）如果审计人员在 PPS 抽样的样本中发现低估，在评价样本时需要特别考虑。

（3）对零余额或负余额的选取需要在设计时特别考虑。例如，如果准备对应收账款进行抽样，审计人员可能需要将贷方余额分离出去，作为一个单独的总体。如果检查零余额的项目对审计目标非常重要，审计人员需要单独对其进行测试，因为零余额在 PPS 抽样中不会被选取。

（4）当发现错报时，如果风险水平一定，PPS 抽样在评价样本时可能高估抽样风险的影响，从而导致审计人员更可能拒绝一个可接受的总体账面金额。

（5）在 PPS 抽样中审计人员通常需要逐个累计总体金额。但如果相关的会计数据以电子形式储存，这不会额外增加大量的审计成本。

（6）当预计总体错报金额增加时，PPS 抽样所需的样本规模也会增加。在这些情况下，PPS 抽样的样本规模可能大于传统变量抽样的相应规模。

PPS 抽样中可以使用随机数表法、系统选样法等方法选取样本，以货币单位作为抽样单元，但审计人员却不是对具体货币单位进行审计，而必须确定实物单位（即逻辑单元）来执行审计测试。PPS 抽样的运用举例说明如下：

设被查总体 9 张销货发票，各张记录额，如表 4—6 所示。

表 4—6　货币单位选样示例计算表

项目号	记录额	累计金额	选取的随机数
1	600	600	474
2	580	1 180	1 041
3	1 100	2 280	
4	349	2 620	
5	860	3 480	
6	410	3 890	
7	900	4 790	3 942
8	680	5 470	
9	350	5 820	5 483
10	1 000	6 820	

假设采用 PPS 选样拟从中抽取 4 张样本，基本步骤如下：

(1) 计算总体项目的累计金额。计算结果，如表 4—6 所示。

(2) 根据所需的样本规模，从随机数表中抽取不大于累计金额总数的随机数。设从随机数表中抽取的不大于 6 820 的 4 个数分别为 474、3 942、5 483 和 1 041。

(3) 将随机数由小到大排列，即为 474、1 041、3 942 和 5 483。

(4) 找出包含被抽取的随机数最小的累计金额数，与此相对应的项目，即为逻辑单元。从表 4—6 中可见，4 个随机数分别包含于与第 1、2、7 和 9 四张销售发票相对应的累计金额之内，所以，这四张销售发票即为被抽取的样本项目。

由于每个货币单位被选取的机会相等，逻辑单元所含的货币单位越多（账面金额越大），被选中的机会越大。相反，较小的逻辑单元被选中的机会也越小。在 PPS 系统选样法下，金额等于或高于选样间距的所有逻辑单元肯定会被选中，而规模只有选样间距的一半的逻辑单元被选中的概率为 50%。

复习思考题

1. 什么是审计方法？什么是审计方法体系？如何选择合理的审计方法？
2. 什么是顺查法和逆查法？各有什么优缺点？
3. 什么是详查法和抽查法？各有什么优缺点？
4. 什么是审阅法？什么是核对法？什么是验算法？
5. 审计抽样有哪些基本特征？审计抽样法有哪几种类型？
6. 简述统计抽样与非统计抽样之间的主要差别。
7. 抽样风险与非抽样风险的关系如何？如何对其进行控制？
8. 审计抽样的样本规模受到哪些因素的影响？
9. 简述固定样本量抽样、停——走抽样和发现抽样的区别。
10. 什么是变量抽样法？具体包括哪些方法？

第五章　审计准则和审计依据

学习目标

通过本章的学习，了解审计准则和审计依据的意义和作用，了解美国和国际审计准则的产生和结构；了解我国审计准则的发展过程；理解审计准则和审计依据的含义；熟悉审计依据的特征；掌握我国审计准则的结构内容及审计依据的分类和内容。

第一节　审计准则

审计准则（Auditing Standards）是审计理论的重要组成部分，它反映了审计工作的客观规律和基本要求，是人们在长期的审计实践中摸索、总结出来的，它既是一个经济范畴，又是一个历史范畴。它是从理论上对审计实践的总结，反过来又指导审计实践，服务于审计实践，成为指导审计工作的原则和规范。

一、审计准则的含义和作用

（一）审计准则的含义

审计准则，又称审计标准，是专业审计人员在实施审计工作时，必须恪守的行为准则和指南，它是审计工作质量的权威性判断标准。

审计准则的概念，包含如下含义：

（1）审计准则是审计人员的行为准则。审计人员在工作过程中，围绕审计任务，在选择和确定工作时，应明确哪些是可以做的，哪些是不能做的；哪些是应该加强和深入去做的，哪些是可以只作了解的。审计准则正是起到衡量标准的作用。

（2）审计准则既对审计人员的素质提出要求，同时也对社会提供了审计工作质量保证。审计准则对审计人员的业务技能和品德操行提出较高的标准，而且把独立性视为审计工作的灵魂。这对树立审计人员在社会上的公正、正直、客观形象有重要的作用。

（3）审计准则是通过审计人员执行审计程序体现出来的。所以，审计准则对审计人员的素质、业务能力、工作行为和态度提出严格要求。

(4) 审计准则是审计人员签署审计意见的客观保证。一般来说，审计人员在形成审计意见之后，会主动地与被审计单位交换意见，然后才签发审计报告，其目的是希望较快地解决问题。但是，如果双方发生意见分歧，审计准则就为审计人员的意见提供了客观上的保证。

总之，审计准则的实质就是社会对审计工作所寄予的期望。一个国家的审计准则无疑反映出这个职业在该国中的地位，从而在根本上制约着审计职能的发挥和这一职业的发展。

(二) 审计准则的作用

审计准则的实施使审计人员在从事审计工作时有了规范和指南，便于考核审计工作质量，推动了审计事业的发展。审计准则的主要作用有：

1. 实施审计准则有利于提高审计工作质量

审计准则中规定了审计人员的任职条件及其在工作中应保持的态度、审计工作的基本程序和方法以及审计报告的撰写方式和要求等，这就可以促使审计人员谨慎工作，依据准则办事，有助于提高审计工作质量。

2. 实施审计准则有利于赢得社会公众的信任

注册会计师在财务报表审计报告中，一般均要写明“我们的审计工作是根据审计准则的要求进行的”，这也就是向委托单位的股东、债权人、未来投资者以及银行等有关方面表明，审计工作已达到了规定的质量标准，审计结论是可以充分信赖的，以取信于社会。

3. 实施审计准则有利于保护审计组织和人员的合法权益

审计准则中规定了审计人员的工作范围，审计人员只要能按照审计准则的要求办理，就算是尽到了职责。当审计委托人与审计人员对审计意见发生纠纷，审计人员受到不公正的指责和控告时，即可运用审计准则维护自己的合法权益。

4. 实施审计准则有利于促进国际间的交流与合作

审计准则是审计实践经验的总结和升华，已成为审计理论的一个重要部分。审计准则的实施和发展，促进了审计理论水平的提高。通过各国审计准则的协调，便于开展国际间审计经验交流。特别是国际审计准则的制定和协调工作，对世界审计经验和学术交流都起到了重要的推动作用。

二、国外审计准则的结构内容

从世界各国现行的审计准则来看，其内容大体上包括：一般准则、工作准则和报告准则三个部分。有些国家和国际组织所制定的审计准则虽然章节和标题不一，但主要内容仍不外乎上述三大部分。西方国家的审计准则大都是以美国的审计准则为蓝本加以补充、修订而成的；国际审计组织制定的审计准则，以国际会计师联合会下属的国际审计实务委员会制定的《国际审计准则》最具代表性。下面主要介绍美国的民间审计准则和国际审计准则。

(一) 美国的民间审计准则

美国的民间审计准则称为《一般公认审计准则》，是由美国注册会计师协会于 1972 年正式颁布的。它主要适用于民间审计所从事的财务报表审计。这个准则除为美国民间审计所遵循外，对民间审计领域以外的各种审计，对其他国家乃至国际审计准则的建立，都产生了巨大的影响。早在1947年10月，美国注册会计师协会就提出了《审计准则试行方案》。在该方案中明确指出审计准则与审计程序的区别。审计程序是必须执行的，即必须实施的行为，而审计准则仅是关于实施行为质量的衡量尺度，以及运用审计程序必须达到的目标。这一准则自1948年发布实施后，又在1954年进行了修订补充，重新以《一般公认审计准则——其重要性和范围》(Generally Accepted Auditing Standards, Their Significance and Scope, GAAS) 为题发布，形成了三部分，共10条，成为对审计工作的原则性规定。同时，审计程序委员会还一直致力于对10项准则的解释和说明。1972年该委员会更名为审计准则执行委员会，同年发布了《审计准则说明书》第一辑。1978年该委员会正式定名为审计准则委员会 (Auditing Standards Board, ABS)，负责制定审计准则说明书。

美国《一般公认审计准则》的内容如下：

1. 一般准则 (General Standards)

(1) 审计应由经过充分技术培训并精通审计实务的人员担任。

(2) 审计人员在执行工作时，必须保持独立的意志和态度。

(3) 在执行审计工作和撰写审计报告时，应保持职业人员应有的职业谨慎。

2. 外勤工作准则 (Standards of Field Work)

(1) 审计工作必须妥善地进行计划安排，如存在助理人员，必须加以监督和指导。

(2) 应适当地研究和评价现行的内部控制系统，以确定可资信赖的程度，并以此作为决定审计程序和测试范围的依据。

(3) 运用检查、观察、查询、函证等方法，以获取充分而确切的证据，作为对所审核的财务报表发表意见的合理根据。

3. 报告准则 (Standards of Reporting)

(1) 审计报告应说明财务报表是否按照一般公认的会计准则编制。

(2) 审计报告应说明本期所使用的会计准则是否与上期一致。

(3) 除非报告中另有说明，财务报表中所提供的资料应被视为合理和充分。

(4) 审计报告应就整个财务报表发表意见，或断然表明不能发表意见。如属后者，应说明理由。在任何情况下，财务报表一经审计人员签署，即应在报告中明确表示审核的性质与其所负责任的程度。

美国注册会计师协会根据《一般公认审计准则》的框架，至今已发布100多号具体审计准则。

(二) 国际审计准则

第二次世界大战以后，国际经济进入到了一个新的发展阶段。国际间商品、资金、技术、知识、劳动力、信息的交流，达到了前所未有的规模。各国在经济上相互依存、相互促进的关系日益明显。经济关系的国际化使得民间审计也因此走出国界，参与了国际市场竞争。为了使审计报告和被审计的财务报表能够取得各有关国家社会公众的信任，需要协调审计准则和实务，消除各国审计准则和实务中的分歧，所以需要一套适用于各国的审计准则。为了适应这种新形势的需要，协调各国审计组织并组织处理国际间审计问题，一些国际性组织开始着手研究制定国际审计准则，目前已取得的主要成果有《国际审计准则》。

《国际审计准则》（the International Standards on Auditing，ISA）由国际会计师联合会（IFAC）下属的国际审计实务委员会于1980年开始制定和发布。在国际审计准则发布之前，已有许多国家制定了本国的审计准则，或以法规、公告形式发布了有关的审计条例。这些准则和条例在内容、形式上有很多不一致的地方。国际审计实务委员会是在了解、分析、研究了这些分歧的基础上，制定国际审计准则的。因此，国际审计准则具有一定的概括性和代表性。国际审计实务委员会从1980年6月开始，已先后颁布了数十项《国际审计准则》文件。这些文件可分为一般准则、外勤工作准则和报告准则三个部分。

1. 一般准则

（1）对审计人员应具备的技术条件所作的规定。包括专业知识——审计人员从事审计工作必须具备的学历和职业培训；实践经验——要求具有一定年限的工作经验并通过专门考试；工作能力——审计人员应具备的分析、判断和表述能力。

（2）对审计人员应具备的身份条件所作的规定。主要是要求审计人员必须具备超然、独立的立场，在陈述与表达意见时持公正态度；等等。

（3）对审计人员应具备的职业道德条件所作的规定。

2. 外勤工作准则

（1）对规划审计计划所作的规定。包括审计计划的可行性研究、审计的工作程序、审计的人员与工作分工等。

（2）对确立审计范围所作的规定。包括审计财务报表；了解、研究内部控制系统；确定扩大、深入检查或采用其他审计方法的时间和范围；等等。

（3）对获取审计证据所作的规定。包括采用各种有效的方法以获取充分适当的证据；充分考虑审计对象的重要性、风险程度及其他影响因素；为审计财务报表和提出公正的审计意见提供合理的依据；等等。

（4）对实施审计行为所作的规定。包括执行审计的必要条件和手续；实际执行的审计业务；等等。

在国际审计准则中，有关工作准则的说明和解释占了相当大的比例。由于工作准则涉及面很广，且执行起来弹性较大，因而往往需要根据不同的情况加以判断。

3. 报告准则

（1）对审计报告应记载事项的规定。

（2）对发表审计意见的规定。

（3）对补充记载事项的规定。

（4）对审计报告报送对象及报送时间的规定。

在对任何单位的财务会计资料进行独立的检查时，不论这个单位是否以营利为目的，不论其规模大小，也不论其法定组织形式，凡进行的独立检查是以发表审计意见为目的的，均适合使用国际审计准则。在适当的情况下，国际审计准则也可应用于审计人员的其他有关活动。

近年来，国外出现了一系列上市公司财务欺诈案，致使投资者遭受重大损失，严重动摇了社会公众对审计报告的信任。因此，世界银行及其他国际组织极力促使国际会计师联合会（IFAC）更加积极地关注公共利益问题，以代表国际职业界扮演监管角色，国际会计师联合会对此给予了积极的回应，将国际审计实务委员会改组为“国际审计与鉴证准则理事会”（International Auditing and Assurance Standards Board，IAASB）。

国际审计与鉴证准则理事会已将审计纳入鉴证业务（Assurance Engagements），将注册会计师的业务分为鉴证业务和相关服务（Related Services）。鉴证业务的对象主要包括财务报表和财务信息、非财务信息、系统与过程（System and Processes）、行为（Behavior）等。针对财务报表的鉴证业务，有财务报表审计和审阅业务（Audit and Review）；针对财务报表的鉴证业务，有财务报表审计和审阅业务；针对财务信息的鉴证业务，有财务信息审核业务。上述业务提供的保证程度有所不同，审计提供的保证程度最高。相关服务针对的对象是财务信息，包括商定程序以及信息编制业务（Agreed-upon Procedures and Compilation），两者不提供鉴证意见。为了重树社会公众对注册会计师行业的信心，降低审计风险，提高审计质量，国际审计与鉴证准则理事会目前在修订和起草一系列审计准则。

三、我国审计准则的框架体系

我国自恢复审计工作以来，相继颁布了一系列审计职业规则，初步形成了包括政府审计准则、注册会计师执业准则和内部审计准则在内的审计准则体系。

（一）政府审计准则

根据《审计法》和《审计法实施条例》，结合我国审计机关审计工作实践，我国于1996年12月6日正式发布了《中华人民共和国国家审计基本准则》，2000年1月，又对该准则做了修订。政府审计准则的发布、实施和进一步修订完善，对实现我国审计工作法律化、制度化、规范化，保证审计工作质量，提高审计工作效率，具有十分重要的意义。

我国的政府审计准则从框架结构和主要内容上看，分为基本准则、通用审计准则和专业审计准则、审计指南三个层次。

1. 基本准则

基本准则是中国政府审计准则的总纲，是审计机关和审计人员依法办理审计事项时应当遵循的行为规范，是衡量审计质量的基本尺度，是制定其他审计准则和审计指南的依据。其内容包括总则、一般准则、作业准则、报告准则、审计报告处理准则和附则，共47条。

2. 通用审计准则与专业审计准则

通用审计准则是依据基本准则制定的，是审计机关和审计人员在依法办理审计事项，提交审计报告，评价审计事项，出具审计意见书，做出审计决定时，应当遵循的一般具体规范。如《审计机关审计方案准则》、《审计机关审计证据准则》、《审计机关审计工作底稿准则》、《审计机关审计报告编制准则》、《审计机关审计人员职业道德准则》等。

专业审计准则是依据基本准则制定的，是审计机关和审计人员依法办理不同行业的审计事项时，在遵循通用审计准则的基础上，同时应当遵循的特殊具体规范。包括对财政、金融、行政经费、事业经费、国家建设项目的预测及执行情况和决算、农业专项资金、社会保障基金、社会捐赠资金、国外贷款援建项目等方面的具体内容进行审计的业务规范。

3. 审计指南

审计指南是对审计机关和审计人员办理审计事项提出的审计操作规程和方法，为审计机关和审计人员从事专门审计工作提供可操作的指导性意见。这三个层次的关系，如图5—1所示。

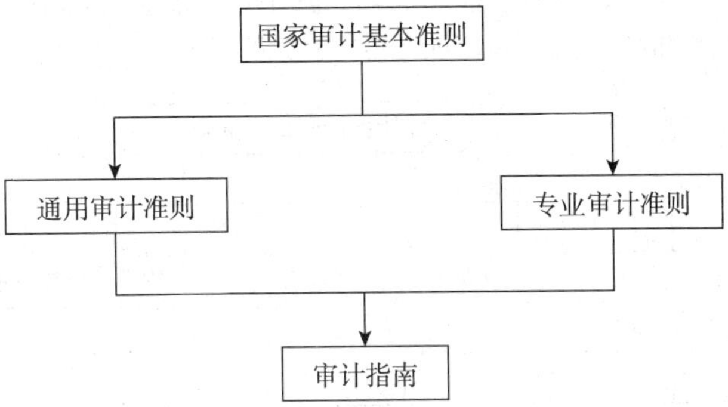

图 5—1 政府审计准则框架结构图

（二）中国注册会计师执业准则

1. 发展历程

中国注册会计师协会成立后，非常注重执业规则的建设，其建设经历三个阶段。

（1）制定执业规则阶段（1991—1993 年）。

先后发布了《注册会计师检查验证会计报表规则（试行）》等 7 个执业规则。这些执业规则对我国注册会计师行业走向正规化、法制化和专业化起到了积极作用。

（2）建立审计准则体系阶段（1994—2005 年）。

经财政部批准同意，中国注册会计师协会自 1994 年 5 月开始起草独立审计准则。到 2005 年，中国注册会计师协会先后制定了 6 批独立审计准则，包括 1 个准则序言、1 个独立审计基本准则、28 个独立审计具体准则和 10 个独立审计实务公告、5 个执业规范指南，此外，还包括 3 个相关基本准则（职业道德基本准则、质量控制基本准则和后续教育基本准则)，共计 48 个项目。

（3）与国际审计准则趋同阶段（2006 年至今)。

为完善中国注册会计师执业准则体系，加速实现与国际准则趋同，中国注册会计师协会遵循科学、民主、公开的准则制定程序，经过艰苦而卓有成效的工作，拟定了 22 项新准则，并对 26 项已颁布的准则进行了必要的修订和完善，已于 2006 年 2 月 15 日由财政部发布。这 48 个准则项目自 2007 年 1 月 1 日起在所有会计师事务所施行。

中国注册会计师审计准则自 2007 年实施以来，在规范注册会计师行为、提高审计业务质量、维护社会公众利益等方面发挥了重要作用。最近几年，我国审计环境发生了重大变化，审计实务面临新的问题，国际审计准则也做出重大修改，为此，中注协于 2009 年启动了对审计准则的修订工作，为了规范注册会计师的执业行为，提高执业质量，维护社会公众利益，促进社会主义市场经济的健康发展，中国注册会计师协会修订了《中国注册会计师审计准则第 1101 号——注册会计师的总体目标和审计工作的基本要求》等 38 项准则，自2012年1月1日起施行。财会［2006］4号文中《中国注册会计师审计准则第1101号——财务报表审计的目标和一般原则》等35项准则同时废止。这些准则的发布标志着我国已建立起一套适应社会主义市场经济发展要求，顺应国际趋同大势的中国注册会计师执业准则体系。

中国注册会计师执业准则体系受注册会计师职业道德规范统驭，其内容包括注册会计师业务准则和注册会计师事务所质量控制准则。其中，注册会计师业务准则又包括鉴证业务准则和相关服务业务准则，其结构，如图5—2所示。

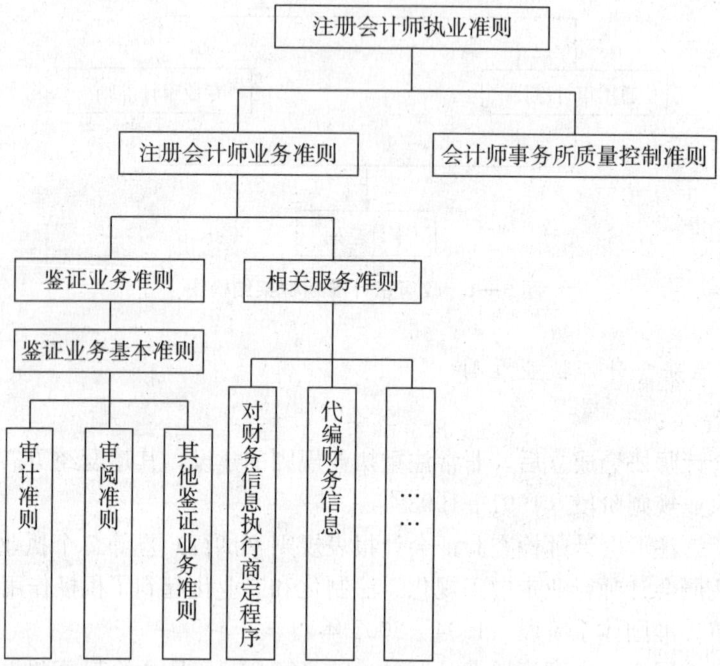

图5—2　注册会计师执业准则框架图

鉴证业务准则由鉴证业务基本准则统领，按照鉴证业务提供的保证程度和鉴定对象的不同，分为中国注册会计师审计准则、中国注册会计师审阅准则和中国注册会计师其他鉴证业务准则（以下简称审计准则、审阅准则和其他鉴证业务准则）。其中，审计准则是整个执业准则体系的核心。

审计准则用以规范注册会计师执行历史财务信息的审计业务。在提供审计服务时，注册会计师对所审计信息是否不存在重大错报提供合理保证，并以积极方式提出结论。

审阅准则是用以规范注册会计师执行历史财务信息的审阅业务。在提供审阅服务时，注册会计师对所审计信息是否不存在重大错报提供有限保证，并以消极方式提出结论。

其他鉴证业务准则是用以规范注册会计师执行历史财务信息的审计和审阅业务以外的其他鉴证业务，根据鉴证业务的性质和业务约定的要求提供有限保证或合理保证。

相关服务准则用以规范注册会计师代编财务信息、执行商定程序、提供管理咨询等其他服务。在提供相关服务时，注册会计师不提供任何程度的保证。

质量控制准则用以规范会计师事务所在执行各类业务时应当遵守的质量控制政策和程序，是对会计师事务所质量控制提出的制度要求。

2. 中国注册会计师执业准则主要内容

（1）鉴证业务基本准则。

1）审计准则。

①一般原则与责任。

《中国注册会计师审计准则第 1101 号——注册会计师的总体目标和审计工作的基本要求》

《中国注册会计师审计准则第 1111 号——就审计业务约定条款达成一致意见》

《中国注册会计师审计准则第 1121 号——对财务报表审计实施的质量控制》

《中国注册会计师审计准则第 1131 号——审计工作底稿》

《中国注册会计师审计准则第 1141 号——财务报表审计中与舞弊相关的责任》

《中国注册会计师审计准则第 1142 号——财务报表审计中对法律法规的考虑》

《中国注册会计师审计准则第 1151 号——与治理层的沟通》

《中国注册会计师审计准则第 1152 号——向治理层和管理层通报内部控制缺陷》

《中国注册会计师审计准则第 1153 号——前任注册会计师和后任注册会计师的沟通》

②风险评估以及风险应对。

《中国注册会计师审计准则第 1201 号——计划审计工作》

《中国注册会计师审计准则第 1211 号——通过了解被审计单位及其环境识别和评估重大错报风险》

《中国注册会计师审计准则第 1212 号——对被审计单位使用服务机构的考虑》

《中国注册会计师审计准则第 1221 号——计划和执行审计工作时的重要性》

《中国注册会计师审计准则第 1231 号——针对评估的重大错报风险采取的应对措施》

《中国注册会计师审计准则第 1241 号——对被审计单位使用服务机构的考虑》

《中国注册会计师审计准则第 1251 号——评价审计过程中识别出的错报》

③审计证据。

《中国注册会计师审计准则第 1301 号——审计证据》

《中国注册会计师审计准则第 1311 号——对存货等特定项目获取审计证据的具体考虑》

《中国注册会计师审计准则第 1312 号——函证》

《中国注册会计师审计准则第 1313 号——分析程序》

《中国注册会计师审计准则第 1314 号——审计抽样》

《中国注册会计师审计准则第 1321 号——审计会计估计（包括公允价值会计估计）和相关披露》

《中国注册会计师审计准则第 1323 号——关联方》

《中国注册会计师审计准则第 1324 号——持续经营》

《中国注册会计师审计准则第 1331 号——首次审计业务涉及的期初余额》

《中国注册会计师审计准则第 1332 号——期后事项》

《中国注册会计师审计准则第 1341 号——书面声明》

④利用其他主体的工作。

《中国注册会计师审计准则第 1401 号——对集团财务报表审计的特殊考虑》

《中国注册会计师审计准则第 1411 号——利用内部审计人员的工作》

《中国注册会计师审计准则第 1421 号——利用专家的工作》

⑤审计结论与报告。

《中国注册会计师审计准则第 1501 号——对财务报表形成审计意见和出具审计报告》

《中国注册会计师审计准则第 1502 号——在审计报告中发表非无保留意见》

《中国注册会计师审计准则第 1503 号——在审计报告中增加强调事项段和其他事项段》

《中国注册会计师审计准则第 1511 号——比较信息：对应数据和比较财务报表》

《中国注册会计师审计准则第 1521 号——注册会计师对含有已审计财务报表的文件中的其他信息的责任》

⑥特殊领域。

《中国注册会计师审计准则第 1601 号——对按照特殊目的编制基础编制的财务报表审计的特殊考虑》

《中国注册会计师审计准则第 1602 号——验资》

《中国注册会计师审计准则第 1603 号——对单一财务报表和财务报表的特定要素、账户或项目审计的特殊考虑》

《中国注册会计师审计准则第 1604 号——对简要财务报表出具报告的业务》

《中国注册会计师审计准则第 1611 号——商业银行财务报表审计》

《中国注册会计师审计准则第 1612 号——银行间函证程序》

《中国注册会计师审计准则第 1613 号——与银行监管机构的关系》

《中国注册会计师审计准则第 1631 号——财务报表审计中对环境事项的考虑》

《中国注册会计师审计准则第 1632 号——衍生金融工具的审计》

《中国注册会计师审计准则第 1633 号——电子商务对财务报表审计的影响》

2）审阅业务准则。

《中国注册会计师审阅准则第 2101 号——财务报表审阅》

3）其他鉴证业务准则。

《中国注册会计师其他鉴证业务准则第 3101 号——历史财务信息审计或审阅以外的鉴证业务》

《中国注册会计师其他鉴证业务准则第 3111 号——预测性财务信息审计的审核》

（2）中国注册会计师相关服务准则。

《中国注册会计师相关服务准则第 4101 号——对财务信息执行商定程序》

《中国注册会计师相关服务准则第 4111 号——代编财务信息》

（3）会计师事务所质量控制准则。

《质量控制准则第 5101 号——会计师事务所对执行财务报表审计和审阅、其他鉴证和相关服务业务实施的质量控制》

（三）内部审计准则

内部审计准则由内部审计基本准则、内部审计具体准则、内部审计实务指南三个层次组成。

1. 内部审计基本准则

内部审计基本准则是内部审计准则的总纲，是内部审计机构和人员进行内部审计时应当遵循的基本规范，是制定内部审计具体准则、内部审计实务指南的基本依据。《第 1101 号——内部审计基本准则》包括总则、一般准则、作业准则、报告准则、内部管理准则和附则，共 32 条，自 2014 年 1 月 1 日起施行。

2. 内部审计具体准则

内部审计具体准则是依据内部审计基本准则制定的，是内部审计机构和人员在进行内部审计时应当遵循的具体规范。我国现已颁布了内部审计的《审计计划》、《审计证据》、《内部控制审计》等 29 个具体审计准则。

3. 内部审计实务指南

内部审计实务指南是依据内部审计基本准则、内部审计具体准则制定的，为内部审计机构和人员进行内部审计提供的具有可操作性的指导意见。

这三个层次的关系，如图 5—3 所示。

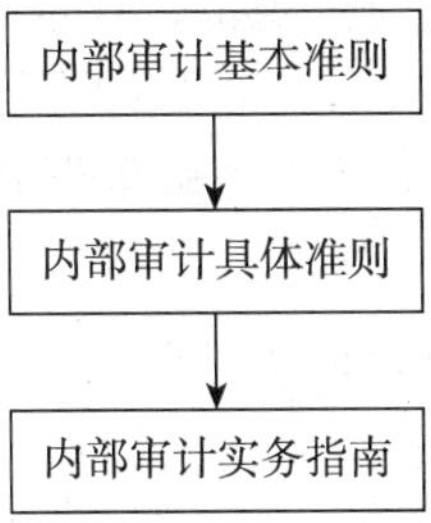

图 5—3　内部审计准则框架结构图

第二节　审计依据

审计是一项客观、公正的工作，提出审计意见，做出审计结论，必须有明确的依据。审计依据是提出审计意见、做出审计结论的衡量尺度。有依据的审计意见和结论才能令人信服，被人们所接受。

一、审计依据的含义

所谓审计依据，就是对所查明的事实与现行的各种规定进行比较、分析、判断和评价，据以提出审计意见和建议，做出审计结论的标准。

审计依据与审计准则是两个既有联系又有区别的概念。审计准则解决如何进行审计的问题，是审计人员行动的指南和规范；审计依据则解决审计人员根据什么标准去判别被审计单位的财务状况、经营成果和现金流量的合法或非法，公允或非公允，并据以做出审计结论、提出审计意见和建议的根据。

在整个审计工作过程中，都存在着一个评价判断问题，特别是在审计工作从实施阶段转入完成阶段，必须对被审计单位的经济活动及其结果进行评价、判断，做出正确的结论，提出有益的意见和建议。在审计实施阶段，按照审计准则的要求，把被审计单位的被审计项目、问题和情况查实了、查清了，证据确凿了，如何对这些查清、查实了的被审计事项进行评价，判断它们是否真实、合法、合理，是否有效及有效的程度，这就必须有一套合适的审计依据。审计人员根据审计依据提出审计意见，做出审计结论，才能令人信服，取信于社会公众，才能提高审计组织和审计人员的威望，有利于审计事业的发展。因此，审计人员在实施审计行为时，除了要根据审计准则进行审计工作之外，还需要一套科学、合理的审计依据。

二、审计依据的种类

由于审计的目的不同，所以各种类型的审计所遵循的审计依据也不相同。不同种类的审计依据有不同的用途，进行适当的分类，有利于审计人员选用。

审计依据可以按不同标志进行分类。如按其来源，可分为被审计单位自己制定的审计依据和外部各单位制定的审计依据；按其性质、内容，可分为宪法、法律、法规、政策，规章制度，预算、计划、经济合同，业务规范、技术经济标准，会计制度和会计准则等。但是，从审计实施看，审计依据主要是按审计目的进行分类，可以分为评价经济活动合法性的审计依据、评价经营管理活动效益性的审计依据和评价内部控制系统健全性、有效性的审计依据。

（一）评价经济活动合法性的审计依据

这类审计依据主要包括：

1. 国家颁布的法律和各种财经法规

法律是指由国家立法机关颁布的，由国家强制执行的行为规则。在我国，用作审计依据的除宪法外，主要有民法、经济合同法、涉外经济合同法、外商投资企业法、各种所得税法、会计法、公司法、企业破产法、民事诉讼法等等。此外，还有财务会计报告条例、企业会计准则等国务院及其所属部门颁发的规范性文件。国际机构制定的各种适用的经济法规则是涉外经济审计的重要审计依据。

2. 地方颁布的财经法规和主管部门颁布的各种财经法规

地方财经法规是由地方各级立法机构和人民政府依照国家颁布的经济法规，结合本地区的实际情况加以制定的；国务院各主管部门和地方各级主管部门，也可根据本部门的实际情况制定有关的经济政策、指示和规定。这些都是审计的依据。

3. 规章制度

规章制度包括两种：一种是政府主管部门和上级单位制定的规章制度，如行业性的会计制度及各种管理办法等；另一种是被审计单位根据国家财经法规、地方财经法规并结合本企业生产经营管理的特点自行制定的规章制度。这些也是审计依据的重要组成内容。

（二）评价经营管理活动效益性的审计依据

除了合法性审计以外，现代审计的另一个重要活动领域是对委托单位的经营管理活动的效益性进行评价。这方面的审计依据主要有：

1. 可比较的历史数据

可比较的历史数据包括两种：一种是反映被审计单位经营管理活动效益性的历史数据，如资本金利润率、存货周转率、应收账款回收率等，可以用作判断和评价被审计期间经营管理活动效益性好坏的依据；另一种是与被审计单位同行业中的经营性质、规模与其相近的单位的历史数据，可以将可比较单位的有关资料和数据作为判断和评价被审计单位经营管理活动效益性好坏的重要依据之一。

2. 计划、预算和经济合同

被审计单位编制的计划和预算、被审计单位与其他单位签订的经济合同等的完成与否，都是判断被审计单位经济管理活动效益性好坏的重要依据。

3. 业务规范、技术经济标准

被审计单位制定的原材料消耗定额、能源消耗定额、工时定额、生产设备利用定额、废品率、各种技术标准、产品质量标准等，都可以作为判断和评价被审计单位经营管理活动效益性的重要依据。

（三）评价内部控制系统健全性、有效性的审计依据

审计人员在进行审计时，首先要审查和评价被审计单位的内部控制系统，这是现代审计的一个重要特征。评价内部控制系统健全性、有效性方面的审计依据主要有：

1. 内部管理控制制度

内部管理控制制度是指根据规定的经营方针，为合理而有效地进行经济活动而建立的各种控制制度，主要包括预算控制制度、信息管理制度、责权控制制度等。这些制度是否科学、是否有效地实施，是评价内部控制系统健全性和有效性的重要依据。

2. 内部会计控制制度

建立会计控制制度，设置凭证的传递程序、账簿的核对制度、实物的盘点制度等。这些都是为了保证会计资料的正确性和可靠性而建立的控制制度。这些制度是评价内部控制系统健全性和有效性的又一重要依据。

3. 内部审计制度

内部审计具有控制的功能，它既要检查和评价其他各项内部控制制度的质量与效果，同时它本身又作为整个内部控制制度的一个组成部分，与其他各项内部控制一起，共同实现内部控制的各项目标。因此，内部审计制度也成为评价内部控制系统健全性和有效性的依据。

三、审计依据的特点

审计依据既不是捉摸不定的，又不是固定不变的。在一定的时间、地域和范围内，它是明确的和可行的，但审计依据会随着形势的发展、时间的推移而发展变化。因此，掌握审计依据的特点，有利于更好地开展审计工作。审计依据的特点主要有：

（一）层次性

根据适用范围和效力大小、制定单位管辖区域的大小，审计依据具有不同的层次，顺序如下：

（1）人民代表大会及其常务委员会和中央政府颁布的法律、法规，如宪法、会计法、财务会计报告条例等。

（2）国务院各部门颁布的各种规章制度以及指令性计划。

（3）地方各级人民政府制定和颁发的地方性法规等。

（4）被审计单位上级主管部门制定的规章制度，下达的计划和提出的技术经济指标等。

（5）被审计单位的股东代表大会、董事会等所作的决议，以及本单位各职能部门所制

定的规章制度，做出的计划和决议。

从法规和规章制度的制定过程来看，低层次的法规、制度不能违反高层次的法规，只能在高层次法规原则规定的基础上，结合本地区和本部门的具体情况加以补充和具体化。这就是说，法规的层次越高，其覆盖面就越大，而层次越低的法规和制度等，其具体适用性却越强。因此，审计人员应注意尽量完整地收集有关被审计单位的具体法规和规章制度，这样有利于正确地判断所查明事实的是非曲直。但如遇低层次的规定与高层次的规定相抵触时，则应以高层次的规定为准，做出评价和判断。

（二）相关性

审计依据的相关性，是指审计依据要与审计结论相关联，审计人员可以利用审计依据提出审计意见和建议，并做出审计结论。审计依据的相关性是由审计工作的本质特性所决定的。因为审计工作的目的是对被审计单位所承担的受托经济责任做出评价，确定或解除被审计单位的受托经济责任，如果审计依据不利于审计人员评价受托经济责任，与审计结论无关，审计依据就失去了意义。因此，审计人员选用审计依据，一定要与做出的审计结论以及提出的审计意见和建议密切相关。如果有多种审计依据可供选择时，必须认真分析，深入解剖矛盾，抓住主要矛盾和矛盾的主要方面，选用最能揭示被审计单位有关事项本质的作为审计依据。

（三）时效性

各种审计依据都有一定的时效性，不是任何时期和任何条件下都能适用的。作为经济业务行为规范的各种审计依据，属于上层建筑的范畴。上层建筑要适应经济基础的不断发展变化而相应发展变化，各种审计依据就不可能是一成不变的，必须随着时间的推移而加以修订和变更。作为经济业务技术规范的各种审计依据，也会随着科学技术水平的发展而发生变化。这就要求审计人员在从事业务活动中，要密切关注各种审计依据的变化，注意其时效性，切忌用旧的审计依据来否定现行的经济活动，也不能用新的审计依据来否定过去的经济活动。

（四）地域性

从空间上看，许多审计依据还要受到地域性的限制。各个国家的社会经济制度和生产力发展水平不同，其审计依据的内容当然各不相同。因此，我们不能不加分析地照搬别国的审计依据。即使在国内，不同地区、不同行业部门的发展水平也不尽相同，各地区、各行业部门都根据自己的实际情况和特点，制定了只适用于本地区、本行业部门的政策和规章。因此，不同地区、不同行业部门的审计依据也不会完全相同。所以，审计人员在进行判断时，应当注意到地区和行业的差别，要以该地区、该行业的有效法令、规定、技术标准等为根据，做出审计结论，提出审计意见和建议。

四、运用审计依据的原则

审计人员选用审计依据时，除应注意审计依据的层次性、相关性、时效性和地域性等特点外，还应注意掌握下列各项原则。

（一）具体问题具体分析的原则

在社会主义市场经济条件下，企业经济活动日益多样化和复杂化，合法的经济活动不一定是合理的；反之，有些突破了现有规章制度的合理的改革措施可能是不合法的。所以，审计人员选用审计依据时，必须从实际出发，具体问题具体分析，做出客观公正的评价。在遇到问题时，应坚持三个原则：

（1）有法依法。有法律、法规作为审计依据的，应该严格依法，这是不容置疑的。

（2）无法可依理。没有法律、法规作为审计依据的，要重视一些经济行为的合理性、正确性和创造性的依据。判断一个单位的经济行为是否合理，应看其是否符合经济发展的大方向，是否促进了生产的发展和经济效益的提高。

（3）国家法规与地方法规发生矛盾时要慎重处理。正常情况下，应将国家法规作为最主要的审计依据；如当国家法规与地方法规不一致时，应贯彻凡是符合改革精神，有利于促进地区经济繁荣，有利于调动各方面的积极性，而对宏观经济、全局利益又无妨碍的地方法规应作为审计依据的原则；凡是违背国家法规、损害国家利益或侵犯企业合法权益的"土政策"法规要坚决抵制。

（二）辩证分析问题的原则

企业经济活动是错综复杂的，经济情况也是瞬息万变的，因而影响经济活动的因素是多方面的、可变的。对某项被审计的经济活动，如果几种审计依据均适用，就要认真仔细地进行研究，辩证地分析问题，分析该项经济活动的主要影响因素和主要影响因素的主要方面，并分析该经济活动的结果和影响，要善于抓住主要矛盾，把握问题的实质，然后决定选用哪一项审计依据，并据以提出审计意见和建议，做出审计结论。

（三）利益兼顾原则

在运用审计依据时，要贯彻利益兼顾的原则，全面地分析问题。利用兼顾原则主要包括：

1. 国家、企业和个人利益兼顾

在审查评价被审计单位受托经济责任时，选择审计依据必须坚持国家、企业和个人利益兼顾的原则，维护各方的合法权益，处理好各方面的经济利益关系。为此，对企业单位自己制定的审计依据，就应进行适当选择，如果审计依据有弹性时，也要注意掌握分寸。

2. 眼前利益与长远利益兼顾

选用审计依据，不能只考虑眼前利益，还要考虑长远利益。如在选用成本、费用开支标准和利润分配时，不能只考虑目前的经济利益，还要考虑企业今后的发展和增强企业实力。只有处理好眼前利益和长远利益之间的关系，才能保证企业的发展和职工的长远利益，才能使企业更好地发展。

3. 企业经济效益与社会效益兼顾

在评价企业利润完成情况时，不能只考虑企业销售利润率、资本金利润率和成本费用利润率，还应考虑使企业利润增加的营业项目和生产的产品是否有社会效益。因此，在选用审计依据时，不能机械地照搬，而应考虑企业经济效益与社会效益相结合的原则。

（四）真实可靠原则

审计依据必须真实可靠，数字要准确，凡是引用的数字，一定要经过亲自核对，切忌照抄照搬；凡列举的技术标准，必须查证核实，均有文件资料。切勿主观推测；对于内部管理控制的各项制度，要深入查对，如无真凭实据，均不能作为审计依据；凡是法律、法规一定要找到原文，认真领会其精神，并抄录文字，切不可断章取义，盲目推论；一般的决议、指示等，如有必要还要复印作为审计工作底稿。

总之，合理地运用审计依据，对于做出客观公正的评价和正确的结论，对于促进审计质量的提高，都有重要的意义。否则，审计依据运用不当，将会造成判断失误、结论错误，影响审计工作质量，造成不良后果。

复习思考题

1. 什么是审计准则？其作用是什么？
2. 美国《一般公认审计准则》的基本内容有哪些？
3. 我国政府审计准则从框架结构和主要内容上分为哪几个层次？
4. 我国内部审计准则的基本内容是什么？
5. 我国注册会计师执业准则体系的构成及含义？
6. 什么是审计依据？审计依据与审计准则的区别是什么？
7. 审计依据的主要内容有哪些？
8. 审计依据的特点及运用原则是什么？

第六章　审计证据和审计工作底稿

学习目标

通过本章的学习，了解审计证据和审计工作底稿在审计中的地位和作用；理解审计证据的含义；熟悉审计证据的分类和特征；掌握审计证据收集的程序与方法；理解审计工作底稿的含义和编制目的；掌握审计工作底稿的要素和格式；熟练掌握审计工作底稿的编制与复核。

审计证据是审计理论中的一个核心概念，而审计工作底稿则是审计证据的载体。要实现审计目标，就必须收集和评价审计证据，形成审计工作底稿。审计的整个过程，就是收集审计证据，并根据审计证据形成审计结论和审计意见的过程。因此，收集、鉴定和综合审计证据，是审计工作的核心。审计工作底稿则是审计过程和结果的书面证明，是审计证据的汇集，是编写审计报告的直接依据。

第一节　审计证据

一、审计证据的含义

审计证据（Audit Evidence）是审计人员在审计过程中采用各种方法获取的，为了得出审计结论，形成审计意见而使用的所有信息，包括审计人员用于证实或否定被审计单位财务报表所反映的财务状况以及经营成果的合法性和公允性的一切证明性资料。

审计证据与审计依据是两个不同范畴的概念，二者有着严格的界限。审计证据是审计人员在审计过程中，取得的可为自己对被审计单位进行评价和形成审计结论提供证明的一系列事实凭据和资料。而审计依据是对所查明的事实进行比较、分析、判断和评价，据以提出审计意见和建议，做出审计结论的标准。审计证据是事实本身，审计依据是判定事实合法性、公允性的标准，二者不可混为一谈。审计人员对被审计单位的财务报表及其反映的经济活动所做的分析、判断和评价，不仅要依靠各种审计依据，而且必须依靠一定的事实凭据，这种证据来源于企业经济行为本身，反映着企业经济活动的客观事实。

审计人员开展审计工作的最终目的是根据一定证据对被审计单位的受托经济责任履行情况发表意见。而审计人员发表的意见要令人信服，必须有足够的、充分的证据作为根据，从一定意义上讲，审计证据是审计成败的关键。因为没有证据就没有发言权，审计意见也就无从谈起，因此，审计实施的过程实质上就是收集和评价审计证据的过程。审计人员运用适当的审计程序，采取必要的审计方法无非都是围绕着收集审计证据这一目的进行的。通过审计证据的收集和评价以证明被审计单位财务报表的合法性和公允性，证明经济活动的合法性和效益性，并证明审计人员所作结论和所提意见的正确性。总之，审计证据是做好审计工作，形成审计意见、出具审计报告，达到审计目标的重要前提和条件。

二、审计证据的分类

对审计证据进行分类的目的，在于找出更合理、更有效、更具有证明力的证据，以达到较好的证明效果，从而有利于审计工作的顺利完成。审计证据按照不同的标准，可以进行多种分类。

（一）按审计证据的表现形态分类

按审计证据的表现形态分类，可以分为实物证据、书面证据、口头证据和环境证据。

1. 实物证据

实物证据（Physical Evidence）是指以实物的外部特征和内含性能来证明事物真相的各种证据。实物证据主要用以查明实物存在的真实性、数量和计价的正确性，如库存现金、存货、固定资产、在建工程客观存在等。实物证据的存在本身就具有很强的可靠性，所以实物证据具有较强的证明力。但应重点关注各种实物所有权的归属，如核实物资的所有权是否转移，有无外单位寄存的材料、商品等物资，以及有无经营租入的固定资产列为自有固定资产等情况。

2. 书面证据

书面证据（Evidence in the Form Written Document）是以文字记载的内容来证明被审计事项的各种书面资料。如有关被审计事项的会计凭证、账簿和报表以及各种会议记录和合同，等等。审计工作过程中，收集到的最多的就是书面证据。书面证据的来源比较广泛，有的由被审计单位以外的单位所提供，且直接送交审计人员的书面证据，如询证函；有的由被审计单位以外的单位提供，但为被审计单位所持有的书面证据，如银行对账单；有的由被审计单位自行编制并持有的书面证据，如工资发放表、充作证据的会计记录、被审计单位声明书、专家提供的书面证据；等等。对这些书面证据，需要进行整理归类，其效用也需要进一步证实。

3. 口头证据

口头证据（Oral Evidence）是指以视听资料、证人证词，有关人员的陈述、意见、说明和答复等形式存在的审计证据。它是以知情人陈述的事实来证明审计事项的真相。一般情况下，口头证据本身并不足以证明事物的真相，但审计人员往往通过口头证据发掘出一些重要线索，从而有利于对某些稽核的情况作进一步的调查，以收集到其他更为可靠的证据。

4. 环境证据

环境证据（Environment Evidence）是指由对审计事项产生影响的各种环境事实构成的证据。如当审计人员获知被审计单位有着良好的内部控制系统，并且日常经营管理又一贯严格遵守各项规定时，就可以认为被审计单位现行的内部控制系统为财务报表项目的真实性提供了强有力的环境证据。环境证据一般不属于主要的审计证据，但它有助于审计人员了解被审计单位、被审计事项所处的环境，是进行判断所必须掌握的资料。

（二）按审计证据与审计目标的相关程度分类

按审计证据与审计目标的相关程度分类，审计证据可以分为直接证据和间接证据。

1. 直接证据

直接证据（Direct Evidence）是指对审计事项具有直接证明力，能单独、直接地证明审计事项真相的资料和事实。如在审计人员亲自监督实物和现金盘点情况下的盘点实物和现金的记录，就是证明实物和现金实存数的直接证据。审计人员有了直接证据，就无须再收集其他证据，就能根据直接证据得出审计事项的结论。

2. 间接证据

间接证据（Indirect Evidence）又称旁证，是指对审计事项只起间接证明作用，需要与其他证据结合起来，经过分析、判断、核实才能证明审计事项真相的资料和事实。如印证事项是财务报表的公允性，就凭证而言，虽然凭证是财务报表的基础资料，但两者并没有直接的关系，所以凭证是对财务报表公允性证明的间接证据。

在审计工作中，单凭直接证据就能直接影响审计人员的意见和结论的情况并不多见。一般情况下，在直接证据以外，往往需要一系列的间接证据才能对审计事项做出完整的结论。当然，直接和间接是相对的，仍以凭证为例，凭证对于财务报表是间接证据，而对于账簿则是直接证据。

（三）按获取审计证据的来源分类

按获取审计证据的来源分类，可以分为自然证据和加工证据。

1. 自然证据

自然证据是指审计人员在其审计过程中随时可以获得的、不需要加工的资料和事实。自然证据既可以从被审计单位内部获得，如被审计单位的凭证、账簿、报表和记录等，又可以从被审计单位以外的单位或个人获得，如向外询证的答复资料和购货发票等。

2. 加工证据

加工证据是指审计人员在审计过程中亲自对书面证据、实物证据等进行分析、整理、归类和制作所形成的较系统和明晰的资料，如现金盘点表等。加工证据的可靠性和证明力比较强，也不需再作过多的检查和验证。但是，加工证据也不可避免地存在着人为的不确定性，证据的质量主要取决于审计人员的业务水平和判断能力。

审计人员在审计过程中可以得到许多自然证据，但往往不足以使其对一定的审计事项作出判断并提出意见。在这种情况下，审计人员设法形成更多的加工证据，以对审计事项作出判断，避免使审计意见由于缺乏足够的证据而失去公允性。这类证据不是由企业或外单位提供的，而是审计人员自己工作的结果，所以称为加工证据，包括审计差异调整表、内部控制调查表等。

（四）按审计证据的重要性分类

按审计证据的重要性进行分类，可以分为基本证据、辅助证据和矛盾证据。

1. 基本证据

基本证据（Basic Evidence）是指对审计人员形成审计意见、做出审计结论具有直接影响作用的审计证据。如证明被审计单位财务状况好坏时，被审计单位的财务报表、账簿等就是基本证据。审计人员如果离开了基本证据，就无法提出审计意见和做出审计结论。

2. 辅助证据

辅助证据（Supporting Evidence）是作为基本证据的一种必要补充，补充说明基本证据的证据。如要证明账簿记录的真实性，各种记账凭证是基本证据。而附在记账凭证后面的各种原始凭证，是编制记账凭证的依据，它们补充说明记账凭证来证明账簿的真实性，因而它们是辅助证据。

3. 矛盾证据

矛盾证据（Contradictory Evidence）是指证明的方向与基本证据相反，或证明的内容与基本证据不一致的证据。如被审计单位财务报表上的“固定资产”是 10 亿元，而会计账簿上的“固定资产”只有 9 亿元，那么“固定资产”会计账簿就是财务报表的矛盾证据。遇有矛盾证据，审计人员必须进一步收集审计证据，并加以深入分析和鉴定，以肯定或否定证据间的矛盾。

三、审计证据的特性

审计人员对被审计单位所作的评价和所提出的审计结论具有法律效力。而取得具有说服力的充分而适当的审计证据，是做出正确审计结论的前提。可见，为了正确评价被审计单位的财务报表及其反映的经济活动，审计人员必须注重证据，这既是审计人员法律地位的要求，又是审计人员的重要职责。审计人员为了得出合理的审计结论，作为形成审计意见的基础审计证据，必须具备充分性和适当性的特征。

（一）审计证据的充分性

审计证据的充分性又称为足够性，它是指审计证据的数量能足以支持审计人员的审计意见，是对审计所需证据数量方面的要求。它是审计人员为得出审计结论，形成审计意见所需审计证据的最低数量要求。

应当指出的是：客观公正的审计意见必须建立在有足够数量的审计证据的基础之上，但是这并不是说审计证据的数量越多越好。为了使审计人员进行有效果、有效益的审计，通常把需要足够数量审计证据的范围降低到最低限度。因此，每一审计项目审计证据的需要量，以及取得这些证据的途径和方法，应当根据该项目的具体情况来定。在某些情况下，由于时间、空间或成本的限制，审计人员不能获取最为理想的审计证据时，可考虑通过其他的途径或用其他的审计证据来替代，审计人员只有通过不同的渠道和方法取得他认为足够的审计证据时，才能据以发表审计意见。

（二）审计证据的适当性

审计证据的适当性是对审计证据质量的衡量，是指审计证据在证明审计目标或被审计单位错弊方面是相关的和可靠的。因此，审计证据的适当性又包括相关性和可靠性两个方面：

1. 相关性

审计证据的相关性是指用作审计证据的事实凭据和资料必须与审计目标和应证明事项之间存在一定的逻辑关系。审计人员在审计中搜集的证明事实真相的各种材料能成为审计证据的必要条件是事实和资料与应证明的审计事项有着必然的联系。在审计工作中，真实客观的事实和资料有些是与审计事项相关联的，有些则与审计事项毫无联系。如果把那些与审计事项不相关，或者那些形式上有联系实际上不具备相关性的事实和资料作为审计证据，就可能导致审计人员判断上的错误，做出缺乏公允性的审计结论。因此，只有把与审计事项存在内在联系的证据作为审计证据，才能反映审计事项的真实情况，有利于做出正确的审计结论。

2. 可靠性

审计证据的可靠性是指审计证据的可靠程度，是指审计证据应当是客观事实的真实反映，不能是臆断、猜测、估计、虚构的主观产物。作为审计人员发表审计意见依据的审计证据，应该保证其本身必须是客观存在的经济事实，它的来源是可靠的，不以人们的意志为转移的，那种凭主观臆断、推理、猜测和想当然的资料都不是独立存在着的客观事物，不能作为审计的证据。审计证据的可靠性是审计证据能够胜任其佐证审计报告和审计意见的先决和必备的条件。

审计证据的可靠性受审计证据的来源、性质、种类的影响，并取决于获取审计证据的客观环境。审计人员在评价审计证据的可靠性时，通常会考虑下列原则：

（1）从外部独立来源获取的审计证据比从其他来源获取的审计证据更可靠。从外部独立来源获取的审计证据未通过被审计单位职员之手，从而减少了伪造、更改的可能性，因而证明力更强。此类证据包括银行询证函回函、应收账款询证函回函、律师声明书等；相反，从单位内部获取的审计证据或被审计单位工作人员经手处理的审计证据，其可靠性应受到质疑，此类证据如单位内部的凭证、账簿等会计记录，会议记录等。

（2）内部控制有效时内部生成的审计证据比内部控制薄弱时内部生成的审计证据更可靠。如果被审计单位有健全的内部控制制度且在日常管理中得到一贯执行，会计记录的可信赖程度将会增加，如果被审计单位内部控制制度薄弱，甚至不存在任何内部控制，被审计单位内部会计记录的可靠性就会大大降低。

（3）直接获取的审计证据比间接获取或推论得出的审计证据更可靠。例如，审计人员通过亲自观察某项内部控制制度的运行得到的审计证据比询问被审计单位某项内部控制制度的运行得到的证据更可靠。间接获取的审计证据有被涂改及伪造的可能性，降低了可信赖程度。推论得出的审计证据，其主观性较强，人为因素较多，可信赖程度也受到影响。

（4）以文件、记录形式（包括纸质、电子和其他介质）存在的审计证据比口头形式的审计证据更可靠。例如，会议的同步书面记录或电子录音，比会后对会议内容或事项的口头汇报和表达更可靠。口头证据本身并不足以证明事实真相，仅仅提供了一些重要线索，为进一步调查确认所用。

（5）从原件获取的审计证据比从传真和复印件获取的审计证据更可靠。审计人员可以审查原件是否有被涂改和伪造的迹象，排除伪证，提高证据的可信赖程度。而传真件和复印件容易是变造或伪造后的结果，可靠性较低。

另外，在获取审计证据时，还要考虑审计证据的合法性。审计证据的合法性是指审计人员必须依照审计准则和有关法规规定的审计程序收集审计证据。有些经济事实和资料，虽然能证明其客观性。并与审计事项具有相关性，但未依照规定的审计程序收集和验证时，均不能作为审计证据。在审计工作中规定必要的审计程序，是取得合法性审计证据的保证。

（三）充分性和适当性之间的关系

充分性和适当性是审计证据的两个重要特征，两者缺一不可，只有充分且适当的证据才是有证明力的。

审计证据的数量受审计证据质量的影响。审计证据质量越高，需要的审计证据数量可能越少；审计证据质量越低，需要的审计证据数量可能越多。也就是说，审计证据的适当性会影响审计证据的充分性。

需要注意的是，尽管审计证据的充分性和适当性相关，但如果审计证据的质量存在缺陷，那么仅依靠获取更多的审计证据可能无法弥补其质量上的缺陷。

（四）评价充分性和适当性时的主要因素

审计人员在判断审计证据是否充分、适当时，应当考虑的主要因素有：（1）审计风险；（2）具体审计项目的重要性；（3）审计人员及其助理人员的审计经验；（4）审计过程中是否发现错误或舞弊；（5）审计证据的类型与获取途径。

四、审计证据的收集

审计的主要工作是通过实地审查来收集和整理审计证据，以此作为审计人员对被审计单位财务报表发表审计意见的基础。因此，收集审计证据是审计工作的核心，也是考核审计工作质量的重要环节，关系到审计工作的成败。

收集审计证据的程序（方法）很多，在审计过程中，审计人员可根据需要，单独或综合运用以下审计程序，以获取充分、适当的审计证据。

（一）检查

检查是指审计人员通过对被审计单位的记录和文件进行审查，或对资产进行实物审查，而获得审计证据的途径。检查记录和文件可以提供可靠程度不同的审计证据。检查有形资产可为其存在提供可靠的审计证据，但不一定能够为权利和义务或计价等认定提供可靠的审计证据。如审计人员对库存现金、材料、固定资产等实物的监盘，确定其实有额，证明账实相符情况，这是取得实物证据最有效的途径。但也有其局限性，它只能对实物资产是否确实存在提供有力的审计证据，但却不能保证被审计单位对该资产拥有所有权，并且也不能对该资产的价值和完整性提供审计证据。

（二）观察

观察是指审计人员亲赴现场，对审计对象的环境状况和实施状况进行实地观察，从而取得审计证据。常用于对生产经营管理、财产物资保管、内部控制系统的遵守执行、资源的利用、劳动效率和纪律等情况的观察。观察可以提供执行有关过程或程序的审计证据，但观察提供审计证据仅限于观察发生的时点，而且被观察人员的行为可能因被观察而受到影响，这也会使观察提供的审计证据受到限制。

（三）询问

询问是指审计人员以书面或口头方式，向被审计单位内部或外部的知情人员获取财务信息和非财务信息，并对答复进行评析的过程。口头询问时，审计人员应作书面记录，并要求被询问人员签字作证。

（四）函证

函证是指审计人员为获取审计证据而直接从被审计单位以外的第三方（被询证者）发函，要求对方回函确认被审计单位的某一账户金额或某一笔业务是否正确真实的一种取证途径。

采用函证收集审计证据时，审计人员应事先考虑一个详尽的查询提纲，做好充分准备。如果是函询，应要求对方将书面答复签章后直接寄给审计人员。

（五）重新计算

重新计算是指审计人员对被审计单位的原始凭证及会计记录中的数据进行的验算或另行计算。一般而言，计算不仅包括对被审计的凭证、账簿和报表中有关数字的验算，而且还包括对会计资料中有关项目的加总或其他运算。

（六）重新执行

重新执行是指审计人员以人工方式或使用计算机辅助审计技术，重新独立执行作为被审计单位内部控制组成部分的程序或控制。

（七）分析程序

分析程序是指审计人员通过研究不同财务数据之间以及财务数据与非财务数据之间的内在关系，对财务信息做出评价。分析程序还包括调查识别出的与其他相关信息不一致或与预期数据严重偏离的波动和关系。

五、审计证据的鉴定

审计人员采取一定方法取得审计证据以后，如何根据审计目标选择适当的审计证据，需要对审计证据的强弱做出鉴定。衡量审计证据强弱的标准主要有：

（一）审计证据的真实性

审计证据的真实性，主要是指审计证据所反映的内容是对客观存在的经济活动及其变化的真实描写。具体包括：(1) 审计证据必须是对经济活动完全真实的描写，而不能在其中夹杂审计人员的主观意见；(2) 审计证据中的时间、地点、事实、当事人等都要正确无误；(3) 审计证据所描述的经济活动变化的环境、条件、因果关系也必须真实可靠；(4) 审计证据中各种数字、计量单位必须正确；(5) 审计证据的语言要求明晰、简洁。

（二）审计证据的重要性

审计证据的重要性是鉴定审计质量的一个重要标准。审计证据的重要性与该审计证据影响审计结论的程度有关，重要的审计证据能影响审计人员做出审计结论，不重要的审计证据则不会影响到审计人员的审计结论，它也是审计人员决定审计证据取舍的标准。区分审计证据的重要性程度往往以价值（金额的大小）作为评价的依据。假如审计人员在对价值 10 万元的材料进行审查时，发现短缺的价值为 50 元，则通常认为，这种情况是微不足道和不重要的，也不会影响审计人员关于存货管理的有关结论。事实上，价值的大小只是重要性的一个方面，但并不是决定审计证据重要性的唯一因素。除了价值因素之外，还应考虑审计证据本身的质量问题。审计证据的重要性是相对的，没有一个明确的划分标准可以告诉审计人员什么是重要的，什么是不重要的。鉴定审计证据是否重要的最高原则须视审计事项是否足以影响被审计单位财务报表使用者的判断而定。作为一个审计人员应该了解哪些审计证据是重要的，哪些审计证据是不重要的。

（三）审计证据的可靠性

审计证据因其来源不同其可靠性也不一样，证据的可靠性与提供证据的来源有关。审计证据的可靠性包括两个方面的内容：一是审计证据的来源必须可靠；二是审计证据本身是确实可靠的。

（四）审计证据的充分性

审计证据的充分性是指审计结论具有说服力而使人们完全相信（不存在任何怀疑）所需审计证据的数量。究竟需要多少审计证据才足够作为做出审计结论的依据？这在很大程度上取决于审计人员的主观判断和准备承担的风险。审计人员应该明白，有些错误和舞弊是内部控制系统不能防止或觉察的，有些甚至是一般的审计程序也不能揭露的。为了克服不必要的风险，审计人员就必须收集足够多的审计证据。但这并不意味着审计证据的数量越多越好。在许多情况下，量多质低的审计证据和量少质高的审计证据所起的作用基本相同。在审计人员决定需要多少证据才是足够的、充分的这个问题上，审计人员必须掌握的界限是：必须获得充分的审计证据去满足一位明智的人所可能提出的一切合理的疑问，也就是说，审计证据的数量要达到能“胜过合理的怀疑”这样一种程度，这时可认为审计证据是足够的、充分的。

（五）审计证据的证明力

审计证据的证明力是在上述真实性、重要性和充分性的基础之上形成的。审计证据的证明力不仅需要真实性，而且必须具备重要性和充分性。审计人员为支持其审计意见，就必须决定需要何种审计证据。这又迫使审计人员不得不首先考虑审计证据证明力的强度。审计证据的种类是多种多样的，由于审计证据的种类不同，审计证据的证明力也就不一样。即便是同一类审计证据，也会由于收集的目的及收集时的环境不同而使证明力存在差异。审计证据有直接的，也有间接的，证明力有强的，也有弱的。如果审计人员对证明力的差异不能加以正确鉴定，那么他所收集的审计证据有可能存在证明力不足的问题，因而也不能作为审计结论的支持。因此，一位经验丰富、有能力的审计人员首先应该知道的是：对于审计事项，哪些审计证据具有较强的证明力，哪些审计证据的证明力是较弱的。审计人员的主要目标应放在收集证明力强的审计证据上面。不仅如此，审计人员还应该对强弱不同的审计证据加以综合，既考虑到作为审计证据的条件和取得的难易程度，又考虑到审计事项的重要性和可信性及其他因素，使审计证据成为具有实质证明力价值的、有用的、综合性的审计证据。

一般来说，被审计单位对审计证据的支配力越小，其证明力就越强；反之，对审计证据的支配力越大，其证明力就越弱。审计人员了解不同种类审计证据证明力的强弱，有助于其在选择审计证据时做出正确的判断。

（六）审计证据的经济性

从理论上讲，为了证实审计结论，审计人员应该取得足够具有说服力的审计证据。但从另一方面讲，审计人员不得不考虑审计证据的效用与收集、鉴定这些审计证据的成本之间的关系，这就是审计证据经济性的概念。有时往往考虑到由于收集和鉴定审计证据所需成本过高，而使审计人员不得不放弃“理想的审计证据”而代之以不很理想但仍可使用的证据。审计人员应该使用最有效又最经济的方法，从可以收集到的审计证据中挑选出合适的审计证据以支持其审计结论和审计意见。

审计证据的鉴定贯穿于审计工作的始终，从制定审计计划开始到发表审计意见、提出审计报告都有一个审计证据的鉴定问题。在制定审计计划时，审计人员首先应该了解审计目标，明确需要证明哪些事项。要证明这些事项需要什么类型的审计证据，需要多少审计证据，这样才能决定为收集这些审计证据应办理哪些审计手续，采取哪些审计程序。这种鉴定虽然是事前的，但仍然是必不可少的。审计的实施过程就是审计证据的收集和鉴定过程。当审计人员实施一定的审计程序并已经收集到关于审计事项的所有审计证据后，就应从真实性、重要性、充分性、证明力、可靠性和经济性等各方面做出鉴定。鉴定的结果如果未达到上述标准，则应采取补充的审计程序并更改审计技术或扩大审计范围，直到取得具有足够证明力来支持审计结论的审计证据为止。在审计的完成阶段，在对审计证据进行鉴定的基础上，进一步对已收集的所有审计证据进行综合性的鉴定，通过综合鉴定，取得对被审计单位财务报表评价的客观依据。

第二节　审计工作底稿

一、审计工作底稿的含义和编制目的

（一）审计工作底稿的含义

审计工作底稿（Audit Working Papers），是指审计人员将在审计工作过程中所采用的方法、步骤和收集的用来证明审计事项真实情况的经济事实和资料以及形成的审计结论，按照一定的格式编制的档案性原始文件。审计工作底稿是审计证据的汇集和载体，可作为审计过程和结果的书面证明，也是形成审计结论的直接依据。它形成于审计过程，也反映了整个审计过程。

（二）审计工作底稿的编制目的

审计工作底稿在计划和执行审计工作中发挥着关键作用。它提供了审计工作实际执行情况的记录，是形成审计报告的基础。审计人员应当及时编制审计工作底稿，以实现下列主要目的：(1) 提供充分、适当的记录，作为出具审计报告的基础；(2) 提供证据，证明审计人员已按照审计准则和相关法规的规定计划和执行了审计工作。

除上述目的之外，注册会计师编制审计工作底稿还可以：(1) 有助于项目组计划和执行审计工作；(2) 有助于督导的项目组成员按照审计准则的规定，履行指导、监督与复核

工作的责任；（3）便于项目组说明其执行审计工作的情况；（4）保留对未来审计工作持续产生重大影响的事项的记录；（5）便于会计师事务所按照审计准则的规定，实施质量控制复核与检查；（6）便于监管机构和注册会计师协会根据相关法律法规或其他相关要求，对会计师事务所实施执业质量检查。

二、审计工作底稿的内容、要素和格式

（一）审计工作底稿的内容

审计工作底稿包括审计总体策略、具体审计计划、各种分析表、询证函回函、审计人员记录、编制和收集的与审计事项相关的资料和文件等。审计工作底稿的存在形式可以以纸质、电子或其他介质的形式存在。对于具体的审计事项，由于性质、目的、要求以及采取的方法不同，与之相应的审计工作底稿也不尽相同。一般来说，审计工作底稿的内容包括：有关被审计单位基本情况的调查记录和资料；重要的法律文件、协议和会计记录的摘录和副本；有关被审计单位执行的会计准则或会计制度、财务管理制度等遵守情况的调查记录和分析评价意见；审计工作组织中组织、计划管理和控制情况的记录和资料；与其他审计人员、专家和第三者沟通的有关资料副本；向被审计单位提供或与被审计单位有关人员商讨有关审计事务的信件或记录的副本；审计人员关于重要审计问题得出的结论；形成审计报告所参照的会计资料和审计报告的副本；其他与审计项目相关的记录和资料。

具体每一审计工作底稿的内容与审计工作底稿的不同种类有着密切关系。审计工作底稿按其内容的稳定性和使用期限划分，可以分为当期档案和永久性档案。审计工作底稿的基本内容经常变动，只供当期审计使用和下期审计参考的资料，列入当期档案。审计工作底稿的当期档案包括：组织管理、试算编报、金额验证、内部管理制度考核和综合分析等。审计工作底稿的内容较少变动，具有长期使用价值，对以后审计具有重要参考价值的审计工作底稿应列入永久性档案。审计工作底稿的永久性档案应当包括：被审计单位基本情况、章程、重要合同与协议副本、有关的内部控制系统副本等。此外，审计工作底稿按其类型划分，可以分为工作事项表、内部控制测试表、试算工作底稿、调整底稿、分析、计算表和备忘录等。这些审计工作底稿所包含的内容，都各有侧重，很难相同。

（二）审计工作底稿的要素

审计人员编制的审计工作底稿应包括下列全部或部分要素：（1）审计工作底稿的标题；（2）审计过程记录；（3）审计结论；（4）审计标识及其说明；（5）索引号及编号；（6）编制者姓名及编制日期；（7）复核者姓名及复核日期；（8）其他应说明事项。

（三）审计工作底稿的格式

审计工作底稿的格式和繁简程度是审计工作详简程度的具体表现，合理确定其格式和繁简程度是保证审计工作质量不可忽视的方面。在确定审计工作底稿格式以及内容的繁简程度时，应根据实际工作需要，针对不同情况，采用多种格式。下面就各种主要审计工作底稿的常见格式介绍如下：

1. 工作事项表

工作事项表是以笔记方式记载审计过程中所发现的问题及疑点、线索、尚未查证事项的评语等。这些都必须在审计工作完成前予以澄清，并将处理经过或参考其他审计工作底

稿的详情，在工作事项表中作充分说明。审计工作事项表的格式，如表 6—1 所示。

表 6—1 **审计工作事项表**

被审计单位名称： 编制人：

审计期间： 复核人： （ ）年审字第 号

年		审查项目	账页或凭证号码	发现的问题或线索	查证核实的经过情况	处理意见
月	日					

2. 内部控制测试表

内部控制测试表是主要就被审计单位内部控制的实施情况逐一列出，通过“是”或“否”的回答来评价被审计单位内部控制的完善程度和有效程度。测试表的设计往往是分门别类的，如以现金支出为标题设计一张测试表，这张表包括该项制度的控制目标、控制范围、由谁来控制、怎样控制以及这项控制制度在整个制度中的重要程度等。

3. 试算表工作底稿

试算表工作底稿是一张列有各分类账科目的金额、应调整的科目、调整的金额等的表格。审计工作底稿——试算表的格式如表 6—2 所示。

表 6—2 **审计工作底稿——试算表**

被审计单位名称： 编制人：

日期： 复核人： 底稿号码：

会计科目	原试算表记录		审计人员调整科目		调整后试算表	
	借	贷	借	贷	借	贷

4. 调整工作底稿

审计人员在审计过程中发现的错误都必须加以调整。会计分录错误应调整，成本计算不正确应调整。这类调整有的可以在试算表工作底稿中得到反映，有的则不能。所以，审计人员除了编制试算表工作底稿外，还需编制调整工作底稿，这既是审计证据，又是被审计单位据以改正的依据。其格式常采用一般分类账登记方式，需调整的事项逐笔记录并加以说明。

5. 分析表和计算表

分析表和计算表是重要的审计工作底稿，其涉及的内容主要是对异常事项的分析及重要数据的复算。例如，对账户的分析使审计人员确定账户的性质及内容是否正常，诸如债权类账户出现贷差、债务类账户出现借差此类情况则应详细分析发生差错的原因，以及审计人员对此的判断和评价。

6. 盘点表

盘点表主要用于对财产物资的清查盘点，检查其账存数和实存数是否一致，并说明原因和理由。常用的核对盘点表有现金盘点表、材料盘点表和固定资产盘点表等。以材料盘点表为例，其格式如表 6—3 所示。

表 6—3 **审计工作底稿——材料盘点表**

被审计单位名称： 编制人：

日期： 复核人： 底稿号码：

编号	规格品种	计量单位	单价	账存		实存		盘盈		盘亏	
				数量	金额	数量	金额	数量	金额	数量	金额
原因分析： 盘盈： 盘亏： 账外物资： 其他：											

审计负责人： 审计员： 会计主管： 保管：

7. 备忘录

审计过程中常遇到一些不能立即确定问题的性质或不能立即查明真相的情况，这就必须将这些问题先摘录下来，待以后查证，以便在审计工作结束前加以处理。

三、审计工作底稿的编制

编制审计工作底稿的文字应当使用中文。少数民族自治地区可以同时使用少数民族文字。中国境内的中外合作会计师事务所、国际会计公司成员所和联系所可以同时使用某种外国文字。会计师事务所执行涉外业务时可以同时使用某种外国文字。

（一）审计工作底稿的编制原则

根据审计业务编制符合需要的审计工作底稿，这是审计人员执行审计业务的一项重要内容。为了保证审计人员编制的工作底稿符合审计业务要求，在编制审计工作底稿时应遵循如下原则：

1. 完整性原则

审计人员对已经收集的被审计单位概况资料、经济业务情况、内部控制系统及会计记录等，连同自己制定的审计计划、审计程序、审计日程表以及所采用的审计步骤、审计方法，都必须逐项编入审计工作底稿。每份审计工作底稿的内容也必须完整，如适当的标题、编制的日期、资料的来源及资料的性质等基本要素都不得遗漏。

2. 重要性原则

完整性原则规定的目的在于保证审计资料的完整无缺。然而，并非所有资料对于审计报告都具有重要的意义。因此，必须根据审计资料的性质去芜存菁，并在审计工作底稿中明确注明资料的性质及其与审计报告之间的关系，使一些重要事实在审计工作底稿中处于突出的地位，便于编制审计报告和提出审计意见时加以运用。审计人员在编制审计工作底稿时，应首先注重所有的重要资料，对于可以用来证实会计记录的正确性、真实性，支持审计报告所载事项的各项资料也都必须列入审计工作底稿，而对不重要的以及与审计事项没有必然联系的各种资料则可舍弃。

3. 真实性与相关性原则

审计工作底稿是支持审计结论和审计意见的支柱。因此，审计工作底稿的真实性与相关性直接影响审计结论的可信性和审计工作的成败。为此，审计人员在编制审计工作底稿时，必须将已确认为真实、客观的审计工作底稿，根据与审计结论和意见相关联的原则，以此作为支持审计结论和发表审计意见的主要依据。

4. 责任性原则

审计工作底稿必须由审计人员、制表人签名盖章，并由审计项目负责人审批核实，以明确各自的责任。审计工作底稿是审计组织的内部工作资料，审计人员负有不向被审计单位和外单位泄露的责任。

（二）审计工作底稿的编制要求

1. 基本要求

审计人员编制的审计工作底稿，应当使未曾接触该项审计工作的有经验的专业人士清楚的了解：(1) 按照审计准则和相关法律法规的规定实施的审计程序的性质、时间安排和范围；(2) 实施审计程序的结果和获取的审计证据；(3) 审计中遇到的重大事项和得出的结论，以及在得出结论时做出的重大职业判断。

2. 具体要求

一份较完整的审计工作底稿，应该是字迹清楚，标题完整，一切资料来源均有说明；所列事项都应经过复核，而且有条理、有顺序、注意细节；重要事项和非重要事项有明确的区分。为提高审计工作底稿的质量，审计人员在编制审计工作底稿时，应注意以下问题：

(1) 每一具体审计事项均应单独编制一份审计工作底稿，并在表头标明被审计单位的全称。

(2) 所有审计过程中取得的审计证据，面谈询问过的人员，观察过的场所等，均应一一明确列示。编制人和复核者均应在审计工作底稿上签字，并注明日期。

(3) 应编制一份工作备忘录，列明尚待解决的问题。因为在审计过程中，很可能会在追踪某一问题时发现其他问题，为使正在追踪的问题不被中断又不遗忘新发现的问题，审计人员有必要填制一份工作备忘录，将新发现的问题先记录下来，再统筹安排适时进行查处，使每个问题均无遗漏。

(4) 为了便于查阅，审计工作底稿应编制索引。编制索引的方法一般因人而异，并无定式。通常，一列审计报告底稿，二列财务报表草稿，三列计划工作底稿，后列各种测算表、试算表等。参考格式如下：

A. 审计报告底稿

B. 财务报表草稿

B—1 资产负债表草稿

B—2 利润表草稿

B—3 现金流量表草稿

…

…

C. 计划工作底稿

C—1 审计业务约定书

C—2 审计计划

C—2—1 审计工作小组

C—2—2 时间安排

C—2—3 工作事项

D. 内部控制系统测试底稿

D—1 现金管理测试

D—2 存货管理测试

…

…

E. 试算表工作底稿

…

…

(5) 审计人员在编制审计工作底稿时，对其中的问题要中肯地表述自己的意见。

(6) 审计人员在提出审计报告后，审计工作底稿应归入审计档案，并妥善保管。

四、审计工作底稿的复核

审计工作底稿由执行审计工作的人员填制后，负责人员必须进行复核。虽然审计工作底稿是审计报告的依据，审计人员可据此为审计报告的结论和意见辩护。但是，审计工作底稿如有错误，就会导致审计结论和意见不正确、不合理。所以，审计项目组对于审计工作底稿务必十分重视，进行层层复核，通过对审计工作底稿的复核，考核具体审计工作的质量。

(一) 项目组成员实施的复核

注册会计师审计准则规定，由项目组内经验较多的人员复核经验较少人员的工作时，复核人员应当考虑：(1) 审计工作是否已按法律法规、相关职业道德要求和审计准则的规定执行；(2) 重大事项是否已提请进一步考虑；(3) 相关事项是否已进行适当咨询，由此形成的结论是否得到记录和执行；(4) 是否需要修改已执行审计工作的性质、时间安排和范围；(5) 已执行的审计工作是否支持形成的结论，并已得到适当记录；(6) 获取的审计证据是否充分、适当，足以支持审计结论；(7) 审计程序的目标是否已经实现等。

(二) 项目质量控制复核

注册会计师审计准则规定，注册会计师在出具审计报告前，会计师事务所应当制定专门的机构或人员对审计项目组执行的审计实施项目质量控制复核。

项目合伙人有责任采取以下措施：(1) 确定会计师事务所已委派项目质量控制复核人员；(2) 与项目质量控制复核人员讨论在审计过程中遇到的重大事项，包括项目质量控制复核中遇到的重大事项；(3) 在项目质量控制复核完成后，才能出具审计报告。

项目质量控制复核应当包括客观评价下列事项：(1) 项目组做出的重大判断；(2) 在准备审计报告时得出的结论。

会计师事务所采取制衡制度，以确保委派独立的、有经验的审计人员作为其所熟悉行业的项目质量控制复核人员。

五、审计工作底稿的归档

（一）审计工作底稿的规整

对每项具体审计业务，审计人员应当将审计工作底稿规整为审计档案（Audit files）。审计档案是会计师事务所审计工作的重要历史资料，是会计师事务所的宝贵财富，应当妥善保管。在审计实务中，可将审计档案分为永久性档案和当期档案两种。这一分类主要是基于具体实务中对审计档案使用的时间而划分的。

1. 永久性档案

永久性档案（Permanent Audit Files）是指那些记录内容相对稳定，具有长期使用价值，并对以后审计工作具有重要影响和直接作用的审计档案。例如，被审计单位的组织结构、批准证书、营业执照、章程、重要资产的所有权和使用权的证明文件复印件等。若永久性档案中的某些内容已发生变化，审计人员应当及时予以更新。为保持资料的完整性以便满足日后查阅历史资料的需要，永久性档案中被替换下来的资料一般也需保留。例如，被审计单位因增加注册资本而变更了营业执照等法律文件，被替换的旧营业执照等文件可以汇总在一起，与其他有效的资料分开，作为单独部分规整在永久性档案中。

2. 当期档案

当期档案（Current Audit File）是指那些记录内容经常变化，主要供当期审计使用的审计档案。例如，总体审计策略和具体审计计划等。这些工作底稿所记录的内容，在各年度之间是不同的，因此，主要供当期审计使用。

（二）审计工作底稿的归档

1. 审计工作底稿归档的期限

审计人员应当按照会计师事务所质量控制政策和程序的规定，及时将审计工作底稿归整为最终审计档案。审计工作底稿的归档期限为审计报告日后 60 天内。如果审计人员未能完成审计业务，审计工作底稿的归档期限为审计业务中止后的 60 天内。如果针对客户的同一财务信息执行不同的委托业务，出具两个或多个不同的报告，会计师事务所应当将其视为不同的业务，根据会计师事务所内部制定的政策和程序，在规定的归档期限内分别将审计工作底稿归整为最终审计档案。

2. 审计工作底稿归档的性质

审计人员在审计报告日后及时将审计工作底稿归整为最终审计档案是一项事务性的工作，不涉及实施新的审计程序或得出新的结论。

如果在归档期间对审计工作底稿做出的变动属于事务性的，审计人员可以做出变动，主要包括：（1）删除或废弃被取代的审计工作底稿；（2）对审计工作底稿进行分类、整理和交叉索引；（3）对审计档案归整工作的完成核对表签字认可；（4）记录在审计报告日前获取的、与审计项目组相关成员进行讨论并取得一致意见的审计证据。

3. 审计工作底稿归档后的变动

一般情况下，在审计报告归档之后不需要对审计工作底稿进行修改或增加。在完成最终审计档案归整后，如果审计人员发现有必要修改现有的审计工作底稿或增加新的审计工作底稿，无论修改或增加的性质如何，审计人员均应当记录：(1) 修改或增加审计工作底稿的时间和人员，以及复核的时间和人员；(2) 修改或增加审计工作底稿的具体理由；(3) 修改或增加审计工作底稿对审计结论产生的影响。

（三）审计工作底稿的保存期限

审计工作底稿的保管期限，应当自审计报告日起至少保存 10 年；如果未能完成审计业务，应自审计业务终止日起至少保存 10 年。值得注意的是，对于连续审计的情况，当期归整的永久性档案可能包括以前年度获取的资料。这些资料虽然是在以前年度获取，但由于其作为本期档案的一部分，并作为支持审计结论的基础，因此，审计人员对于这些对当期有效的档案，应视为当期取得并保存 10 年。如果这些资料在某一个审计期间被替换，被替换资料应当从被替换的年度起至少保存 10 年。

审计工作底稿的所有权属于接受委托或委派进行审计的审计组织。对于保管期限届满的审计档案，审计组织可以决定将其销毁。销毁时，应履行必要的手续。

复习思考题

1. 什么是审计证据？辨析审计证据、审计准则和审计依据的异同？
2. 审计证据的种类有哪些？不同审计证据在证明审计目标时的作用和地位如何？
3. 审计证据有哪些特征？如何评价审计证据的充分性和可靠性？
4. 收集审计证据的主要程序（方法）有哪些？
5. 什么是审计工作底稿？它与审计证据的关系如何？
6. 为什么要编制审计工作底稿？
7. 审计工作底稿的内容有哪些？
8. 审计工作底稿的要素和格式是什么？
8. 审计工作底稿如何复核？
9. 审计工作底稿归档的性质是什么？
10. 审计工作底稿的归档和保存期限是什么？

第七章　审计计划、重要性和审计风险

学习目标

通过本章的学习，了解审计计划的含义和作用，被审计单位及其环境的意义；理解重要性的含义及适用范围，审计风险的含义、组成要素，检查风险的评估基础，检查风险对确定实质性程序性质、时间和范围的影响，检查风险与审计意见的类型；掌握审计计划的内容及编制，重要性的运用，编制审计计划时对重要性的评估，评价审计结果时对重要性的考虑，评估重大错报风险等。

第一节　审计计划

一、审计计划的含义和作用

（一）审计计划的含义

审计计划是审计人员为了完成各项审计业务，达到预期审计目标，在执行审计程序之前编制的工作计划。审计人员应当计划审计工作，使审计业务以有效的方式得到执行。合理的审计计划有助于审计人员关注重点审计领域、及时发现和解决潜在问题、恰当地组织和管理审计工作，以使审计工作更加有效。

（二）审计计划的作用

1. 有助于审计人员视具体情况收集充分、适当的审计证据

通常情况下，审计人员按照审计计划，实施审计程序，搜集审计证据，编制审计工作底稿，并据以发表审计意见。鉴于审计计划对审计工作的指导作用，审计计划越周详，审计人员越能收集充分、适当的审计证据。

2. 确保审计工作的效率和质量

通过审计计划，审计项目负责人可以全面了解审计工作的整体安排和各审计步骤的具体时间安排，适当掌握好审计工作的进程；对项目组成员进行恰当分工和指导监督，并复

核其工作；有助于项目组成员和专家的工作。由此可见，审计项目负责人可以通过预先的计划安排，使所有参加审计工作的人员有一个合理的分工、搭配，从而协调一致，高效优质地完成审计工作。助理审计人员也可以通过审计计划，明确自己在审计过程各个阶段中应做的工作、要求以及时间安排等，做到心中有数，从而有利于做好审计工作。

3. 加强与被审计单位之间的沟通，避免误解

审计人员在执行审计业务中，要想保持良好的信誉，最大限度地减轻自己的法律责任，最基本的一点就是要收集充分、适当的审计证据。在会计师事务所已具备工作质量和信誉良好的条件下，保持成本的合理性，有助于事务所增强竞争能力，以便稳定客户，避免与被审计单位之间发生误解，这对于与被审计单位保持良好的关系，对于以合理的成本完成优质的工作都很重要，而这些工作都有赖于计划审计工作的质量。

因此，对任何一个审计项目，任何一家会计师事务所而言，不论其业务繁简，也不论其规模大小，审计计划都是至关重要的，只不过审计计划在不同情况下的繁简、粗细程度有所不同。在计划审计工作时，审计人员需要进行初步业务活动、制定总体审计策略和具体审计计划。

二、初步业务活动

（一）初步业务活动的目的

审计人员在计划审计工作之前，需要开展初步业务活动，以实现以下三个主要目的：一是确保审计人员已具备执行业务所需要的独立性和能力；二是确定不存在因管理层诚信问题而影响审计人员保持该项业务意愿的事项；三是确保与被审计单位不存在对业务约定条款的误解。

（二）初步业务活动的内容

审计人员应当在本期审计业务开始时开展下列初步业务活动：一是针对保持客户关系和具体审计业务实施相应的质量控制程序；二是评价遵守职业道德规范的情况，包括评价独立性；三是及时签订（或修改）审计业务约定书。

1. 针对保持客户关系和具体审计业务实施相应的质量控制程序

（1）审计质量控制方面的考虑。

无论是连续审计还是首次审计，项目负责人在确定客户关系和具体审计业务的接受与保持是否适当时，应当考虑下列主要事项：被审计单位的主要股东、关键管理人员和治理层是否诚信；项目组是否具有执行审计业务的专业胜任能力以及必要的时间和资源；会计师事务所和项目组能否遵守职业道德规范。项目负责人如果认为上述三个方面存在问题，项目组应当向会计师事务所内部或外部专业人士进行适当的咨询，并寻求解决问题的方法。

在决定是否接受原有客户的续聘时，项目负责人应当考虑本期或上期审计中发现的重大事项，及其对保持该客户关系的影响。

如果被审计单位变更了会计师事务所，按照职业道德规范和审计准则的规定，后任注册会计师应当与前任注册会计师进行必要沟通，并对沟通结果进行评价，以确定是否接受委托。后任注册会计师应当提请被审计单位以书面方式允许前任注册会计师对其询问作出充分答复。如果被审计单位不同意前任注册会计师作出答复，或限制答复的范围，后任注

册会计师应当向被审计单位询问原因，并考虑是否接受委托。后任注册会计师向前任注册会计师询问的内容应当合理、具体，通常包括：是否发现被审计单位管理层存在诚信方面的问题；前任注册会计师与管理层在重大会计、审计等问题上存在的意见分歧；前任注册会计师与被审计单位治理层沟通的管理层舞弊、违反法规行为以及内部控制的重大缺陷；前任注册会计师认为导致被审计单位变更会计师事务所的原因。在征得被审计单位书面同意后，前任注册会计师应当根据所了解的事实，对后任注册会计师的合理询问及时作出充分的答复。如果受到被审计单位的限制或存在法律诉讼的顾虑，决定不向后任注册会计师作出充分答复，前任注册会计师应当向后任注册会计师表明其答复是有限的，并说明原因。如果得到的答复是有限的，或未得到答复，后任注册会计师应当考虑是否接受委托。

（2）业务环境方面的考虑。

审计业务环境通常包括以下内容：①业务约定事项；②审计对象特征；③使用的标准；④预期使用者的需求；⑤责任方及其环境的相关特征等。在了解了审计业务环境之后，审计人员只有在确定审计业务符合下列标准的情况下才能考虑接受客户的委托：审计对象适当；使用的标准适当且预期使用者能获取该项标准；能获取充分、适当的证据以支持其结论；审计业务具有合理的目的。

2. 评价遵守职业道德规范，包括评价独立性的情况

评价遵守职业道德规范，包括评价独立性的情况也是一项非常重要的初步业务活动。质量控制准则要求会计师事务所应当制定政策和程序，以及项目负责人实施相应程序，以合理保证会计师事务所及其人员（包括聘用的专家和其他需要满足独立性要求的人员）保持独立性。

3. 及时签订（或修改）审计业务约定书

审计业务约定书是指会计师事务所与被审计单位签订的，用以记录和确认审计业务的委托与受托关系、审计目标和范围、双方的责任以及报告的格式等事项的书面协议。注册会计师应当在审计业务开始前，与被审计单位就审计业务约定条款达成一致意见，并签订审计业务约定书，以避免双方对审计业务的理解产生分歧。

审计业务约定书的具体内容可能因被审计单位的不同而存在差异，但应当包括以下主要内容：（1）财务报表审计的目标与范围；（2）注册会计师的责任；（3）管理层的责任；（4）指出用于编制财务报表所适用的财务报告编制基础；（5）提及注册会计师拟出具的审计报告的预期形式和内容，以及对在特定情况下出具的审计报告可能不同于预期形式和内容的说明。

如果情况需要，注册会计师应当考虑在审计业务约定书中列明下列内容：

（1）详细说明审计工作的范围，包括提及适用的法律法规、审计准则，以及注册会计师协会发布的职业道德守则和其他公告；（2）对审计业务结果的其他沟通形式；（3）说明由于审计和内部控制的固有限制，即使审计工作按照审计准则的规定得到恰当的计划和执行，仍不可避免地存在某些重大错报未被发现的风险；（4）计划和执行审计工作的安排，包括审计项目组的构成；（5）管理层确认将提供书面证明；（6）管理层同意向注册会计师及时提供财务报表草稿和其他所有附带信息，以使注册会计师能够按照预定的时间完成审计工作；（7）管理层同意告知注册会计师在审计报告日至财务报表出具日之间注意到的可能影响财务报表的事实；（8）收费的计算基础和收费安排；（9）管理层确认收到审计业务

约定书并同意其中的条款；（10）在某些方面对利用其他注册会计师和专家工作的安排；（11）对审计涉及的内部审计人员和被审单位其他员工工作的安排；（12）在首次审计的额情况下，与前任注册会计师（如存在）沟通的安排；（13）说明对注册会计师责任可能存在的限制；（14）注册会计师与被审单位之间需要达成进一步协议的事项；（15）向其他机构或人员提供审计工作底稿的任务。

【案例 7—1】

审计业务约定书

甲方：××机械公司

乙方：××会计师事务所

兹由甲方委托乙方对2013年年度财务报表进行审计，经甲乙双方协商，达成以下约定。

一、业务范围与审计目标

乙方接受甲方委托，对甲方按照企业会计准则和《××会计制度》编制的2013年12月31日资产负债表，2013年年度的利润表、股东权益变动表和现金流量表以及财务报表附注（以下统称财务报表）进行审计。

乙方通过执行审计工作，对财务报表的下列方面发表审计意见：（1）财务报表是否按照企业会计准则和《××会计制度》的规定编制；（2）财务报表是否在所有重大方面公允地反映甲方的财务状况、经营成果和现金流量。

二、甲方的责任与义务

（一）甲方的责任

（1）根据《中华人民共和国会计法》及《企业财务会计报告条例》，甲方及甲方负责人有责任保证会计资料的真实性和完整性。因此，甲方管理层有责任妥善保存和提供会计记录（包括但不限于会计凭证、会计账簿及其他会计资料），这些记录必须真实、完整地反映甲方的财务状况、经营成果和现金流量。

（2）按照企业会计准则和《××会计制度》的规定编制财务报表是甲方管理层的责任，这种责任包括：①设计、实施和维护与财务报表编制相关的内部控制，以使财务报表不存在由于舞弊或错误而导致的重大错报；②选择和运用恰当的会计政策；③做出合理的会计估计。

（二）甲方的义务

（1）及时为乙方的审计工作提供其所要求的全部会计资料和其他有关的信息，并保证所提供资料的真实性和完整性。

（2）确保乙方不受限制地接触任何与审计有关的记录、文件和所需的其他信息。

（3）甲方管理层对其作出的与审计有关的声明予以书面确认。

（4）为乙方派出的有关工作人员提供必要的工作条件及合作，具体事项将由乙方审计工作人员于工作开始前提供清单。

（5）按本约定书之规定及时足额支付审计费用以及乙方人员在审计期间的交通、食宿和其他相关费用。

三、乙方的责任和义务

（一）乙方的责任

（1）乙方的责任是在实施审计工作的基础上对甲方财务报表发表审计意见。乙方按照

《中国注册会计师审计准则》（以下简称审计准则）的规定进行审计。审计准则要求注册会计师遵守职业道德规范，计划和实施审计工作，以对财务报表是否不存在重大错报获取合理保证。

（2）审计工作涉及实施审计程序，以获取有关财务报表金额和披露的审计证据。选择的审计程序取决于乙方的判断，包括对由于舞弊或错误导致的财务报表重大错报风险的评估。在进行风险评估时，乙方考虑与财务报表编制相关的内部控制，以设计恰当的审计程序，但目的并非对内部控制的有效性发表意见。审计工作还包括评价管理层选用会计政策的恰当性和做出会计估计的合理性，以及评价财务报表的总体列报。

（3）乙方需要合理计划和实施审计工作，以使乙方能够获取充分、适当的审计证据，为甲方财务报表是否不存在重大错报获取合理保证。

（4）乙方有责任在审计报告中指明所发现的甲方在某重大方面没有遵循企业会计准则和《××会计制度》编制财务报表又未按乙方的建议进行调整的事项。

（5）由于测试的性质和审计的其他固有限制，以及内部控制的固有局限性，不可避免地存在着某些重大错报在审计后可能仍然未被乙方发现的风险。

（6）在审计过程中，乙方若发现甲方内部控制存在乙方认为的重要缺陷，应向甲方提交管理建议书。但乙方在管理建议书中提出的各种事项，并不代表已全面说明所有可能存在的缺陷或已提出所有可行的改善建议。甲方在实施乙方提出的改善建议前应全面评估其影响。未经乙方书面许可，甲方不得向任何第三方提供乙方出具的管理建议书。

（7）乙方的审计不能减轻甲方及甲方管理层的责任。

（二）乙方的义务

（1）按照约定时间完成审计工作，出具审计报告。乙方应于2014年×月×日前出具审计报告。

（2）除下列情况外，乙方应当对执行业务过程中知悉的甲方信息予以保密：①取得甲方的授权；②根据法律法规的规定，为法律诉讼准备文件或提供证据，以及向监管机构报告发现的违反法规行为；③接受行业协会和监管机构依法进行的质量检查；④监管机构对乙方进行行政处罚以及乙方对此提起行政复议。

四、审计收费

（1）本次审计服务的收费是以乙方各级别工作人员在本次工作中所耗费的时间为基础计算的。乙方预计本次审计服务的费用总额为人民币××万元。

（2）甲方应于本约定书签署之日起，如××日内支付×%的审计费用，其余款项于审计报告草稿完成日结清。

（3）如果由于无法预见的原因，致使乙方从事本约定书所涉及的审计服务实际时间较本约定书签订时预计的时间有明显的增加或减少时，甲乙双方应通过协商，相应调整本约定书第四条第1项下所述的审计费用。

（4）如果由于无法预见的原因，致使乙方人员抵达甲方的工作现场后，本约定书所涉及的审计服务不再进行，甲方不得要求退还预付的审计费用。如上述情况发生于乙方人员完成现场审计工作，并离开甲方的工作现场之后，甲方应另向乙方支付人民币××元的补偿费，补偿费应于甲方收到乙方的收款通知之日起××日内支付。

（5）与本次审计有关的其他费用由甲方承担。

五、审计报告和审计报告的使用

（1）乙方按照《中国注册会计师审计准则第1501号——对财务报表形成审计意见和出具审计报告》和《中国注册会计师审计准则第1502号——在审计报告中发表非无保留意见》规定的格式和类型出具审计报告。

（2）乙方向甲方出具的审计报告一式x份。

（3）甲方在提交或对外公布审计报告时，不得修改乙方出具的审计报告及其后附的已审计财务报表。当甲方认为有必要修改会计数据、报表附注和所作的说明时，应当事先通知乙方，乙方将考虑有关的修改对审计报告的影响，必要时，将重新出具审计报告。

六、本约定书的有效期间

本约定书自签署日起生效，并在双方履行完毕约定书的所有义务后终止。但其中的第三（二）(2)、四、五、八、九、十项并不因本约定书终止而失效。

七、约定事项的变更

如果出现不可预见的情况，影响审计工作如期完成，或需要提前出具审计报告，甲、乙双方均可要求变更约定事项，但应及时通知对方，并由双方协商解决。

八、终止条款

（1）如果根据乙方的职业道德及其他专业职责、适用的法律法规或其他任何法定的要求，乙方认为已不适宜继续为甲方提供本约定书约定的审计服务时，乙方可以采取向甲方提出合理通知的方式终止履行本约定书。

（2）在终止业务约定的情况下，乙方有权就其于本约定书终止之日前对约定的审计服务项目所做的工作收取合理的审计费用。

九、违约责任

甲、乙双方按照《中华人民共和国合同法》的规定承担违约责任。

十、适用法律和争议解决

本约定书的所有方面均应适用中华人民共和国法律进行解释并受其约束。本约定书履行地为乙方出具审计报告所在地，因本约定书所引起的或与本约定书有关的任何纠纷或争议，双方选择以下第____种经济方式：

（1）向有管辖权的人民法院提起诉讼；

（2）提交××仲裁委员会仲裁。

十一、双方对其他事项的约定

本约定书一式两份，甲乙双方各执一份，具有同等法律效力。

甲方：××机械公司（盖章）	乙方：××会计师事务所（盖章）
授权代表（签名并盖章）	授权代表（签名并盖章）
20××年×月×日	20××年×月×日

初步业务活动是财务报表审计计划阶段的一项重要工作，但是，在财务报表实施和完成阶段，注册会计师仍需要考虑针对保持客户关系和开展具体审计业务所实施的质量控制程序的恰当性，并考虑职业道德规范的相关规定。

三、审计计划的内容及编制

审计计划（Audit Planning）分为总体审计策略和具体审计计划两个层次。制定总体审计策略和具体审计计划的过程紧密联系，并且两者的内容也紧密相关。审计人员应当针对总体审计策略中所识别的不同事项，制定具体审计计划，并考虑通过有效利用审计资源以实现审计目标。虽然编制总体审计策略的过程通常在具体审计计划之前，但是两项计划活动并不是孤立、不连续的过程，而是内在紧密联系的，对其中一项的决定可能会影响甚至改变对另外一项的决定。在实务中，审计人员将制定总体审计策略和具体审计计划相结合进行，可能会使计划审计工作更有效率。

(一）总体审计策略

总体审计策略（the Overall Audit Strategy）是对审计的预期范围和实施方式所作的规划，用以确定审计的范围、时间和方向，并指导具体审计计划的制定。在制定总体审计策略时，应当考虑以下主要事项：

1. 审计范围

审计人员应考虑被审计业务的特征，包括采用的会计准则和相关会计制度、特定行业的报告要求以及被审计单位组成部分的分布等，以界定审计范围。主要是被审计单位的业务性质、经营背景、组织结构、主要管理人员简介及经营政策、人事和会计、财务管理等情况。

2. 报告目标、时间安排及所需沟通的性质

明确审计业务的报告目标，以计划审计的时间安排和所需沟通的性质，包括提交审计报告的时间要求，预期与管理层和治理层沟通的时间安排和范围，项目组成员之间沟通的预期性质和时间安排等。

3. 审计方向

总体审计策略的制定应当包括考虑影响审计业务的重要因素，以确定项目组工作方向。包括确定适当的重要性水平，初步识别可能存在较高的重大错报风险的领域，初步识别重要的组成部分和账户余额，评价是否需要针对内部控制的有效性获取审计证据，识别被审计单位、所处行业、财务报告要求及其他相关方面最近发生的重大变化等。

4. 审计资源

审计准则要求，注册会计师应当在总体审计策略中清楚地说明下列内容：

(1) 向具体审计领域调配的资源，包括向高风险领域分派有适当经验的项目组成员，就复杂的问题利用专家工作等。

(2) 向具体审计领域分配资源的数量，包括安排到重要存货存放地观察存货盘点的项目组成员的数量，对其他注册会计师工作的复核范围，对高风险领域安排的审计时间预算等。

(3) 何时调配这些资源，包括是在期中审计阶段还是在关键的截止日期调配资源等。

(4) 如何管理、指导、监督这些资源的利用，包括预期何时召开项目组预备会和总结会，预期项目负责人和经理如何进行复核，是否需要实施项目质量控制复核等。

总体审计策略的详略程度应当随被审计单位的规模及该项审计业务的复杂程度的不同而变化。在小型被审计单位审计中，全部审计工作可能由一个很小的审计项目组执行，项目组成员间容易沟通和协调，总体审计策略可以相对简单。

(二）具体审计计划

具体审计计划（Detailed Audit Plan）是依据总体审计策略制定的，是对实施总体审

计策略所需要的审计程序的性质、时间和范围所作的详细规划与说明。

具体审计计划应当包括各具体项目的以下内容：(1) 审计目标；(2) 审计步骤；(3) 执行人及执行时间；(4) 审计工作底稿的索引号；(5) 其他有关内容。

此外，《中国注册会计师审计准则第 1201 号—计划审计工作》规定，具体审计计划应当包括以下内容：

1. 风险评估程序

按照《中国注册会计师审计准则第 1211 号——通过了解被审计单位及其环境识别和评估重大错报风险》的规定，为了充分识别和评估财务报表重大错报风险，注册会计师计划实施的风险评估程序的性质、时间安排和范围。

2. 进一步审计程序

按照《中国注册会计师审计准则第 1231 号——针对评估的重大错报风险采取的应对措施》的规定，针对评估的认定层次的重大错报风险，注册会计师计划实施的进一步审计程序的性质、时间安排和范围。进一步审计程序包括控制测试和实质性程序。

3. 计划其他审计程序

根据中国注册会计师审计准则的规定，注册会计师针对审计业务需要实施的其他审计程序。计划的其他审计程序可以包括上述进一步审计程序的计划中没有涵盖的、根据其他审计准则的要求注册会计师应当执行的既定程序。

与三类审计程序（风险评估程序、进一步审计程序、计划其他审计程序）相关的具体审计计划需要在不同的时段制定，通常情况下，注册会计师首先制定风险评估程序的具体审计计划，然后再根据实施风险评估程序的结果制定进一步审计程序和计划其他审计程序的具体审计计划。

总体而言，计划审计工作并非审计业务的一个孤立阶段，而是一个持续的、不断修正的过程，贯穿于整个审计业务的始终。由于未预期事项、条件的变化或在实施审计程序中获取的审计证据等原因，注册会计师应当在审计过程中对总体审计策略和具体审计计划做出必要的更新和修改。此外，审计计划的繁简程度取决于被审计单位的经营规模和预定审计工作的复杂程度。

（三）审计计划的编制

审计计划应由审计项目负责人编制。审计计划应形成书面文件，并在工作底稿中加以记录。审计计划的文件形式多种多样，表格式、问卷式和文字叙述这三种主要形式为许多会计师事务所普遍采用。无论采用哪一种形式，均不能生搬硬套，因为各个被审计单位的情况和审计目标千差万别，所以，计划文件的格式和内容也都需要酌情调整。

在编制总体审计策略中，时间预算是一项十分重要的内容。时间预算是就执行审计程序的每一步骤需要的人员和工作时间所做的计划。时间预算既是合理确定审计收费的依据，又是衡量审计工作进度、判断审计人员工作效率的依据。在执行审计业务的过程中，时间预算并非一成不变，当出现新问题或审计环境发生变化时，会影响原定的时间预算，就应重新规划必需的时间，进而修改时间和收费预算。因工作时间增减导致会计师事务所应收取的审计费用发生变化时应立即通知被审计单位，取得被审计单位的理解。如因被审计单位会计记录不完整，或因发生特殊情况而无法在时间预算内完成审计工作时，为保证审计工作的质量，不得随意缩短或省略审计程序来适应时间预算。典型的时间预算表格，如表 7—1 所示。

表 7—1　　时间预算表

耗用时间／审计项目	去年实际耗用时间	本年预算	本年实际				本年实际与预算差异	差异说明
			总时数	其中：				
				张×	李×	赵×		
库存现金	9	8	7	7			−1	
应收账款	32	30	32	19	13		+2	
存　货	45	45	44	12	17	15	−1	
固定资产	16	14	15		3	12	+1	
应付账款	20	18	20	4	10	6	+2	
……	……	……	……	……	……	……	……	
总　计								

如时间预算与实际耗用时间存在较大差异，审计人员应在“差异说明”栏内说明产生差异的原因。

对于具体审计计划，在实际工作中，一般是以通过编制审计程序表的方式体现的。典型的审计程序表，如表 7—2 所示。

表 7—2　　审计程序表

××公司　　总页次____索引号________

20××年 12 月 31 日　　编制人____日　期________

××账户　　复核人____日　期________

步骤	审计程序	执行人	日期	工作底稿索引
1				
2				
3				
4				
5				
6				
……				

按审计准则规定，审计人员可以与被审计单位的有关人员就总体审计策略的要点和某些审计程序进行讨论，并使审计程序与被审计单位有关人员的工作相协调，但独立编制审计计划仍是审计人员的责任。审计准则还规定，审计计划应当在具体实施前下达至审计小组的全体成员；审计人员应当根据审计情况的变化及时对审计计划进行修改、补充。计划修改、补充意见，应经事务所有关业务负责人同意，并记录于审计工作底稿。

四、审计计划的指导、监督与复核

注册会计师应当制定计划，确定对项目组成员的指导、监督以及对其工作进行复核的性质、时间和范围。对项目组成员的指导、监督以及对其工作进行复核的性质、时间和范围，主要取决于下列因素：（1）被审计单位的规模和复杂程度；（2）审计领域；（3）重大错报风险；（4）执行审计工作的项目组成员的素质和专业胜任能力。按照审计准则规定，编制完成的审计计划，应当经会计师事务所的有关业务负责人审核和批准。

在复核总体审计策略时，应特别注意审核以下事项：（1）审计目的、审计范围及重点审计领域的确定是否恰当；（2）时间预算是否合理；（3）审计小组成员的选派和分工是否恰当；（4）对被审计单位的内部控制系统的信赖程度是否恰当；（5）对审计重要性的确定和审计风险的评估是否恰当；（6）对专家、内部审计人员及其他审计人员工作的利用是否恰当。

在复核具体审计计划时，应特别注意审核以下主要事项：（1）审计程序能否达到审计目标，审计程序是否适合各审计项目的具体情况；（2）重点审计领域中各审计项目的审计程序是否恰当；（3）重点审计程序的制定是否恰当。

对在审核中发现的问题，应及时进行相应的修改、补充、完善，并在工作底稿中加以记载和说明。审计工作结束后，审计项目负责人还应就审计计划的执行情况，特别是对重点审计领域所做的审计程序的执行情况进行复核，找出并分析差异原因，以便将来制定出更行之有效的审计计划。

五、对计划审计工作的记录

审计人员应当记录总体审计策略和具体审计计划，包括在审计工作过程中做出的任何重大更改。审计人员对总体审计策略的记录，应当包括为恰当计划审计工作和向项目组传达重大事项而做出的关键决策。审计人员对具体审计计划的记录，应当能够反映计划实施的风险评估程序的性质、时间和范围，以及针对评估的重大错报风险计划实施的进一步审计程序的性质、时间和范围。审计人员可以使用标准的审计程序表或审计工作完成核对表，但应当根据具体审计业务的情况做出适当修改。

审计人员应当记录对总体审计策略和具体审计计划做出的重大更改及其理由，以及对导致此类更改的事项、条件或审计程序结果采取的应对措施；审计人员对计划审计工作记录的形式和范围，取决于被审计单位的规模和复杂程度、重要性、具体审计业务的情况以及对其他审计工作记录的范围等事项。

第二节　审计重要性

一、重要性的含义及适用范围

审计项目负责人对被审计单位的基本业务情况进行了解和执行分析程序之后，应对审计工作做出规划。在编制审计计划时，审计人员还应当对重要性进行适当评估。

（一）重要性的含义

审计重要性是现代审计理论和实务中一个非常重要的概念。各国现有的审计准则对重要性所作的定义大都沿用会计准则的定义。国际会计准则委员会（IASC）对重要性的定义是："如果信息的错报或漏报会影响使用者根据财务报表采取的经济决策，信息就具有重要性。"美国财务会计准则委员会（FASB）对重要性的定义是："一项会计信息的错报或漏报是重要的，指在特定环境下，一个理性的人依赖该信息所作的决策可能因为这一错报或漏报得以变化或修正。"英国会计准则委员会（ASB）对重要性的定义是："错报或漏报可能影响到财务报表使用者的决策即为重要性。重要性可能在整个财务报表范围内，单个财务报表或财务报表的单个项目中加以考虑。"由此可以看出，各国对重要性的认识是基本一致的，即信息的错报或漏报可能影响到财务报表使用者的决策就是重要性。

我国审计准则认为，重要性（Materiality）取决于在具体环境下对错报金额和性质的判断。如果一项错报单独或连同其他错报可能影响财务报表使用者依据财务报表做出的经济决策，则该项错报是重大的。由此可见，重要性是一个涉及专业判断的词汇，通常采用是否影响决策作为判断标准。

理解重要性概念时，必须注意以下几点：

1. 重要性的判断离不开具体的环境

不同企业面临不同的环境，因而判断重要性的标准也不相同。例如，某一金额对某个企业的财务报表来说是重要的，对另一企业的财务报表而言则可能并不重要；而对某一特定企业而言，重要性也会随时间的不同而改变。

2. 重要性概念中的错报包含漏报

财务报表错报包括财务报表金额的错报和财务报表披露的错报。

3. 重要性包括对数量和性质两个方面的考虑

一般而言，金额大的错报比金额小的错报更重要；某些情况下，错报的金额在数量上并不重要，但在性质上可能是重要的。

4. 重要性概念是针对财务报表使用者的信息需求而言的

判断一项业务重要与否，应视其在财务报表中的错报对财务报表使用者所作决策的影响程度而定。若一项业务在报表中的错报足以改变或影响报表使用者的判断，则该项业务就是重要的，否则就是不重要的。财务报表是为了满足财务报表使用者的信息需求而编制的，财务报表的使用者包括企业的投资者、债权人、政府、社会公众等。他们需要利用财务报表提供的信息做出各种经济决策。这里，财务报表使用者是指具有一定理解能力并能够理性地做出判断和决策的使用者。

5. 对重要性的评估需要运用职业判断

影响重要性的因素很多，审计人员应当根据被审计单位面临的环境，并综合考虑其他因素，合理确定重要性水平。不同审计人员在确定同一被审计单位财务报表层次和认定层次的重要性水平时，得出的结果可能不同。主要是因为对影响重要性的各因素的判断存在差异。

需要注意的是，仅从数量角度考虑，重要性水平只提供了一个门槛或临界点，在该门槛或临界点之上的错报就是重要的，反之，该错报则不重要。

（二）重要性的适用范围

重要性主要适用于以下两个方面：(1) 审计人员在执行财务报表审计时，应当运用重要性原则；(2) 审计人员在执行其他鉴证业务时，如盈利预测审核等，涉及重要性原则的运用时，除非其他法规和准则有特定要求，应当参照重要性原则办理。

二、重要性的运用

（一）运用重要性的一般要求

在确定审计程序的性质、时间和范围及评价审计结果时，审计人员对运用重要性原则的一般要求，可以从以下几个方面来理解：

（1）对重要性的评估需要运用专业判断。重要性的判断离不开特定的环境。实际上，影响重要性的因素很多，不同企业的重要性不同，同一企业在不同时期的重要性也不同。审计人员在对某一企业进行审计时，必须根据该企业面临的环境，并考虑其他因素，才能合理确定重要性水平。但不同的审计人员在确定同一企业财务报表的重要性水平时，得出的结果可能不同，甚至相去甚远，其原因是不同审计人员对影响重要性的各种因素的判断存在差异。所以说，审计人员需要运用专业判断来评估重要性。

（2）审计人员在审计过程中应当运用重要性原则。在审计过程中运用重要性原则是基于以下考虑：一是为了提高审计效率。由于社会经济环境的发展变化，企业规模的扩大，企业组织结构日趋复杂，详细审计已经不可能，在抽样审计下，审计人员为作出抽样决策，不得不涉及重要性问题。二是为了保证审计质量。抽样审计下，审计人员对未查部分是否正确要承担一定的风险，而风险的大小与重要性的判断有关。因此，审计人员为保证审计质量，必须对重要性做出恰当的判断。

（3）审计人员应当合理运用重要性原则。如果重要性原则运用不当，则往往导致审计成本过大，从而浪费人力和时间；或审计风险过大，得出错误的审计结论。应该说，后一种情况更为可怕，错误的审计结论往往使审计人员陷入法律诉讼。

（4）在审计过程中，需要运用重要性原则的情形有两种：一是在确定审计程序的性质、时间和范围时。此时，重要性被看做是审计所允许的可能或潜在的未发现错报的限度，即审计人员在运用审计程序以检查财务报表的错报时所允许的误差范围。二是评价审计结果时。此时，重要性被看做是某一错报或汇总的错报是否影响到财务报表使用者判断和决策的标志。

（二）金额和性质的考虑

审计人员在运用重要性原则时，应当考虑错报的金额和性质。这也就是说，重要性具有数量和质量两个方面的特征。一般来说，金额大的错报比金额小的错报更重要；但在许多情况下，某项错报从量的方面看并不重要，从其性质方面考虑，却可能是重要的。

（1）涉及舞弊与违法行为的错报。因为舞弊与违法行为反映了管理当局或其他人员的诚实和可信性存在问题。对于财务报表使用者而言，蓄意错报比相同金额的笔误更重要。

（2）可能引起履行合同义务的错报。如某项错报使得企业的营运资本增加了几万元，从数量上看并不重要，但这项错报使营运资本从低于贷款合同规定的营运资本数变为稍稍高于贷款合同规定的营运资金资本数，这就影响了贷款合同所规定的义务，所以是重要的。

（3）影响收益趋势的错报。在其他情况下认为是不重要的错报，如果影响到收益变动的趋势，则应引起注意。例如，如果过去3年财务报表所列的收益每年递增2%，而本年的收益却下降 2%，则这种变化也许就是很重要的。同样，如果某项错报使亏损报告变为盈利报告，就更应引起注意。

(4) 不期望出现的错报。一般情况下，如果发现库存现金和资本账户存在错报，就应当引起高度重视。

审计人员应当考虑较小金额错报的累计结果可能对财务报表产生重大影响。单独地看，一笔小金额的错报无论是在性质上，还是在数量上都是不重要的。但财务报表是一个整体，如果企业每个星期均出现同样的小金额错报，原本几百元的错报全年累计起来，就有可能成为上万元的错报；企业许多账户或交易均存在小金额的错报，所有账户或交易累计起来，就有可能变成大金额的错报，在这种情况下，必然会对财务报表产生重大影响。所以，审计人员应当对此予以充分的关注。

（三）两个层次重要性的考虑

审计人员应当考虑财务报表层次和相关账户、交易、列报（包括披露，下同）层次的重要性。这就意味着，审计人员在审计过程中必须从两个层次来考虑重要性。

(1) 财务报表层次。由于审计的目的是对财务报表的合法性、公允性发表审计意见，因此，审计人员必须考虑财务报表层次的重要性，只有这样，才能得出财务报表是否合法、公允的整体性结论。

(2) 各类交易、账户余额、列报认定层次。由于财务报表所提供的信息来源于各类交易、账户余额或列报认定，审计人员只有通过验证各类交易、账户余额和列报认定才能得出财务报表是否合法、公允的整体性结论，因此审计人员还必须考虑各类交易、账户余额和列报认定层次的重要性。

（四）重要性水平、审计风险与审计证据三者之间的关系

1. 重要性水平与审计风险呈反向关系

审计人员应当考虑重要性水平与审计风险之间存在的反向关系。重要性水平越高，审计风险越低；重要性水平越低，审计风险越高。审计人员应当保持应有的职业谨慎，合理确定重要性水平。这可以从三个方面来理解：

(1) 审计人员应当考虑重要性与审计风险之间的关系。因为审计风险的高低往往取决于重要性的判断，如果审计人员确定的重要性水平较低，审计风险就会增加，所以，审计人员必须通过执行有关审计程序来降低审计风险。

(2) 重要性水平与审计风险之间呈反向关系。也就是说，重要性水平越高，审计风险越低；反之，重要性水平越低，审计风险越高。这里，重要性水平的高低指的是金额的高低，一般地，5 000 元的重要性水平比 3 000 元的重要性水平高。在理解两者之间的关系时，必须注意重要性水平是审计人员从财务报表使用者的角度进行判断的结果。如果重要性水平是 5 000 元，则意味着低于 5 000 元的错报不会影响到财务报表使用者的判断与决策，审计人员仅仅需要通过执行有关审计程序查出高于 5 000 元的错报；如果重要性水平是 3 000 元，则金额在 3 000～5 000 元之间的错报仍然会影响到财务报表使用者的判断与决策，审计人员需要通过执行有关审计程序查出金额在 3 000～5 000 元之间的错报，显然，重要性水平为 5 000 元时的审计风险要比重要性水平为 3 000 元时的审计风险低。

（3）审计人员应当保持应有的职业谨慎，合理确定重要性水平。由于重要性与审计风险之间存在反向关系，如果原本 5 000 元的错报才会影响到财务报表使用者的判断和决策，但审计人员将重要性水平确定为 3 000 元，这时审计人员就会扩大审计程序的范围或追加审计程序，而实际上没有必要，只能是浪费时间和人力。如果原本 3 000 元的错报就会影响财务报表使用者的判断或决策，但审计人员将重要性水平确定为 5 000 元，这时审计人员所执行的审计程序要比原本应当执行的审计程序少、审计范围要小，这会导致审计人员得出错误的审计结论。所以，重要性水平偏高或偏低均对审计人员不利，审计人员应当保持应有的职业谨慎，合理确定重要性水平。

2. 重要性水平与审计证据呈反向关系

重要性水平与审计证据之间也成反向关系。如果重要性水平是 5 000 元，审计人员只要执行相应审计程序，获取有关的审计证据，查出高于 5 000 元的错报即可；如果重要性水平是 3 000 元，则金额在 3 000～5 000 元之间的错报仍然会影响到财务报表使用者的判断与决策，审计人员还要执行相应审计程序，获取有关的审计证据，查出金额在 3 000～5 000 元之间的错报。显然，重要性水平越低，所需要的审计证据越多，重要性水平越高，所需要的审计证据越少。

3. 审计风险与审计证据呈正向关系

审计风险水平越高，就要执行更多的审计程序，获取更多的审计证据以降低审计风险。

上述重要性水平、审计风险、审计证据的关系，如表 7—3 所示。

表 7—3　　重要性水平、审计风险与审计证据的关系

重要性水平	审计风险	审计证据
低	高	多
高	低	少

三、编制审计计划时对重要性的评估

（一）对重要性评估的总体性要求

在计划审计工作时，审计人员应当确定一个可接受的重要性水平，以发现在金额上重大的错报。在编制审计计划时，应当对重要性水平做出初步判断，以确定所需审计证据的数量。重要性水平越低，应当获取的审计证据越多。这是对重要性评估所作的总体性要求，可以从以下几个方面来理解：

（1）编制审计计划时必须对重要性水平做出初步判断。在编制审计计划时，审计人员应当对审计重要性、审计风险进行适当评估。

（2）初步判断的目的是确定所需审计证据的数量。重要性是影响审计证据充分性的一个十分重要的因素。因此，审计人员在编制审计计划时，应当根据所确定的审计重要性水平，合理确定所需的审计证据，并据此决定审计程序的性质、时间和范围。

（3）重要性水平与审计证据之间的反向关系。重要性水平越低，应获取的审计证据越多。例如，为合理保证存货账户的错报不超过 5 000 元所需搜集的审计证据，比为了保证该账户错报不超过10 000元所需搜集的审计证据要多。在理解这一关系时，必须注意，重要性水平不同于重要的审计项目。审计项目越重要，所需搜集的审计证据越多，例如，存货占资产总额的35%时，比占30%时需要更多的审计证据。

（二）对重要性水平做出初步判断时应考虑的因素

审计人员应当综合考虑以下主要因素，并结合其审计经验，对重要性水平做出初步判断：有关法规对财务会计的要求；被审计单位的经营规模及业务性质；内部控制与审计风险的评估结果；财务报表各项目的性质及其相互关系；财务报表各项目的金额及其波动幅度。对这些因素作如下说明：

（1）以往的审计经验。以往审计中所运用的重要性水平，如果较为适当，可以作为本年度确定重要性水平的重要依据。但是，如果企业管理当局有权自由处理会计事项，审计人员必须从严确定重要性水平。

（2）被审计单位的经营规模及业务性质。企业的规模不同，其重要性水平也有所不同。规模大的企业，其重要性水平的绝对值一般比规模小的企业要大，但相对值一般要比规模小的企业小。企业所处行业的性质对重要性水平也有较大影响，因为不同行业的企业，其会计核算的工作组织以及所遵循的会计规范均存在较大的差异。

（3）内部控制与审计风险的评估结果。如果内部控制较为健全，可信赖程度高，可以将重要性水平定得高一些，以节省审计成本。由于重要性与审计风险之间呈反向关系，如果审计风险评估为高水平，则意味着重要性水平较低，应搜集较多的审计证据，以降低审计风险。

（4）财务报表各项目的性质及其相互关系。财务报表项目的重要程度是存在差别的，财务报表使用者对某些报表项目要比另外一些报表项目更为关心。一般而言，财务报表使用者十分关心流动性较高的项目，因此，审计人员应当从严确定其重要性水平。由于财务报表各项之间是相互联系的，审计人员在确定重要性水平时，不得不考虑这种相互联系。

（5）财务报表各项目的金额及其波动幅度。财务报表项目的金额及其波动幅度可能成为财务报表使用者做出反应的信号，因此，审计人员在确定重要性水平时，应当深入研究这些金额及其波动幅度。

（三）财务报表层次的重要性水平

由于财务报表审计的目标是通过执行审计工作对财务报表发表审计意见，因此，应当考虑财务报表整体的重要性。只有这样，才能得出财务报表是否公允反映的结论。确定财务报表层次重要性水平的内容包括以下几个方面。

1. 判断基准和计算方法

确定重要性需要运用职业判断，通常先选定一个基准，再乘以某一百分比作为财务报表整体的重要性。在选择基准时，需要考虑的因素包括：财务报表要素（如资产、负债、所有者权益、收入和费用）；是否存在特定会计主体的会计报表使用者特别关注的项目；被审计单位的性质、所处的生命周期阶段以及所处行业和经济环境；被审单位的所有权结构及融资方式；基准的相对波动性等。

适当的基准取决于被审单位的具体情况，审计人员应当合理选用重要性水平的判断基准，以确定财务报表层次的重要性水平。判断基础通常包括资产总额、净资产、营业收入、净利润等，审计人员应当合理选用。例如，被审计单位净利润接近零时，不应将净利润作为重要性水平的判断基础；被审计单位净利润波动幅度较大时，不应将当年的净利润作为重要性水平的判断基础，而应选择近年的平均净利润；被审计单位属于劳动密集型企业时，不应将资产总额、净资产作为重要水平的判断基础。

为选定的基准确定百分比需要运用职业判断。百分比和基准之间存在一定的联系，如经常性业务的税前利润对应的百分比通常比营业收入对应的百分比要高。但这个百分比是多少，世界各国的审计准则都没有作出明确规定，实际上也无法作出规定。以下是实务中用来判断重要性水平的一些指南：（1）税前净利润的5%～10%（净利润较小时用10%，较大时用5%）；（2）资产总额的0.5%～1%；（3）净资产的1%；（4）营业收入的0.5%～1%。

目前，大多数国家无论是会计准则还是审计准则都没有明确规定重要性的量化标准，主要是担心从业人员会因此不考虑那些影响审计人员最后决策的复杂因素，而机械地照搬标准。下面举例说明在实际工作中如何运用重要性概念。

【案例7—2】

××会计师事务所方针说明书

编号：26IC

题目：重要性指南

在确定和运用重要性指南时，必须运用职业判断。下列方针可用作一般指南：

1. 一般来说，财务报表漏报或错报的合计数若超过10%，应视作重要错误。在不考虑质量因素时，低于5%可认作不重要。当错报或漏报的合计数在5%～10%之间时，决定重要性所需的职业判断最多。

2. 5%～10%之间的错误，应结合具体的基数加以判断。在不少情况下，可资比较的基数有若干个时，可参考下列标准：

（1）利润表。利润表中的错误合计，通常应介于税前净收益的5%～10%之间。若某年的收益数额异常的大或者小，这一标准就可能不恰当。如果认为某个年度的营业收益没有代表性，最好采用更具有代表性的收益作为比较的基数。例如，可用营业收益的3年平均数作为比较的基数。

（2）资产负债表。资产负债表中的错误合计，一般采用流动资产、流动负债、资产总额为评价基数。采用流动资产或流动负债时，标准应在5%～10%之间，其应用方法与收益表相同。采用资产总额时，标准应在3%～6%之间，其应用方法同上。

（3）任何审计项目都应认真评价质量因素。在很多情况下，这些因素比利润表和资产负债表中所采用的标准更重要。对财务报表的使用意图和报表（包含附注）中信息的性质等，都应做认真的评价。

2. 财务报表层次重要性水平的选取

如果同一期间各财务报表的重要性水平不同，审计人员应当取其最低者作为财务报表层次的重要性水平。审计人员应当首先对每张财务报表确定一个重要性水平。例如，将利润表的重要性水平确定为100万元，将资产负债表的重要性水平确定为200万元。但由于财务报表彼此相互关联，并且许多审计程序经常涉及两个以上的报表，例如，用以确定年底赊销是否正确地记录在适当期间的审计程序，不仅为资产负债表上的应收账款提供审计证据，而且还为利润表上的销售提供审计证据。因此，在编制审计计划时，应使用被认为对任何一张财务报表都重要的最小错报总体水平，也就是说，审计人员应当选择最低的重要性水平作为财务报表层次的重要性水平。

3. 财务报表尚未编制完成时重要性水平的确定

在编制审计计划时，如果被审计单位尚未完成财务报表的编制，审计人员应当根据期中财务报表推算年度财务报表，或者根据被审计单位经营环境和经营情况变动对上年度财务报表做出必要修正，以确定财务报表层次的重要性水平。审计人员通常在资产负债表日之前对重要性水平做出初步判断，此时，尚无法取得年末财务报表的数据，因此，应当根据期中财务报表或上年度财务报表，进行推算或作必要修正，得出年末财务报表数据，并据此确定财务报表层次的重要性水平。

（四）各类交易、账户余额或披露的重要性水平

审计人员在制定各类交易、账户余额、列报认定层次的审计程序前，可将财务报表层次的重要性水平分配至各类交易、账户余额、列报认定层次，也可单独确定各类交易、账户余额、列报认定层次的重要性水平。对于各类交易、账户余额、列报认定层次的重要性水平的确定，既可以采用分配的方法，也可以不采用分配的方法。

审计人员在确定各类交易、账户余额、列报的重要性水平时，应当考虑以下主要因素：各类交易、账户余额、列报的性质及错报的可能性；各类交易、账户余额、列报重要性水平与财务报表层次重要性水平的关系。由于为各类交易、账户余额、列报确定的重要性水平，即可容忍错报对审计证据有直接的影响，因此，审计人员应合理确定可容忍错报。

无论是采用分配的方法，还是不采用分配的方法，审计人员均应考虑上述因素。对于重要的交易、账户或列报，审计人员应当从严制定重要性水平；对于出现错报可能性较大的交易、账户或列报，可以将重要性水平确定得高一些。在采用分配方法时，各交易、账户或列报层次的重要性水平之和应当等于财务报表层次的重要性水平。

以下举例说明交易、账户或列报层次重要性水平的确定方法。

1. 分配的方法

采用分配方法时，分配的对象一般是资产负债表账户。

【案例 7—3】 假设某公司总资产的构成如表 7—4 所示，审计人员初步判断的财务报表层次的重要性水平为资产总额的 1%即 150 万元，即资产账户可容忍的错报为 150 万元。现审计人员按这一重要性水平分配给各资产账户，详见表 7—4。

表 7—4 **重要性水平的分配** 单位：万元

项　目	金额	甲方案	乙方案
库存现金	800	8	2.9
应收账款	2 400	24	28.2
存　货	4 300	43	71
固定资产	7 500	75	47.9
总　计	15 000	150	150

在表 7—4 中，甲方案是按 1%进行同比例分配，一般来说，这并不可行，审计人员必须对其进行修正。由于应收账款和存货错报的可能性较大，应分配较高的重要性水平，以节省审计成本，如乙方案。假定审计存货后，仅发现错报 40 万元，且审计人员认为所执行的审计程序已经足够，则可将剩下的 31 万元再分配给应收账款。

2. 不分配的方法

这里，我们介绍两种不分配的方法。一种方法是某国际会计公司所采用的方法。假设财务报表层次的重要性水平为 100 万元，则可根据各类交易、账户余额、列报的性质及错报的可能性，将各类交易、账户余额、列报的重要性水平确定为财务报表层次重要性水平的 20%～50%。审计时，只要各类交易、账户余额、列报的错报超过这一水平，就建议被审计单位调整。最后，编制未调整事项汇总表，若未调整的错报超过 100 万元，就应建议被审计单位调整。

另一种方法是境外某会计师事务所采用的方法。该会计师事务所规定，各账户或交易的重要性水平为财务报表层次重要性水平的 1/6～1/3。假设财务报表层次的重要性水平为 100 万元，应收账款的重要性水平为这一金额的 1/4，存货为 1/5，应付账款为 1/5，则其重要性水平的金额分别为 25 万元、20 万元和 20 万元。

必须指出，在实际工作中，往往很难预测哪些交易、账户余额、列报可能发生错报，也无法事先确定审计成本的大小，所以，重要性水平的确定是一个非常困难的专业判断过程。

四、评价审计结果时对重要性的考虑

（一）评价审计结果时所运用的重要性水平

审计人员评价审计结果时所运用的重要性水平，可能与编制审计计划时所确定的重要性水平初步判断数不同，如前者大大低于后者，审计人员应当重新评估所执行的审计程序是否充分。可以从以下两个方面理解：

（1）评价审计结果时所运用的重要性水平可能不同于编制审计计划时确定的重要性水平。这可能是因为环境的变化，或者是审计人员对被审计单位了解程度的加深。例如，审计人员在会计期间结束前编制审计计划，只能根据预测的财务状况和经营成果来确定重要性水平。如果实际财务状况和经营成果大不相同，则审计人员所评估的重要性水平也必须加以改变。此外，审计人员在编制审计计划时，可能有意地规定重要性水平低于将用于评价审计结果的重要性水平，这样通常可以减少未被发现的错报的可能性，并且能给审计人员提供一个安全边际。

（2）如果评价审计结果时所运用的重要性水平大大低于编制审计计划时确定的重要性水平，审计人员应当重新评估所执行的审计程序是否充分。因为原来较高的重要性水平，意味着较低的审计风险，所需执行的审计程序和所需搜集的审计证据相对较少；而现在评价审计结果时所运用的重要性水平比原来有所降低，则审计风险相应增加，这就要求执行更多的审计程序，获取更多的审计证据。

（二）错报的汇总

审计人员在评价审计结果时，应当汇总已发现但尚未调整的错报，以考虑其金额与性质是否对财务报表的反映产生重大影响。审计人员在汇总尚未调整的错报时，应当包括已发现的和推断的错报，并考虑期后事项和或有事项是否已进行适当处理。这就是说，在完成审计工作时，为确定被审计单位的财务报表是否合法、公允，审计人员应当汇总尚未调整的错报，并将其与财务报表层次的重要性水平相比较。

审计人员应当评估在审计过程中已识别但尚未更正错报的汇总数是否重大。尚未更正错报的汇总数包括：

1. 已识别的具体错报

已识别的具体错报是指审计人员在审计过程中发现的，能够准确计量的错报，包括在以前期间审计中已识别但尚未更正错报的净影响额。已识别的具体错报包括：

（1）事实错报。事实错报是毋庸置疑的错报，这类错报产生于被审计单位收集和处理数据的错误，对事实的忽略或误解，或故意舞弊行为。例如，审计人员在审计测试中发现最近购入原材料的实际价值为 30 000 元，但账面记录金额为 20 000 元，因此，原材料和应付账款分别被低估了 10 000 元，被低估的 10 000 元就是对事实的具体错报。

（2）判断错报。这类错报产生于两种情况：一是管理层和审计人员对会计估计值的判断差异，例如，由于包含在财务报表中的管理层作出的估计值超出了审计人员确定的一个合理范围，导致出现判断差异；二是管理层和审计人员对选择和运用会计政策的判断差异，由于审计人员认为管理层选用会计政策造成错报，管理层却认为选用会计政策适当，导致出现判断差异。

2. 推断错报

推断错报是审计人员对不能明确识别的其他错报的最佳估计数。推断错报通常包括：

（1）通过测试样本估计出的总体的错报减去在测试中发现的已经识别的具体错报。例如，应收账款年末余额为 2 000 万元，审计人员抽查 10%样本金额发现有 100 万元的高估，高估部分为账面金额的 20%，据此，审计人员推断总体的错报金额为 400 万元，那么上述 100 万元就是已识别的具体错报，其余 300 万元即推断误差。

（2）通过实质性分析程序推断出的估计错报。例如，审计人员根据客户的预算资料及行业趋势等要素，对客户年度销售费用独立作出估计，并与客户账面金额比较，发现两者之间有 50%的差异；考虑到估计的精确性有限，审计人员根据经验认为 10%的差异通常是可以接受的，而剩余 40%的差异需要有合理解释并取得佐证性证据；假定审计人员对其中 10%的差异无法得到合理解释或不能取得佐证，则该部分差异金额即为推断误差。

必须指出，审计人员在汇总错报时，也可能包括前期尚未更正的错报。一般地，如果前期尚未更正的错报尚未消除，且导致本期财务报表严重失实，审计人员在汇总时，就应将其包括进来。此外，在汇总时，审计人员还应考虑期后事项和或有事项是否已进行适当处理。

（三）汇总数超过重要性水平时的处理

如果尚未更正的错报的汇总数超过重要性水平，审计人员应当考虑扩大实质性程序的范围或提请被审计单位调整财务报表，以降低审计风险。即当汇总数超过重要性水平时，为降低审计风险，审计人员应当考虑采用两种措施：一是扩大实质性程序的范围，以进一步确认汇总数是否重要；二是要求管理层调整财务报表，以使汇总数低于重要性水平。

如果被审计单位拒绝调整财务报表或实施扩大实质性程序的范围后，尚未更正的错报的汇总数仍超过重要性水平，审计人员应当考虑出具非无保留意见的审计报告。这意味着当被审计单位拒绝调整财务报表，或仅部分调整财务报表，尚未更正的错报的汇总数并未得到实质性的减少时，或者当审计人员扩大实质性程序的范围后，尚未更正的错报的汇总数仍然超过财务报表层次的重要性水平时，审计人员就应当考虑其发表的审计意见的类型。一般地，如果尚未更正的错报的汇总数可能影响到某个财务报表使用者的决策，但财务报表的反映就其整体而言是公允的，审计人员应当发表保留意见。如果尚未更正的错报非常重要，可能影响到大多数甚至全部财务报表使用者的决策时，审计人员应当发表否定意见。

（四）汇总数接近重要性水平的处理

如果尚未调整的错报的汇总数接近重要性水平，由于该汇总数连同尚未发现的错报可能超过重要性水平，审计人员应当进一步扩大实质性程序的范围，或提请管理层进一步调整财务报表，以降低审计风险。由于被审计单位财务报表的错报，除了已发现的错报及推断的错报之外，还可能存在其他的错报。因此，当汇总数接近重要性水平时，如考虑该种错报汇总数可能会超过重要性水平，审计风险就会增加，为降低审计风险，审计人员应当扩大实质性程序的范围，或提请被审计单位进一步调整财务报表。

第三节　审计风险

一、审计风险的含义及要素

（一）审计风险的含义

在执行审计业务时，审计人员应当考虑审计风险。审计风险（Audit Risk，AR）是指财务报表存在重大错报时审计人员发表不恰当审计意见的可能性。由于审计工作中的不确定因素，审计风险在某种程度上说是不可避免的。虽然审计人员不能完全消除审计风险，但是通过自身努力，寻找重点风险领域，改变风险存在和发生的条件，降低风险发生的频率，将审计风险降到最低却是可能的。

可接受的审计风险的确定，需要考虑会计师事务所对审计风险的态度、审计失败对会计师事务所可能造成损失的大小等因素。但必须注意，审计业务是一种保证程度高的鉴证业务，可接受的审计风险应当足够低，以使审计人员能够合理保证所审计财务报表不含有重大错报。

（二）审计风险的要素

现代审计理论认为审计风险包括重大错报风险和检查风险两大要素。因此审计风险的大小取决于重大错报风险和检查风险。

1. 重大错报风险

重大错报风险（Material Misstatement Risk，MMR）是指财务报表在审计前存在重大错报的可能性。重大错报风险与被审单位的风险相关，且独立于财务报表审计而存在。

审计人员应当从财务报表层次以及各类交易、账户余额和披露认定层次识别和评估重大错报风险。《中国注册会计师审计准则第 1211 号——通过了解被审计单位及其环境识别和评估重大错报风险》对注册会计师如何评估财务报表层次和认定层次的重大错报风险提出了详细要求。

（1）两个层次的重大错报风险。

财务报表层次的重大错报风险通常与控制环境有关，并与财务报表整体存在广泛联系，可能影响多项认定，但难以界定于某类交易、账户余额、列报的具体认定。

注册会计师同时考虑各类交易、账户余额和披露认定层次识别和评估重大错报风险，考虑的结果有助于注册会计师确定认定层次上实施的进一步审计程序的性质、时间安排和范围。《中国注册会计师审计准则第 1231 号——针对评估的重大错报风险采取的应对措施》对注册会计师如何应对评估的两个层次的重大错报风险提出了详细要求。

（2）固有风险和控制风险。

认定层次的重大错报风险又可以进一步细分为固有风险和控制风险。

固有风险（Inherent Risk，IR）是在考虑相关的内部控制之前，某类交易、账户余额或披露的某一认定易于发生错报（该错报单独或连同其他错报可能是重大的）的可能性。

控制风险（Control Risk，CR）是指某类交易、账户余额或披露的某一认定发生错报，该错报单独或连同其他错报是重大的，但未能被内部控制及时防止、发现并纠正的可能性。控制风险取决于与财务报表编制有关的内部控制的设计和运行的有效性。由于控制的固有局限性，某种程度的控制风险始终存在。

2. 检查风险

检查风险（Detection Risk，DR）是指某一认定存在错报，该错报单独或连同其他错报是重大的，但审计人员未能发现这种错报的可能性。检查风险取决于审计程序设计的合理性和执行的有效性。由于审计人员通常并不对所有的交易、账户余额、列报进行检查，以及其他原因，检查风险不可能降低为零。其他原因包括审计人员可能选择了不恰当的审计程序、审计过程执行不当，或者错误解读了审计结论。这些其他因素可以通过适当计划、在项目组成员之间进行恰当的职责分配、保持职业怀疑态度以及监督、指导和复核助理人员所执行的审计工作得以解决。

（三）审计风险模型

在既定的审计风险水平下，可接受的检查风险水平与认定层次重大错报风险的评估结果成反向关系。评估的重大错报风险越高，可接受的检查风险越低；评估的重大错报风险越低，可接受的检查风险越高。检查风险与重大错报风险的反向关系用数学模型表示如下：

$$审计风险(AR)=重大错报风险(MMR)\times检查风险(DR)$$

这个模型称为审计风险模型（Audit Risk Model）。根据该模型，在既定的审计风险下，根据实施风险评估程序所评估的重大错报风险水平，便可推算出检查风险。例如，假设针对某一认定，审计人员将可接受的审计风险水平设定为 5%，审计人员实施风险评估程序后将重大错报风险评估为 25%，则根据这一模型，可接受的检查风险计算如下：

$$DR=AR\div MMR=5\%\div 25\%=20\%$$

审计实务中，审计人员不一定用绝对数量表达这些风险水平。从定性的角度看，审计风险各要素可用“高”、“中”、“低”等文字描述。

会计人员应当合理设计审计程序的性质、时间和范围，并有效执行审计程序，以控制检查风险。上例中，审计人员根据确定的可接受检查风险（20%），设计审计程序的性质、时间和范围。

复习思考题

1. 什么是审计计划？计划审计工作包括哪些内容？
2. 在计划审计工作阶段，如何开展初步业务活动？
3. 审计业务约定书的含义、作用和内容有哪些？
4. 如何制定总体审计策略？
5. 如何理解审计的重要性概念？
6. 审计的重要性一般分为哪两个层次？如何确定？
7. 财务报表层次的重要性水平如何在各个账户之间进行分配？
8. 审计人员应当如何运用重要性？
9. 评价审计结果时为什么要考虑重要性？
10. 重要性、审计风险与审计证据三者之间关系如何？
11. 如何理解审计风险的含义？
12. 如何理解和运用审计风险模型？

第八章　风险评估与内部控制

学习目标

通过本章的学习，掌握风险评估程序的含义、风险评估程序的内容；理解被审计单位及其环境的内容；掌握内部控制的定义和构成要素；熟悉了解被审计单位内部控制的内容和程序；掌握识别和评估重大错报风险的要求；掌握特别风险的含义和应对；了解仅通过实质性程序无法应对的重大错报风险的含义；了解对风险评估的修正。

第一节　风险评估程序

风险评估程序（Risk Assessment Procedures）是指注册会计师实施的了解被审计单位及其环境并识别和评估财务报表重大错报风险的程序，它是现代风险导向审计不可或缺的组成部分。

一、风险评估的总体要求

《中国注册会计师审计准则第 1211 号——通过了解被审计单位及其环境识别和评估重大错报风险》中规定，注册会计师应当了解被审计单位及其环境，以足够识别和评估财务报表重大错报风险，设计和实施进一步审计程序。

了解被审计单位及其环境是必要程序，特别是为注册会计师在下列关键环节作出职业判断提供重要基础：(1) 确定重要性水平，并随着审计工作的进程评估对重要性水平的判断是否仍然适当。(2) 考虑会计政策的选择和运用是否恰当，以及财务报表的列报（包括披露，下同）是否适当。(3) 识别需要特别考虑的领域，包括关联方交易、管理层运用持续经营假设的合理性，或交易是否具有合理的商业目的等。(4) 确定在实施分析程序时所使用的预期值。(5) 设计和实施进一步审计程序，以将审计风险降至可接受的低水平。(6) 评价所获取审计证据的充分性和适当性。

了解被审计单位及其环境是一个连续和动态地收集、更新与分析信息的过程，贯穿于整个审计过程的始终。注册会计师应当运用职业判断确定需要了解被审计单位及其环境的程度。评价对被审计单位及其环境了解的程度是否恰当，关键取决于注册会计师对被审计单位及其环境的了解是否足以识别和评估财务报表的重大错报风险。

二、风险评估程序和信息来源

注册会计师了解被审计单位及其环境，目的是识别和评估财务报表重大错报风险。注册会计师应当实施下列风险评估程序以了解被审计单位及其环境。

（一）询问被审计单位管理层和内部其他相关人员

询问被审计单位管理层和内部其他相关人员是注册会计师了解被审计单位及其环境的一个重要信息来源。注册会计师可以考虑向管理层和财务负责人询问下列事项：管理层所关注的主要问题；被审计单位最近的财务状况、经营成果和现金流量；可能影响财务报告的交易和事项，或者目前发生的重大会计处理问题，如重大的购并事宜等；被审计单位发生的其他重要变化，如所有权结构、组织结构的变化，以及内部控制的变化等。

尽管注册会计师通过询问管理层和财务负责人可获取大部分信息，但是询问被审计单位内部的其他人士可能为注册会计师提供不同的信息，有助于识别重大错报风险。因此，注册会计师除了询问管理层和对财务报告负有责任的人员外，还应当考虑询问内部注册会计师、采购人员、生产人员、销售人员等其他人员，并考虑询问不同级别的员工，以获取对识别重大错报风险有用的信息。

（二）实施分析程序

分析程序是指注册会计师通过研究不同财务数据之间以及财务数据与非财务数据之间的内在关系，对财务信息做出评价。分析程序还包括调查识别出的、与其他相关信息不一致或与预期数据严重偏离的波动和关系。

分析程序既可用于风险评估程序和实质性程序，也可用于对财务报表进行总体复核。在实施分析程序时，注册会计师应当预期可能存在的合理关系，并与被审计单位记录的金额、依据记录金额计算的比率或趋势相比较；如果发现异常或未预期到的关系，注册会计师应当在识别重大错报风险时考虑这些比较结果。如果使用了高度汇总的数据，实施分析程序的结果仅可能初步显示财务报表存在重大错报风险，注册会计师应当将分析结果连同识别重大错报风险时获取的其他信息一并考虑。

（三）观察和检查

观察和检查程序可以印证对管理层和其他相关人员的询问结果，并可提供有关被审计单位及其环境的信息，注册会计师应当实施下列观察和检查程序：

1. 观察被审计单位的生产经营活动

例如，观察被审计单位人员正在从事的生产活动和内部控制活动，增加注册会计师对被审计单位人员如何进行生产经营活动以及实施内部控制的了解。

2. 检查文件、记录和内部控制手册

例如，检查被审计单位的章程，与其他单位签订的合同、协议，各业务流程操作指引和内部控制手册等，了解被审计单位组织结构和内部控制制度的建立健全情况。

3. 阅读由管理层和治理层编制的报告

例如，阅读被审计单位年度和中期财务报告，股东大会、董事会会议、高级管理层会议的会议记录或纪要，管理层的讨论和分析资料，经营计划和战略等，了解自上一年度审计结束至本期审计期间被审计单位发生的重大事项。

4. 实地察看被审计单位的生产经营场所和设备

通过现场访问和实地察看被审计单位的生产经营场所和设备，可以帮助注册会计师了解被审计单位的性质及其经营活动，并增强注册会计师对被审计单位的经营活动及其重大影响因素的了解。

5. 追踪交易在财务报告信息系统中的处理过程（穿行测试）

这是注册会计师了解被审计单位业务流程及其相关控制时经常使用的审计程序。通过追踪某笔或某几笔交易在业务流程中如何生成、记录、处理和报告，以及相关内部控制如何执行，注册会计师可以确定被审计单位的交易流程和相关控制是否与之前通过其他程序所获得的了解一致，并确定相关控制是否得到执行。

三、其他审计程序和信息来源

（一）其他审计程序

除了采用上述程序从被审计单位内部获取信息以外，如果根据职业判断认为从被审计单位外部获取的信息有助于识别重大错报风险，注册会计师应当实施其他审计程序以获取这些信息。例如，询问被审计单位聘请的外部法律顾问、专业评估师、投资顾问和财务顾问等。

阅读外部信息也可能有助于注册会计师了解被审计单位及其环境。外部信息包括证券分析师、银行、评级机构出具的有关被审计单位及其所处行业的经济或市场环境等状况的报告，贸易与经济方面的报纸期刊，法规或金融出版物，以及政府部门或民间组织发布的行业报告和统计数据等。

（二）其他信息来源

注册会计师应当考虑在客户接受或续约过程中获取的信息是否与识别重大错报风险相关。通常，对新的审计业务，注册会计师应在业务承接阶段对被审计单位及其环境有一个初步的了解，以确定是否承接该业务。而对连续审计业务，也应在每年的续约过程中对上年审计作总体评价，并更新对被审计单位的了解和风险评估结果，以确定是否续约。注册会计师还应当考虑向被审计单位提供其他服务（如执行中期财务报表审阅业务）所获得的经验是否有助于识别重大错报风险。

需要说明的是，注册会计师无须在了解被审计单位及其环境的每个方面都实施以上所有的风险评估程序。例如，在了解内部控制时通常不用分析程序。但是，对被审计单位及其环境获取了解的整个过程中，注册会计师通常会实施上述所有的风险评估程序。

四、项目组内的讨论

项目组内部的讨论在所有业务阶段都非常必要，注册会计师应当组织项目组成员对财务报表存在重大错报的可能性进行讨论。

（一）讨论的目标

项目组内部的讨论为项目组成员提供了交流信息和分享见解的机会。项目组通过讨论可以使成员更好地了解在各自负责的领域中，由于舞弊或错误导致财务报表重大错报的可能性，并了解各自实施审计程序的结果如何影响审计的其他方面，包括对确定进一步审计程序的性质、时间安排和范围的影响。

（二）讨论的内容

项目组应当讨论被审计单位面临的经营风险、财务报表容易发生错报的领域以及发生错报的方式，特别是由于舞弊导致重大错报的可能性。讨论的内容和范围受项目组成员的职位、经验和所需要信息的影响。

（三）参与讨论的人员

注册会计师应当运用职业判断确定项目组内部参与讨论的人员。审计准则要求项目组的关键成员应当参与讨论。如果项目组需要拥有信息技术或其他特殊技能的专家，这些专家也应参与讨论。参与讨论人员的范围受项目组成员的职责经验和所需信息的影响。

（四）讨论的时间和方式

项目组应当根据审计的具体情况，在整个审计过程中持续交换有关财务报表发生重大错报可能性的信息。

项目组在讨论时应当强调在整个审计过程中保持职业怀疑态度，警惕可能发生重大错报的迹象，并对这些迹象进行严格追踪。通过讨论，项目组成员可以交流和分享在整个审计过程中获得的信息，包括可能对重大错报风险评估产生影响的信息或针对这些风险实施审计程序的信息。

第二节　了解被审计单位及其环境

注册会计师应当从下列方面了解被审计单位及其环境：(1) 行业状况、法律环境和监管环境及其他外部因素；(2) 被审计单位的性质；(3) 被审计单位对会计政策的选择和运用；(4) 被审计单位的目标、战略及相关经营风险；(5) 对被审计单位财务业绩的衡量和评价；(6) 被审计单位的内部控制。

上述第 (1) 项是被审计单位的外部环境，第 (2)、第 (3)、第 (4) 项以及第 (6) 项是被审计单位的内部因素，第 (5) 项则既有外部因素也有内部因素。值得注意的是，被审计单位及其环境的各个方面可能会互相影响。因此，注册会计师在对被审计单位及其环境的各个方面进行了解和评估时，应当考虑各因素之间的相互关系。

一、行业状况、法律环境和监管环境以及其他外部因素

（一）行业状况

了解行业状况有助于注册会计师识别与被审计单位所处行业有关的重大错报风险。注册会计师应当了解被审计单位的行业状况，主要包括：(1) 所在行业的市场供求与竞争；(2) 生产经营的季节性和周期性；(3) 产品生产技术的变化；(4) 能源供应与成本；(5) 行业的关键指标和统计数据。

（二）法律环境和监管环境

注册会计师应当了解被审计单位所处的法律环境及监管环境，主要包括：（1）适用的会计准则、会计制度和行业特定惯例；（2）对经营活动产生重大影响的法律法规及监管活动；（3）对开展业务产生重大影响的政府政策，包括货币、财政、税收和贸易等政策；（4）与被审计单位所处行业和所从事经营活动相关的环保要求。

（三）其他外部因素

注册会计师应当了解影响被审计单位经营的其他外部因素，主要包括：（1）宏观经济的景气度；（2）利率和资金供求状况；（3）通货膨胀水平及币值变动；（4）国际经济环境和汇率变动。

注册会计师对行业状况、法律环境和监管环境以及其他外部因素了解的范围和程度会因被审计单位所处行业、规模以及其他因素的不同而不同。注册会计师应当考虑将了解的重点放在对被审计单位的经营活动可能产生重要影响的关键外部因素以及与前期相比发生的重大变化上。

二、被审计单位的性质

（一）所有权结构

注册会计师应当了解所有权结构以及所有者与其他人员或单位之间的关系，考虑关联方关系是否已经得到识别，以及关联方交易是否得到恰当核算。同时，注册会计师可能需要对其控股母公司（股东）的情况做进一步的了解。

（二）治理结构

注册会计师应当了解被审计单位的治理结构，考虑治理层是否能够在独立于管理层的情况下对被审计单位事务（包括财务报告）做出客观判断。

（三）组织结构

注册会计师应当了解被审计单位的组织结构，考虑复杂组织结构可能导致的重大错报风险，包括财务报表合并、商誉摊销和减值、长期股权投资核算以及特殊目的实体核算等问题。

（四）经营活动

注册会计师应当了解被审计单位的经营活动，主要包括：主营业务的性质；与生产产品或提供劳务相关的市场信息；业务的开展情况；联盟、合营与外包情况；从事电子商务的情况；地区与行业分布；生产设施、仓库的地理位置及办公地点；关键客户；重要供应商；劳动用工情况；研究与开发活动及其支出；关联方交易。

（五）投资活动

注册会计师应当了解被审计单位的投资活动，主要包括：近期拟实施或已实施的并购活动与资产处置情况；证券投资、委托贷款的发生与处置；资本性投资活动，包括固定资产和无形资产投资，以及近期或计划发生的变动；不纳入合并范围的投资。

（六）筹资活动

注册会计师应当了解被审计单位的筹资活动，主要包括：债务结构和相关条款，包括担保情况及表外融资；固定资产的租赁；关联方融资；实际受益股东；衍生金融工具的运用。

三、被审计单位对会计政策的选择和运用

注册会计师应当了解被审计单位对会计政策的选择和运用，是否符合适用的会计准则和相关会计制度，是否符合被审计单位的具体情况。在了解被审计单位对会计政策的选择和运用是否适当时，注册会计师应当关注下列重要事项：（1）重要项目的会计政策和行业惯例；（2）重大和异常交易的会计处理方法；（3）在新领域和缺乏权威性标准或共识的领域，采用重要会计政策产生的影响；（4）会计政策的变更；（5）被审计单位何时采用以及如何采用新颁布的会计准则和相关会计制度。

如果被审计单位变更了重要的会计政策，注册会计师应当考虑变更的原因及其适当性，并考虑是否符合适用的会计准则和相关会计制度的规定。注册会计师应当考虑，被审计单位是否按照适用的会计准则和相关会计制度的规定恰当地进行了列报，并披露了重要事项。

四、被审计单位的目标、战略以及相关经营风险

（一）目标、战略与经营风险

目标是企业经营活动的指针。战略是企业管理层为实现经营目标采用的总体层面的策略和方针。经营风险源于对被审计单位实现目标和战略产生不利影响的重大情况、事项、环境和行动，或源于不恰当的目标和战略。不同的企业可能面临不同的经营风险，这取决于企业的性质、所处行业、外部监管环境、企业的规模和复杂程度。

注册会计师应当了解被审计单位是否存在与下列方面有关的目标和战略，并考虑相应的经营风险：

（1）行业发展，及其可能导致的被审计单位不具备足以应对行业变化的人力资源和业务专长等风险。

（2）开发新产品或提供新服务，及其可能导致的被审计单位产品责任增加等风险。

（3）业务扩张及其可能导致的被审计单位对市场需求的估计不准确等风险。

（4）新颁布的会计法规，及其可能导致的被审计单位执行法规不当或不完整，或会计处理成本增加等风险。

（5）监管要求，及其可能导致的被审计单位法律责任增加等风险。

（6）本期及未来的融资条件，及其可能导致的被审计单位由于无法满足融资条件而失去融资机会等风险。

（7）信息技术的运用，及其可能导致的被审计单位信息系统与业务流程难以融合等风险。

（二）经营风险对重大错报风险的影响

多数经营风险最终都会产生财务后果，从而影响财务报表。但并非所有经营风险都会导致重大错报风险。经营风险可能对各类交易、账户余额以及列报认定层次或财务报表层次产生直接影响。注册会计师应当根据被审计单位的具体情况考虑经营风险是否可能导致财务报表发生重大错报。

五、被审计单位财务业绩的衡量和评价

（一）需要了解的主要方面

在了解被审计单位财务业绩衡量和评价情况时，注册会计师应当关注下列信息：（1）关键业绩指标；（2）业绩趋势；（3）预测、预算和差异分析；（4）管理层和员工业绩考核与激励性报酬政策；（5）分部信息与不同层次部门的业绩报告；（6）与竞争对手的业绩比较；（7）外部机构提出的报告等。

（二）关注内部财务业绩衡量的结果

内部财务业绩衡量可能显示未预期到的结果或趋势，在这种情况下，管理层通常会进行调查并采取纠正措施。与内部财务业绩衡量相关的信息可能显示财务报表存在错报风险，因此，注册会计师应当关注被审计单位内部财务业绩衡量所显示的未预期到的结果或趋势、管理层的调查结果和纠正措施，以及相关信息是否显示财务报表可能存在重大错报。

（三）考虑财务业绩衡量指标的可靠性

如果拟利用被审计单位内部信息系统生成的财务业绩衡量指标，注册会计师应当考虑相关信息是否可靠，以及利用这些信息是否足以实现审计目标。许多财务业绩衡量中使用的信息可能由被审计单位的信息系统生成。如果被审计单位管理层在没有合理基础的情况下，认为内部生成的衡量财务业绩的信息是准确的，而实际上信息有误，那么根据有误的信息得出的结论也可能是错误的。如果注册会计师计划在审计工作中（如有实施分析程序时）利用财务业绩指标，应当考虑相关信息是否可靠，以及在实施审计程序时利用这些信息是否足以发现重大错报。

六、了解被审计单位的内部控制

对内部控制的了解涉及与审计相关的内部控制、内部控制了解的深度、内部控制的人工和自动化成分、内部控制的局限性、控制环境等多项内容。

注册会计师针对上述几个方面实施的风险评估程序的性质、时间安排和范围取决于审计业务的具体情况，如被审计单位的规模和复杂程度，注册会计师的相关审计经验（包括以前对被审计单位提供审计和相关服务的经验以及对类似行业、类似企业的审计经验）等。此外，识别被审计单位及其环境在上述各方面与以前期间相比发生的重大变化，对于充分了解被审计单位及其环境、识别和评估重大错报风险尤为重要。

第三节　了解被审计单位的内部控制

一、内部控制概述

（一）内部控制的定义和目标

内部控制是在内部牵制的基础上，经过长期的经营管理实践而逐步发展并完善起来

的，它是管理现代化的必然产物。内部控制的产生和发展，促使审计工作从详细审计发展成为以测试内部控制为基础的制度基础审计，到如今又发展为包括评价控制风险的风险导向审计。这种以测试内部控制为基础的审计，既能提高审计效率，又能降低审计风险、保证审计质量，并成为由传统审计转变为现代审计的一个重要标志。

我国审计准则将内部控制定义为：内部控制（Internal Control）是被审计单位为了合理保证财务报告的可靠性、经营的效率和效果以及对法律、法规的遵守，由治理层、管理层和其他人员设计和执行的政策和程序。对这个概念可以从以下几个方面理解：

第一，内部控制的目标是合理保证：财务报告的可靠性，这一目标与管理层履行财务报告编制责任密切相关；经营的效率和效果，即经济、有效地使用企业资源，以最优方式实现企业的目标；在所有经营活动中遵守法律、法规的要求，即在法律、法规的框架下从事经营活动。

第二，涉及和实施内部控制的责任主体是治理层、管理层和其他人员，组织中的每一个人都对内部控制负有责任。

第三，实现内部控制目标的手段是设计和执行控制政策及程序。

（二）内部控制的种类

在实际工作中，内部控制涉及企业生产经营的各个环节和各个部门，而各个环节和部门均可根据自身业务特点和工作范围建立相应的内部控制。对这些不同的内部控制按照不同的标志进行科学分类，有利于加深对内部控制的认识。

1. 内部控制按要素分类

比较成熟的内部控制要素是 COSO 发布的内部控制框架。1985 年，美国五个职业团体——美国会计学会（AAA）、美国注册会计师协会（AICPA）、财务经理人协会（FEI）、内部审计师协会（IIA）、美国管理会计师协会（IMA）联合发起设立了反虚假财务报告委员会，旨在探讨财务报告中的舞弊产生的原因，并寻找解决之道。两年后，基于该委员会的建议，其赞助机构成立 COSO 委员会（The Committee of Sponsoring Organizations of the Treadway Commission)，该委员会负责研究财务报表舞弊的因素，并对公众公司、会计师事务所、证监会及其他监督机构提供建议。由于 COSO 首任主席名为 James C. Treadway，所以 COSO 也被称为“Treadway Commission”。

1992 年，Treadway Commission 经过多年研究，针对公司行政总裁、其他高级执行官、董事、立法部门和监督部门的内部控制进行高度概括，发布了《内部控制——整体框架》(Internal Control—Integrated Framework）报告，即通称的 COSO 报告。该报告描述了内部控制包括下列五个要素：（1）控制环境；（2）风险评估过程；（3）控制活动；（4）信息与沟通；（5）监控。

2. 内部控制按工作范围分类

内部控制按工作范围分类，可以分为管理控制、会计控制和内部审计控制。

（1）管理控制。管理控制是以提高经营效率、工作效率为目的，用于行政和业务管理方面的方法、措施和程序。如劳动组织、劳动工资、人事内部控制；质量检验内部控制；技术设计内部控制；情报资料内部控制；电子计算机操作内部控制；材料供应、产品生产、产品销售内部控制；等等。

（2）会计控制。会计控制是以保护财产物资和确保会计资料可靠性为目的，用于会计业务和与之相关的其他业务管理方面的方法、措施和程序。如库存现金、银行存款内部控制；成本、费用管理内部控制；资产管理内部控制；利润及其分配管理内部控制；记账程序内部控制；会计凭证保管、整理、归档内部控制；会计电算化内部控制等。

（3）内部审计控制。内部审计控制是用来检查、评价会计控制、管理控制是否健全、有效的重要手段。它的主要过程是查明问题、对照标准、找出差距、分析可能、提出措施、监督纠正。

3. 内部控制按控制目的分类

内部控制按控制目的分类，可以分为财产物资控制、会计资料控制、经营决策控制和经济效益控制。

（1）财产物资控制。财产物资控制是指为保护财产物资的安全性和完整性所实施的各项控制。

（2）会计资料控制。会计资料控制是指为保证会计资料的可靠性、正确性及完整性所实施的各项控制。

（3）经营决策控制。经营决策控制是指为保证经营决策的正确实施和有效执行所采取的各项控制。

（4）经济效益控制。经济效益控制是指为保证经济活动的合法性、效益性及经营目标的实现所采取的各项控制。

4. 内部控制按控制方式分类

内部控制按控制方式分类，可分为预防性内部控制、察觉性内部控制。

（1）预防性内部控制。预防性内部控制是指那些目的在于防止差错和舞弊行为的发生而设置的措施和程序，是事前控制。

（2）察觉性内部控制。察觉性内部控制是指当错弊行为发生后，能够立即自动发出信号，并及时采取纠正或补救的方法、措施和程序。

（三）内部控制的局限性

内部控制存在固有局限性，无论如何设计和执行，只能对财务报告的可靠性提供合理的保证。内部控制存在的固有局限性主要包括以下两个方面。

（1）决策时，人为判断可能出现错误或由于人为失误而导致内部控制失效。例如，被审计单位信息技术工作人员没有完全理解系统如何处理销售交易，为使系统能够处理新型产品的销售，可能错误地对系统进行更改，或者对系统的更改是正确的，但是程序员没能把更改转化为正确的程序代码。

（2）可能由于两个或更多的人员进行串通或管理层凌驾于内部控制之上而被规避。例如，管理层可能与客户签订背后协议，对标准销售合同作出变动，从而导致确认收入发生错误。又如，软件中的编辑控制旨在发现和报告超过赊销信用额度的交易，但这一控制可能被逾越或规避。

此外，小型被审计单位拥有的员工通常较少，限制了其职责分离的程度，业主凌驾于内部控制之上的可能性较大，注册会计师应当考虑一些关键领域是否存在有效的内部控制，包括考虑小型被审计单位的总体控制环境，特别是业主对于内部控制及其重要性的态度、认识和措施。

二、与审计相关的控制

注册会计师需要考虑的并非是被审计单位整体的内部控制，而只是与财务报表审计相关的内部控制，即与审计相关的控制。与审计相关的控制，包括披审计单位为实现财务报告可靠性目标所设计和实施的控制。

虽然大部分与审计相关的控制可能与财务报告相关，但并非所有与财务报告相关的控制都与审计相关。确定一项控制单独或连同其他控制是否与审计相关，需要注册会计师做出职业判断。此外，如果在设计和实施进一步审计程序时拟利用被审计单位内部生成的信息，注册会计师应当考虑用以保证该信息完整性和准确性的控制可能与审计相关。

如果用以保证经营效率、效果的控制和对法律法规遵守的控制，与实施审计程序时评价或使用的数据相关，注册会计师应当考虑这些控制可能与审计相关。

用以保护资产的内部控制可能包括与实现财务报告可靠性和经营效率、效果目标相关的控制。注册会计师在了解保护资产的内部控制各项要素时，可仅考虑其中与财务报告可靠性目标相关的控制。

三、内部控制的人工和自动化成分

大多数被审计单位出于编制财务报告和实现经营目的而使用信息技术。然而，即使信息技术得到广泛使用，人工因素仍然会存在于这些系统中。内部控制可能既包括人工成分又包括自动化成分，在风险评估，以及设计和实施进一步审计程序时，注册会计师应当考虑内部控制的人工、自动化的特征和影响。

内部控制的人工成分在处理需要主观判断或酌情处理的情形时可能更为适当，但由于人工控制由人执行，受人为因素的影响，也产生了特定风险。注册会计师应当从下列方面了解人工控制产生的特定风险：（1）人工控制可能更容易被规避、忽视或凌驾；（2）人工控制可能不具有一贯性；（3）人工控制可能更容易产生简单错误或失误。

内部控制风险的大小和性质受被审计单位信息系统的性质和特征的影响，因此，在了解被审计单位的内部控制时，注册会计师应当考虑被审计单位是否通过建立有效的控制，以恰当应对由于使用信息技术系统和人工系统而产生的风险。

四、对内部控制了解的深度

对内部控制了解的深度，是指在了解被审计单位及其环境时对内部控制了解的程度，包括评价控制的设计，并确定其是否得到执行。

注册会计师在了解内部控制时，应当评价控制的设计，并确定其是否得到执行。评价控制的设计是指考虑一项控制单独或连同其他控制是否能够有效防止或发现并纠正重大错报。控制得到执行是指某项控制存在且被审计单位正在使用。设计不当的控制可能表明内部控制存在重大缺陷，注册会计师在确定是否考虑控制得到执行时，应当首先考虑控制的设计。

注册会计师通常实施下列风险评估程序，以获取有关控制设计和执行的审计证据：（1）询问被审计单位的人员；（2）观察特定控制的运用；（3）检查文件和报告；（4）追踪交易在财务报告信息系统中的处理过程（穿行测试）。需要注意的是，询问本身并不足以评价控制的设计，以及确定其是否得到执行，注册会计师应当将询问与其他风险评估程序结合使用。

五、了解内部控制的构成要素

（一）控制环境

注册会计师应当了解被审计单位的控制环境。控制环境（Control Environment）包括治理职能和管理职能，以及治理层和管理层对内部控制及其重要性的态度、认识和措施。作为了解控制环境的一部分，注册会计师应当评价：（1）管理层在治理层的监督下，是否营造并保持了诚实守信和合乎道德的文化；（2）控制环境总体上的优势是否为内部控制的其他要素提供了适当的基础，以及这些其他要素是否未被控制环境中存在的缺陷所削弱。

在了解和评价控制环境时，注册会计师应当考虑构成控制环境的以下各要素，以及这些要素如何被纳入被审计单位的业务流程。

1. 对诚信和道德价值观念的沟通与落实

注册会计师考虑的主要因素一般包括：（1）被审计单位是否有书面的行为规范，并向所有员工传达；（2）被审计单位的企业文化是否强调诚信和道德价值观念的重要性，对于不诚信和不道德的行为，是否会给予惩罚；（3）管理层是否身体力行，高级管理人员是否起表率作用；（4）对违反有关政策和行为规范的情况，管理层是否采取适当的行动。

2. 对胜任能力的重视

注册会计师考虑的主要因素一般包括：（1）财会人员及信息管理人员是否具备与被审计单位业务性质、复杂程度相称的胜任能力，是否经过相应培训，在发生错误时，是否通过调整人员或系统来加以处理；（2）管理层是否配备足够的财会人员以适应业务发展和有关方面的需要；（3）财会人员是否具备理解和运用会计准则所需的技能。

3. 治理层的参与程度

注册会计师考虑的主要因素一般包括：（1）董事会是否建立了审计委员会或类似机构；（2）董事会、审计委员会或类似机构是否与内部注册会计师、注册会计师有联系和沟通，联系和沟通的性质及频率是否与被审计单位的规模和业务复杂程度相匹配；（3）董事会、审计委员会或类似机构的成员是否具备适当的经验和资历；（4）董事会、审计委员会或类似机构是否独立于管理层；（5）审计委员会或类似机构会议的数量和时间是否与被审计单位的规模和业务复杂程度相匹配；（6）董事会、审计委员会或类似机构是否充分地参与了财务报告的过程；（7）董事会、审计委员会或类似机构是否对经营风险的监控有足够的关注，进而影响被审计单位和管理层的风险（包括舞弊风险）评估过程；（8）董事会成员是否有很高的流动性。

4. 管理层的理念和经营风格

注册会计师考虑的主要因素通常包括：（1）管理层是否对内部控制，包括信息技术的控制，给予了适当的关注；（2）管理层是否被一个人或几个人所控制，董事会、审计委员会或类似机构对其是否实施有效监督；（3）管理层在承担和监控经营风险方面是风险偏好者，还是风险规避者；（4）管理层在选择会计政策和做出会计估计时是倾向于激进，还是保守；（5）管理层对信息流程、会计职能部门和人员是否给予了适当关注；（6）对于重大的内部控制和会计事项，管理层是否征询注册会计师的意见，或者经常在这些方面与注册会计师存在不同意见。

5. 组织结构、职权和责任的分配

注册会计师考虑的主要因素一般包括：（1）在被审计单位内部是否有明确的职责划分，是否将业务授权、业务记录、资产保管和维护，以及业务执行的责任尽可能地分离；（2）是否有适当的结构来划分数据的所有权；（3）是否已针对授权交易建立适当的政策和程序。

6. 人力资源政策与实务

注册会计师考虑的主要因素一般包括：（1）被审计单位是否在招聘、培训、考核、晋升、薪酬、调动和辞退员工方面（特别是在会计、财务和信息系统方面）都有适当的政策和程序；（2）是否有书面的员工岗位职责手册，或者在没有书面文件的情况下，对于工作职责和期望是否作了适当的沟通和交流；（3）人力资源政策与程序是否清晰，并且定期发布和更新；（4）是否制定适当的程序对分散在各地区和海外的经营人员建立和沟通人力资源政策与程序。

在评价控制环境各个要素时，注册会计师应当考虑控制环境各个要素是否得到执行，因为管理层也许建立了一个合理的内部控制，但却未有效执行。在确定构成控制环境的要素是否得到执行时，注册会计师应当考虑将询问与观察、检查等风险评估程序结合运用以获取审计证据。通过询问管理层和其他员工，注册会计师可以了解管理层如何就业务流程和道德价值观念与员工进行沟通；通过观察和检查，可以了解管理层是否建立了正式的行为守则，在日常工作中行为守则是否得到遵守，以及管理层如何处理违反行为守则的情况。

控制环境对重大错报风险的评估具有广泛影响，注册会计师应当考虑控制环境的总体优势是否为内部控制的其他要素提供了适当的基础，并且未被控制环境中存在的缺陷所削弱。控制环境本身并不能防止或发现并纠正各类交易、账户余额、列报认定层次的重大错报，注册会计师在评估重大错报风险时应当将控制环境连同其他内部控制要素产生的影响一并考虑。

此外，对于小型被审计单位，可能无法获取以文件形式存在的有关控制环境要素的审计证据，注册会计师应当重点了解管理层对内部控制设计的态度、认识和措施。

（二）被审计单位的风险评估过程

1. 风险的来源

企业的风险可能来自内部因素，也可能来自外部因素。

就外部而言，技术发展会影响研究与开发的性质及时间，或导致采购方式的改变；顾客需求的变化会影响产品的开发、价格、保证及服务；新的法律法规会迫使经营者改变政策及战略；经济环境的改变会影响企业财务、资本支出及扩张的决策。

内部的风险因素主要包括：信息处理程序的瘫痪；员工的素质及培训；管理层职责的改变；由于企业活动的性质及员工对资产的接触而产生的不当机会或无效的审计委员会。

此外，某些情况会增加风险，这些情况包括：监管及经营环境的变化、新员工的加入、使用新信息系统或对原系统进行升级、业务快速发展、企业重组、企业发展海外经营、新会计准则发布实施等。

2. 识别经营风险

许多方法可以用来识别常规的经营风险，主要是识别高风险的活动，并对其进行排序。例如，可以采取以下步骤来识别经营风险：（1）识别企业必需的资源，并确定哪种风险最大；（2）识别可能引起的负债；（3）查看以前发生过的风险；（4）考虑由于新的目标或外部因素引起的额外风险；（5）在持续经营的基础上考虑挑战和机会，从而预测变化。

3. 评价风险评估过程的设计与执行

注册会计师应当了解被审计单位是否已建立风险评估过程，包括：（1）识别与财务报告目标相关的经营风险；（2）估计风险的重要性；（3）评估风险发生的可能性；（4）决定应对这些风险的措施。如果被审计单位已建立风险评估过程，注册会计师应当了解其风险评估过程及其结果。

在评价被审计单位风险评估过程的设计和执行时，注册会计师应当确定管理层如何识别与财务报告相关的经营风险，如何评估该风险的重要性，如何评估风险发生的可能性，以及如何采取措施管理这些风险。

注册会计师在对被审计单位整体层面的风险评估过程进行了解和评估时，考虑的主要因素可能包括：（1）被审计单位是否已建立并沟通其整体目标，并辅以具体策略和业务流程层面的计划；（2）被审计单位是否已建立风险评估过程，包括识别风险、估计风险的重大性、评估风险发生的可能性及确定需要采取的应对措施；（3）被审计单位是否已建立某种机制，以识别和应对可能对被审计单位产生重大且普遍影响的变化，例如，在金融机构中建立资产负债管理委员会，在制造类企业中建立期货交易风险管理组；（4）会计部门是否建立了某种流程，以识别会计准则发生的重大变化；（5）当被审计单位业务操作发生变化并影响交易记录的流程时，是否存在沟通渠道以通知会计部门；（6）风险管理部门是否建立了某种流程，以识别经营环境包括监管环境发生的重大变化。

在审计过程中，如果识别出管理层未能识别的重大错报风险，注册会计师应当评价是否存在潜在风险，即注册会计师预期被审计单位风险评估过程应当识别出的风险。如果存在这种潜在风险，注册会计师应当了解风险评估过程未能识别这些风险的原因，并评价风险评估过程是否适合具体情况，或者确定与风险评估过程相关的内部控制是否存在重要缺陷。

如果被审计单位未建立风险评估过程，或具有非正式的风险评估过程，注册会计师应当与管理层讨论是否识别出与财务报告目标相关的经营风险，以及如何应对这些风险。注册会计师应当评价缺少记录的风险评估过程是否适合具体情况，或确定是否表明存在内部控制重要缺陷。

（三）信息系统与沟通

1. 与财务报告相关的信息系统及其职能

与财务报告相关的信息系统，包括用以生成、记录、处理和报告交易、事项或情况，对相关资产、负债和所有者权益履行经营管理责任的程序和记录。交易可能通过人工或自动化程序生成。记录是指识别和搜集与交易、事项有关的信息。处理是指编辑、核对、计量、估价、汇总和调节活动，可由人工或自动化程序来执行。报告是指用电子或书面形式编制财务报告和其他信息，供被审计单位用于衡量和考核财务及其他方面的业绩。

与财务报告相关的信息系统应当与业务流程相适应。业务流程是指被审计单位开发、采购、生产、销售、发送产品、提供服务、记录信息等一系列活动。

与财务报告相关的信息系统所生成信息的质量，对管理层能否做出恰当的经营管理决策及编制可靠的财务报告具有重大影响。

2. 了解与财务报告相关的信息系统

注册会计师应当从下面几个方面了解与财务报告相关的信息系统（包括相关业务流程）：(1) 在被审计单位经营过程中，对财务报表具有重大影响的各类交易；(2) 在信息技术和人工系统中，对被审计单位的交易生成、记录、处理、必要的更正、结转至总账，以及在财务报表中报告的程序；(3) 用以生成、记录、处理（包括纠正不正确的信息，以及信息如何结转至总账）和报告被审计单位交易的会计记录、支持性信息和财务报表中的特定账户；(4) 被审计单位的信息系统如何获取除交易以外的对财务报表有重大影响的事项和情况；(5) 用于编制被审计单位财务报表（包括做出的重大会计估计和披露）的财务报告流程；(6) 与会计分录相关的控制，这些分录包括用于记录非经常性的、异常的交易或调整的非标准会计分录。

注册会计师在对与财务报告相关的信息系统进行了解和评估时，考虑的主要问题一般包括：(1) 信息系统是否能够向管理层提供有关被审计单位业绩的报告，包括相关的外部和内部信息；(2) 向适当人员提供的信息是否充分、具体和及时，使之能够有效地履行职责；(3) 信息系统的开发及变更在多大程度上与被审计单位的战略计划相适应，以及如何与被审计单位整体层面和业务流程层面的目标相适应；(4) 管理层是否提供适当的人力和财力以开发必需的信息系统；(5) 管理层是如何监督程序开发、变更和测试工作的；(6) 对于主要的数据中心，是否建立了重大灾难数据恢复计划。

在了解与财务报告相关的信息系统时，注册会计师应当特别关注由于管理层凌驾于账户记录控制之上或规避控制行为而产生的重大错报风险，并考虑被审计单位如何纠正不正确的交易处理。自动化程序和控制可能降低了发生非故意错误的风险，但是并没有消除个人凌驾于控制之上的风险。

3. 对与财务报告相关的沟通的了解

注册会计师应当了解被审计单位就与财务报告相关的人员的角色和职责以及与财务报告相关的重大事项等问题如何进行沟通。这种沟通包括：管理层与治理层之间的沟通；外部沟通，如与监管机构的沟通等。

注册会计师在对与财务报告相关的沟通进行了解和评估时，考虑的主要问题一般包括：(1) 管理层对于员工的职责和控制责任是否进行了有效沟通；(2) 对于可疑的不恰当事项和行为是否建立了沟通渠道；(3) 组织内部沟通的充分性是否能够使人员有效地履行职责；(4) 对于与客户、供应商、监管者和其他外部人士的沟通，管理层是否及时采取适当的进一步行动；(5) 被审计单位是否受到某些监管机构发布的监管要求的约束；(6) 外部人士如客户和供应商在多大程度上知悉被审计单位的行为守则。

（四）控制活动

控制活动是指有助于确保管理层的指令得以执行的政策和程序，包括与授权、业绩评价、信息处理、实物控制和职责分离等相关的活动。注册会计师应当了解与审计相关的控制活动。与审计相关的控制活动，是指注册会计师为评估认定层次重大错报风险并设计进一步审计程序应对评估的风险而认为有必要了解的控制活动。审计并不要求了解与财务报表中每一类重大交易、账户余额和披露相关或与其每项认定相关的所有控制活动。注册会计师应当了解的控制活动包括以下几个方面：

1. 授权

注册会计师应当了解与授权相关的控制活动，包括一般授权和特别授权。一般授权是指管理层制定的要求组织内部遵守的普遍适用于某类交易或活动的政策。特别授权是指管理层针对特定类别的交易或活动而设置的授权。

2. 业绩评价

注册会计师应当了解与业绩评价相关的控制活动，主要包括：被审计单位分析、评价实际业绩与预算（或预测、前期业绩）的差异；综合分析财务数据与经营数据的内在关系；将内部数据与外部信息来源相比较；评价职能部门、分支机构或项目活动的业绩；对发现的异常差异或关系采取必要的调查与纠正措施。

3. 信息处理

注册会计师应当了解与信息处理相关的控制活动，包括信息技术的一般控制和应用控制。在了解被审计单位与信息处理相关的控制活动时，注册会计师应当了解被审计单位如何应对由于信息技术导致的风险。

4. 实物控制

注册会计师应当了解实物控制，主要包括对资产和记录采取适当的安全保护措施、对访问计算机程序和数据文件设置授权，以及定期盘点并将盘点记录与会计记录相核对。实物控制的效果影响资产的安全，从而对财务报表的可靠性及审计产生影响。

5. 职责分离

注册会计师应当了解职责分离，主要包括被审计单位如何将交易授权、交易记录及资产保管等职责分配给不同员工，以防范同一员工在履行多项职责时可能发生的舞弊或错误。

在了解控制活动时，注册会计师应当重点考虑一项控制活动单独或连同其他控制活动，是否能够防止或发现并纠正各类交易、账户余额、列报存在的重大错报。注册会计师的工作主要是识别和了解针对重大错报可能发生的领域的控制活动。注册会计师应当了解与每类重大交易、账户余额、披露及其认定相关的所有控制活动。如果多项控制活动能够实现同一目标，注册会计师不必了解与该目标相关的每项控制活动。

在了解和评估控制活动时考虑的主要问题一般包括：（1）被审计单位对其主要经营活动是否都制定了必要的控制政策和程序；（2）管理层对预算、利润、其他财务和经营业绩方面是否都设定了清晰的目标，在被审计单位内部是否对这些目标加以清晰地记录和沟通，并且积极对其实现过程进行监控；（3）是否存在计划和报告系统以识别与计划业绩的差异，并向适当层次的管理层报告该差异；（4）是否由适当层次的管理层对差异进行调查，并及时采取适当的纠正措施；（5）不同人员的职责是否适当地分离，以降低舞弊和不当行为发生的风险；（6）会计系统中的数据是否与实物资产定期核对；（7）是否建立了适当的保护措施，以防止未经授权接触文件、记录和资产；（8）是否控制对数据和程序的接触；（9）是否存在信息安全职能部门负责监控信息安全政策和程序。

小型被审计单位通常难以实施适当的职责分离，注册会计师应当考虑小型被审计单位采取的控制活动能否有效实现控制目标。

（五）对控制的监督

对控制的监督是指被审计单位评价内部控制在一段时间内运行有效性的过程，该过程包括及时评价控制的设计和运行，以及根据情况的变化采取必要的纠正措施。

监督活动通常贯穿于被审计单位的日常经营活动与常规管理工作中。被审计单位可能由内部注册会计师或具有类似职能的人员对内部控制的设计和执行进行专门的评价，找出内部控制的优点和不足，并提出改进建议。被审计单位也可能利用与外部有关各方沟通或交流所获取的信息监督相关的控制活动。

注册会计师应当了解被审计单位用于监督与财务报告相关的内部控制的主要活动，包括针对与审计相关的控制活动的监督，以及被审计单位如何对控制缺陷采取补救措施。如果被审计单位设置了内部审计机构或相关职责人员，注册会计师应当了解下列事项，以确定内部审计职能是否可能与审计相关：（1）内部审计职能责任的性质及内部审计职能如何适合被审计单位的组织结构；（2）内部审计职能已实施或拟实施的活动。

注册会计师在对被审计单位整体层面的监督进行了解和评估时，考虑的主要问题一般包括：（1）被审计单位是否定期评价内部控制；（2）被审计单位人员在履行正常职责时，能够在多大程度上获得内部控制是否有效运行的证据；（3）与外部的沟通能够在多大程度上证实内部产生的信息或者指出存在的问题；（4）管理层是否会采纳内部注册会计师和注册会计师有关内部控制的建议；（5）管理层及时纠正控制运行偏差情况的报告的方法；（6）管理层处理监管机构的报告及建议的方法；（7）是否存在协助管理层监督内部控制的职能部门。

用于监督活动的很多信息都由被审计单位的信息系统产生，这些信息可能会存在错误，从而导致管理层从监督活动中得出错误的结论。所以，注册会计师应当了解被审计单位监督活动所使用的信息的来源，以及管理层认为信息对于实现目的足够可靠的依据。

第四节　评估重大错报风险

一、评估财务报表层次和认定层次的重大错报风险

（一）评估重大错报风险的审计程序

在评估重大错报风险时，注册会计师应当实施下列审计程序：

（1）在了解被审计单位及其环境的整个过程中识别风险，并考虑各类交易、账户余额、列报。

（2）将识别的风险与认定层次可能发生错报的领域相联系。

（3）评估识别出的风险，并评价其是否更广泛地与财务报表整体相关，进而潜在地影响多项认定。

（4）考虑发生错报的可能性，以及潜在错报的重大程度是否足以导致重大错报。

注册会计师应当利用实施风险评估程序获取的信息，包括在评价控制设计和确定其是

否得到执行时获取的审计证据，作为支持风险评估结果的审计证据。注册会计师应当根据风险评估结果，确定实施进一步审计程序的性质、时间和范围。

（二）识别两个层次的重大错报风险

在对重大错报风险进行识别和评估后，注册会计师应当确定，识别的重大错报风险是与特定的某类交易、账户余额、列报的认定相关，还是与财务报表整体广泛相关，进而影响多项认定。

某些重大错报风险可能与特定的某类交易、账户余额、列报的认定相关。例如，被审计单位存在重大的关联方交易，该事项表明关联方及关联方交易的披露认定可能存在重大错报风险。某些重大错报风险可能与财务报表整体广泛相关，进而影响多项认定。例如，管理层缺乏诚信或承受异常的压力可能引发舞弊风险，这些风险与财务报表整体相关。

财务报表层次的重大错报风险很可能源于薄弱的控制环境。薄弱的控制环境带来的风险可能对财务报表产生广泛影响，难以限于某类交易、账户余额、列报，注册会计师应当采取总体应对措施。

注册会计师应当考虑对识别出的各类交易、账户余额和列报认定层次的重大错报风险予以汇总和评估，以确定进一步审计程序的性质、时间和范围。这项工作可以通过评估认定层次的重大错报风险汇总表来完成，如表 8—1 所示。

表 8—1　　评估认定层次的重大错报风险汇总表

重大账户	认定	识别的重大错报风险	风险评估结果
列示重大账户。例如，应收账款	列示相关的认定。例如，存在、完整、计价和分摊等	汇总实施审计程序识别出的与该重大账户的某项认定相关的重大错报风险	评估该项认定的重大错报风险水平（应考虑控制设计是否合理，是否得到执行）

注：注册会计师也可在该工作底稿中记录针对评估的认定层次重大错报风险而相应制定的审计方案。

在评估重大错报风险时，注册会计师应当将所了解的控制与特定认定相联系。控制与认定直接或间接相关，关系越间接，控制对防止或发现并纠正认定错报的效果越小。注册会计师可能识别出有助于防止或发现并纠正特定认定发生重大错报的控制。在确定这些控制是否能够实现上述目标时，注册会计师应当综合考虑控制活动和其他要素。

（三）考虑财务报表的可审计性

注册会计师在了解被审计单位内部控制后，可能对被审计单位财务报表的可审计性产生怀疑。如果通过对内部控制的了解发现下列情况，并对财务报表局部或整体的可审计性产生疑问，注册会计师应当考虑出具保留意见或无法表示意见的审计报告：（1）被审计单位会计记录的状况和可靠性存在重大问题，不能获取充分、适当的审计证据以发表无保留意见；（2）对管理层的诚信存在严重疑虑。必要时，注册会计师应当考虑解除业务约定。

二、需要特别考虑的重大错报风险

作为风险评估的一部分，注册会计师应当运用职业判断，确定识别的风险哪些是需要特别考虑的重大错报风险（以下简称特别风险）。

（一）特别风险的判定

在确定哪些风险是特别风险时，注册会计师应当在考虑识别出的控制对相关风险的抵消效果前，根据风险的性质、潜在错报的重要程度以及发生的可能性，判断风险是否属于特别风险。

在确定特别风险时，注册会计师应当考虑下列事项：（1）风险是否属于舞弊风险；（2）风险是否与近期经济环境、会计处理方法和其他方面的重大变化有关；（3）交易的复杂程度；（4）风险是否涉及重大的关联方交易；（5）财务信息计量的主观程度，特别是对不确定事项的计量存在较大区间；（6）风险是否涉及异常或超出正常经营过程的重大交易。

特别风险通常与重大的非常规交易和判断事项有关。非常规交易是指由于金额或性质异常而不经常发生的交易。非常规交易具有下列特征：（1）管理层更多地介入会计处理；（2）数据收集和处理涉及更多的人工成分；（3）复杂的计算或会计处理方法；（4）非常规交易的性质可能使被审计单位难以对由此产生的特别风险实施有效控制。由于这些特征，与重大非常规交易相关的特别风险可能导致更高的重大错报风险。

由于下列原因，与重大判断事项相关的特别风险可能导致更高的重大错报风险：（1）对涉及会计估计、收入确认等方面的会计原则存在不同的理解；（2）所要求的判断可能是主观和复杂的，或需要对未来事项做出假设。

（二）特别风险的处理

对于特别风险，注册会计师应当评价相关控制的设计情况，并确定其是否已经得到执行。由于与重大非常规交易或判断事项相关的风险很少受到日常控制的约束，注册会计师应当了解被审计单位是否针对该特别风险设计和实施了控制。如果管理层未能实施控制以恰当应对特别风险，注册会计师应当认为内部控制存在重大缺陷，并考虑其对风险评估的影响。在这种情况下，注册会计师应当考虑就此类事项与治理层沟通。

三、仅通过实质性程序无法应对的重大错报风险

作为风险评估的一部分，如果认为仅通过实质性程序获取的审计证据无法将认定层次的重大错报风险降至可接受的最低水平，注册会计师应当评价被审计单位针对这些风险设计的控制，并确定其执行情况。

在被审计单位对日常交易采用高度自动化处理的情况下，审计证据可能仅以电子形式存在，其充分性和适当性通常取决于自动化信息系统相关控制的有效性，注册会计师应当考虑仅通过实施实质性程序不能获取充分、适当审计证据的可能性。

如果认为仅通过实施实质性程序不能获取充分、适当的审计证据，注册会计师应当考虑依赖的相关控制的有效性，并对其进行了解、评估和测试。

注册会计师可以编制表格来汇总识别的重大错报风险，判定它们的性质，如表8—2所示。

表 8—2　　识别的重大错报风险汇总表

识别的重大错报风险	对财务报表的影响	相关的交易类别、账户金额和列报认定	是否与财务报表整体广泛相关	是否属于特别风险	是否属于仅通过实质性程序无法应对的重大错报风险
记录识别重大错报风险	描述对财务报表的影响和导致财务报表发生重大错报的可能性	列示相关的各类交易、账户余额、列报及其认定	考虑是否属于财务报表层次的重大错报风险	考虑是否属于特别风险	考虑是否属于仅通过实质程序无法应对的重大错报风险

四、对风险评估的修正

注册会计师对认定层次重大错报风险的评估应以获取的审计证据为基础，并可能随着不断获取审计证据而做出相应的变化。如果通过实施进一步审计程序获取的审计证据与初始评估获取的审计证据相矛盾，注册会计师应当修正风险评估结果，并相应修改原计划实施的进一步审计程序。因此，评估重大错报风险与了解被审计单位及其环境一样，也是一个连续和动态地收集、更新与分析信息的过程，贯穿于整个审计过程的始终。

第五节　审计工作记录

一、记录的内容

注册会计师应当就下列内容形成审计工作记录：(1) 项目组对舞弊或错误导致财务报表发生重大错报的可能性进行的讨论，以及得出的重要结论；(2) 注册会计师对被审计单位及其环境各个方面的了解要点（包括对内部控制各个要素的了解要点）、信息来源及实施的风险评估程序；(3) 注册会计师在财务报表层次和认定层次识别、评估出的重大错报风险；(4) 注册会计师识别出的特别风险和仅通过实质性程序无法应对的重大错报风险，以及对相关控制的评估。

二、记录的方式

注册会计师需要运用职业判断，确定对上述事项进行记录的方式。常见的记录方式包括文字叙述、问卷、流程图和核对表等。记录的形式和范围受被审计单位性质、规模、复杂程度、内部控制、被审计单位信息的可获得性，以及审计过程中使用的具体审计方法和技术的影响。例如，被审计单位通过复杂的信息系统生成、记录、处理和报告大量交易，则注册会计师在了解该信息系统之后，可能采用的记录方式包括流程图、问卷或决策表等。对于很少或不使用信息技术的信息系统，或者只处理少量交易（如长期借款）的信息系统，注册会计师仅以备忘录的形式对其进行记录就足够了。通常，被审计单位经营活动越复杂，注册会计师实施审计程序的范围越广，审计工作记录也就越复杂。

（一）文字叙述

文字叙述是指注册会计师对被审计单位业务的授权、批准、执行、记录、保管等程序及其实际执行情况，采用书面叙述的方法。这种文字叙述一般是按照不同的业务循环编写，分别写明各个职务所完成的各种工作、所经历的各种手续，还应阐明各项工作的负责人、经办人员以及由他们编写和记录的文件凭证等。文字叙述法的优点是比较灵活，可对被审计单位内部控制的各个环节做出比较深入和具体的描述，不受任何限制。但文字表述法也有其缺点：对内部控制的描述，有时很难用简明易懂的语言来描述内部控制的细节，因而有时会显得过于冗长、累赘。文字叙述法通常用于记录控制环境、一般控制和实物控制等方面的情况，特别适用于内部控制程序比较简单、比较容易描述的中小企业。

（二）问卷

问卷也称调查表，就是将那些与保证会计记录的正确性和可靠性以及与保证财产物资的安全性、完整性有密切关系的事项列为调查对象，由注册会计师设计成标准化的调查表，并利用表格形式，通过征询来了解内部控制是否行之有效。

问卷人多采用问答式，一般按调查对象分别设计。注册会计师应紧紧围绕业务处理的关键控制点及其控制措施安排调查内容，逐一列出调查问题。问卷的优点是能对所调查的对象提供一个简括的说明，有利于注册会计师做分析评价，同时编制调查问卷省时省力，有利于提高审计效率。但是，这种方法也有其缺陷，即由于对被审计单位的内部控制只能按调查项目分别考查，从而难以提供一个完整的、系统的、全面的分析评价；对于不同行业的企业或小企业，标准问题的调查表常常显得不太适用。

（三）流程图

流程图是指用特定的符号和图形，将内部控制中各经营环节的业务处理程序，以及各种文件或凭证的传递流程，以图解的形式直观地描绘出来的图表。

【案例 8—1】 东岳股份有限公司材料收发业务处理手续和程序如下：

该公司设材料仓库一栋。有仓库保管员若干名，负责收料、发料和登记材料明细账。仓库收料时，根据供应科送来的发票和收料通知单验收材料，开出收料单两联，其中一联连同发票送财务科，财务科凭以付款和记账，一联留存据以登记材料明细账。材料明细账定期与财务科的材料总账核对。

车间领用材料，领料员填制领料单，并经工段长审核批准。领料单一式三联，一联交仓库，一联送供应科，一联存查。每月终，仓库盘存材料一次，并编制盘存表两份，一份送供应科，一份留存。

供应科根据仓库送来的领料单，月终编制领料单汇总表，按计划价格计价，然后送财务科转账。

财务科根据收料单和领料单汇总表编制记账凭证并登记材料和其他总账。

根据上述资料，绘制材料收发业务流程图，如图 8—1 所示。

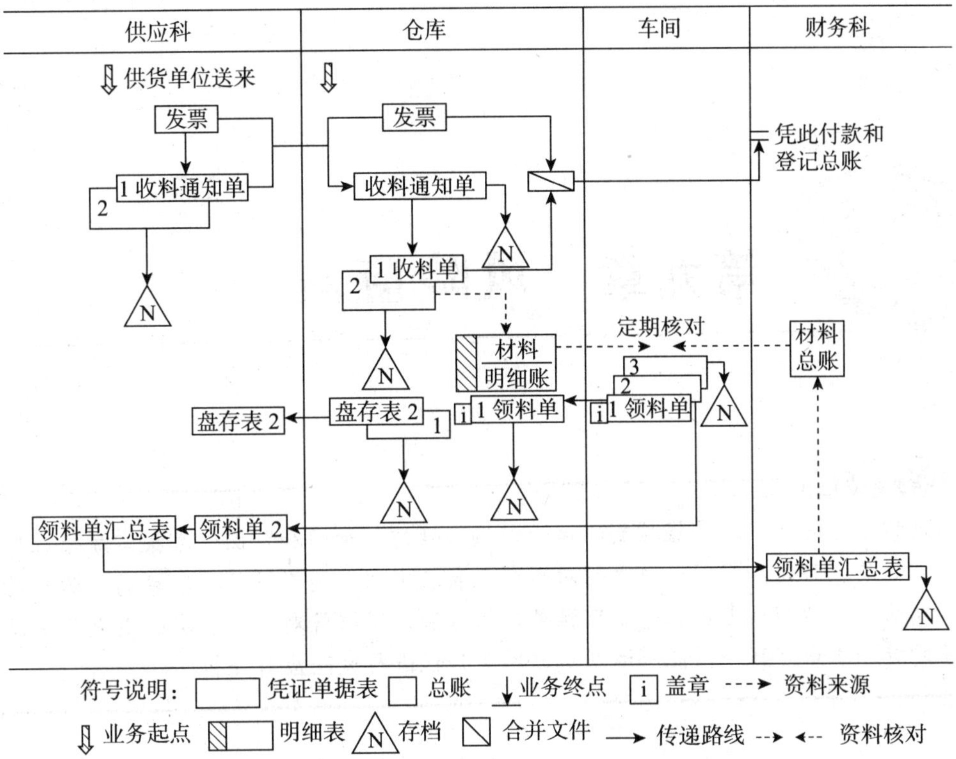

图 8—1　材料收发业务流程图

流程图能清晰地反映各项业务的职责分工、授权、批准和复核验证等内部控制措施与功能，是注册会计师评价内部控制的有用工具。其主要优点是，以简明的图式反映内部控制系统，直观明了、形象清晰，便于了解内部控制的特征，也能够揭示内部控制中各个组成部分的内在联系及存在的缺陷，同时便于修改。但流程图也有其不足之处：编制流程图需具备较娴熟的技术和花费较多的时间；对内部控制的某些弱点有时很难在图上明确地表达出来。

复习思考题

1. 简述风险评估程序的含义和风险评估程序。

2. 被审计单位及其环境具有什么价值和意义？被审计单位及环境可以通过实施哪些风险评估程序？从哪些方面进行了解？

3. 什么是内部控制？什么是与审计相关的内部控制？如何了解内部控制？

4. 如何识别和评估财务报表层次和认定层次的重大错报风险？

5. 什么是特别风险？如何应对？

6. 试述获取有关控制设计和执行的审计证据所实施的风险评估程序。

第九章　风险应对

学习目标

通过本章的学习，掌握控制测试的内涵、性质、时间和范围；掌握实质性程序的内涵、性质、时间和范围；熟悉针对财务报表层次的重大错报风险实施的总体应对措施；注册会计师增加审计程序不可预见性的方法；了解针对认定层次的重大错报风险实施的进一步审计程序，能够运用本章所学知识进行风险应对分析。

第一节　针对财务报表层次重大错报风险的总体应对措施

总体应对措施是注册会计师针对评估的财务报表层次重大错报风险确定的审计程序。注册会计师应当了解被审计单位及其环境，以充分识别和评估财务报表的重大错报风险，设计和实施进一步审计程序。在评估重大错报风险时，注册会计师应当确定，识别的重大错报风险是与特定的某类交易、账户余额、列报的认定相关，还是与财务报表整体广泛相关，进而影响多项认定。如果重大错报风险是与财务报表整体相关，则属于财务报表层次的重大错报风险。

一、财务报表层次重大错报风险的总体应对措施

注册会计师应当针对评估的财务报表层次重大错报风险确定下列总体应对措施。

（1）向项目组强调在搜集和评价审计证据过程中保持职业怀疑态度的必要性。

（2）分派更有经验或具有特殊技能的审计人员，或聘用专家。由于各行业在经营业务、经营风险、财务报告、法规要求等方面具有特殊性，审计人员的专业分工细化为一种趋势。审计项目组成员中应有一定比例的具有相关审计经验的人员，必要时，应当考虑聘用信息技术、税务、评估和精算等方面的专家。

（3）提供更多的督导。对于财务报表层次重大错报风险较高的审计项目，审计项目组的高级别成员，如项目负责人、项目经理等经验较丰富的人员，要对其他成员提供更详细、更经常、更及时的指导和监督，并加强质量复核。

（4）在选择进一步审计程序时，应当注意使某些程序不被管理层预见或事先了解。为了避免既定思维对审计方案的限制，避免对审计效果人为的干涉，使针对重大错报风险的进一步审计程序更加有效，注册会计师要考虑使某些程序不被审计单位管理层预见或事先了解。在实务中，注册会计师可以通过下列方面提高审计程序的不可预见性：①对某些未测试过的低于设定的重要性水平或风险较小的账户余额的认定实施实质性程序；②调整实施审计程序的时间，使被审计单位不可预期；③采取不同的审计抽样方法，使当期抽取的测试样本与以前有所不同；④选取不同的地点实施审计程序，或预先不告知被审计单位所选定的测试地点。

（5）对拟实施审计程序的性质、时间和范围做出总体修改。财务报表层次的重大错报风险很可能源于薄弱的控制环境。薄弱的控制环境带来的风险可能对财务报表产生广泛影响，难以限于某类交易、账户余额、列报。注册会计师对控制环境的了解影响其对财务报表层次重大错报风险的评估。有效的控制环境可以使注册会计师增强对内部控制和被审计单位内部产生的证据的信赖程度。如果控制环境存在缺陷，注册会计师应当对拟实施审计程序的性质、时间和范围做出总体修改，可从以下几个方面进行考虑：①在期末而非期中实施更多的审计程序，因为控制环境的缺陷通常会削弱期中获得的审计证据的可信赖程度。②主要依赖实质性程序获取审计证据。良好的控制环境是其他控制要素发挥作用的基础。控制环境存在缺陷通常会削弱其他控制要素的作用，导致注册会计师可能无法信赖内部控制，而主要依赖实施实质性程序获取审计证据。③修改审计程序的性质，获取更具说服力的审计证据。修改审计程序的性质主要是指调整拟实施审计程序的类别及组合。④扩大审计程序的范围。例如，扩大样本规模或采用更详细的数据实施分析程序。

二、总体应对措施对拟实施进一步审计程序的总体方案的影响

财务报表层次重大错报风险难以限于某类交易、账户余额、列报的特点，意味着此类风险可能对财务报表的多项认定产生广泛影响，并相应增加注册会计师对认定层次重大错报风险的评估难度。因此，注册会计师评估的财务报表层次重大错报风险及采取的总体应对措施，对拟实施进一步审计程序的总体方案具有重大影响。

注册会计师针对认定层次重大错报风险拟实施的进一步审计程序的总体方案包括实质性方案和综合性方案。实质性方案是指注册会计师实施的进一步审计程序以实质性程序为主；综合性方案是指注册会计师在实施进一步审计程序时，将控制测试与实质性程序结合使用。当评估的财务报表层次重大错报风险属于高风险水平（并相应采取更强调审计程序不可预见性、重视调整审计程序的性质、时间和范围等总体应对措施）时，拟实施进一步审计程序的总体方案往往更倾向于实质性方案。反之，则采用综合性方案。

第二节　针对认定层次重大错报风险的进一步审计程序

注册会计师应当针对评估的认定层次重大错报风险设计和实施进一步审计程序，包括审计程序的性质、时间安排和范围。

一、进一步审计程序的内涵和要求

1. 进一步审计程序的内涵

进一步审计程序是相对风险评估程序而言的，是指注册会计师针对评估的各类交易、账户余额、列报认定层次重大错报风险实施的审计程序，包括控制测试和实质性程序。注册会计师应当针对评估的认定层次重大错报风险，设计和实施进一步审计程序，包括审计程序的性质、时间和范围。

在设计拟实施的进一步审计程序时，注册会计师应当注意以下两个方面：

（1）考虑形成某类交易、账户余额和披露的认定层次重大错报风险评估结果的依据。

各类交易、账户余额和披露的认定层次重大错报风险评估结果的形成原因包括：因相关交易类别、账户余额或披露的具体特征而导致重大错报的可能性（固有风险），风险评估是否考虑了相关控制（控制风险），从而要求注册会计师获取审计证据以确定控制是否有效运行（注册会计师在确定实质性程序的性质、时间和范围时，拟信赖控制运行的有效性）。

（2）评估的风险越高，越需要获取更有说服力的审计证据。

2. 进一步审计程序的设计

注册会计师设计和实施的进一步审计程序的性质、时间安排和范围，应当与评估的认定层次重大错报风险具备明确的对应关系，从而使注册会计师实施的审计程序具有目的性和针对性，有的放矢地配置审计资源，提高审计效率和效果。在应对评估的风险时，合理确定审计程序的性质是最重要的。因为，注册会计师评估的重大错报风险越高，实施进一步审计程序的范围越大；但只有首先确保进一步审计程序的性质与特定风险相关时，扩大审计程序的范围才是有效的。

在设计进一步审计程序时，注册会计师应当考虑下列因素。

（1）风险的重要性。风险的重要性是指风险可能造成的后果的严重程度。风险可能造成的后果越严重，就越需要注册会计师关注和重视，越需要精心设计有针对性的进一步审计程序。

（2）重大错报发生的可能性。重大错报发生的可能性越大，越需要注册会计师精心设计进一步审计程序。

（3）涉及的各类交易、账户余额和列报的特征。不同的交易、账户余额和列报，产生的认定层次的重大错报风险也会存在差异，适用的审计程序也有差别，需要注册会计师区别对待，并设计有针对性的进一步审计程序予以应对。

（4）被审计单位采用的特定控制的性质。不同性质的控制（尤其是人工控制和自动化控制）对注册会计师设计进一步的审计程序具有重要影响。

（5）注册会计师是否拟获取审计证据，以确定内部控制在防止或发现并纠正重大错报方面的有效性。如果注册会计师拟在风险评估时预期内部控制运行有效，则拟实施的进一步审计程序必须包括控制测试，且实质性程序会受到之前控制测试结果的影响。

3. 进一步审计程序总体方案的选择

注册会计师对认定层次重大错报风险的评估为确定进一步审计程序的总体方案奠定了基础。注册会计师应当根据对认定层次重大错报风险的评估结果，恰当选用实质性方案或综合性方案。通常情况下，注册会计师出于成本效益的考虑可以采用综合性方案设计进一步审计程序，即将测试控制运行的有效性与实质性程序结合使用。但在某些情况下，如仅通过实质性程序无法应对的重大错报风险，注册会计师必须通过实施控制测试，才可能有效应对评估出的某一认定的重大错报风险；而在另一些情况下，如注册会计师的风险评估程序未能识别出与认定相关的任何控制，或注册会计师认为控制测试很可能不符合成本效益原则，注册会计师可能认为仅实施实质性程序就是适当的。

无论选择何种方案，注册会计师都应当对所有重大的各类交易、账户余额、列报设计和实施实质性程序。

此外，小型被审计单位可能不存在能够被注册会计师识别的控制活动，注册会计师实施的进一步审计程序可能主要是实质性程序。在缺乏控制的情况下，注册会计师应当考虑仅通过实施实质性程序是否能够获取充分、适当的审计证据。

二、进一步审计程序的性质

1. 进一步审计程序的性质

进一步审计程序的性质是指进一步审计程序的目的和类型。进一步审计程序的目的包括通过实施控制测试以确定内部控制运行的有效性，通过实施实质性程序以发现认定层次的重大错报。进一步审计程序的类型包括检查、观察、询问、函证、重新计算、重新执行和分析程序。

不同的审计程序应对特定认定错报风险的效果不同。例如，对于与收入完整性认定相关的重大错报风险，控制测试通常更能有效应对；对于与收入发生认定相关的重大错报风险，实质性程序通常更能有效应对。所以，在应对评估的风险时，应合理确定审计程序的性质。

2. 进一步审计程序的性质的选择

注册会计师应当根据认定层次重大错报风险的评估结果选择审计程序。

评估的认定层次重大错报风险越高，对通过实质性程序获取的审计证据的相关性和可靠性的要求越高，从而可能影响进一步审计程序的类型及其综合运用。例如，当注册会计师判断某类交易协议的完整性存在更高的重大错报风险时，除了检查文件以外，注册会计师还可能决定向第三方询问或函证协议条款的完整性。

在确定拟实施的审计程序时，注册会计师应当考虑评估的认定层次重大错报风险产生的原因，包括考虑各类交易、账户余额、列报的具体特征以及内部控制。例如，注册会计师可能判断某特定类别的交易即使在不存在相关控制的情况下发生重大错报的风险仍较低，此时注册会计师可能认为仅实施实质性程序就可以获取充分、适当的审计证据。

如果在实施进一步审计程序时拟利用被审计单位信息系统生成的信息，注册会计师应当就信息的准确性和完整性获取审计证据。例如，注册会计师在执行实质性分析程序时，使用了被审计单位生成的非财务信息或预算数据，注册会计师应当获取关于这些信息的准确性和完整性的审计证据。

三、进一步审计程序的时间安排

1. 进一步审计程序的时间安排

进一步审计程序的时间安排是指注册会计师何时实施进一步审计程序，或审计证据适用的期间或时点。进一步审计程序的时间，在某些情况下指的是审计程序的实施时间，在另一些情况下是指需要获取的审计证据适用的期间或时点。

2. 进一步审计程序的时间安排的选择

从理论上讲，注册会计师可以选择在期中或期末实施控制测试或实质性程序。当重大错报风险较高时，注册会计师应当考虑在期末或接近期末实施实质性程序；或采用不通知的方式，或在管理层不能预见的时间实施审计程序。

虽然在期末实施审计程序在很多情况下非常必要，但注册会计师在期中实施审计程序也可以发挥积极的作用。在期中实施进一步审计程序，可能有助于注册会计师在审计工作初期识别重大事项，并在管理层的协助下及时解决这些事项；或针对这些事项制定有效的实质性方案或综合性方案。但是，注册会计师在期中实施进一步审计程序往往难以仅凭在期中实施的进一步审计程序获取有关期中以前的充分、适当的审计证据。而且，即使注册会计师在期中实施的进一步审计程序能够获取有关期中以前的充分、适当的审计证据，但从期中到期末这段剩余期间往往会发生对所审计期间的财务报表认定产生重大影响的交易或事项。此外，被审计单位管理层完全有可能在注册会计师于期中实施了进一步审计程序之后对期中以前的相关会计记录做出调整甚至篡改，这些都会导致注册会计师在期中实施进一步审计程序所获取的审计证据发生变化。因此，如果在期中实施了进一步审计程序，注册会计师还应当针对剩余期间获取审计证据。

在确定何时实施审计程序时，注册会计师应当考虑下列因素：

(1) 控制环境。良好的控制环境可以抵消在期中实施进一步审计程序的局限性，使注册会计师在确定实施进一步审计程序的时间时有更大的灵活度。

(2) 何时能得到相关信息。例如，某些控制活动可能仅在期中（或期中以前）发生，而之后可能难以再被观察到。注册会计师如果希望获取相关信息，则需要考虑能够获取相关信息的时间。

(3) 错报风险的性质。例如，被审计单位可能为了保证赢利目标的实现，而在会计期末以后伪造销售合同以虚增收入，此时注册会计师需要考虑在期末（即资产负债表日）这个特定时点获取被审计单位截至期末所能提供的所有销售合同及相关资料，以防范被审计单位在资产负债表日后伪造销售合同虚增收入的做法。

(4) 审计证据适用的期间或时点。注册会计师应当根据需要获取的特定审计证据确定何时实施进一步审计程序。

虽然注册会计师在很多情况下可以根据具体情况选择实施进一步审计程序的时间，但也存在着一些限制选择的情况。某些审计程序只能在期末或期末以后实施，包括将财务报表与会计记录相核对、检查财务报表编制过程中所做的会计调整等。另外，如果被审计单位在期末或接近期末发生了重大交易，或重大交易在期末尚未完成，注册会计师应当考虑交易的发生或截止等认定可能存在的重大错报风险，并在期末或期末以后检查此类交易。

四、进一步审计程序的范围

1. 进一步审计程序的范围

进一步审计程序的范围是指实施进一步审计程序的数量，包括抽取的样本量，对某项控制活动的观察次数等。

2. 确定进一步审计程序的范围时考虑的因素

在确定进一步审计程序的范围时，注册会计师应当考虑下列因素：

（1）确定的重要性水平。确定的重要性水平越低，注册会计师实施进一步审计程序的范围也越广。

（2）评估的重大错报风险。评估的重大错报风险越高，对拟获取审计证据的相关性、可靠性的要求越高，因此注册会计师实施的进一步审计程序的范围也越广。

（3）计划获取的保证程度。计划获取的保证程度越高，对测试结果可靠性的要求越高，注册会计师实施的进一步审计程序的范围也越广。

随着重大错报风险的增加，注册会计师应当考虑扩大审计程序的范围。但是，只有当审计程序本身与特定风险相关时，扩大审计程序的范围才是有效的。

在考虑确定进一步审计程序的范围时，为了提高进一步审计程序的效率，注册会计师可以使用计算机辅助审计技术对电子化的交易和账户文档进行更广泛的测试，包括从主要电子文档中选取交易样本，或按照某一特征对交易进行分类，或对总体而非样本进行测试。

通常情况下，注册会计师使用恰当的抽样方法通常可以得出有效结论。但如果存在下列情形，注册会计师依据样本得出的结论可能与对总体实施同样的审计程序得出的结论不同，出现不可接受的风险：（1）从总体中选择的样本量过小；（2）选择的抽样方法对实现特定目标不适当；（3）未对发现的例外事项进行恰当的追查。因此，注册会计师需要慎重考虑抽样过程对审计程序范围的影响是否能够有效实现审计目的。

此外，注册会计师在综合运用不同审计程序时，除了面临各类审计程序的性质选择问题，还面临如何权衡各类程序的范围问题。因此，注册会计师在综合运用不同审计程序时，不仅应当考虑各类审计程序的性质，还应当考虑测试的范围是否适当。

五、风险应对工作的记录

注册会计师应当就下列事项形成审计工作记录：（1）对评估的财务报表层次重大错报风险采取的总体应对措施；（2）实施进一步审计程序的性质、时间和范围；（3）实施的进一步审计程序与评估的认定层次重大错报风险的联系；（4）实施进一步审计程序的结果。

如果拟利用在以前审计中获取的有关控制运行有效性的审计证据，注册会计师应当记录信赖这些控制的理由和结论。

第三节　控制测试

一、控制测试的内涵和要求

（一）控制测试的内涵

控制测试，是指为评价内部控制在防止或发现并纠正认定层次的重大错报方面的运行有效性而设计的审计程序。测试控制运行的有效性与确定控制是否得到执行所需获取的审计证据是不同的。在实施风险评估程序以获取控制是否得到执行的审计证据时，注册会计师应当确定某项控制是否存在，被审计单位是否正在使用。在测试控制运行的有效性时，注册会计师应当从下列方面获取关于控制是否有效运行的审计证据：①控制在所审计期间的不同时点是如何运行的；②控制是否得到一贯执行；③控制由谁执行；④控制以何种方式运行。

如果被审计单位在所审计期间内的不同时期使用了不同的控制，注册会计师应当考虑不同时期控制运行的有效性。

控制运行有效性强调的是控制能够在各个不同时点按照既定设计得以一贯执行。因此，在了解控制是否得以执行时，注册会计师只需抽取少量的交易进行检查或观察某几个时点。但在测试控制运行的有效性时，注册会计师需要抽取足够数量的交易进行检查或对多个不同时点进行观察。

测试控制运行的有效性与确定控制是否得到执行所需获取的审计证据虽然存在差异，但两者也有联系。为评价控制设计和确定控制是否得到执行而实施的某些风险评估程序尽管并非专为控制测试而设计，但可以提供有关控制运行有效性的审计证据，注册会计师可以考虑在评价控制设计和获取其得到执行的审计证据的同时测试控制运行有效性，以提高审计效率；同时注册会计师应当考虑这些审计证据是否足以实现控制测试的目的。

（二）控制测试的要求

控制测试并非在任何情况下都需要实施。当存在下列情形之一时，注册会计师应当实施控制测试。

（1）在评估认定层次重大错报风险时，预期控制的运行是有效的（即在确定实质性程序的性质、时间和范围时，注册会计师拟信赖控制运行的有效性）。

如果在评估认定层次重大错报风险时，预期控制的运行是有效的，注册会计师应当实施控制测试，就控制在相关期间或时点的运行有效性获取充分、适当的审计证据。注册会计师通过实施风险评估程序，可能发现某项控制的设计是合理的，同时得到了执行。在这种情况下，出于成本效益的考虑，注册会计师可能预期，如果相关控制在不同时点都得到了一贯执行，与该项控制有关的财务报表认定发生重大错报的可能性就不会很大，也就可以考虑通过实施控制测试而减少实施实质性程序。为此，注册会计师可能会认为值得对相关控制在不同时点是否得到了一贯执行进行测试，即实施控制测试。这种测试主要是出于成本效益的考虑，其前提是注册会计师通过了解内部控制以后，认为某项控制存在着被信赖和利用的可能。也就是说，只有认为控制设计合理、能够防止或发现和纠正认定层次的重大错报，注册会计师才有必要对控制运行的有效性实施测试。

（2）仅实施实质性程序不足以提供认定层次充分、适当的审计证据。

如果认为仅实施实质性程序获取的审计证据无法将认定层次重大错报风险降至可接受的低水平，注册会计师应当实施相关的控制测试，以获取控制运行有效性的审计证据。

二、控制测试的性质及选择

（一）控制测试的性质

控制测试的性质是指控制测试所使用的审计程序的类型及其组合。注册会计师应当选择适当类型的审计程序以获取有关控制运行有效性的保证。计划从控制测试中获取的保证水平是决定控制测试性质的主要因素之一。在设计和实施控制测试时，对控制有效性的信赖程度越高，注册会计师越应当获取更有说服力的审计证据。当拟实施的进一步审计程序主要以控制测试为主，尤其是仅实施实质性程序获取的审计证据无法将认定层次重大错报风险降至可接受的低水平时，注册会计师应当获取有关控制运行有效性的更高的保证水平。

虽然控制测试与了解内部控制的目的不同，但两者采用审计程序的类型通常相同，包括询问、观察、检查和重新执行。

询问本身并不足以测试控制运行的有效性，注册会计师应当将询问与其他审计程序结合使用，以获取有关控制运行有效性的审计证据。观察提供的证据仅限于观察发生的时点，本身也不足以测试控制运行的有效性；将询问与检查或重新执行结合使用，通常能够比仅实施询问和观察获取更高的保证。例如，被审计单位针对处理收到的邮政汇款单设计和执行了相关的内部控制，注册会计师通过询问和观察程序往往不足以测试此类控制的运行有效性，还需要检查能够证明此类控制在所审计期间的其他时段有效运行的文件和凭证，以获取充分、适当的审计证据。

（二）控制测试的选择

注册会计师选择控制测试通常会考虑以下因素：

1. 特定控制的性质

注册会计师应当根据特定控制的性质选择所需实施审计程序的类型。某些控制可能存在反映控制运行有效性的文件记录，在这种情况下，注册会计师应当考虑检查这些文件记录以获取控制运行有效性的审计证据；某些控制可能不存在文件记录，或文件记录与证实控制运行有效性不相关，在这种情况下，注册会计师应当考虑实施检查以外的其他审计程序，以获取有关控制运行有效性的审计证据。

2. 与认定直接相关和间接相关的控制

在设计控制测试时，注册会计师不仅应当考虑与认定直接相关的控制，还应当考虑这些控制所依赖的与认定间接相关的控制，以获取支持控制运行有效性的审计证据。例如，被审计单位可能针对超出信用额度的例外赊销交易设置报告和审核制度（与认定直接相关的控制）；在测试该项制度的运行有效性时，注册会计师不仅应当考虑审核的有效性，还应当考虑与例外赊销报告中信息准确性有关的控制（与认定间接相关的控制）是否有效运行。

3. 应用控制的自动化

对于一项自动化的应用控制，由于信息技术处理过程的内在一贯性，注册会计师可以利用该项控制得以执行的审计证据和信息技术一般控制（特别是对系统变动的控制）运行有效性的审计证据，作为支持该项控制在相关期间运行有效性的重要审计证据。

（三）实施控制测试时对双重目的的实现

控制测试的目的是评价控制是否有效运行；细节测试的目的是发现认定层次的重大错报。尽管两者目的不同，但注册会计师可以考虑针对同一交易同时实施控制测试和细节测试，以实现双重目的。例如，注册会计师通过检查某笔交易的发票可以确定其是否经过适当的授权，也可以获取关于该交易的金额、发生时间等细节证据。如果拟实施双重目的测试，注册会计师应当仔细设计和评价测试程序。

（四）实施实质性程序的结果对控制测试结果的影响

注册会计师应当考虑实施实质性程序发现的错报对评价相关控制运行有效性的影响，如降低对相关控制的信赖程度、调整实质性程序的性质、扩大实质性程序的范围等。如果实施实质性程序发现被审计单位没有识别出的重大错报，通常表明内部控制存在重大缺陷，注册会计师应当就这些缺陷与管理层、治理层进行沟通。

三、控制测试的时间安排

（一）控制测试的时间安排

控制测试的时间安排包含两层含义：一是何时实施控制测试；二是测试所针对的控制使用的时间或期间。一个基本的原理是，如果测试特定时点的控制，注册会计师仅得到该时点控制运行有效性的审计证据；如果测试某一期间的控制，注册会计师可获取控制在该期间有效运行的审计证据。因此，注册会计师应根据控制测试的目的确定控制测试的时间，并确定拟信赖的相关控制的时点或期间。如果需要获取控制在某一期间有效运行的审计证据，仅获取与时点相关的审计证据是不充分的，注册会计师应当辅以其他控制测试，包括测试被审计单位对控制的监督。

（二）期中审计证据的考虑

注册会计师可能在期中实施进一步审计程序。对于控制测试，注册会计师在期中实施此类程序具有更积极的作用。但即使注册会计师已获取有关控制在期中运行有效性的审计证据，仍然需要考虑如何能够将控制在期中运行有效性的审计证据合理延伸至期末。因此，如果已获取有关控制在期中运行有效性的审计证据，并拟利用该证据，注册会计师应当实施下列审计程序。

（1）获取这些控制在剩余期间变化情况的审计证据。针对期中已获取过审计证据的控制，考察这些控制在剩余期间的变化情况：如果这些控制在剩余期间没有发生变化，注册会计师可能决定信赖期中获取的审计证据；如果这些控制在剩余期间发生了变化，注册会计师需要了解并调试控制的变化对期中审计证据的影响。

（2）确定针对剩余期间还需获取的补充审计证据。

（三）期中证据以外的、剩余期间的补充证据

针对期中证据以外的、剩余期间的补充证据，注册会计师应当考虑下列因素。

（1）评估的认定层次重大错报风险的重大程度。评估的重大错报风险对财务报表的影响越大，注册会计师需要获取的剩余期间的补充证据越多。

（2）在期中测试的特定控制。例如，对自动化运行的控制，注册会计师更可能测试信息系统一般控制的运行有效性，以获取控制在剩余期间运行有效性的审计证据。

（3）在期中对有关控制运行有效性获取的审计证据的程度。如果注册会计师在期中对有关控制运行有效性获取的审计证据比较充分，可以考虑适当减少需要获取的剩余期间的补充证据。

（4）剩余期间的长度。剩余期间越长，注册会计师需要获取的剩余期间的补充证据越多。

（5）在信赖控制的基础上拟减少进一步实质性程序的范围。注册会计师对相关控制的

信赖程度越高，通常在信赖控制的基础上拟减少进一步实质性程序的范围就越大。在这种情况下，注册会计师需要获取的剩余期间的补充证据就越多。

(6) 控制环境。在注册会计师总体上拟信赖控制的前提下，控制环境越薄弱（或把握程度越低），注册会计师需要获取的剩余期间的补充证据越多。

被审计单位对控制的监督起到的是一种检验相关控制在所有相关时点是否都有效运行的作用，因此，除了上述的测试剩余期间控制的运行有效性，通过测试剩余期间控制的运行有效性或测试被审计单位对控制的监督，注册会计师可以获取补充审计证据，以便更有把握地将控制在期中运行有效性的审计证据延伸至期末。

四、以前审计获取的审计证据的考虑

内部控制中的一些要素对于被审计单位往往是相对稳定的（相对于具体的交易、账户余额和列报），注册会计师在本期审计时可以适当考虑利用以前审计获取的有关控制运行有效性的审计证据。

（一）基本思路

关于如何考虑以前审计获取的有关控制运行有效性的审计证据，基本思路是考虑拟信赖的以前审计中测试的控制在本期是否发生变化。因为考虑与控制变化有关的审计证据有助于注册会计师决定合理调整拟在本期获取的有关控制运行有效性的审计证据。

（二）不同的处理

如果拟利用以前审计获取的有关控制运行有效性的审计证据，注册会计师应当通过获取这些控制在上期审计后是否发生重大变化的审计证据，确定上期审计获取的审计证据是否与本期审计持续相关。

注册会计师应当通过实施询问并结合观察或检查程序，获取这些控制是否发生重大变化的审计证据，以确认对这些控制的了解，并根据下列情况做出不同的处理。

(1) 如果发生的变化对上期审计获取的审计证据的持续相关性产生影响，注册会计师应当在本期审计中测试这些控制运行的有效性。例如：如果系统的变化仅仅是被审计单位从中获取新的报告，这种变化通常不影响以前审计获取证据的相关性；如果系统的变化引起数据累积或计算发生改变，这种变化可能影响以前审计获取证据的相关性。如果拟信赖的控制自上次测试后已发生变化，注册会计师应当在本期审计中测试这些控制的运行有效性。

(2) 如果未发生这种变化，注册会计师应当在每三次审计中至少对控制测试一次，并且在每次审计中测试部分控制，以避免将所有拟信赖控制的测试集中于某一次审计，而在之后的两次审计中不进行任何测试。

如果发现拟信赖的控制出现偏差，注册会计师应当进行专门询问以了解这些偏差及其潜在后果，并确定：①已实施的控制测试是否为信赖这些控制提供了适当的基础；②是否有必要实施追加的控制测试；③是否需要针对潜在的错报风险实施实质性程序。

（三）不得依赖以前审计所获取证据的情形

鉴于特别风险的特殊性，对于旨在减轻特别风险的控制，不论该控制在本期是否发生变化，注册会计师都不应依赖以前审计获取的证据。因此，如果确定评估的认定层次重大错报风险是特别风险，并拟信赖旨在减轻特别风险的控制，注册会计师不应依赖以前审计获取的审计证据，而应在本期审计中测试这些控制的运行有效性。也就是说，如果注册会计师拟信赖针对特别风险的控制，那么所有关于该控制运行有效性的审计证据必须来自当年的控制测试，注册会计师应当在每次审计中都测试这类控制。

注册会计师是否需要在本期测试某项控制的决策过程，如图 9—1 所示。

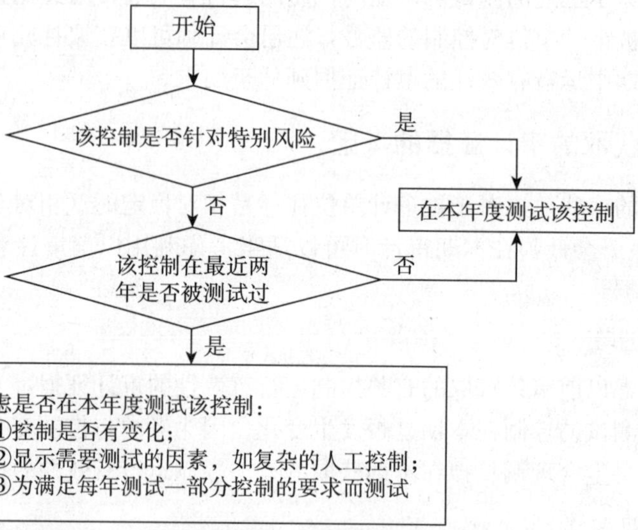

图 9—1　本审计期间测试某项控制的决策图

五、控制测试的范围

控制测试的范围主要是指某项控制活动的测试次数。注册会计师应当设计控制测试，以获取控制在整个拟信赖的期间有效运行的充分、适当的审计证据。

在确定某项控制的测试范围时，注册会计师通常考虑下列因素：

（1）在整个拟信赖的期间，被审计单位执行控制的频率。控制执行的频率越高，控制测试的范围越大。

（2）在所审计期间，注册会计师拟信赖控制运行有效性的时间长度。拟信赖控制运行有效性的时间长度不同，在该时间长度内发生的控制活动次数也不同。注册会计师需要根据拟信赖控制的时间长度确定控制测试的范围。拟信赖期间越长，控制测试的范围越大。

（3）为证实控制能够防止或发现并纠正认定层次重大错报，所需获取审计证据的相关性和可靠性。对审计证据的相关性和可靠性要求越高，控制测试的范围越大。

（4）通过测试与认定相关的其他控制获取的审计证据的范围。针对同一认定，可能存在不同的控制。当针对其他控制获取审计证据的充分性和适当性较高时，测试该控制的范围可适当缩小。

（5）在风险评估时拟信赖控制运行有效性的程度。注册会计师在风险评估时对控制运行有效性的拟信赖程度越高，需要实施控制测试的范围越大。

（6）控制的预期偏差。预期偏差可以用控制未得到执行的预期次数占控制应当得到执行次数的比率加以衡量。考虑该因素，是因为在考虑测试结果是否可以得出控制运行有效性的结论时，不可能只要出现任何控制执行偏差就认定控制运行无效，所以需要确定一个合理水平的预期偏差率。控制的预期偏差率越高，需要实施控制测试的范围越大。如果控制的预期偏差率过高，注册会计师应当考虑控制可能不足以将认定层次的重大错报风险降至可接受的低水平，从而针对某一认定实施的控制测试可能是无效的。

此外，对自动化控制来说，信息技术处理具有内在一贯性，除非系统发生变动，注册会计师通常不需要增加自动化控制的测试范围。对于一项自动化应用控制，一旦确定被审计单位正在执行该控制，注册会计师通常无需扩大控制测试的范围，但需要考虑测试与该应用控制有关的一般控制的运行有效性；确定系统是否发生更改，如果发生更改，是否存在适当的系统更改控制；确定对交易的处理是否使用授权批准的软件版本，以确定该控制持续有效运行。

第四节　实质性程序

一、实质性程序的内涵和要求

（一）实质性程序的内涵

实质性程序，是指为发现认定层次的重大错报而设计的审计程序。实质性程序包括下列两类程序：一是对各类交易、账户余额和披露的细节测试，二是实质性分析程序。

由于注册会计师对重大错报风险的评估是一种判断，可能无法充分识别所有的重大错报风险，并且由于内部控制存在固有局限性，无论评估的重大错报风险结果如何，注册会计师都应当针对所有重大的各类交易、账户余额、列报实施实质性程序。

（二）实施实质性程序的总体要求

注册会计师实施的实质性程序应当包括下列与财务报表编制完成阶段相关的审计程序。

（1）将财务报表与其所依据的会计记录相核对。

（2）检查财务报表编制过程中做出的重大会计分录和其他会计调整。注册会计师对会计分录和其他会计调整检查的性质和范围，取决于被审计单位财务报告过程的性质和复杂程度，以及由此产生的重大错报风险。

注册会计师还应当考虑是否将外部函证程序用作实质性程序。

（三）针对特别风险实施的实质性程序

如果认为评估的认定层次重大错报风险是特别风险，注册会计师应当专门针对该风险实施实质性程序。例如，如果认为管理层面临实现赢利指标的压力而可能提前确认收入，注册会计师在设计询证函时不仅应当考虑函证应收账款的账户余额，还应当考虑询证销售协议的细节条款（如交货、结算及退货条款）；注册会计师还可考虑在实施函证的基础上针对销售协议及其变动情况询问被审计单位的非财务人员。

如果针对特别风险仅实施实质性程序，注册会计师应当使用细节测试，或将细节测试和实质性分析程序结合使用，以获取充分、适当的审计证据。

二、实质性程序的性质

（一）实质性程序的性质

实质性程序的性质，是指实质性程序的类型及其组合。实质性程序的两种基本类型包括细节测试和实质性分析程序。细节测试是对各类交易、账户余额、列报的具体细节进行测试，目的在于直接识别财务报表认定是否存在错报。实质性分析程序从技术特征来看仍然是分析程序，主要是通过研究数据间关系评价信息，只是将该技术方法用作实质性程序，即用以识别各类交易、账户余额、列报及相关认定是否存在错报。

（二）细节测试和实质性分析程序的适用性

注册会计师应当根据各类交易、账户余额、列报的性质选择实质性程序的类型。细节测试和实质性分析程序的目的和技术手段存在一定差异，细节测试适用于对各类交易、账户余额、列报认定的测试，尤其是对存在或发生、计价认定的测试；对在一段时期内存在可预期关系的大量交易，注册会计师可以考虑实施实质性分析程序。

（三）细节测试的方向

对于细节测试，注册会计师应当针对评估的风险设计细节测试，获取充分、适当的审计证据，以达到认定层次所计划的保证水平。注册会计师需要根据不同的认定层次的重大错报风险设计有针对性的细节测试。在针对存在或发生认定设计细节测试时，注册会计师应当选择包含在财务报表金额中的项目，并获取相关审计证据。在针对完整性认定设计细节测试时，注册会计师应当选择有证据表明应包含在财务报表金额中的项目，并调查这些项目是否确实包括在内。

（四）设计实质性分析程序时应考虑的因素

在设计实质性分析程序时，注册会计师应当考下列因素：(1) 对特定认定使用实质性分析程序的适当性；(2) 对已记录的金额或比率做出预期时，所依据的内部或外部数据的可靠性；(3) 做出预期的准确程度是否足以在计划的保证水平上识别重大错报；(4) 已记录金额与预期值之间可接受的差异额。

此外，当实施实质性分析程序时，如果使用被审计单位编制的信息，注册会计师应当考虑测试与信息编制相关的控制，以及这些信息是否在本期或前期经过审计。

三、实质性程序的时间安排

实质性程序的时间安排和控制测试的时间安排选择有共同点，也存在显著差异。

两者的共同点在于，两类程序都面临对期中审计证据和对以前审计获取的审计证据的考虑。

两者的差异在于：(1) 在控制测试中，期中实施控制测试并获取期中关于控制运行有效性审计证据的做法更具有一种“常态”，而由于实质性程序的目的在于更直接地发现重大错报，在期中实施实质性程序时更需要考虑其成本效益的权衡；(2) 在本期控制测试中拟信赖以前审计获取的有关控制运行有效性的审计证据，已经受到了很大限制，而对于以前审计中通过实质性程序获取的审计证据，则采取了更加慎重的态度和更严格的限制。

（一）考虑是否在期中实施实质性程序

如果在期中实施了实质性程序，注册会计师应当针对剩余期间实施进一步的实质性程序，或将实质性程序和控制测试结合使用，以将期中测试得出的结论合理延伸至期末。

在既定审计资源的情况下，注册会计师在期中实施实质性程序，减少了期末实施实质性程序的数量，增加了期末存在错报而未被发现的风险，并且该风险随着剩余期间的延长而增加。所以，在考虑是否在期中实施实质性程序时，注册会计师应当考虑下列因素。

(1) 控制环境和其他相关的控制。控制环境和其他相关的控制越薄弱，注册会计师越不宜依赖期中实施的实质性程序。

(2) 实施审计程序所需信息在期中之后的可获得性。如果实施实质性程序所需信息在期中之后可能难以获取，注册会计师应考虑在期中实施实质性程序；但如果实施实质性程序所需信息在期中之后的可获得性并不存在明显困难，则该因素不应成为注册会计师在期中实施实质性程序的重要影响因素。

(3) 实质性程序的目标。如果针对某项认定实施实质性程序的目标已包括获取该认定的期中审计证据．注册会计师应在期中实施实质性程序。

(4) 评估的重大错报风险。注册会计师评估的某项认定的重大错报风险越高，针对该认定所需获取的审计证据的相关性和可靠性要求也就越高，注册会计师越应当考虑将实质性程序集中于期末（或接近期末）实施。

(5) 各类交易或账户余额及相关认定的性质。例如，某些交易或账户余额及相关认定的特殊性质（如收入截止认定、未决诉讼）决定了注册会计师必须在期末（或接近期末）实施实质性程序。

(6) 针对剩余期间，能否通过实施实质性程序，或将实质性程序与控制测试相结合，降低期末存在错报而未被发现的风险。如果针对剩余期间注册会计师可以通过实施实质性程序或将实质性程序与控制测试相结合，较有把握地降低期末存在错报而未被发现的风险，注册会计师可以考虑在期中实施实质性程序；但如果针对剩余期间注册会计师认为还需要消耗大量审计资源才有可能降低期末存在错报而未被发现的风险，甚至没有把握通过适当的进一步审计程序降低期末存在错报而未被发现的风险，注册会计师就不宜在期中实施实质性程序。

（二）如何考虑期中审计证据

如果在期中实施了实质性程序，注册会计师应当针对剩余期间实施下列程序之一，以将期中测试得出的结论合理延伸至期末：(1) 结合对剩余期间实施的控制测试，实施实质性程序；(2) 如果认为对剩余期间拟实施的实质性程序是充分的，仅实施实质性程序。

如果期中检查出注册会计师在评估重大错报风险时未预期到的错报，注册会计师应当评价是否需要修改相关的风险评估，还应当评价是否需要修改针对剩余期间拟实施的实质性程序的性质、时间或范围。

如果拟将期中测试得出的结论延伸至期末，注册会计师应当考虑针对剩余期间仅实施实质性程序是否足够。如果认为仅实施实质性程序不足够，注册会计师还应测试剩余期间相关控制运行的有效性或针对期末实施实质性程序。

对于舞弊导致的重大错报风险（作为一类重要的特别风险），被审计单位存在故意错报或操纵的可能性，那么注册会计师更应慎重考虑能否将期中测试得出的结论延伸至期末。

因此，如果已识别出由于舞弊导致的重大错报风险，则将期中得出的结论延伸至期末而实施的审计程序通常是无效的，注册会计师应当考虑在期末或者接近期末实施实质性程序。

（三）如何考虑以前审计获取的审计证据

在以前审计中实施实质性程序获取的审计证据，通常对本期只有很弱的证据效力或没有证据效力，不足以应对本期的重大错报风险。只有当以前获取的审计证据及其相关事项未发生重大变动时（例如以前审计通过实质性程序测试过的某项诉讼在本期没有任何实质性进展），以前获取的审计证据才可能用作本期的有效审计证据。如果拟利用以前审计中实施实质性程序获取的审计证据，注册会计师应当在本期实施审计程序，以确定这些审计证据是否具有持续相关性。

四、实质性程序的范围

评估的认定层次重大错报风险和实施控制测试的结果是注册会计师在确定实质性程序的范围时的重要考虑因素。在确定实质性程序的范围时，注册会计师应当考虑评估的认定层次重大错报风险和实施控制测试的结果。注册会计师评估的认定层次的重大错报风险越高，需要实施实质性程序的范围越广。如果对控制测试结果不满意，注册会计师应当考虑扩大实质性程序的范围。

在设计细节测试时，注册会计师除了从样本量的角度考虑测试范围外，还要考虑选样方法的有效性等因素。例如，从总体中选取大额或异常项目，而不是进行代表性抽样或分层抽样。

实质性分析程序的范围有两层含义。一是对什么层次上的数据进行分析，注册会计师可以选择在高度汇总的财务数据层次进行分析，也可以根据重大错报风险的性质和水平调整分析层次。二是需要对什么幅度或者性质的偏差展开进一步调查。实施分析程序可能发现偏差，但并非所有的偏差都值得开展进一步调查。如果可容忍或可接受的偏差（即预期偏差）越大，作为实质性分析程序一部分的进一步调查的范围就越小。

在设计实质性分析程序时，注册会计师应当确定已记录金额与预期值之间可接受的差异额。在确定该差异额时，注册会计师应当主要考虑各类交易、账户余额、列报及相关认定的重要性和计划的保证水平。

【案例9—1】 如何应对高风险的审计客户？

ST东岳是一家主营制药的上市公司，其重大业务活动如下。

(1) 2011年12月，ST东岳与其第二大股东陕西东岳药业股份有限公司的控股子公司青海同仁铝业股份有限公司签订了资产购买协议，并于2012年1月经董事会会议表决通过。按照该协议，公司已支付预付款5 240万元（占资产总额的4.56%）。但是，ST东岳尚未对该事项履行股东会决议程序。

(2) 2013年6月，ST东岳与珠海中珠集团股份有限公司签署了购买医药资产的协议，以冲抵ST东岳2011年8月支付给珠海中珠集团股份有限公司的1.50亿元预付款（占资产总额的13.04%）。ST东岳于2013年7月以董事会会议决议形式予以公告，但未履行股东会决议程序，限于该协议规定的相关各方义务尚未履行完毕。

(3) 截至2013年12月31日，ST东岳的控股子公司山西广誉远国药有限公司累计亏损11 073.40万元、净资产2 253.11万元；控股子公司安徽东岳友邦制药有限责任公司累计亏损1 732万元、净资产143.46万元。上述两家子公司已存在明显减值迹象，但ST东岳未进行减值测试。

(4) 截至2013年12月31日，ST东岳的银行借款83 428.09万元（其中逾期借款82 038万元），股东权益——113 900. 16万元，欠缴税金8 406.06万元，营运资金——93 258.51万元，累计亏损141 087.33万元，流动负债高于资产总额33 213.95万元（其中对外担保或有损失计提的预计负债68 499.91万元）。ST东岳的持续经营能力存在重大不确定性。

问题：如果你是ST东岳的审计师，你会采取哪些审计程序应对财务报表中的重大错报风险？

【案例分析】 (1) 注册会计师应当了解被审计单位及其环境，以充分识别和评估财务报表的重大错报风险，设计和实施进一步审计程序。在评估重大错报风险时，注册会计师应当确定，识别的重大错报风险是与特定的某类交易、账户余额、列报的认定相关，还是与财务报表整体广泛相关，进而影响多项认定。如果重大错报风险是与财务报表整体相关，则属于财务报表层次的重大错报风险。

(2) 针对上述四项情况，注册会计师应当获取充分、适当的审计证据，以合理判定：第(1)项中该预付资金自支付日至审计报告日的使用流向、该事项最终能否履行及不能履行情况下的预付款项能否收回，第(3)项中是否存在资产减值，第(4)项中作为判断该事项的实施及可全部收回预付款项提供合理的基础。

(3) 如果无法获取充分、适当的审计证据，注册会计师应当出具无法表示意见的审计报告。

复习思考题

1. 针对评估的财务报表层次重大错报风险，注册会计师可以采取哪些总体应对措施？
2. 什么是进一步审计程序？如何确定进一步审计程序的性质、时间和范围？
3. 什么是控制测试？如何确定控制测试的性质、时间和范围？
4. 什么是实质性程序？如何确定实质性程序的性质、时间和范围？
5. 简述实施控制测试所采用的审计程序。
6. 简述细节测试和实质性分析程序的适用性。

第十章　销售与收款循环审计

学习目标

通过本章的学习，了解销售与收款循环交易涉及的主要业务活动及相应的凭证、记录；了解销售与收款循环审计的具体目标；理解销售与收款循环的主要内部控制以及控制测试的基本内容；熟悉主营业务收入审计的主要程序、分析性复核程序和截止测试技术；掌握应收票据及其他相关账户的审计；熟练掌握应收账款的账龄分析方法和函证程序，应收账款的其他实质性程序等。

第一节　销售与收款循环概述

销售与收款循环主要指接受销售订单、向顾客销售商品或提供劳务并取得货款或劳务收入的过程，本循环涉及应收账款、坏账准备、应收票据、应交税费、预收账款、营业收入、营业税金及附加、销售费用等诸多资产负债表项目和利润表项目，是企业财务报表审计的重点。实施销售与收款循环审计，首先必须明确本循环的主要业务活动及其所涉及的主要凭证与会计记录。

一、主要业务活动

了解企业在销售与收款循环中的主要业务活动，对该业务循环的审计十分必要。企业的销售与收款循环主要是由企业与客户交换商品或劳务、收回现金等经营活动组成，涉及销售业务、收款业务（包括现销和应收账款收回）、销售调整业务（包括销售折扣、折让和退回，坏账准备的提取和冲销）等内容，每一业务均需经过若干步骤（或程序）才能完成。

（一）接受客户订单

客户向企业寄送订单，提出订货要求是整个销售与收款循环的起点。客户的订购单只有在符合管理层的授权标准时，才能被接受。管理层一般都列出了已批准销售的客户名单。订单管理部门在决定是否同意接受某客户的订单之前，应追查该客户是否已被列入该名单中。如果客户未被列入该名单，则通常需要由订单管理部门的主管来决定是否接收该订单。企业在批准了客户的订单之后，应编制一式多联的销售单。销售单是证明管理层有关销售交易的“发生”认定的凭据之一，也是此笔销售交易轨迹的起点。

（二）批准赊销信用

对于赊销业务，应由企业信用管理部门根据企业管理层的赊销政策、每个客户的已授权信用额度以及该客户尚欠的账款余额进行信用审批。对于老客户，信用管理部门的职员在收到订单管理部门的销售单后，应将销售单的金额与该客户已授权的赊销信用额度以及迄今尚欠账款余额进行比较，以决定是否继续给予赊销；对于新客户，信用管理部门首先应对每个新客户进行信用调查，包括获取信用评审机构对客户信用等级的评定报告，以确定信用等级，然后决定是否给予其赊销权和赊销额度。无论批准赊销与否，都要求被授权的信用管理部门人员在销售单上签署意见，然后再将已经签署意见的销售单返回销售管理部门。此外，执行人工赊销信用检查时，还应合理划分工作职责，以免销售人员为扩大销售而使企业承受不适当的信用风险。

（三）向客户交付货物

为了防止仓库在未经授权的情况下擅自发货，管理层通常要求商品仓库只有在收到经过批准的销售单时才能供货。企业在完成销售业务授权程序之后，销售单中的一联送达仓库，作为仓库按销售单供货和发货给装运部门的授权依据。仓库保管人员按销售单所列货物的种类、规格和数量供货。企业按销售单装运与按销售单供货的职责应相分离，装运部门人员应在经授权的情况下装运产品。装运之前，装运部门人员从仓库提出货物后，应对货物是否附有经批准的销售单，发运货物是否与销售单一致进行独立核验，验证无误后，填写发运凭证并发运货物。

（四）向客户开具账单

开具账单是指货物装运后，由开单部门编制账单并向客户开具销售发票。销售发票的有关内容应与实际发运货物、经批准的销售单、购销合同及经批准的商品价目表一致。销售发票应事先连续编号，并由开单部门妥善保管其副联。

为了降低开具账单过程中出现遗漏、重复、计价错误或其他差错的可能性，应设立以下控制程序：(1) 开具账单部门职员在开具每张销售发票之前，应独立检查是否存在装运凭证和相应的经批准的销售单；(2) 依据已授权批准的商品价目表开具销售发票；(3) 独立检查销售发票计价和计算的正确性；(4) 将装运凭证上的商品总数与相对应的销售发票上的商品总数进行比较。

（五）记录销售

只要满足《企业会计准则》中规定的销售确认条件，企业即可确认销售并记录收入。记录销售的过程包括区分赊销和现销，按销售发票编制转账凭证或收款凭证，登记主营业务收入明细账、应收账款明细账或库存现金、银行存款日记账等。

记录销售的控制程序包括以下内容：(1) 只依据附有有效装运凭证和销售单的销售发票记录销售；(2) 控制所有事先连续编号的销售发票；(3) 独立检查已处理销售发票上的销售金额与会计记录金额的一致性；(4) 记录销售的职责应与处理销售交易的其他功能相分离；(5) 对记录过程中所涉及的有关记录的接触予以限制，以减少未经授权批准的记录的发生；(6) 定期检查应收账款的明细账与总账的一致性；(7) 定期向客户寄送对账单，并要求客户将任何例外情况直接向指定的未执行或记录销售交易的会计主管报告。

（六）办理和记录现金、银行存款收入

这项功能涉及有关货款收回，现金、银行存款的增加以及应收账款减少的活动。处理货币资金收入时，最重要的是要保证全部货币资金都必须如数、及时地记入库存现金、银行存款日记账或应收账款明细账，并如数、及时地将现金存入银行。

（七）办理和记录销货退回、销货折扣与折让

发生此类事项时，必须经授权批准，并应确保与办理此事有关的部门和人员各司其职，分别控制实物流和会计处理。在这方面，严格使用贷项通知单会起到关键的作用。

（八）提取坏账准备并注销坏账

企业应在资产负债表日对应收账款进行减值测试，合理计提坏账准备，坏账准备的提取数额必须能够抵补企业以后无法收回的销货款。对确实无法收回的应收账款，正确的处理方法是获取货款无法收回的确凿证据，经适当审批后及时进行会计调整，予以注销。

二、主要凭证与会计记录

在内部控制比较健全的企业，处理销售与收款业务通常需要使用很多凭证与会计记录。典型的销售与收款循环所涉及的主要凭证与会计记录有以下几种。

（一）客户订货单

客户订货单即客户提出的书面购货要求，客户订货单反映了客户所订购货物的类型、规格和数量等信息，是客户购货要求的书面凭证。企业可以通过销售人员或其他途径，如采用电话、信函以及向现有及潜在顾客发送订货单等方式接受订货，取得客户订货单。

（二）销售单

销售单即企业根据客户订货单填列的内部凭证，反映客户名称、客户所订商品的名称、规格、数量以及其他与客户订货单有关的信息，作为销售方内部处理客户订货单的凭据。

（三）发运凭证

发运凭证即发运货物时编制的，用以反映发出商品的规格、数量和其他有关内容的凭据。发运凭证的一联寄送给客户，其余联由企业保留，交相关部门处理。这种凭证可用作向客户开具账单的依据。

（四）销售发票

销售发票是一种用来表明已销售商品的名称、规格、数量、价格、销售金额、运费和保险费、开票日期、付款条件等内容的凭证。销售发票的一联寄送给客户，其余联由企业保留。销售发票也是在会计账簿中登记销售交易的基本凭证。

（五）商品价目表

商品价目表是列示已经授权批准的、可供销售的各种商品的价格清单。

（六）贷项通知单

贷项通知单是一种用来表示由于销售退回或经批准的折让而引起的应收销货款减少的

凭证。这种凭证的格式通常与销售发票的格式相同，只不过它不是用来证明应收账款的增加，而是用来证明应收账款的减少。

（七）应收账款账龄分析表

应收账款账龄分析表通常按月编制，反映月末尚未收回的应收账款总额的账龄，并详细反映每个客户月末尚未偿还的应收账款数额和账龄。

（八）应收账款明细账

应收账款明细账是用来记录每个客户各项赊销、还款、销售退回及折让的明细账。各应收账款明细账的余额合计数应与应收账款总账的余额相等。

（九）主营业务收入明细账

主营业务收入明细账是按销售商品的种类或类别设置的一种用来记录销货交易的明细账。它通常记载和反映不同类别商品在一定期间内的销售总额。

（十）折扣与折让明细账

折扣与折让明细账是一种用来核算企业销售商品时，按销售合同的规定为了及早收回货款而给予客户的销货折扣和因商品品种、质量等原因而给予客户的销售折让情况的明细账。当然，企业也可以不设置折扣与折让明细账，而将该类业务直接记录于主营业务收入明细账。

（十一）汇款通知书

汇款通知书是一种与销售发票一起寄给客户，由客户在付款时再寄回销售单位的凭证。这种凭证注明了客户的姓名、销售发票号码、销售单位开户银行账号以及金额等内容。如果客户没有将汇款通知书随同货款一并寄回，一般应由收受邮件的人员在开拆邮件时再代编一份汇款通知书。采用汇款通知书能使现金立即存入银行，可以提高对资产保管的控制。

（十二）库存现金日记账和银行存款日记账

库存现金日记账和银行存款日记账是用来记录应收账款的收回或现销收入以及其他各种现金、银行存款收入和支出的日记账。

（十三）现金盘点表

现金盘点表是列示收银机内的现金和支出的明细表，用来调节其总数和收银机打印出的总数。

（十四）坏账审批表

当有确凿证据表明某项应收账款无法收回时，应收账款管理部门应填写坏账审批表。坏账审批表是一种用来批准将某些应收款项注销为坏账的，仅在企业内部使用的凭证。

（十五）客户月末对账单

客户月末对账单是一种定期寄送给客户的用于购销双方定期核对账目的凭证。客户月末对账单上应注明应收账款的月初余额、本月各项销售业务的金额、本月已收到的货款、各贷项通知单的数额以及月末余额等内容。

（十六）转账凭证

转账凭证是指记录转账业务的记账凭证，它是根据有关转账业务（即不涉及现金、银行存款收付的各项业务）的原始凭证编制的。

（十七）收款凭证

收款凭证是指用来记录现金和银行存款收入业务的记账凭证。

第二节 销售与收款循环的控制测试

一、销售与收款循环的内部控制

（一）职责分离控制

适当的职责分离有助于防止各种有意或无意的错误。职责分离控制涉及开票、发货、收款、记账职责应分离，如接受客户订货单、填制销售单、批准赊销、发运货物、结算开票、收取货款、会计记录及账目核对等，必须由不同的职能部门或人员负责办理。明确的职责分工，可保证销售业务处理的有效性和可靠性。

（二）授权审批控制

销售交易必须经过授权批准。会计人员应当关注以下四个关键点上的审批程序：(1) 在销售发生之前，赊销已经正确审批；(2) 非经正当审批，不得发出货物；(3) 销售价格、销售条件、运费、折扣等必须经过审批；(4) 审批人应当根据销售与收款授权批准制度的规定，在授权范围内进行审批，不得超越审批权限。对于超过单位既定销售政策和信用政策规定范围的特殊销售交易，单位应当进行集体决策。

（三）充分的凭证和记录

对内部控制来说，只有具备充分的记账手续、充分的凭证和记录才有可能实现其各项控制目标。企业应尽可能采用在销售发生时开具销售发票的控制方法，以保证所有发运的货物均已开具发票，从而避免漏开账单的情况。另外，凭证应预先编号，以防止销货以后忘记向顾客开具账单或登记入账，也防止重复开具账单或重复记账。

（四）定期核对

定期核对控制主要包括应收账款总账与明细账、主营业务收入的总账与明细账等应定期进行核对；应收账款要有核对、催收制度，每月由独立的人员负责向客户寄送对账单，并定期检查确定账龄较长的欠款。在必要的情况下，应调整这类客户的信用限额。

（五）寄发对账单

由不负责现金、销售及应收账款记账的人员按月向客户寄发对账单，能促使客户在发现应付账款余额不正确后及时作出说明，因而这是一项必要的控制。为了使这项控制更加有效，最好将账户余额中出现的所有核对不符的账项，指定一位不掌管货币资金、也不记录主营业务收入和应收账款账目的主管人员处理。

（六）内部核查程序

由内部审计人员或其他独立人员核查销售业务的处理和记录，是实现内部控制目标不可缺少的一项控制措施。审计人员可以采用检查内部审计人员的报告，或其他独立人员在其核查凭证上的签字等方法实施控制测试。对各项控制目标的典型内部核查程序，如表 10—1 所示。

表 10—1　　内部核查程序控制

内部控制目标	内部核查程序控制举例
登记入账的销售交易是真实的	检查销售发票的连续性并检查所附的佐证凭证
销售交易均经适当审批	了解客户的信用情况，确定是否符合企业的赊销政策
所有销售交易均已登记入账	检查发运凭证的连续性，并将其与主营业务收入明细账进行核对
登记入账的销售交易均经正确估价	将销售发票上的数量与发运凭证上的记录进行比较核对
登记入账的销售交易分类恰当	将登记入账的销售交易的原始凭证与会计科目表比较核对
销售交易记录及时	检查开票员所保管的未开票发运凭证，确定是否包括所有应开票的发运凭证在内
销售交易已经正确地记入明细账并经准确汇总	从发运凭证追查至主营业务收入明细账和总账

二、销售与收款循环的控制测试

（一）检查销售发票

抽取一定数量的销售发票，作如下检查：(1) 检查发票是否连续编号，作废发票的处理是否正确。(2) 核对销售发票与销售订单、销售通知单、出库单（或提货单）所载明的品名、规格、数量、价格是否一致。(3) 检查销售通知单上是否有信用部门有关人员核准赊销的签字。(4) 销售发票中所列的数量、单价和金额是否正确。包括将销售发票中所列商品的单价与商品价目表的价格进行核对、复算发票金额的正确性。(5) 从销售发票追查至有关的记账凭证、应收账款明细账及主营业务收入明细账，确定被审计单位是否正确、及时地登记有关凭证、账簿。

（二）检查出库单或提货单

抽取一定数量的出库单或提货单，并与相关的销售发票进行核对，检查已发出的商品是否均已向顾客开出发票。

（三）检查会计记录

从主营业务收入明细账中抽取一定数量的会计记录，并与有关的记账凭证、销售发票进行核对，以确定是否存在收入高估或低估的情况。

（四）检查销售调整业务

抽取一定数量的销售调整业务的会计凭证，检查销售退回、折让、折扣的核准与会计核算。主要包括：（1）确定销售退回与折让的批准与贷项通知单的签发职责是否分离；（2）确定现金折扣是否经过适当授权，授权人与收款人的职责是否分离；（3）检查销售退回和折让是否附有按顺序编号并经主管人员核准的贷项通知单；（4）检查退回的商品是否具有仓库签发的退货验收报告（或入库单），并将验收报告的数量、金额与贷项通知单等进行核对；（5）确定退货、折扣、折让的会计记录是否正确。

（五）检查应收账款明细账

抽取一定数量的记账凭证、应收账款明细账，作如下检查：（1）从应收账款明细账中抽取一定的记录并与相应的记账凭证进行核对，比较二者登记的时间、金额是否一致；（2）从应收账款明细账中抽查一定数量的坏账注销的业务，并与相应的记账凭证、原始凭证进行核对，确定坏账的注销是否符合有关法规的规定、企业主管人员是否核准等；（3）确定被审计单位是否定期与客户对账，在可能的情况下，将被审计单位一定期间的对账单与相应的应收账款明细账的余款进行核对，如有差异，则应进行追查。

（六）检查职务分离

观察职员获得或接触资产、凭证和记录（包括存货、销售通知单、出库单、销售发票、凭证与账簿、现金及支票）的途径，并观察职员在执行授权、发货、开票等职责时的表现，确定被审计单位是否存在必要的职务分离、内部控制的执行过程中是否存在弊端。

在对被审计单位的内部控制系统进行了必要的了解与测试之后，注册会计师应当对其控制风险作出评价，并对实质性测试的内容作出相应的调整。同时，对测试过程中发现的问题，应当在审计工作底稿中进行记录，并以适当的形式告知被审计单位的管理当局。

【案例 10—1】 A 和 B 注册会计师于 2013 年 12 月 1 日至 8 日对 MG 公司销售和收款循环的内部控制进行了解和测试，并在相关审计工作底稿中记录了了解和测试的事项，摘录如下：

1. MG 公司发出库存商品时，由销售部门填制一式四联的出库单。仓库发出商品后，将第一联出库单留存登记库存商品卡片，第二联交销售部门留存，第三、四联交会计部会计人员乙登记库存商品总账和明细账。

2. 会计人员丁负责开具销售发票。在开具销售发票之前，先取得仓库的发货记录和销售商品价目表，然后填写销售发票的数量、单价和金额。

要求：根据上述摘录，请代 A 和 B 注册会计师指出 MG 公司在销售与收款循环内部控制方面的缺陷，并提出改进建议。

【案例分析】 MG 公司在销售与收款循环的内部控制上有如下缺陷：

1. 不符合职责分离控制。会计人员乙同时登记库存商品总账和明细账，不相容职务未进行分离。建议甲公司由不同的会计人员登记库存商品总账和明细账。

2. 未严格遵循会计记录控制。会计人员丁开销售发票不能只依据发货单和商品价目表，因为实际销售的数量和结算价格可能会与发货单上的数量以及商品价目表上的价格不一致。建议 MG 公司会计人员丁应先核对装运凭证和相应的经批准的销售单，并根据已授权批准的商品价格填写销售发票的价格，根据装运凭证上的数量填写销售发票的数量，再根据数量和价格计算出金额。

第三节　主营业务收入审计

一、主营业务收入审计的目标

主营业务收入是企业销售商品、提供劳务或让渡资产使用权而实现的经济利益的总流入。企业通常根据业务的主次分别设置主营业务收入和其他业务收入两个账户反映营业收入。主营业务收入一般占企业收入的比重大，对企业经营业绩和财务报表信息使用者分析企业财务状况具有重要影响，并且操纵主营业务收入又是导致财务信息虚假的常用手段，因此应将其作为财务报表审计的重点。

主营业务收入审计的目标一般包括：确定利润表中记录的主营业务收入是否已发生，且与被审计单位有关；确定所有应当记录的主营业务收入是否均已记录；确定与主营业务收入有关的金额及其他数据是否已恰当记录，包括对销售退回、销售折扣与折让的处理是否适当；确定主营业务收入是否已记录于正确的会计期间；确定主营业务收入是否已按照企业会计准则的规定在财务报表中做出恰当的列报。

二、主营业务收入的实质性程序

（一）取得或编制主营业务收入项目明细表

注册会计师应取得或自行编制主营业务收入项目明细表，复核加计是否正确，并与报表数、总账数和明细账合计数核对相符。

（二）审查主营业务收入确认原则和方法的正确性和一贯性

企业不同的销售方式和货款结算方式，其收入确认实现条件不同，审计重点存在差异。对主营业务收入的审计，应依据企业会计准则规定的收入确认条件进行，查明主营业务收入的确认条件、方法是否符合企业会计准则的规定，前后期是否一致。

(1) 采用交款提货销售方式，应于货款已经收到或取得收取货款的权利，同时发票账单和提货单已交给购货方时确认收入的实现。对此，注册会计师应审查被审计单位是否收到货款或取得收取货款的权利，并已将发票账单和提货单交付购货单位，特别应注意有无扣压结算凭证，将当期收入转入下期入账，或者开假发票，虚计收入，在下期予以冲销的情况。

(2) 采用预收账款销售方式，应于商品已经发出时确认收入实现。注册会计师应审查被审计单位是否收到了货款，商品是否已经发出；是否存在对已收货款并已将商品发出的交易不入账，转为下期收入；是否存在开具虚假出库凭证，提前确认收入的现象。

(3) 采用托收承付销售方式，应于商品已经发出，劳务已经提供，并已将发票账单提交银行，并办妥托收手续时确认收入实现。对此，注册会计师应审查被审计单位是否发货，托收手续是否办妥，发运凭证是否真实，托收承付结算回单是否正确。

(4) 采用委托其他单位代销商品的，应于代销商品已经销售，并收到代销清单时确认收入实现。对此，注册会计师应查明有无编制虚假代销清单、虚增本期收入的情况。

(5) 采用分期收款销售方式，应按合同约定的收款日期分期确认收入。对此，注册会计师应审查本期是否收到货款，查明合同约定的本期应收款日期是否真实，是否存在已实现的收入不入账、少入账或缓入账的情况。

(6) 对长期工程合同收入，应根据完工进度或完工合同合理确认收入。对此，注册会计师应审查收入的计算、确认方法是否符合规定，并核对应计收入与实计收入是否一致，查明有无随意确认收入、虚增或虚减本期收入的情况。

(7) 委托外贸企业代理出口方式的，应与收到外贸企业代办的发运凭证和银行交款凭证时确认收入实现。对此，注册会计师应审查代办发运凭证和银行交款单是否真实，注意查明有无内外勾结，出具虚假发运凭证或虚假银行交款凭证的情况。

(8) 对外转让土地使用权和销售商品房的，应在土地使用权和商品房已经移交，并将发票结算账单提交对方时，确认收入的实现。对此，注册会计师应审查已办理的移交手续是否符合规定要求，发票账单是否已交对方，查明被审计单位有无编造虚假移交手续、采用“分层套写”的方法开具虚假发票的行为，防止其高价出售、低价收账，从中贪污货款。

（三）实施实质性分析程序

注册会计师在必要时，应实施实质性分析程序，检查主营业务收入是否有异常变动和重大波动，从而在总体上对主营业务收入的真实性作出初步判断。注册会计师通常在以下几方面进行比较分析：(1) 将本期与上期的主营业务收入进行比较，分析产品销售的数量、结构和价格变动是否正常，并分析异常变动的原因；(2) 比较本期各月各种主营业务收入的波动情况，查明有无重大波动，分析其变动趋势是否正常，并查明异常现象和重大波动的原因；(3) 计算本期重要产品的毛利率，分析比较本期与上期同类产品毛利率变化情况，注意收入与成本是否配比，并查清重大波动和异常情况的原因；(4) 计算重要客户的销售额及其产品毛利率，分析比较本期与上期有无异常变化；(5) 将本期主营业务收入的变动与本期被审计单位的生产能力、产量、运费、能源或包装消耗、销售人员奖金、应交流转税金等相关项目的变动情况进行匹配分析，以判断收入是否存在虚计或隐瞒的现象；(6) 将收入增长幅度、毛利率等重要财务数据与同行业正常水平进行比较，检查是否存在异常现象。

（四）审查主营业务收入的会计处理是否恰当

(1) 注册会计师应抽取企业被审计期间内一定数量的销售发票，进行从原始凭证到记账凭证、主营业务收入明细账的全过程审查，核实其记录、过账、加总是否正确，并将抽取的收入与应收账款明细账、库存现金或银行存款日记账、库存商品明细账进行核对，以进一步确定发货日期、销售数量、品名、单价、金额等是否相符。

(2) 从发运凭证中选取样本，追查至销售发票副联和主营业务收入明细账，并结合“库存商品”、“主营业务成本”明细账及往来账，查明有无低估销售收入或商品已发出，而未记入销售收入以隐匿销售收入的现象。

(3) 抽查部分销售业务，将相应的明细账、销售发票副联、发运凭证、商品价目表、销售单和客户订货单的有关项目进行比较核对。对照商品价格目录，抽查售价是否符合价格政策，并注意销售给关联方或关系密切的重要客户的产品价格是否合理，有无低价或高价结算以转移收入的现象。

(4) 实施销售的截止测试。截止测试是实质性测试中常用的一种具体审计技术，被广泛运用于货币资金、往来款项、存货、长短期投资、主营业务收入和期间费用等项目的审计中，尤以在主营业务收入审计中的运用更为典型。对主营业务收入实施截止测试，其目的主要在于确定被审计单位主营业务收入的会计记录归属的会计期间是否正确；应记入本期或下期的主营业务收入是否被推延至下期或提前至本期。企业应当合理确认主营业务收入的实现，并将已实现的收入按时入账。企业应当在发出商品、提供劳务，同时收讫价款或者取得索取价款的凭据时，确认主营业务收入的实现。根据这一收入确认的基本原则，注册会计师在审计中应该注意把握与主营业务收入确认有着密切关系的三个日期：一是发票开具日期或者收款日期；二是记账日期；三是发货日期。这里的发票开具日期是指开具增值税专用发票或普通发票的日期；记账日期是指被审计单位确认主营业务收入实现并将该笔经济业务记入主营业务收入账户的日期；发货日期是指仓库开具出库单并发出库存商品的日期。检查三者是否归属于同一适当的会计期间是主营业务收入截止测试的关键所在。

(5) 审查被审计单位的销售折扣、销售退回与折让业务的处理是否合理、合规。审计人员应检查销售退回、折扣与折让业务是否真实，内容是否完整，相关手续是否符合规定，折扣与折让的计算和会计处理是否正确。在销售业务中，往往会因产品品种不符、质量不符合要求以及结算方面的原因发生销售折扣、销售退回与折让业务。尽管引起销售折扣、退回与折让的原因不尽相同，其表现形式也不尽一致，但都是对收入的抵减，直接影响收入的确认和计量，因此，注册会计师应重视折扣与折让的审计。

(6) 审查特殊的销售行为。对于特殊的销售行为，如附有销售退回条件的商品销售、委托代销、售后回购、以旧换新、出口销售、售后租回等，应确定恰当的审计程序进行审核。

①附有销售退回条件的商品销售。如果对退货部分能合理估计退货的可能性且确认与退货相关的负债的，注意其是否在发出商品时确认收入；如果对退货部分不能作合理估计，注意其是否在退货期满时确认收入。

②售后回购。分析特定销售回购的实质，判断其是销售还是融资，审查相应的会计处理是否正确。

③以旧换新销售。确定销售的商品是否按照商品销售的方法确认收入，回收的商品是否作为购进商品处理。

④出口销售。确定其是否按离岸价格、到岸价格或成本加运费价格等不同的成交方式，收入的时点确认和金额是否正确。

⑤售后租回。应分析判断是形成一项融资租赁或是经营租赁。若售后租回形成一项融资租赁，检查是否对售价与资产账面价值之间的差额予以递延，并按该项租赁资产的折旧进度进行分摊，作为折旧费用的调整；若售后租回形成一项经营租赁，检查是否也对售价与资产账面价值之间的差额予以递延，并在租赁期内按照与确认租金费用相一致的方法进

行分摊，作为租金费用的调整。但对有确凿证据表明售后租回交易是按照公允价值达成的，检查对售价与资产账面价值之间的差额是否已经计入当期损益。

(7) 审查是否存在伪装收入性质的情况。如有的企业可能将投资收益、营业外收入等非经营性收益伪装成营业收入，这种利润操纵方式虽然不会改变利润总额，但是歪曲了利润结构，夸大了企业创造经营收入和经营性现金流量的能力，会误导财务报表使用者对企业盈利质量和现金流量的判断。

（五）确定主营业务收入的列报是否恰当

注册会计师应审查利润表上的主营业务收入项目，数字是否与审定数相符，主营业务收入确认所采用的会计政策是否已在财务报表附注中披露。

第四节　应收账款与坏账准备审计

在市场经济的社会信用制度尚未完善时期，企业间因交易形成的账款部分或全部无法收回的情形司空见惯。因此，企业应当定期或者至少于每年年度终了，对应收款项进行全面检查，预计各项应收款项可能发生的坏账，对于没有把握能够收回的应收款项，应当计提坏账准备。正因如此，坏账准备通常是审计的重点领域，并且，由于坏账准备与应收账款的联系紧密，我们把对坏账准备的审计与对应收账款的审计合为一节予以阐述。

一、应收账款与坏账准备审计的目标

应收账款与坏账准备审计的目标一般包括：确定资产负债表中记录的应收账款是否已存在；确定所有应当记录的应收账款是否均已记录；确定记录的应收账款是否由被审计单位拥有或控制；确定应收账款是否可回收，坏账准备的计提方法和比例是否恰当，计提是否充分；确定应收账款及其坏账准备期末余额是否正确；确定应收账款及其坏账准备是否已按照企业会计准则的规定在财务报表中作出恰当列报。

二、应收账款的实质性程序

（一）取得或编制应收账款明细表

注册会计师首先应从被审计单位取得或自行编制应收账款明细表，复核加计数额是否正确，并核对是否与报表数、总账数和明细账合计数相符。

（二）进行应收账款账龄分析

应收账款的账龄是指资产负债表中的应收账款从销售实现，产生应收账款之日起，至资产负债表日止所经历的时间。编制应收账款账龄分析表时，可以选择重要的顾客及其余额列示，不重要的或余额较小的，可以汇总列示。

注册会计师可以通过编制或获取应收账款账龄分析表来分析应收账款的账龄，以便了解应收账款的可收回性。应收账款账龄分析表格式，如表 10—2 所示。

表 10—2　　　　　　　　　　　　　　**应收账款账龄分析表**

年　　月　　日　　　　　　　　　货币单位：

顾客名称	期末余额	账　龄			
		1 年以内	1～2 年	2～3 年	3 年以上
合计					

（三）向债务人函证应收账款

函证应收账款的目的在于证实应收账款账户余额的真实性、正确性，防止或发现被审计单位及其有关人员在销售交易中发生的错误或舞弊行为。询证函由注册会计师利用被审计单位提供的应收账款明细账户名称及地址编制。注册会计师应当考虑被审计单位的经营环境、内部控制的有效性、应收账款账户的性质、被询证者处理询证函的习惯做法及回函的可能性等，确定应收账款函证的范围、对象、方式和时间。

1. 函证的范围和对象

注册会计师无需对被审计单位所有的应收账款进行函证。函证数量的大小、范围的确定，主要考虑以下因素：

(1) 应收账款在全部资产中的比重。如果应收账款在全部资产中所占的比重较大，则函证的范围应相应大一些。

(2) 被审计单位内部控制的强弱。如果内部控制系统较健全，则可以相应减少函证量；反之，则应相应扩大函证范围。

(3) 以前期间的函证结果。若以前期间函证中发现过重大差异，或欠款纠纷较多，则函证范围应相应扩大。

(4) 函证方式的选择。若采用肯定式函证，则可以相应减少函证量；若采用否定式函证，则要相应增加函证量。

一般情况下，注册会计师应选择以下项目作为函证对象：大额或账龄较长的项目；与债务人发生纠纷的项目；关联方项目；主要客户项目；交易频繁但期末余额较小甚至为零的项目；可能产生重大错报或舞弊的非正常项目。

2. 函证的方式

函证方式分为肯定式函证和否定式函证两种。

(1) 肯定式函证，又称正面、积极式函证。是指向债务人发出询证函，要求其证实所函证的欠款是否正确，无论对错都要求复函的一种函证方式。其参考格式如下：

企业询证函

编号：

____________（公司）

本公司聘请的××会计师事务所正在对本公司财务报表进行审计，按照中国注册会计师审计准则的要求，应当询证本公司与贵公司的往来账项等事项。下列数据出自本公司账簿记录，如与贵公司记录相符，请在本函下端“数据证明无误”处签章证明；如有不符，请在“数据不符”处列明不符金额。回函请直接寄至××会计师事务所。

通信地址：

邮编：　　　　　电话：　　　　　传真：　　　　联系人：

1. 本公司与贵公司的往来账项列示如下：

截止日期	贵公司欠	欠贵公司	备注

2. 其他事项

本函仅为复核账目之用，并非催款结算。若款项在上述日期之后已经付清，仍请及时函复为盼。

（公司签章）

年　月　日

结论：1. 数据证明无误。

（公司签章）

年　月　日

经办人：

2. 数据不符，请列明不符的详细情况：

（公司签章）

年　月　日

经办人：

（2）否定式函证，又称反面、消极式函证。是指向债务人发出询证函，但所函证的款项相符时不必复函，只有在所函证的款项不符时才要求债务人向审计人员复函的一种函证方式。否定式询证函参考格式如下：

企业询证函

编号：

××（公司）：

本公司聘请的××会计师事务所正在对本公司××年度财务报表进行审计，按照中国注册会计师审计准则的要求，应当询证本公司与贵公司的往来账项等事项。下列数据出自本公司账簿记录，如与贵公司记录相符，则无需回复；如有不符，请直接通知会计师事务所，并请在空白处列明贵公司认为是正确的信息。回函请直接寄至××会计师事务所。

回函地址：

邮编：　　　　电话：　　　　传真：　　　　联系人：

1. 本公司与贵公司的往来账项列示如下：

单位：元

截止日期	贵公司欠	欠贵公司	备注

2. 其他事项。

本函仅为复核账目之用，并非催款结算。若款项在上述日期之后已经付清，仍请及时核对为盼。

（公司盖章）
年　　月　　日

××会计师事务所：

上面的信息不正确，差异如下：

（公司盖章）
年　　月　　日
经办人：

注册会计师采用哪种函证方式，可以根据下述情形做出选择：

当债务人符合下列情况时，采用肯定式函证较好：①个别账户的欠款金额较大；②有理由相信欠款可能存在争议、差错等问题。

当债务人符合以下所有条件时，可以采用否定式函证：①相关的内部控制是有效的，重大错报风险为低水平；②预计差错率较低；③欠款余额小的债务人数量很多；④注册会计师有理由确信大多数被函证者能认真对待询证函，并对不正确的情况予以反馈。

有时候两种函证方式结合起来使用可能更适宜：对于大金额账项采用肯定式函证，对于小金额账项则采用否定式函证。

3. 函证时间的选择

为了充分发挥函证的作用，通常应选择与资产负债表日接近的时间进行函证。

4. 函证的控制

注册会计师应直接控制询证函的发送和回收。对于因无法投递而退回的信函要进行分析，查明是由于被函证者地址迁移、差错而致使信函无法投递，还是这笔应收账款本来就是一笔假账。对于采用肯定式函证方式未回函的，可再次复询，由注册会计师发出第二封甚至第三封询证函。如果仍然得不到答复，注册会计师应考虑采用必要的替代程序。例如检查与销售有关的文件，包括销售合同、销售订单、销售发票副本及发运凭证等，以获取具有同等证明效力的审计证据，验证这些应收账款的真实性。

5. 函证结果差异的处理

收回的询证函中如有差异，注册会计师应查明原因作出记录，或要求被审计单位作适当调整。产生差异的原因主要表现在：（1）购销双方入账的时间存在差异（即未达账项）。具体包括：债务人已经付款，而被审计单位尚未收到款项；被审计单位已经发出货物，并登记了应收账款，债务人尚未收到货物，因此也未确认应付款项；债务人由于种种原因已将货物退回，并冲减了应付款项，而被审计单位尚未收到货物，也未对应收账款作出调整；债务人对收到的货物数量、规格等不满意而全部或部分拒付。（2）购销一方或双方存在记账差错或舞弊行为。

6. 对函证结果的总结和评价

注册会计师应将函证的过程和情况记录在工作底稿中，并据以评价函证的可靠性。

（四）审查未函证的应收账款

由于注册会计师不可能对所有应收账款进行函证，因此，对于未函证的应收账款，审计人员应抽查有关原始凭据，如销售合同、销售订单、销售发票副本及发运凭证等，以验证与其相关的这些应收账款的真实性。

（五）确定已收回的应收账款金额

提请被审计单位协助，在应收账款账龄分析表中标出至审计时已收回的应收账款金额，对已收回金额较大的款项进行常规检查，如核对收款凭证、银行对账单、销售发票等，并注意凭证发生日期的合理性。

（六）检查坏账的确认和处理

首先，注册会计师应检查有无债务人破产或者死亡的，以及破产或以遗产清偿后仍无法收回的，或者债务人长期未履行清偿义务的应收账款；其次，应检查被审计单位的坏账处理是否经授权批准，有关会计处理是否正确。

（七）抽查有无不属于结算业务的债权

不属于结算业务的债权，不应在应收账款中进行核算。因此，注册会计师应抽查应收账款明细账，并追查有关原始凭证，查证被审计单位有无不属于结算业务的债权。如有，应作出记录或建议被审计单位进行适当调整。

（八）截止期测试

结合主营业务收入的审计，在应收账款明细账余额中挑选一定数量的资产负债表日前后的样本，核对应收账款明细账与主营业务收入明细账，库存现金、银行存款日记账及相关原始凭证的金额或数量是否相符，并确定有关交易（销售、收款、退货）是否已被记入恰当的会计期间。

（九）检查外币应收账款的折算

对于用非记账本位币（通常为外币）结算的应收账款，注册会计师应检查被审计单位外币应收账款的增减变动是否按业务发生时的市场汇率或期初市场汇率折合为记账本位币金额，所选折合汇率前后各期是否一致；期末外币应收账款余额是否按期末市场汇率折合为记账本位币金额；折算差额的会计处理是否正确。

（十）检查应收账款的贴现、质押或出售

检查应收账款是否已用于贴现，判定应收账款贴现业务属质押还是出售，其会计处理是否正确。

（十一）分析应收账款明细账余额

应收账款明细账的余额一般在借方。在分析应收账款明细账余额时，注册会计师如果发现应收账款出现贷方明细余额的情形，就应查明原因，必要时建议作调整。

（十二）检查应收账款的列报是否恰当

注册会计师应在实施上述审计程序后，确定应收账款的期末余额是否恰当，进而确定应收账款是否在资产负债表上作出了恰当列报。

如果被审计单位为上市公司，则其财务报表附注通常应披露期初、期末余额的账龄分析，期末欠款金额较大的单位账款，以及持有5%以上（含5%）股份的股东单位账款等情况。

三、坏账准备的实质性程序

（一）取得或编制坏账准备明细表并核对

取得或编制坏账准备明细表，复核加计是否正确，与坏账准备总数、明细账合计数核对，确定是否相符。

（二）审查坏账准备的计提

注册会计师主要应查明坏账准备的计提方法和比例是否符合会计准则规定，计提的数额是否恰当，会计处理是否正确，前后期是否一致。

（三）审查坏账损失

对于被审计期间内发生的坏账损失，审计人员应检查其原因是否清楚，是否符合有关规定，有无授权批准，有无已作坏账损失处理后又重新收回的应收款项，相应的会计处理是否正确。

（四）审查长期挂账应收账款

注册会计师应审查应收账款明细账及相关原始凭证，查找有无财务报表日后仍未收回的长期挂账应收账款，如有，应提请被审计单位作适当处理。

（五）检查函证结果

对债务人回函中反映的例外事项及存在争议的余额，注册会计师应查明原因并进行记录，必要时应提请被审计单位作相应的调整。

（六）实施分析程序

通过比较前期坏账准备计提数和实际发生数，以及检查期后事项，评价应收账款坏账准备计提的合理性。

（七）审查坏账准备的列报是否恰当

企业应当在财务报表附注中清晰地说明坏账的确认标准、坏账准备的计提方法和计提比例，并应区分应收账款和其他应收款项目，按账龄披露坏账准备的期末余额。上市公司还应在财务报表附注中分项披露以下主要事项：（1）本期全额计提坏账准备，或计提坏账准备的比例较大的（计提比例一般超过40%及以上的，下同），应说明计提的比例及理由；（2）以前期已全额计提坏账准备，或计提坏账准备的比例较大的，在本期又全额或部分收回的，应说明原因及计提比例的合理性；（3）对某些金额较大的应收账款不计提坏账准备或计提比例较低（一般指低于5%）的理由；（4）本期实际冲销的应收账款及其理由等，其中，实际冲销的关联交易产生的应收账款应单独披露。

【案例10—2】 乙公司2013年12月31日应收账款总账余额为40 000万元，其所属明细账中借方余额的合计数为42 000万元，贷方余额的合计数为2 000万元；其他应收款总账余额为6 000万元，该公司采用余额百分比法计提坏账准备，计提比例为1%，计提金额为460万元。坏账准备的账户记录，如表10—3所示。

表 10—3　　　　　　　　坏账准备明细账（简式）　　　　　　　　单位：万元

日期	凭证字号	摘要	借方	贷方	余额
1/1		上年结转			200（贷方）
5/6	转字 37	核销坏账	100		100（贷方）
8/11	转字 87	核销坏账	120		−20（贷方）
31/12	转字 98	计提本年的坏账准备		460	440（贷方）

要求：根据上述资料，指出坏账准备计提中存在的问题并进行纠正。

【案例分析】 该公司坏账准备的计提金额有误。首先，对于应收账款明细账中有贷方余额的不应计提坏账准备，因其相当于预收账款，应该对其进行重新分类，归入负债方。年末计提坏账准备的基数为：

42 000＋6 000＝48 000（万元）

当期应提取的坏账准备＝当期按应收款项总计应提取的坏账准备金额－坏账准备科目的贷方余额

＝48 000×1%－(－20)＝500（万元）

该公司少提 40 万元（即 500－460），建议作出调整，调整分录为：

借：管理费用——计提坏账准备　　400 000

　贷：坏账准备　　400 000

第五节　其他相关项目审计

在销售与收款循环中，除以上介绍的财务报表项目或会计科目之外，还有应收票据、预收账款、应交税费、其他应交款、营业税金及附加、销售费用等项目。限于本教材篇幅，对这些项目审计的阐述，一般只直接列示其相应的实质性程序。需要强调的是，这些项目的实质性程序并非一成不变，注册会计师在审计时，应视具体审计情况，运用职业判断合理增删。

一、应收票据审计

应收票据的实质性程序主要有以下几个方面：

(1) 获取或编制应收票据明细表。

注册会计师获取或编制应收票据明细表，复核加计正确，并核对其期末余额合计数与报表数、总账数和明细账合计数是否相符。在复核加计正确及与上述有关数额核对相符的基础上，审计人员应抽查部分票据，并追查至相关文件资料，判断其内容是否正确，有无应转应收账款的逾期应收票据，以及虽未逾期但有确凿证据表明不能够收回或收回可能性不大的应收票据。

(2) 监盘库存应收票据。

注册会计师监盘库存票据时，应注意票据的种类、号数、签收的日期、到期日、票面金额、合同交易号、付款人、承兑人、背书人姓名或单位名称，以及利率、贴现率、收款日期、收回金额等是否与应收票据登记簿的记录相符，是否存在已作抵押的票据和银行退回的票据。

（3）函证应收票据。

必要时，抽取部分票据向出票人函证，以证实应收票据的存在性和可收回性，并编制函证结果汇总表。

（4）审查应收票据的利息收入。

如果注册会计师计算的应计利息金额与账面所列金额不符，则应加以分析，特别要对“财务费用——利息收入”账户中那些与应收票据账户中所列任何票据均不相关的贷方金额加以注意，因为这些贷项可能代表据以收取利息的票据未曾入账。

（5）审查已贴现应收票据。

对于已贴现的应收票据，注册会计师应审查其贴现额与贴现息的计算是否正确，会计处理方法是否适当。

（6）审查应收票据在财务报表上的列报是否恰当。

注册会计师应检查被审计单位资产负债表中应收票据项目的数额是否与审定数相符，是否减除了已贴现票据；在财务报表附注中应披露的内容是否充分。

【案例 10—3】 A 注册会计师 2014 年 1 月审查盛达股份有限公司应收票据时，发现 2013 年 12 月 20 日贴现一张票面面额为 400 000 元，利率为 8%，90 天到期的带息应收票据，该公司已持有 60 天，按 10%的贴现率进行贴现，该公司账户资料记载所得贴现款为 396 600 元，无银行出具的有关凭证，账务处理为：

借：银行存款　　396 600

　　财务费用　　3 400

　贷：应收票据　　400 000

要求：根据上述资料，审查该笔贴现业务的公允性，指出存在的问题，并作调整分录。

【案例分析】 根据资料，该公司这笔应收票据贴现应得的贴现额计算如下：

本金　　400 000（元）

利息 $400\,000\times8\%\times\frac{90}{360}$　　8 000（元）

到期价值　　408 000（元）

减：贴现息 $408\,000\times10\%\times\frac{30}{360}$　　3 400（元）

贴现额　　404 600（元）

因此，该公司的应收票据贴现款 396 600 元是不正确的，实际为 404 600 元。该公司将贴现票据收入 404 600 元记为 396 600 元，并且无银行的有关原始凭证，这少记的 8 000 元（即 404 600－396 600）很可能是经手人贪污利息，应进一步收集审计证据，确定问题的性质，并追究当事人的责任。

该公司上年度应做的正确分录为：

借：银行存款　　404 600

　　贷：应收票据　　400 000

　　　　财务费用　　4 600

因此，该公司上年度财务费用多记 8 000 元（即 3 400＋4 600），要求在 2014 年 1 月份进行调整。

对 8 000 元利息应向经手人追回。分录为：

借：其他应收款——×××　　8 000

　　贷：利润分配——未分配利润　　8 000

同时应补交增加利润所缴的所得税，假定所得税税率为 25%，则应补交的所得税为 2 000 元（即 8 000×25%）。分录为：

借：利润分配——未分配利润　　2 000

　　贷：应交税费——应交所得税　　2 000

二、预收账款审计

预收账款的实质性程序一般包括以下几个方面：

（1）获取或编制预收账款明细表。

注册会计师应获取或编制预收账款明细表，复核加计是否正确，并核对其期末余额合计数与报表数、总账数和明细账合计数是否相符。请被审计单位协助，在预收账款明细表上标出截至审计日已转销的预收账款，对已转销金额较大的预收账款进行检查，核对记账凭证、仓库发运凭证、销售发票等，并注意这些凭证发生日期的合理性。

（2）审查预收账款的发生是否正常合规。

注册会计师可抽查与预收账款有关的销售合同、相关凭证，以审查预收账款的发生是否符合有关规定，是否属于正常的业务经营范围。

（3）审查预收账款的会计处理是否正确。

注册会计师应审查预收账款账户的借方发生额及其对应账户反映的经济业务是否合理。应查明借方反映的数额是否属于商品销售实现后按售价转记的收入数额，审查借方对应的账户，确认是否有将已实现的收入不入账，结转到其他账户以转移收入的非法现象；审查以非记账本位币结算的预收账款的折算及会计处理是否正确。

（4）审查预收账款的期末余额是否正确。

注册会计师应通过函证或其他替代审计程序，确保预收账款期末余额的真实、正确性；应检查长期挂账的预收账款，分析原因并作出记录，必要时提请被审计单位予以调整；应检查预收账款是否存在借方余额，是否决定建议作重分类调整。

（5）审查预收账款是否已在财务报表上作恰当列报。

检查报表上预收账款的数额是否与审定数一致。如果被审计单位是上市公司，其财务报表附注通常应披露持有其 5%以上（含 5%）股份的股东单位账款情况，并说明账龄超过 1 年的预收账款未结转的原因。

三、其他业务收入审计

其他业务收入的实质性程序包括以下几方面：

(1) 获取或编制其他业务收入明细表。

复核其加计数是否正确，并核对其期末余额与报表数、总账数和明细账合计数是否相符。应注意是否有成本与之对应，并应关注是否有免税收益，如技术转让等，如有则应调减应纳税所得额。

(2) 计算其他业务收入与其他业务成本的比率。

注意本期其他业务收入与其他业务成本的比率和前期相比是否存在异常。

(3) 检查其他业务收入的真实性、合法性。

检查其他业务收入确认的原则和会计处理是否符合规定，抽查一定数量记账凭证及附件予以核实。对异常的情况，应追查入账依据及有关文件是否充分。

(4) 执行截止测试。

抽查资产负债表日前后一定数量的记账凭证，追查至发票等原始凭证，实施截止测试，确定入账日期是否正确，对于重大跨期事项作必要的调整建议。

(5) 审查其他业务收入的列报是否恰当。

四、应交税费审计

应交税费的实质性程序主要包括以下几个方面：

(1) 获取或编制应交税费明细表。

复核其加计数是否正确，并核对其期末余额与报表数、总账数和明细账合计数是否相符。注意印花税、耕地占用税等有无误入应交税费项目。

(2) 审查被审计单位纳税的相关规定。

应获取纳税通知书及征、免、减税的批准文件，了解被审计单位适用的税种、计税基础、税率，以及征、免、减税的范围与期限，确认其在被审计期间内的应纳税的内容。对重要的减、免、抵、退税收批文应索取复印件，归入审计工作底稿。

(3) 审查应交增值税的计算是否正确。

获取或编制应交增值税明细表，加计复核其正确性，并与明细账核对相符。将“应交增值税明细表”与“企业增值税纳税申报表”核对，检查进项、销项的入账与申报期间是否一致，金额是否相符；复核进项税额转出数、出口货物退税的计算是否正确，是否按照有关规定进行了会计处理。

对销项税的复核可以结合主营业务收入明细表来进行；对营业税金及附加的审计最好与应交增值税的审计结合起来，因营业税金及附加的计税基数绝大多数为本期应交的增值税，根据增值税审定表来计算核定企业营业税金及附加是否正确。

(4) 审查企业应交的所得税。

确定所得税的应交金额和税率，复核应缴企业所得税的计算是否正确，是否按有关规定进行了会计处理，是否存在偷逃税款的行为，有无乱用所得税的优惠政策等。

(5) 审查应交税费是否已在财务报表上作恰当列报。

【案例 10—4】 B注册会计师在审计兴达公司2013年业务的过程中发现，兴达公司为增值税一般纳税人，本期以原材料对乙公司投资，双方协议按公允价值作价。该批原材料的公允价值为100万元，计税价格为110万元，该原材料的增值税税率为17%。兴达公司做的会计分录为：

借：长期股权投资　　　　　　　　　　　　　　　　　　　　1 000 000

　　贷：原材料　　　　　　　　　　　　　　　　　　　　　　　　1 000 000

要求：指出该项业务存在的问题，并指明正确的会计处理。

【案例分析】 兴达公司用原材料对外投资，应视同销售货物，需计算应交增值税。

对外投资转出原材料应计销项税额＝110×17%＝18.7（万元）

兴达公司正确的会计处理应为：

借：长期股权投资　　　　　　　　　　　　　　　　　　　　1 187 000

　　贷：原材料　　　　　　　　　　　　　　　　　　　　　　　　1 000 000

　　　　应交税费——应交增值税（销项税额）　　　　　　　　　　187 000

五、营业税金及附加审计

营业税金及附加的实质性程序主要包括：（1）取得或编制营业税金及附加明细表，复核加计正确，并与报表数、总账数和明细账合计数核对相符；（2）确定被审计单位的纳税范围和税种是否符合国家规定，审查营业税金及附加减免的合法性；（3）审查营业税金及附加的会计处理是否正确，计税依据及税率是否正确，各项税费与应交税费项目的钩稽关系是否正确；（4）审查营业税金及附加是否已在财务报表上恰当列报。

六、销售费用审计

销售费用的实质性程序主要包括：（1）取得或编制销售费用明细表，复核加计正确，与报表数、总账数及明细账合计数核对相符，并检查其明细项目的设置是否符合规定的核算内容与范围，是否划清了销售费用和其他费用的界限。（2）检查销售费用项目设置和开支标准是否符合有关规定，其明细项目设置和开支是否合规，凭证是否齐全，费用的发生是否经过了授权批准，有关费用支出是否符合规定的标准。（3）将本期销售费用与上期销售费用进行比较，并将本期各月的销售费用进行比较，如有重大波动和异常情况应查明原因，并作适当处理。应选择重要或异常的销售费用项目，进一步追查有关原始凭证或实施截止测试，检查有无跨期入账的现象，对于重大跨期项目应建议作必要调整。应确定销售费用的结转是否正确，有无多转、少转或不转销销售费用，以人为调节利润的情况。（4）审查销售费用是否已在财务报表上作出恰当的列报。

复习思考题

1. 试述销售与收款循环涉及的主要凭证与会计记录。
2. 试述销售与收款循环内部控制的内容及控制测试的步骤。
3. 试述主营业务收入审计的目标及实质性程序。
4. 审计主营业务收入时实施的分析性程序有哪些？
5. 如何实施主营业务收入的截止测试？
6. 试述应收账款审计的目标及实质性程序。

7. 应收账款函证有哪几种类型？它们适合在什么情况下使用？

8. 确定应收账款函证范围和对象时应考虑哪些主要因素？

9. 当积极式函证未得到回函时，应采取哪些替代程序来确认应收账款是否存在？

10. 坏账准备的实质性程序有哪些？

第十一章　采购与付款循环审计

学习目标

通过本章的学习，了解采购与付款循环交易涉及的主要业务活动及相应的凭证、记录；理解采购与付款循环的主要内部控制以及控制测试的基本内容；熟悉应付账款审计的目标，累计折旧及其他相关账户的审计；掌握应付账款的分析性复核程序，固定资产的审计目标及实质性程序。

第一节　采购与付款循环概述

采购与付款循环（Acquisition and Payment Cycle）主要指请购商品、订购商品、采购商品、验收并储存商品以及支付货款的过程，本循环涉及固定资产、在建工程、累计折旧、应付款项、管理费用等诸多资产负债表项目和利润表项目。实施采购与付款循环审计，首先必须明确本循环的主要业务活动及其所涉及的主要凭证与会计记录。

一、主要业务活动

企业应将各项职能活动指派给不同的部门或职员来完成。这样，每个部门或职员都可以独立检查其他部门和职员工作的正确性。下面以采购商品为例，分别阐述采购与付款循环中的主要环节。

（一）请购商品

企业的仓储部门负责对需要购买的已列入存货清单的项目填写请购单，其他部门也可以对所需要购买的未列入存货清单的项目编制请购单。大多数企业对正常经营所需物资的购买均作一般授权；但对资本支出和租赁合同，企业则通常要求作特别授权，只允许指定人员提出请购。请购单可由手工或计算机编制，由于企业内不少部门都可以填列请购单，不便事先编号，为加强控制，每张请购单必须经过对这类支出预算负责任的主管人员签字批准。

（二）编制定购单

采购部门在收到请购单后，对经过授权批准审核了的请购单发出订购单。采购部门应对每张订购单确定最佳的供应来源。对一些大额、重要的采购项目，应采取竞价方式来确定供应商，以保证供货的质量、及时性和成本的低廉。订购单应事先连续编号，并列明所订购的货物的品名、数量、价格、供应商名称和地址等信息。订购单的正联要送交所选的供应商，副联则送达验收部门、应付凭单部门和请购部门。

（三）验收商品

订购的商品到达后，验收部门首先应比较所收商品的品名、规格、数量、到货时间等是否与订购单上相符，并检验商品的质量。验收合格后，验收部门应对已收货的每张订购单编制一式多联、预先编号的验收单，作为验收和检验商品的依据。验收单是与采购业务“存在或发生”认定有关的重要凭证，应事先编号，并在货物送交仓库或其他请购部门时由其签收，以明确相应的保管责任。另外，对验收单应设立独立稽核制度，由专人独立检查是否每笔采购都编制了正确的验收单。

（四）储存已验收的商品存货

将已验收商品的保管与采购的其他职责相分离，可减少未经授权的采购风险。存放商品的仓储区应相对独立，限制无关人员接近。

（五）编制付款凭单

货物验收后，应核对购货单、验收单和供货发票的一致性，确认负债，编制付款凭单，并将经审核的付款凭单，连同每日的凭单汇总表一起送到会计部门。以编制有关记账凭证和登记有关明细账和总账账簿。

（六）支付账款

订购商品验收入库或交付使用后，应付凭单部门要编制付款凭单。在准备付款前，应核对付款条件，并检查资金是否充足。在签发支票的同时登记支票簿和日记账，以便登记每一笔付款。已签发的支票连同有关发票、合同凭证应送交有关负责人审核签字，并将支票送交供应商。这一环节是付款活动的关键环节，应采用邮寄或其他方式以保证支票安全地送到供应商手中。

（七）会计记录

根据付款凭单、支票登记簿、付款日记账和有关记账凭证登记有关明细账和总账账簿。

二、主要凭证和会计记录

购货与付款交易通常要经过请购——订货、验收——付款这样的程序，与销售和收款交易一样，在内部控制比较健全的企业，处理购货与付款交易通常也需要使用很多凭证与会计记录。典型的采购与付款循环所涉及的主要凭证和会计记录有以下几种。

（一）请购单

请购单是由产品制造、资产使用等部门的有关人员填写，送交采购部门，申请购买商品、劳务或其他资产的书面凭证。

（二）订购单

订购单是由采购部门填写，是向另一企业要求购买指定的商品或劳务的书面凭证。

（三）验收单

验收单是由验收部门填写，记录从供应商处收到的商品或劳务的有关信息的书面凭证。

（四）卖方发票

卖方发票（供应商发票）是供应商开具的，交给买方以载明发运的货物或提供劳务的种类、数量、运费、应付款金额和付款条件等事项的凭证。

（五）付款凭单

付款凭单是采购方企业的应付凭单部门编制的，载明已收到商品、资产或接受劳务的厂商、应付款金额和付款日期的凭证。付款凭单是采购方企业内部记录和支付负债的授权证明文件。

（六）转账凭证

转账凭证是指记录转账交易的记账凭证，它是根据有关转账业务的原始凭证编制的。

（七）付款凭证

付款凭证包括现金付款凭证和银行存款付款凭证，是指用来记录现金和银行存款支出业务的记账凭证。

（八）应付账款明细账

应付账款明细账通常按供应商设置，记录对每位供应商的各项赊购额、账款支付、应付账款余额等内容。

（九）库存现金日记账和银行存款日记账

在采购与付款循环中，应付账款支付或现购支出都应及时记入库存现金日记账和银行存款日记账。

（十）卖方对账单

卖方对账单是由供应方按期提供，记载未付货款期初余额、本期购买、本期支付款项及期末未付货款余额等内容的凭证。对账单是供应商对有关交易的陈述，如果不考虑买卖双方在收发货物上可能存在的时间差等因素，其期末余额通常应与采购方相应的应付账款期末余额一致。若出现差异，应查明原因。

第二节　采购与付款循环的控制测试

一、采购与付款循环的内部控制

（一）职责分离控制

与销售与收款交易一样，购货与付款交易也需要适当的职责分离。企业应当建立购货与付款业务的岗位责任制，明确相关部门和岗位的职责、权限，确保办理购货与付款业务的不相容岗位相互分离、制约和监督。采购与付款业务不相容岗位至少包括：请购与审批；询价与确定供应商；采购合同的订立与审批；采购与验收；采购、验收与相关会计记录；付款审批与付款执行。

（二）请购控制

提出货物和劳务的需要是购货环节上的第一步，一个企业可以有若干不同的请购制度，对不同的需要有不同的确定和提出请购的方法。

1. 原材料或零配件购进

一般首先由生产部门根据生产计划或即将签发的生产通知单提出请购单。材料保管人员接到请购单后，应将材料保管卡上记录的库存数与生产部门需要的数量进行比较。当生产所需材料和仓储所需后备数量合计已超过库存数量时，则应同意请购。

2. 临时性物品的购进

通常由使用者而不需经过仓储部门直接提出，由于这种需要很难列入计划之中，因此，使用者在请购单上一般要对采购需要作出描述，解释其目的和用途。请购单须由使用者的部门主管审批同意，并须经资金预算的负责人同意签字后，采购部门才能办理采购手续。

3. 经常性服务项目的请购

由同一服务机构或公司所提供的某些例如公用事业、期刊、保安等服务项目，请购手续的处理通常是一次性的，即当使用者最初需要这些服务时，应提出请购单，由负责资金预算的部门进行审批。

4. 特殊服务项目的请购

确定诸如保险、广告、法律和审计服务等特殊项目的需要，一般由企业最高负责人审批。可参照过去的服务质量和收费标准，分析由专人提出的需要内容，包括选定的广告商、事务所及费用水平等是否合理，经批准后，这些特殊服务项目才能进行。

（三）订货控制

无论何种需要的请购，购货部门在收到请购单后，在最终发出购货订单之前，都应明确订购多少、向谁订购、何时购货等问题。

1. 在订购数量的控制方面

购货部门首先应对每一份请购单审查其请购数量是否在控制限额的范围内，其次是检查使用物品和获得劳务的部门主管是否在请购单上签字同意。对于需大量采购的原材料、零配件等，必须进行各种采购数量对成本影响的成本分析，其内容是将各种请购项目进行有效归类，然后利用经济批量法来测算成本。

2. 关于向谁订购的控制方面

购货部门在正式填制购货订单前，必须向不同的供应商（通常要求两家以上）索取供应物品的价格、质量指标、折扣和付款条件以及交货时间等资料，比较不同供应商所提供的资料，选择最有利于企业生产和成本最低的供应商，与供应商签订合同。

3. 关于何时订货的控制方面

主要由存货管理部门运用经济批量法和分析最低存货点来进行，而不是在购货部门。

当请购单已提出，购货部门应对这些请购单的处理结果及时告知仓储和生产部门。

在上述三个方面的决定做出之后，购货部门应及时填制购货订单，并对其进行控制，主要是预先应对每份订单进行编号；在购货订单向供应商发出前，必须由专人检查该订单是否得到授权人的签字；由专人复查购货订单的编制过程和内容；购货订单的副本应递交给请购、保管与会计部门等。

（四）验收控制

货物的验收应由独立于请购、采购和会计部门的人员来承担，其控制责任是检验收到货物的数量和质量。

（1）对于数量，验收部门在货运单上签字之前，应通过计数、过磅或测量等方法来证明货运单上所列数量，并要求两个收货人在收货报告单上签字。

（2）对于质量，验收部门应检验有无因运输损失而导致的缺陷，在货物质量检验需要有较高的专业知识或者必须经过仪器、实验才能进行的情况下，收货部门应将部分样品送交专家和实验室对其质量进行检验。

（3）每一项收到的货物必须在检验以后填制包括供应商名称、收货日期、货物名称、数量和质量以及运货人名称、原购货订单编号等内容的收货报告单，并将其及时报告请购、购货和会计部门。

（五）应付账款控制

对应付账款的控制有：应付账款的记录必须由独立于请购、采购、验收、付款的职员来进行；应付账款的入账还必须在取得和审核各种必要的凭证以后才能进行；对于有预付货款的交易，在收到供应商发票后，应将预付金额冲抵部分发票金额来记录应付账款；必须分别设置应付账款的统驭账户和明细账；对于享有折扣的交易，应根据供应商发票金额减去折扣金额的净额登记应付账款；每月应将应付账款明细账与客户的对账单进行核对。

（六）付款控制

（1）支票准备。支票准备应独立于采购、付款确认和函证程序，所有付款都应有事前编号的支票，对已签发的支票应将其原始凭证加盖“已付款”印章，以避免重复付款，尽可能使用有安全保障的支票书写器或电脑生成的支票，对于空白支票应安全存放，作废的支票应立即注销等。

（2）支付。付款前，应复核客户发票上的数量、价格和合计数以及折扣条件等，核对支票的金额，采购和付款应有各自独立的签名，对支票应采取函寄或其他安全方式送交。

（3）会计处理。会计部门及时记录付款业务，定期核对总账的分类账以及日记账，注意未付账款。检查应付账款的明细账和有关文件，以防失去可能的现金折扣。

二、采购与付款循环的控制测试

购货与付款的内部控制测试是在了解与描述内部控制的基础上，对其在实际业务中的执行与实施情况和过程进行检查和观察，以确定制定与实际执行的内部控制是否相符与一致。注册会计师进行控制测试，应结合业务控制环节进行。

（一）请购商品或劳务的控制测试

请购制度有助于对订货单和购货发票的控制，从而使得控制测试的结果为进一步信赖该制度提供有力的证据。注册会计师尤其关注对请购单的提出和核准的控制程序，对其进行控制测试时，应选择若干张请购单，检查摘要、数量及日期和相应文件的完整性，审核核准的证据手续是否完整，有无核准人签字等。

（二）订购商品或劳务的控制测试

订货单是经核准的采购业务的执行凭证，注册会计师通常更注意对订货单的填制和处理的控制，关注订货单是否准确处理和全部有效。进行测试时，应注意审查订货单的完整性，如编号、日期、摘要、数量、价格、规格、质量及运输要求等是否齐全，审查订货单是否附有请购单或其他授权文件。

（三）货物验收的控制测试

注册会计师应确定购货发票是否与验收单一致，验收部门是否独立行使职责，并编制正确的验收单，查询并观察验收部门在收货时对货物的检查情况，检查按编号顺序处理的验收单的完整性，即验收单的内容填写是否完整，查阅货物质量检验单的内容和处理程序。

（四）应付账款的控制测试

注册会计师应检查购货业务的原始凭证，包括每一张记录负债增加的记账凭证是否均附有订货单、验收单、购货发票，审核这些原始凭证的数量、单价、金额是否一致，原始凭证上的各项手续是否齐全。应注意现金折扣的处理是否由经授权的经办人按规定处理，测试中可抽查部分购货发票，注意有关人员是否在现金折扣期限内按原发票价格支付货款，然后从供货方取得退款支票或现金，有无丧失了本应获得的折扣的问题。注册会计师还应根据付款凭证记录的内容，分别追查应付账款和存货明细账与总账是否进行平行登记，金额是否一致。

（五）付款业务的控制测试

注册会计师可通过查询、观察、检查以及重新执行内部控制等措施对资金支出进行测试，其步骤与方法是：检查支票样本，审核付款是否经过批准，支票是否与应付凭单一致，付款后是否注销凭单，支票是否由经过授权批准的人员签发；检查支票登记簿的编号次序，与相应的应付账款明细账以及银行存款日记账核对，审查其金额是否一致；观察编制凭证与签发支票、签发支票与保管支票的职责分配是否符合内部控制原则；检查付款支票样本，确定资金支付是否完整地记录在适当的会计期间。

对采购与付款内部控制进行评价，是为了在采购与付款业务进行实质性测试前，对采购与付款内部控制的可依赖程度给予确定。注册会计师在评价时应注意分析采购与付款业务中认定可能发生哪些潜在的错报，哪些控制可以防止或者发现并更正这些错报。通过比较必要的控制和现有控制，评价计划依赖的采购与付款业务内部控制的健全性与有效性。

【案例 11—1】 A 和 B 注册会计师于 2013 年 12 月 1 日至 8 日对 MZ 公司采购与付款循环的内部控制进行了解和测试，并在相关审计工作底稿中记录了了解和测试的事项，摘录如下：

(1) MZ 公司的材料采购需要经授权批准后方可进行。采购部根据经批准的请购单发出订购单。货物运达后，验收部根据订购单的要求验收货物，并编制一式多联的未连续编号的验收单。仓库根据验收单验收货物，在验收单上签字后，将货物移入仓库加以保管。

验收单上有数量、品名、单价等要素。验收单一联交采购部登记采购明细账和编制付款凭单，付款凭单经批准后，月末交会计部；一联交会计部登记材料明细账；一联由仓库保留并登记材料明细账。会计部根据只附验收单的付款凭单登记有关账簿。

(2) 会计部审核付款凭单后，支付采购款项。MZ 公司授权会计部的经理签署支票，经理将其授权给会计人员丁某负责，但保留了支票印章。丁某根据已适当批准的凭单，在确定支票收款人名称与凭单内容一致后签署支票，并在凭单上加盖“已支付”的印章。对付款控制程序的穿行测试表明，注册会计师 A 和 B 未发现与公司规定有不一致之处。

要求：根据上述摘录，请代 A 和 B 注册会计师指出采购与付款循环内部控制方面的缺陷，并提出改进建议。

【案例分析】 MZ 公司采购与付款循环内部控制方面的缺陷有：

(1) 验收单未连续编号，不能保证所有的采购都已记录或不被重复记录。建议 MZ 公司对验收单进行连续编号。

(2) 付款凭单未附订购单及供应商的发票等，会计部无法核对采购事项是否真实，登记有关账簿时金额或数量可能就会出现差错。建议 MZ 公司将订购单和发票等与付款凭单一起交会计部。

(3) 会计部月末审核付款凭单后才付款，未能及时将材料采购和债务登账并按约定时间付款。建议 MZ 公司采购部及时将付款凭单交会计部，按约定时间付款。

第三节　应付账款和预付账款审计

一、应付账款审计

(一) 应付账款审计的目标

应付账款审计的目标一般包括：确定资产负债表中记录的应付账款是否存在；确定所有应当记录的应付账款是否均已记录；确定资产负债表中记录的应付账款是被审计单位应当履行的现时义务；确定应付账款是否以恰当的金额包括在财务报表中，与之相关的计价调整已恰当记录；确定应付账款是否已按照企业会计准则的规定在财务报表中作出恰当的列报。

(二) 应付账款的实质性程序

1. 取得或编制应付账款明细表

注册会计师应从被审计单位取得或自行编制应付账款明细表，并执行以下工作：(1) 复核加计数额是否正确，并核对是否与报表数、总账数和明细账合计数相符；(2) 检查非记账本位币应付账款的折算汇率及折算是否正确；(3) 分析出现借方余额的项目，查明原因，必要时，建议作重分类调整；(4) 结合预付账款、其他应付款等往来项目的明细余额，调查有无同挂的项目、异常余额或与购货无关的其他款项，如有，应作记录，必要时建议调整。

2. 对应付账款执行实质性分析程序

根据被审计单位实际情况，选择以下方法对应付账款执行实质性分析程序：

(1) 对本期期末应付账款余额与上期期末余额进行比较，观察其增减变化，分析波动原因。

(2) 分析应付账款的账龄，要求被审计单位解释长期挂账的原因，判断被审计单位是否有偿债能力或利用应付账款隐瞒利润。查明是否存在虚假账项、隐匿收入或赖账不还的现象。对呆账收益是否经过一定的审批手续，按有关规定进行处理。

(3) 计算应付账款对存货、流动负债总额的比率，并与前期相应指标相比较，评价应付款整体的合理性。

(4) 计算应付账款增减额与存货、主营业务收入增减额的比例，分析存货和主营业务成本等项目的增减变动，判断应付账款增减变动的合理性。

3. 函证应付账款

一般情况下，应付账款不需要函证，这是因为函证不能保证查出未记录的应付账款，况且注册会计师能够取得购货发票等外部凭证来证实应付账款的余额。但如果控制风险较高，某些应付账款明细账户金额较大或被审计单位处于财务困难阶段，则应进行应付账款的函证。

4. 审查应付账款的完整性

为确认应付账款的完整性，防止企业低估负债以提高流动比率，夸大偿债能力，注册会计师应检查被审计单位有无故意漏记应付账款的行为。检查时，应注意审查：被审计单位尚未处理的验收单或供货方发票；资产负债表日后收到的购货发票入账时间的正确性；资产负债表日后应付账款明细账贷方发生额入账时间的正确性。注册会计师可结合存货、固定资产等监盘，检查被审计单位是否存在未入账的应付账款，此外，还可以通过询问被审计单位的会计和采购人员，查阅资本预算、工作通知单和基建合同进行审查。如果注册会计师通过这些审计程序发现某些未入账的应付账款，应将有关情况详细记入审计工作底稿，并根据其重要性确定是否需建议被审计单位进行相应的调整。

5. 检查应付账款是否已在财务报表上恰当列报

注册会计师应查明资产负债表上应付账款的金额是否与审定数一致。通常情况下，资产负债表中该项目应根据“应付账款”和“预付账款”科目所属明细科目的期末贷方余额的合计数填列。如果被审计单位为上市公司，则其财务报表附注应披露持有5%以上（含5%）股份的股东单位欠款情况；说明账龄超过3年的大额应付账款未偿还的原因，并在期后事项中反映资产负债表日后是否偿还。

【案例11—2】 注册会计师甲和乙在审计MY公司2013年年度财务报表时，注意到与购货和付款循环相关的内部控制存在缺陷，没有及时记录发生的应付账款。他们认为MY公司管理当局在资产负债表日故意推迟记录发生的应付账款，于是决定实施审计程序进一步查找未入账的应付账款。

要求：指出注册会计师甲和乙应如何查找未入账的应付账款。

【案例分析】 注册会计师甲和乙查找未入账应付账款的审计程序如下：

(1) 检查MY公司在资产负债表日未处理的不相符购货发票及有材料入库凭证但未收到购货发票的经济业务；

(2) 检查MY公司在资产负债表日后收到的购货发票，确认其入账时间是否正确；

(3) 检查MY公司在资产负债表日后应付账款明细账贷方发生额的相应凭证，确认其入账时间是否正确。

二、应付票据审计

（一）应付票据审计的目标

应付票据审计的目标一般包括：确定资产负债表中记录的应付票据是否存在；确定所有应当记录的应付票据是否均已记录；确定资产负债表中记录的应付票据是否被审计单位应当履行的现时义务；确定应付票据增减变动的记录是否完整；确定应付票据期末余额是否正确、在财务报表上是否作出恰当的列报。

（二）应付票据的实质性程序

1. 获取或编制应付票据明细表

注册会计师在对应付票据账户进行审计时，应首先取得或编制应付票据明细表，并同有关明细账及总分类账进行核对。一般地讲，应付票据明细表应列示票据类别及编号、出票日期、面额、到期日、收款人名称、利息率、付息条件、抵押品名称、数量、金额等。在进行核对时，注册会计师应注意被审计单位有无漏报或错报票据，有无漏列作为抵押的资产，有无属于应付账款的票据，有无漏计、多计或少计应付利息费用等情况。

2. 函证应付票据

注册会计师可分票据种类进行函证。对于应付银行的重要票据，应结合银行存款余额一起函证。凡是当年度与客户单位有往来的银行均应成为函证的对象，因为可能某一银行的存款虽已结清，但开给客户的应付票据仍未销案。询证函也要求银行列示借款抵押券，如用有价证券、应收账款及其他资产做担保时，应在询证函中详细列明这些项目。应付其他债权人的重要票据，应以客户单位名义，由注册会计师直接向债权人发函。函证时，询证函应包括出票日、到期日、票面金额、未付金额、已付息期间、利息率以及票据的抵押担保品等项内容。

3. 检查逾期未付票据

注册会计师应审查有关会计记录和原始凭证，检查被审计单位有关到期仍未偿付的应付票据。如有逾期未付票据，应查明原因，如系有抵押的票据，应作出记录，并提请被审计单位进行必要的披露。

三、预付账款审计

（一）预付账款审计的目标

预付账款审计的目标一般包括：确定资产负债表中记录的预付账款是否存在；确定所有应当记录的预付账款是否均已记录；确定预付账款增减变动的记录是否完整；检查预付账款是否可收回，坏账准备的计提方法和比例是否恰当；确定预付账款和坏账准备的期末余额是否正确、在财务报表上是否作出恰当的列报。

（二）预付账款的实质性程序

1. 获取或编制预付账款明细表

注册会计师获取或编制预付账款明细表，复核加计是否正确，并与报表数、总账数和明细账合计数核对相符；同时请被审计单位协助，在预付账款明细表上标出截至审计日已收到货物并冲销预付账款的项目。

2. 审查预付账款的发生是否正常合规

注册会计师可抽查与预付账款有关的购货合同、相关凭证，以审查预付账款的发生是否符合有关规定，是否属于正常的业务经营范围，有无随意预付的现象。检查大额预付工程款增加或者结转是否有相应的审批手续，与相关合同、工程进度是否一致。进行预付账款的账龄分析，检查预付账款长期挂账的原因，确定是否属于变相对外投资、资金拆借或转移资金问题，若是，提请被审计单位作必要调整。

3. 审查预付账款的真实性

选择大额或异常的预付账款重要项目（包括零账户），函证其余额是否正确，并根据回函情况编制函证结果汇总表；对回函金额不相符的，要查明原因，作出记录或建议进行适当调整；对未回函的，可再次复函，也可采用替代程序进行检查，如检查该笔债权的相关凭证资料，或抽查报表日后预付账款明细账及存货明细账，核实是否已收到货物并转销，并根据替代程序检查结果判断其债权的真实性或出现坏账的可能性。对未发询证函的预付账款，应抽查有关原始凭证。

4. 审查预付账款会计处理的正确性

抽查入库记录，审核有无重复付款或将同一笔已付清的账款在预付账款和应付账款这两个账户同时挂账的情况；分析预付账款明细账余额，对于出现贷方余额的项目，结合应收账款的审查，查明是否有将预付账款记入应收账款贷方的情况，如有应建议被审计单位作重分类调整。

5. 审查预付账款是否已在财务报表上作出恰当列报

注册会计师应在实施上述审计程序后，确定预付账款的期末余额是否恰当，进而确定预付账款是否按照企业会计准则的规定在资产负债表上作出了恰当列报。

【案例 11—3】 2014 年 1 月 A 注册会计师对通达电器公司预付账款进行审计时，发现该公司明细账 2013 年 1 月 1 日借方余额是 900 000 元，2013 年借、贷方均无发生额，2014 年元月仍为借方余额 900 000 元。据查，此预付款无购销合同，但有口头协议，实际未履行协议，客户单位为光明电机厂，业务为购销电机。

要求：分析此项预付账款可能存在的问题，并提出处理意见。

【案例分析】 这笔预付账款可能存在的问题：

(1) 购销业务有纠葛。如购销双方在电机价格、质量等方面存在分歧，故虽预付了部分款项，但实际业务并未成交。

(2) 此预付账款纯属虚构。经办人员可能虚构预付账款，从而达到挪用此款的目的。

(3) 此款被诈骗。可能不存在光明电机厂，或虽有光明电机厂，但无供货能力。

(4) 可能是记账错误，也可能是该预付款已收回，但未销账。

针对上述情况，审计认为无购货合同而预付货款，这是不合规的，应派人或去函到光明电机厂了解真实情况。若是双方因价格、质量方面的问题，出现争执，应希望双方共同协商解决，如难以成交，应退回预付款；若是记账有错误，则应要求立即更正，未销账应立即销账；若是虚构预付款，则要严肃处理，追究舞弊人员的责任，并及时调整有关账目；若是被诈骗，应依法追究经办人员的责任，并追回预付的账款，调整有关账目。

第四节 固定资产和累计折旧审计

一、固定资产的内部控制及其测试

固定资产不同于存货，单位价值高，其管控一旦失误，将极大危及企业的资产安全。为确保固定资产的真实、完整、安全和有效利用，企业应在常用的内部控制程序之外，针对固定资产的特性，建立有效的内部控制制度。

（一）预算控制及其测试

固定资产预算控制是固定资产内部控制的起点，也是固定资产内部控制中最重要的环节。注册会计师应获取本期固定资产投资预算和投资可行性论证报告，检查其是否经适当层次审批；对实际支出与预算之间的差异有无分析与考核制度；对未列入预算的预算外事项是否履行特别的审批手续，审批标志是注册会计师在执行控制测试中重点检查的内容。如果固定资产的增减均能处于良好的经批准的预算控制之下，注册会计师可适当减少相应的实质性程序。

（二）授权批准控制及其测试

完善的固定资产授权批准控制包括：企业的资本预算只有经过董事会等高层管理机构批准方可生效；所有固定资产的取得和处置均须经企业管理层的书面认可。注册会计师应检查其授权批准制度是否完善；应选取固定资产请购单及相关采购合同，检查是否经适当审批和签署，关注授权审批控制制度是否切实得到执行。

（三）账簿记录控制及其测试

由于固定资产价值大、使用期长、类别多且存放地点分散，因此必须设置一套完善的凭证账簿体系对其进行核算。除固定资产总账外，还应设置固定资产明细账和固定资产登记卡，按固定资产类别、使用部门和每项固定资产进行明细分类核算。固定资产在投入使用时应建立固定资产卡片，连同实物交付使用部门管理。固定资产在企业各部门之间移动时，固定资产卡片也应跟随实物转移。对临时性租入或租出的固定资产应建立备查簿，登记租入或租出的时间、期限、租金收入等内容。

（四）职责分工控制及其测试

企业对固定资产的取得、记录、保管、使用、维修、处置等，均应明确划分责任，由专门部门和专人负责。应注意请购与审批、记录与保管、盘点与保管等不相容职能相分离。对注册会计师而言，明确的职责分工制度有利于防止舞弊，降低审计风险。

（五）区分资本性支出与收益性支出控制及其测试

企业应严格区分资本性支出与收益性支出，制定区分两种支出的书面标准，明确资本性支出的范围和最低金额，凡不属于资本性支出的范围内、金额低于下限的任何支出，均应列作费用并抵减当期收益。

（六）固定资产处置控制及其测试

固定资产的处置，包括投资转出、报废、出售等，均要有一定的申请报批程序。注册会计师应当关注被审计单位是否建有该项程序；抽取固定资产盘点明细表，检查账实之间的差异是否经审批后及时处理；抽取固定资产报废单，检查报废是否经适当批准和处理；抽取固定资产内部调拨单，检查调入、调出是否已进行适当处理；抽取固定资产变动情况分析报告，检查是否经复核。

（七）固定资产定期盘点控制及其测试

对固定资产定期盘点，以验证账面资产是否真实存在，账实是否相符，并检查其放置地点和使用状况是否正常。注册会计师应当了解和评价固定资产盘点制度，并注意查询盘盈、盘亏固定资产的处置情况。

二、固定资产审计

由于固定资产单位价值高，且其价值总额在资产总额中一般都占有较大比重，固定资产的安全与完整对企业的生产经营影响极大，注册会计师应对固定资产的审计予以高度重视。另外，固定资产审计通常会涉及累计折旧的审计、固定资产减值准备的审计、固定资产增减的审计等项内容，固定资产审计的范围很广。

（一）固定资产审计的目标

固定资产审计的目标一般包括：确定资产负债表中记录的固定资产是否存在；确定所有应记录的固定资产是否均已记录；确定记录的固定资产是否归被审计单位所有或控制；确定固定资产的计价方法是否恰当；确定固定资产的期末余额是否正确；确定固定资产是否已按企业会计准则的规定在财务报表中作出恰当列报。

（二）固定资产的实质性程序

1. 获取或编制固定资产及累计折旧分类汇总表

固定资产及其累计折旧分类汇总表，是分析固定资产账户余额变动情况的重要依据，是固定资产审计的重要工作底稿，其格式如表 11—1 所示。注册会计师应注意验证固定资产明细账与总账的金额是否相符，如果不符，则应将明细分类账与有关的原始凭证进行核对，查出差异原因并予以更正。对各项固定资产的累计折旧，注册会计师也要加计汇总与总账核对，揭示并查明差异原因，予以更正。核对无误后，获取或编制固定资产及累计折旧分类汇总表。

表 11—1　　固定资产及累计折旧分类汇总表

2013 年 12 月 31 日

被审计单位：宏达股份有限公司　　编制人：周仪　日期：2014 年 1 月 20 日

报表日：　　复核人：张芳　日期：2014 年 1 月 29 日

项目编号	固定资产类别	固定资产（元）				累计折旧（元）					
		期初余额	增加	减少	期末余额	折旧方法	折旧率	期初余额	增加	减少	期末余额
143	房屋建筑物	1 700 000			1 700 000	直线法	5%	170 000	85 000		255 000

续前表

项目编号	固定资产类别	固定资产（元）				累计折旧（元）					
		期初余额	增加	减少	期末余额	折旧方法	折旧率	期初余额	增加	减少	期末余额
144	机器设备	292 000	68 000		360 000	直线法	10%	584 000	3 400		61 800
145	运输工具	172 000	24 000	16 000	180 000	直线法	20%	68 800	2 400	8 000	63 200
146	办公设备	24 000	6 000		30 000	直线法	20%	9 600	600		10 200
合计		2 188 000	98 000	16 000	2 270 000			306 800	91 400	8 000	390 200

2. 实施分析程序

根据被审计单位业务的性质，选择以下方法对固定资产实施分析程序：

（1）计算固定资产原值与本期产品产量的比率，并与以前期间比较，可能发现闲置固定资产或已减少固定资产未在账户上注销的问题。

（2）计算本期计提折旧额与固定资产总成本的比率，将此比率与上期比较，旨在发现本期折旧额计算上的错误。

（3）计算累计折旧与固定资产总成本的比率，将此比率与上期比较，旨在发现累计折旧核算上的错误。

（4）比较本期各月之间、本期与以前各期之间的修理及维护费用，旨在发现资本性支出和收益性支出区分上可能存在的错误。

（5）比较本期与以前各期固定资产的增加和减少。由于被审计单位的生产经营情况在不断变化，各期之间固定资产增加和减少的数额可能有很大相关性。注册会计师应当深入分析其差异，并根据被审计单位以往和今后的生产经营趋势，判断差异产生的原因是否合理。

（6）分析固定资产的构成及其增减变动情况，与在建工程、现金流量表、生产能力等相关信息交叉复核，检查固定资产相关金额的合理性和准确性。

3. 实地检查固定资产

（1）检查固定资产的存在性。实施实地检查审计程序时，注册会计师可以以固定资产明细分类账为起点，进行实地追查，以证明会计记录中所列固定资产确实存在，并了解其目前的使用状况；也可以以实地为起点，追查至固定资产明细分类账，以获取实际存在的固定资产均已入账的证据。实物盘点是验证固定资产品种、规格、数量的账面记录与实际状况是否一致的主要手段。注册会计师应取得被审计单位的固定资产盘点表，并采用重点抽查和审阅书面资料相结合的方法对固定资产的实存情况进行审查。值得注意的是，注册会计师实地检查的重点是本期新增加的重要固定资产，有时，检查范围也会扩展到以前期间增加的固定资产。检查范围的确定需要依据被审计单位内部控制的强弱、固定资产的重要性以及注册会计师的经验来判断。如为初次审计，则应适当扩大检查范围。

（2）检查固定资产的使用状况。注册会计师应了解被审计单位各类固定资产在总额中的比重及其使用状况；调查不需用、未使用的固定资产的状况及不需用、未使用的起止时间、原因，获取相关证明文件；应关注是否存在已报废但仍挂账的固定资产。

4. 审查固定资产的所有权

对各类固定资产，注册会计师应获取、收集不同的证据以确定其是否确归被审计单位所有：

(1) 对于外购的机器设备等固定资产，通常应审核采购发票、采购合同等予以确定。

(2) 对于房地产类固定资产，需要查阅有关的合同、产权证明、财产税单、抵押借款的还款凭据、保险单等书面文件。

(3) 对融资租入的固定资产，应验证有关融资租赁合同。

(4) 对汽车等运输设备，应验证有关运营证件。

注册会计师应结合对银行借款等的检查，了解固定资产是否存在抵押、担保情况。如存在，应取证、记录，并提请被审计单位作必要披露。

5. 审查固定资产的增加

审计固定资产的增加，是固定资产实质性程序中的重要内容。固定资产的增加有购置、自制自建、投资者投入、更新改造增加、债务人抵债增加等多种途径。注册会计师的审计要点如下：

(1) 审查固定资产的增加是否合理。对于外购的固定资产，注册会计师应审查其购建计划是否合理，检查其购货合同、发票、保险单、发运凭证等相关文件是否完整齐全；检查分期付款购买固定资产入账价值及会计处理是否正确，是否存在相关的财务承诺，必要时提请被审计单位作披露。对于由在建工程转入的固定资产，应检查其竣工决算、验收和移交报告是否正确，与在建工程的相关记录是否核对相符，借款费用资本化金额是否恰当。对于投资者投入的固定资产，如需经评估确认，应检查是否有经国有资产管理部门确认的评估报告、固定资产交接手续是否齐全。对于融资租赁增加的固定资产，获取融资租入固定资产的相关证明文件，检查融资租赁合同的主要内容。对于通过其他途径增加的固定资产，应检查增加固定资产的原始凭证和其法律手续是否齐全。对于抵债转入的固定资产，应检查产权过户手续是否齐备。对于清产核资、资产评估调增的固定资产，则应查阅有关报告及有关固定资产管理部门的确认文件。

(2) 审查固定资产的计价是否符合规定。该项审查涉及计价是否正确、手续是否齐备、会计处理是否正确三个方面。固定资产计价的正确与否，影响折旧的提取、成本的计算，所以要认真审查。固定资产计价一般以历史成本为标准，即企业为取得某项固定资产，按其全新状态所应支付的全部货币金额。但新增固定资产的来源途径不同，其原始价值计算方法也不同。如投资转入的固定资产可按评估或合同、协议约定的价格入账，捐赠固定资产可按市价入账，盘盈固定资产可按重置完全价值入账等。注册会计师在审核固定资产计价时，应区别不同情况，逐项仔细审查。

6. 审查固定资产的减少

固定资产的减少主要包括：出售、投资转出、抵债转出、报废、盘亏、毁损等。为了保护固定资产的安全和完整，必须对固定资产的减少进行严格的审查，从而确定固定资产减少的合理性、合法性。由于固定资产减少的原因不同，注册会计师在审查时应分别不同情况，抓住审计重点。对各种固定资产减少的审计，注册会计师的审计重点如下：

(1) 检查因不同原因减少的固定资产是否经授权批准，会计处理是否正确。

(2) 结合固定资产清理账户，抽查已处置的固定资产账面转销额是否正确，并验证所处置固定资产的净损益的真实性与准确性。

(3) 检查是否存在未入账的固定资产减少业务。可通过以下途径进行：查明本期增加的固定资产中是否有替换原有固定资产的情况；若某种产品因故停产，应追查其专用生产设备是否存在或已作处置；询问被审计单位固定资产管理部门或有关职员，了解本期有无未入账的固定资产减少业务。

7. 审查固定资产是否已在财务报表上作出恰当列报

财务报表附注通常应说明固定资产的标准、分类、计价方法和折旧方法；各类固定资产的预计使用年限、预计净残值和折旧率；分类别披露固定资产在本期的增减变动情况，并应披露用作抵押、担保和本期从在建工程转入数、本期出售固定资产数、本期置换固定资产数等情况。

【案例 11—4】 注册会计师在审查顺达股份有限公司 2013 年年度固定资产折旧时，发现本年度 1 月初新增已投入生产使用的机床一台，原价为 2 000 000 元，预计净残值为 200 000 元，预计使用年限为 5 年，使用年数总和法对该项固定资产进行折旧，其余各类固定资产均用直线法折旧，且该公司对这一事项在财务报表附注中未作揭示。

要求：根据上述情况，注册会计师应确定这一事项对被审计单位资产负债表和利润表的影响，并提请被审计单位在财务报表附注中做充分揭示。

【案例分析】 注册会计师认为该公司的固定资产折旧方法本期出现不一致，且未充分揭示，这是违反现行会计准则的。由此计算的该事项对资产负债表和利润表影响如下：

该机床用年数总和法计算的年折旧＝(2 000 000－200 000)×5/15＝600 000（元）

该机床用直线法计算的年折旧＝(2 000 000－200 000)÷5＝360 000（元）

所以，由于折旧方法的改变，使得本年度多提折旧额 240 000 元（即 600 000－360 000)，致使资产负债表中的“累计折旧”项目增加 240 000 元，利润表中的“利润总额”项目减少 240 000 元。

对此，注册会计师要求被审计单位在财务报表附注中作这样的提示：“本公司由于对原值为 2 000 000 元，预计净残值为 200 000 元，预计使用年限为 5 年的机床采用年数总和法进行折旧，与采用直线法相比，使本年度的折旧额增加 240 000 元，利润总额减少 240 000 元，特予以披露。”

三、累计折旧审计

（一）累计折旧的审计目标

累计折旧审计的主要目标包括：审查折旧政策和方法是否符合企业会计准则；累计折旧增减变动的记录是否完整；确定折旧费用的计算、分摊是否正确、合理；累计折旧的期末余额是否正确；累计折旧在财务报表上的列报是否恰当。

（二）累计折旧的实质性程序

1. 获取或编制累计折旧分类汇总表

获取或编制累计折旧分类汇总表，对表内有关数字进行加计复核，并与报表数、总账和明细账余额进行核对。在实际工作中，累计折旧分类汇总表通常已在固定资产审计过程中取得。

2. 审查采用的折旧政策和折旧方法

审查所用的折旧政策和方法是否符合国家税法、企业会计准则等的规定，折旧方法是否符合相应固定资产的实际使用状况，前后各期的折旧政策和方法是否保持了一贯性，预计使用期限和预计净残值是否合理。

3. 对累计折旧执行实质性分析程序

（1）首先应对本期增加和减少固定资产、使用年限长短不一和折旧方法不同的固定资产做适当调整，然后，用应计提折旧的固定资产乘以本期的折旧率，如果总的计算结果和被审计单位的折旧总额相近，且固定资产及累计折旧内部控制较健全，则可以适当减少累计折旧和折旧费用的其他实质性测试工作量。

（2）计算本期计提折旧额占固定资产原值的比率并与上期比较，分析本期折旧计提额的合理性和准确性；计算累计折旧占固定资产原值的比率，评估固定资产的老化率，并估计因闲置、报废等原因可能发生的固定资产损失。

4. 审查累计折旧的计提和折旧费用的分配

注册会计师应审阅、复核固定资产折旧计算表，并对照记账凭证、固定资产卡片和固定资产分类表，通过核实月初固定资产原值、分类或个别折旧率，复算折旧额的计算是否正确。还应检查折旧费用的分配是否合理，将“累计折旧”账户贷方的本期计提折旧额与相应的成本费用中的折旧费用明细账户的借方进行比较，查明所计提折旧金额是否全部摊入本期产品的成本或费用。一旦发现差异，应及时追查原因，并考虑是否建议作适当调整。

5. 审查累计折旧的披露是否恰当

注册会计师应确定被审计单位是否在财务报表附注中充分披露折旧政策及其变更情况，分类说明累计折旧在本期的增减变动。

【案例 11—5】 注册会计师C审计甲股份有限公司2013年年度“固定资产”和“累计折旧”项目时发现下列情况：

（1）“未使用固定资产”中，固定资产——Y设备已于本年度5月份投入使用，该公司未按规定转入“使用固定资产”和计提折旧。

（2）对所有的“空调器”，按其实际使用的时间（5月至9月）计提折旧。

（3）公司有融资租入的设备4台，租赁期为5年，尚可使用时间为6年，该公司确定的折旧期为6年。

（4）对已提足折旧继续使用的某设备，仍计提折旧。

（5）8月初购入吊车2辆，价值650万元，当月已投入使用并同时开始计提折旧。

（6）该公司采用平均年限法计提折旧，但于本年度9月改为工作量法，这一改变已经董事会批准，未在财务报表附注中予以说明。

要求：请代注册会计师C指出上述各项中存在的问题，并提出改进建议。

【案例分析】 注册会计师C对此应提出以下问题和建议：

（1）根据企业会计准则规定，房屋、建筑物以外的未使用、不需用的固定资产不计提折旧，但如根据生产经营的需要重新投入使用，则应自投入的次月开始计提折旧。该公司应把Y设备及时转入“使用固定资产”，并自6月开始计提折旧。

（2）固定资产使用年限是指固定资产的实际使用寿命，作为一种具有特殊性质的“空调器”，其性质属于“季节性使用的固定资产”，按照制度规定停用期间应照常计提折旧；如果停用期间不提折旧，则使用期间所计提的折旧应当是折旧年限应提折旧金额。因此，该公司计提折旧的方法或按月份平均计提年折旧额的1/12，或者是按实际使用月份平均分摊计提年折旧额。

(3) 融资租入固定资产的折旧年限，应根据不同情况确定。若能合理确定租赁期届满时将取得租赁资产的所有权，则应在租赁资产尚可使用年限内计提折旧；若无法合理确定租赁届满时能否取得租赁资产的所有权，则应在租赁期与租赁资产尚可使用年限两个中较短的期间内计提折旧。该公司应区别不同情况，确定融资租赁固定资产的时间期，而不应不分情况一律在租赁资产尚可使用年限内计提折旧。

(4) 根据企业会计准则规定，已提足折旧继续使用的固定资产，不再计提折旧。该公司对其继续计提，造成多提折旧，应对多提的折旧进行冲回。

(5) 根据企业会计准则规定，当月增加的固定资产从下月开始计提折旧。该公司的650万元的吊车应从9月份开始计提折旧，而不是8月份。

(6) 企业会计准则规定，固定资产折旧方法一经确定，不得随意变更；如需要变更，应经董事会批准，并应在财务报表附注中予以披露。该公司变更折旧方法后，未按规定程序披露，应加以纠正。

三、固定资产减值准备的审计

(一) 固定资产减值的迹象

企业应当在资产负债表日判断固定资产是否存在可能发生减值的迹象。根据企业会计准则的规定，如存在下列迹象的，表明固定资产可能发生了减值：

(1) 固定资产的市价当期大幅度下跌，其跌幅明显高于因时间的推移或正常使用而预计的下跌。

(2) 企业经营所处的经济、技术或者法律等环境以及固定资产所处的市场在当期或者将在近期发生重大变化，从而对企业产生不利影响。

(3) 市场利率或者其他市场投资回报率在当期已经提高，从而影响企业计算固定资产预计未来现金流量现值的折现率，导致固定资产可收回金额大幅度降低。

(4) 有证据表明固定资产陈旧过时或者其实体已经损坏。

(5) 固定资产已经或者将被闲置、终止使用或者计划提前处置。

(6) 企业内部报告的证据表明固定资产的经济绩效已经低于或者将低于预期，如固定资产所创造的净现金流量或者实现的营业利润（或者损失）远远低于（或者高于）预计金额等。

(7) 其他表明固定资产可能已经发生减值的迹象。

如果由于该固定资产存在上述迹象，导致其可收回金额低于账面价值，应当将固定资产的账面金额减记至可收回金额，将减记的金额确认为固定资产减值损失，计入当期损益，同时计提相应的固定资产减值准备。

(二) 固定资产减值准备的实质性程序

固定资产减值准备的实质性程序一般包括：

（1）获取或编制固定资产减值准备明细表，复核加计是否正确，并与总账数和明细账合计数核对是否相符。

（2）检查被审计单位计提固定资产减值准备的依据是否充分，会计处理是否正确。

（3）获取闲置固定资产的清单，并观察其实际状况，识别是否存在减值迹象。

（4）检查资产组的认定是否恰当，计提固定资产减值准备的依据是否充分，会计处理是否正确。

（5）检查被审计单位处置固定资产时原计提的减值准备是否同时结转，会计处理是否正确。

（6）检查是否存在转回固定资产减值准备的情况。按照企业会计准则规定，固定资产减值损失一经确认，在以后会计期间不得转回。

（7）检查固定资产减值准备的披露是否恰当。

如果企业计提了固定资产减值准备，企业应当在财务报表附注中披露：①当期确认的固定资产减值损失金额；②企业提取的固定资产减值准备累计金额。如果发生重大固定资产减值损失的，还应当说明导致重大固定资产减值损失的原因，固定资产可收回金额的确定方法，以及当期确认的重大固定资产减值损失的金额。如果被审计单位是上市公司，其财务报表附注中通常还应分项列示计提的固定资产减值准备金额、增减变动情况以及计提的原因。

第五节　其他相关项目审计

在采购与付款循环中，除以上介绍的财务报表项目以外，还有在建工程、工程物资、固定资产清理、无形资产和管理费用等项目。限于本教材篇幅，对这些项目审计的阐述，一般直接列示其相应的实质性测试审计程序。需要强调的是，这些实质性程序并非一成不变，也不是完整无缺的。注册会计师在审计时，应视具体审计情况，运用专业判断对其做出合理增删。

一、在建工程审计

在建工程的实质性程序一般包括：

（1）获取或编制在建工程明细表，对有关数字进行复核，并将其与报表数、总账数和明细账合计数进行核对，若不相符，应查明原因并进行适当处理。

（2）审查在建工程的增减数额是否正确，如对借款费用、工程管理费用资本化的起止日的界定、计算方法、计算过程、会计处理等是否合理与正确等。

（3）审查在建工程项目期末余额的构成内容，并实地观察工程现场，确定在建工程是否存在，了解工程项目的实际完工进度，对在建工程累计发生额进行技术测定，并将其与账内数进行核对，检查其是否差距较大，判断其有无多计、虚计或少计、漏计工程费用的问题。

（4）审查在建工程减值准备的计提。主要应查明在建工程减值准备的计提方法是否符合企业会计准则规定，计提的数额是否正确，相关会计处理是否正确。

（5）审查在建工程是否已在财务报表上作出恰当列报。

二、工程物资审计

工程物资的实质性程序一般包括：

（1）获取或编制工程物资明细表，对有关数字进行复核，并将其与报表数、总账数和明细账合计数进行核对，若不相符，应查明原因并进行调整。

（2）对工程物资实施监盘程序，确定其是否存在，账实是否相符，并观察有无呆滞、积压的工程物资。

（3）抽查若干工程物资采购合同、发票、货物验收单等原始凭证，确定工程物资是否归被审计单位所有，检查其内容是否齐全，有无得到授权批准，会计处理是否正确。

（4）审查工程物资领用手续是否齐全，使用是否合理，会计处理是否正确。

（5）审查被审计单位对工程物资有无定期盘点制度，对盘盈、盘亏、报废、毁损的，是否将减去保险公司和过失人的赔偿部分后的净额，正确地冲减了在建工程成本或计入营业外支出。

（6）审查工程完工后剩余工程物资转入存货的，是否将其所含增值税进项税额进行了正确的分离；对外销售的，是否先结转其进项税额，待出售时再结转相应成本。

（7）确定工程物资减值准备计提是否充分、完整，方法是否恰当。

（8）审查工程物资及减值准备是否已在财务报表上作出恰当列报。

三、固定资产清理审计

固定资产清理的实质性程序一般包括：

（1）获取或编制固定资产清理明细表，复核加计是否正确，并与报表数、总账数和明细账合计数核对相符。

（2）检查固定资产清理的发生是否有正当理由，是否经有关技术部门鉴定，固定资产清理的发生和转销是否经授权批准，相应的会计处理是否正确。

（3）审查固定资产清理是否长期挂账，如有，应进行记录，必要时建议作适当调整。

（4）审查固定资产清理是否已在财务报表上作恰当列报。

四、无形资产审计

无形资产的实质性程序一般包括：

（1）审查无形资产是否存在、是否归被审计单位所有。注意审查无形资产的权属证明文件是否存在、是否完整。

（2）审查无形资产增减变动的会计记录是否正确、完整，尤其是计价是否合理，是否存在将研究阶段的支出不适当地进行资本化、记入无形资产的问题。

（3）审查使用寿命确定的无形资产的摊销政策是否恰当，是否与上期一致，验算本期摊销额计算的正确性。

（4）审查无形资产减值准备计提是否充分、完整，方法是否恰当。

（5）审查无形资产、累计摊销及减值准备的期末余额是否正确，本期的增减变动是否在财务报表上作出恰当列报。

五、管理费用审计

管理费用的实质性程序一般包括：

（1）取得或编制管理费用明细表，在与报表数、总账数核对相符的基础上，执行分析程序，查看本期与上期有无重大波动和异常情况，并与固定资产折旧、无形资产摊销、应付职工薪酬、银行存款等相关账户进行交叉钩稽分析。

（2）选取管理费用中的大额支出项目及发生重大波动或存在异常的项目，追查至原始凭证，检查是否确实存在，是否经适当的程序批准。

（3）抽取资产负债表日前后一定数量的凭证，实施截止性测试，对重大跨期项目建议作必要的账项调整。

（4）确定管理费用在财务报表上的列报是否恰当。

复习思考题

1. 简述采购与付款循环涉及的主要凭证与会计记录。
2. 简述采购与付款循环内部控制的内容及控制测试的步骤。
3. 简述应付账款审计的目标及实质性程序。
4. 简述固定资产审计的目标及实质性程序。
5. 审计固定资产时实施的分析性程序有哪些？
6. 简述累计折旧审计的目标及实质性程序。
7. 对固定资产减值准备的实质性程序有哪些？

第十二章 生产与存货循环审计

学习目标

通过本章的学习，了解生产与存货循环交易涉及的主要业务活动及相应的凭证、记录；理解生产与存货循环的主要内部控制以及控制测试的基本内容；熟悉生产与存货循环审计的具体目标，存货成本审计的目标及实质性测试的主要内容；掌握存货监盘程序，存货计价和截止测试，应付职工薪酬及其他相关项目的实质性程序。

第一节 生产与存货循环概述

生产与存货循环（Production and Inventory Cycle）涉及的内容主要是存货的管理及费用归集和生产成本的计算等。本循环涉及存货、应付职工薪酬、主营业务成本等资产负债表项目和利润表项目。实施生产与存货循环审计，首先必须明确本循环的主要业务活动及其所涉及的主要凭证与会计记录。

一、主要业务活动

生产与存货循环的主要目标是按照企业的生产计划生产出产品。它由原材料转化为产成品的有关活动所组成。该循环交易从领料生产开始，到加工、销售产成品时结束。通常情况下，该循环典型的业务活动包括以下内容。

（一）计划和安排生产

生产计划部门的职责是根据顾客订单或者对销售预测和存货需求的分析来制定生产计划，决定生产授权。如决定授权生产，即签发预先编号的生产通知单，并对整个生产过程进行控制。该部门通常应将发出的所有生产通知单顺序编号并加以记录控制。此外，还需要编制一份材料需求报告，列示所需要的材料和零件及其库存。

（二）发出原材料

仓库部门根据从生产部门收到的领料单发出原材料。领料单上必须列示所需的材料数量和种类，以及领料部门的名称。领料单可以一单一料，也可以一单多料，通常需一式三联。仓库发料后，将其中一联连同材料交还领料部门，其余两联经仓库登记材料明细账后，送会计部门进行材料收发核算和成本核算。

（三）生产产品

生产部门在收到生产通知单及领取原材料后，便将生产任务分解到每一个生产工人，并将所领取的原材料交给生产工人，据以执行生产任务。生产工人在完成生产任务后，将完成的产品交生产部门查点，然后转交检验员验收并办理入库手续；或是将所完成的产品移交下一部门，作进一步加工。整个生产过程，既是将原材料加工成在产品，最终生产出产成品的实物流转过程，也是生产成本的汇集和计算过程。

（四）核算产品成本

为了正确地核算并有效控制产品成本，必须建立健全成本会计制度，将生产控制和成本核算有机结合在一起。一方面，生产过程中的各种记录、生产通知单、领料单、计工单、入库单等文件资料都要汇集到会计部门，由会计部门对其进行核算和控制。另一方面，会计部门要设置相应的会计账户，会同有关部门对生产过程中的成本进行核算和控制。

（五）储存产成品

产成品入库，须由仓库部门先行点验和检查，然后签收。签收后，将实际入库数量通知会计部门。据此，仓库部门确立了本身应承担的责任，并对验收部门的工作进行验证。除此之外，仓库部门还应根据产成品的品质特征分类存放，并填制标签。

（六）发出库存商品

库存商品的发出须由独立的发运部门进行。装运库存商品时必须持有经有关部门核准的发运通知单，并据此编制出库单。出库单至少一式四联，一联交仓库部门；一联发运部门留存；一联送交顾客；一联作为给顾客开发票的依据。

二、主要凭证与会计记录

（一）生产通知单

生产通知单又称“生产任务通知单”或“生产指令”，是企业下达制造产品等生产任务，用以通知生产车间组织产品制造，供应部门组织材料发放，会计部门组织成本计算的书面文件。通常由生产管理部门根据客户订单或对市场需求的预测与分析定期制定。

（二）领发料凭证

领发料凭证是企业为控制材料发出所采用的各种凭证，如材料发出汇总表、领料单、限额领料单、领料登记簿、退料单等。

（三）产量和工时记录

产量和工时记录是登记工人或生产班组在出勤时间内完成产品数量、质量和生产这些产品所耗费工时数量的原始记录。常见的产量和工时记录主要有工作通知单、工序进程单、工作班产量报告、产量通知单、产量明细表、废品通知单等。

（四）职工薪酬费用分配表

工薪汇总表是企业为了反映全部工薪的结算情况，并据以进行工薪总分类核算和汇总整个企业工薪费用而编制的，它是进行工薪费用分配的依据。职工薪酬费用分配表是用来反映各生产车间各产品及企业其他部门应负担的职工薪酬的记录表。

（五）材料费用分配表

材料费用分配表是用来汇总反映各生产车间各产品及其他部门所耗费的材料费用的记录表。

（六）制造费用分配汇总表

制造费用分配汇总表是用来归集和分配各生产车间各产品所应负担的制造费用的记录表。

（七）产品成本计算单

产品成本计算单是用来归集某一产品成本计算对象所应承担的生产费用，计算该产品成本计算对象的总成本和单位成本的记录。

（八）存货明细账

存货明细账是按存货类别设置，用来反映原材料、在产品、产成品、周转材料等各种存货增减变动情况和期末库存数量及相关成本信息的会计记录。

第二节　生产与存货循环的控制测试

一、生产与存货循环的内部控制

生产与存货循环的内部控制包括两大控制系统：一是生产过程中的实物流转程序控制；二是对产品成本进行记录与控制的成本费用管理控制和成本费用会计控制。

（一）实物流转程序控制

在生产循环中，产品的品种和数量一般是由生产控制部门根据顾客订单、销货合同、市场预测等来确定，并下达生产计划和通知单。依据实物流转程序控制的要求，各个生产环节的相关部门必须制定严格的责任制度，由监控人员对从生产领料开始到产品完工入库为止的全过程进行有效的控制，以避免生产脱节、在产品积压、交接班岗位责任不清、违章操作造成的残次品、材料物资的丢失毁损等。此外，生产部门还应及时编制生产报告，通知仓库保管部门、会计部门及时进行会计记录，保证财产物资的安全。

（二）成本费用管理控制

即对成本费用支出业务进行计划、控制，对内部控制进行考核。其具体内容包括：确定成本控制目标和成本计划；制定各项消耗定额，包括直接材料、直接人工和制造费用定额；编制成本、费用预算；对各项成本费用指标进行分解，建立成本费用归口、分级管理责任制；定期进行成本费用考核与评价。

（三）成本费用会计控制

即对成本费用支出业务进行反映和监督的内部控制。其具体内容包括：制定成本费用控制制度，明确成本开支范围、开支标准；建立各项支出的手续批准、审核制度；设置相应的会计账户，选择适当的成本计算方法；合理归集与分配各项费用，确定产品生产成本；对各项费用的归集与分配结果进行复核；定期进行成本分析，查明企业成本变动的趋势和原因。

（四）费用内部责任控制

费用作为会计要素或财务报表要素的构成内容之一，是企业经营活动垫支的现金流出，涉及企业经营管理的各个环节，关系到企业产品成本的高低和企业盈利能力的大小。一个财务管理较好的企业必然重视费用内部责任控制与监督。其具体内容包括：有明确的费用开支范围和开支标准；有健全有效的费用预算控制制度；有健全的费用核准制度，严格费用开支的审批，特别是预算外开支审批手续；对费用进行合理的分类，并分别开设明细账，及时进行核算；定期检查费用预算的执行情况。

二、生产与存货循环的控制测试

生产与存货循环内部控制的测试，是在了解与描述内部控制的基础上，对其在实际业务中的执行与实施情况和过程进行检查和观察，以确定制定的内部控制与实际执行是否相符，即控制测试。

（一）检查存货的内控制度

（1）检查存货的领用是否有授权批准手续，是否严格按照授权批准手续发货；检查存货入库是否有严格的验收手续，是否就名称、规格、型号、数量和价格与合同、原始单证进行核对；检查存货的发出是否按规定办理，有无不按规定发出存货的情况。

（2）询问和观察存货的盘点过程。

（3）询问和观察存货的保管程序，观察是否只有经过授权批准的人员才能接近原材料和产成品等存货。

（4）抽查记账凭证所附的原始凭证是否齐备，是否顺序编号。

（二）检查购货业务

检查已经发生的存货购进、领用、发出的业务是否全部入账，有无没有入账的原始凭证。

（三）检查成本会计制度

（1）选取样本测试各费用项目的归集和分配以及成本核算是否按企业确定的成本核算流程和账务处理流程进行核算和账务处理。

（2）检查有关成本核算的记账凭证是否附有领发料凭证、产量工时记录、人工费用分配表、材料费用分配表、制造费用分配表等原始凭证，有无未附原始单证的记账凭证。

（3）检查是否所有已发生的料、工、费的耗费均已及时准确地计入生产成本中，有无未入账的原始凭证。

（4）选取样本测试各种费用的归集和分配以及成本的计算是否按规定执行，料、工、费是否采用恰当方法进行记录，生产成本是否在完工产品和在产品之间恰当分配，核算方法是否前后一致，完工产品发出后是否及时结转成本，核算方法是否前后期一致。

(5) 检查员工人事档案、工时卡是否由经授权的有关人员进行管理；员工人事档案、工时卡是否及时准确记录有关工资、薪金或佣金、代扣款项等内容。

(6) 检查记录的工薪是否为实际发生而非虚构的。

(7) 检查当期实际已发生的工薪支出是否全部计入成本；职工薪酬费用分配表是否完整反映实际已发生的工薪支出。

(8) 选取样本测试薪酬费用的归集和分配是否按规定流程执行。

(9) 询问和观察人事、考勤、工薪发放、记录等职务是否相互分离，各项职责的执行情况。

(四) 评价内控制度

对生产与存货循环内部控制进行评价，是为了对生产与存货循环进行实质性测试前确定对生产与存货循环内部控制的可依赖程度。注册会计师在评价时应注意分析生产与存货循环中可能发生哪些潜在的错报，哪些控制可以防止或者发现并更正这些错报。通过比较必要的控制和现有控制，评价计划审计工作所依赖的生产与存货内部控制的健全性与有效性。如果被审计单位没有建立注册会计师认为必要的内部控制，或者现有控制不足以防止或检查错报，那么注册会计师应该考虑内部控制缺陷对审计的影响，确定是否扩大实质性程序的范围。

第三节　存货审计

一、存货审计的目标

存货是企业在日常活动中持有以备出售的产成品或商品、处在生产过程中的在产品、在生产过程中或提供劳务过程中耗用的材料和物料等，是企业重要的流动资产，其是否真实，计价是否正确对各会计期间的损益和财务状况产生重大影响，因而注册会计师应高度重视存货审计。

存货审计的目标一般包括：确定资产负债表中记录的存货是否已存在；确定所有应当记录的存货是否均已记录；确定记录的存货是否由被审计单位拥有或控制；确定存货的记录是否完整；确定存货期末余额是否正确、是否已在财务报表中作出恰当列报。

二、存货的分析程序

分析程序在存货成本审计中普遍采用，注册会计师对存货执行分析程序可了解存货的总体合理性和存货计价的准确性。在实施分析程序中，注册会计师通常运用的方法有简单比较法和比率比较法两种。其中简单比较法主要进行以下分析：

(1) 比较前后各期及本年度各个月份存货余额及其构成、存货成本差异率、生产成本总额及单位生产成本、直接材料成本、工薪费用的发生额、制造费用、营业成本总额及单位销售成本等，以评价其总体合理性。

（2）将存货余额与现有的订单、资产负债表日后各期的销售额和下一年度的预测销售额进行比较，以评估存货滞销和跌价的可能性。

（3）将存货跌价准备与本年度存货处理损失的金额进行比较，判断被审计单位计提的跌价准备是否足额。

（4）将与关联企业发生存货交易的频率、规模、价格和账款结算条件，与非关联企业对比，判断被审计单位是否利用关联企业的存货交易虚构业务、调节利润。

在实施生产与存货循环的分析程序中，注册会计师通常运用的比率主要是存货周转率和毛利率。存货周转率是用以衡量销售能力和存货是否积压的指标。利用存货周转率进行纵向比较或与其他同行企业进行横向比较时，要求存货计价持续一致。存货周转率的异常波动可能意味着被审计单位存在有意或无意地减少存货储备；存货管理或控制程序发生变动；存货成本项目或核算方法发生变动以及存货跌价准备计提基础或冲销政策发生变动等情况。毛利率是反映盈利能力的主要指标，用以衡量成本控制及销售价格的变化。毛利率的异常变动可能意味着被审计单位存在销售产品总体结构、单位产品成本发生变动等情况。

三、存货的监盘

（一）存货监盘的含义

存货监盘（Supervision of Inventory-taking）是指注册会计师现场观察被审计单位存货的盘点，并对已盘点存货进行适当检查。存货监盘可以理解为是一项控制测试，即注册会计师通过观察和检查，确定被审计单位的存货盘点控制能否合理确定存货的数量和状况。存货监盘也可以理解为是一种双重目的的测试。除上述控制测试外，在存货监盘过程中，注册会计师通过检查存货的数量和状况，能够提供存货账面金额是否存在错报的直接审计证据。

通过存货监盘，注册会计师可以获取存货数量和状况的审计证据，以确证被审计单位记录的所有存货确实存在。存货监盘作为存货审计的一项核心审计程序，通常可以同时实现存货的存在认定、完整性认定、权利和义务认定多重审计目标。

需要指出的是，定期盘点存货，合理确定存货的数量和状况是被审计单位管理层的责任。实施存货监盘，获取有关期末存货数量和状况的充分、适当的审计证据是注册会计师的责任。二者不能互相取代。

（二）存货监盘计划

有效的存货监盘工作必须在事前制定周密的计划。注册会计师应当在了解被审计单位存货的特点、盘存制度和存货内部控制的有效性等情况的基础上，编制存货盘点计划，对存货监盘作出合理安排。具体来讲，注册会计师应考虑存货监盘的目标、范围、时间安排、人员分工、监盘的样本量及项目选取等问题。

在编制监盘计划时，注册会计师应实施以下审计程序：（1）了解存货的内容、性质、各存货项目的重要程度及存放场所，以便将审计资源分配到重要的存货类别上；（2）了解与存货采购、验收、仓储、领发、生产、盘存等各环节相关的内部控制，以根据内部控制的健全有效性，决定实质性程序的性质、时间和范围；（3）评估与存货相关的重大错报风险及重要性；(4) 查阅以前年度的存货监盘工作底稿；(5) 实地查看存货的存放场所，特别是金额较大或性质特殊的存货，以熟悉存货的分布，确定实施监盘的范围；(6) 考虑是否需要利用专家或其他注册会计师的工作；(7) 复核或与被审计单位管理层讨论其存货盘点计划。

(三) 存货监盘程序

1. 实地观察存货的盘点

(1) 在被审计单位盘点存货前，注册会计师应观察盘点现场，确定应纳入盘点范围的存货是否已经适当整理和排列，并附有盘点标识，以防遗漏或重复盘点。对未纳入盘点范围的存货，注册会计师应查明原因。对所有权不属于被审计单位的存货，注册会计师应取得其规格、数量等有关资料，确定是否已经分别存放、标明，且未纳入盘点范围。即使被审计单位声明不存在受托代存存货，注册会计师在存货监盘时也应关注是否存在某些存货不属于被审计单位的迹象，以避免盘点范围不当。

(2) 在被审计单位盘点存货时，注册会计师应对盘点过程进行仔细观察，应特别关注盘点人员是否准确地记录被盘点存货的数量和状况，以确认盘点过程符合盘点的基本要求和盘点计划。如有不合理之处，应及时指出并督促改正。如注册会计师认为盘点过程有严重缺陷，导致盘点结果严重失实，应要求被审计单位重新组织盘点。

2. 检查程序

(1) 注册会计师应对盘点存货进行适当检查，将检查结果与被审计单位的盘点记录相核对，并编制存货检查情况表。在检查时，注册会计师应从存货盘点记录中选取项目追查至存货实物，以测试盘点记录的准确性；注册会计师还应从存货实物中选取项目，追查至存货盘点记录，以测试存货盘点记录的完整性。注册会计师在将检查结果与盘点标签或盘点清单上的记录核对时，如果发现差异，应提请被审计单位更正；如果差异过大，注册会计师应扩大检查范围或要求被审计单位重新盘点。

(2) 注册会计师应获取盘点日前后存货收发移动的凭证，检查库存记录与会计记录期末截止是否正确。如果存货盘点日不是资产负债表日，注册会计师应进行适当的调节，确定盘点日与资产负债表日之间存货的变动是否已作正确记录。

(3) 在被审计单位的盘点过程结束前，注册会计师应再次观察盘点现场，以确定所有应纳入盘点范围的存货均已盘点；取得并检查已填用、作废及未使用盘点表单的号码记录，确定其是否连续编号，查明已发放的表单是否均已收回，并与存货盘点的汇总记录相核对。

(4) 在被审计单位的盘点过程结束后，注册会计师还应复核盘点结果汇总记录，评估其是否正确地反映了实际盘点结果。必要时，注册会计师应根据观察的情况，在盘点标签尚未取下之前，进行复盘抽点，并将抽点结果与盘点单记录进行核对，不仅要核对数量，还应该核对存货的编号、品种、规格及品质等，如发现差错过大，则应要求被审计单位重新盘点。在永续盘存制下，如果永续盘存记录与盘点结果出现重大差异，注册会计师应实施追加审计程序，查明原因，并检查永续盘存记录是否已作适当的调整。如果认为被审计单位的盘点方式及其结果无效，注册会计师应提请被审计单位重新盘点。

3. 编制监盘审计工作底稿

执行监盘程序的注册会计师应编制观察存货盘点的工作底稿，说明抽点的范围、值得注意的地方或漏洞。项目负责人应编制简洁的综合备忘录，说明观察存货盘点的范围、盘点过程、抽盘数量占存货比例等情况，并对存货盘点是否按照监盘计划进行表明意见。抽点复查结束后，应根据盘点标签或盘点清单登记存货盘点表。登记时，注册会计师应检查盘点标签或盘点清单编号的连续性。登记完毕，所有的盘点标签或清单均应由被审计单位参与人员和监盘注册会计师签名，并复印两份，被审计单位与会计师事务所各留一份存档。同时，注册会计师还应向被审计单位索取存货盘点前的最后一张验收报告单（或入库单）、最后一张货运文件（或出库单），以便审计时作截止测试之用。对于存货账面记录与实际盘点数的差额，应查明原因，提请被审计单位作出调整。

（四）特殊情况的审计处理

1. 无法实施监盘的存货

（1）对于因被审计单位存货的性质或存放地点等因素导致无法实施监盘的存货，注册会计师应考虑能否实施替代审计程序，获取期末存货数量和状况的充分、适当的审计证据。注册会计师实施的替代审计程序主要包括：检查进货交易凭证或生产记录以及其他相关资料；检查资产负债表日后发生的销货交易凭证；向顾客或供应商函证等。

（2）对于性质特殊的存货，如涉及特殊配方或生产工艺需要保密的存货；具有辐射、有毒等危害性的存货；管道中的化工产品、养殖的水产品等。对性质特殊的存货实施审计，需要更多依赖被审计单位相关的内部控制，需要检查采购、生产和销售方面的会计及业务记录，甚至向能接触存货项目的第三方询问。

（3）对于异地的存货，注册会计师可以通过向存放单位函证，来确认异地存货的存在性。如果这类存货在总资产或流动资产中占重要比例，则应执行追加审计程序，如委托当地会计师事务所负责存货监盘。对于在途存货，可通过审查相关凭证进行确认。

（4）对于因不可抗拒因素导致无法在预定日期实施监盘或接受委托时被审计单位的期末存货盘点已经完成的存货，注册会计师应评估存货内部控制的有效性，对存货进行适当检查或提请被审计单位另择日期重新盘点，同时测试在该期间发生的存货交易，以获取有关期末存货数量和状况的充分、适当的审计证据。

2. 首次接受委托的情况

对于首次接受委托的存货，如果注册会计师已获取有关本期期末存货余额的充分、适当的审计证据，应实施下列一种或几种审计程序，以获取有关本期期初存货余额的充分、适当的审计证据：查阅前任注册会计师工作底稿；复核上期存货盘点记录及文件；检查上期存货交易记录；运用毛利率法等进行分析。

四、存货计价测试

监盘程序只能确认存货的结存数量，为验证财务报表上存货余额的真实性，注册会计师还应对存货的期末计价进行审计。存货计价测试（Pricing Test）主要是针对被审计单位所使用的存货单位成本是否正确所做的测试。

（一）审查存货计价方法

1. 选择样本

计价审计的样本，应从存货数量已经盘点、单价和总金额已经记入存货汇总表的结存存货中选择。选择样本时应着重选择结存余额较大且价格变化比较频繁的项目，同时考虑所选样本的代表性。抽样方法一般采用分层抽样法，抽样规模应足以推断总体的情况。

2. 计价方法的确认

存货的计价方法多种多样，企业可结合国家法规要求选择符合自身特点的方法。注册会计师除应了解掌握企业的存货计价方法外，还应对这种计价方法的合理性与一贯性予以关注，没有足够理由，计价方法在同一会计年度内不得变动。

3. 计价审计

进行计价审计时，注册会计师首先应对存货价格的组成内容予以审核，然后按照了解的计价方法对所选择的存货样本进行计价审计。审计时，应排除企业已有计算程序和结果的影响，进行独立审计。待审计结果出来后，应与企业账面记录对比，编制对比分析表，分析形成差异的原因。如果差异过大，应扩大范围继续审计，并根据审计结果作出审计调整建议。

（二）审查存货跌价准备

企业应在资产负债表日对存货进行清查，当可变现净值低于存货成本时，应提取存货跌价准备。存在下列情况之一的，通常存在可变现净值低于成本：(1) 存货的市场价格持续下跌，且在可预见的未来无回升的希望；(2) 企业使用该项原材料生产的产品的成本大于产品的销售价格；(3) 企业因产品更新换代，原有库存原材料已不适应新产品的需要，而该原材料的市场价格又低于其账面成本；(4) 因企业所提供商品或劳务过时或消费者偏好改变而使市场的需求发生变化，导致市场价格逐渐下跌。另外，存货存在下列情形之一时，通常表明存货的可变现净值为零：已霉烂变质；已过期且无转让价值；生产中已不再需要，且无使用价值或转让价值；其他足以证明已无使用价值或转让价值的存货。

注册会计师应审查被审计单位计提跌价准备的存货是否符合企业会计准则的规定，存货跌价准备的计提是否合理，可变现净值的确定是否适当，对金额较大的存货是否按单项计提跌价准备。应特别关注存货跌价准备的转回是否有充分的理由。

五、存货截止测试

存货截止测试是指审查存货实物纳入盘点范围的时间与存货引起的借贷双方会计科目的入账时间是否处于同一会计期间。即指检查截至 12 月 31 日，所购入并已包括在 12 月 31 日存货盘点范围内的存货。如果当年 12 月 31 日购入货物，并已包括在当年 12 月 31 日的实物盘点范围内，而购货发票是次年 1 月 2 日才收到，并已记入次年 1 月份账内，当年 12 月份账上并无进货和对应的负债记录，这就少计了存货和应付账款；相反，如果在当年 12 月 31 日就收到一张购货发票，并记入当年 12 月份账内，而这张发票所对应的存货实物却在次年 1 月 2 日才收到，未包括在当年年底的盘点范围内，这样就有可能虚减本年的利润。

按照存货正确截止的基本要求，若未将年终在途货物列入当年存货盘点范围内，只要相应的负债亦同时记入次年账内，对财务报表的影响就并不重要。

存货截止审计的主要方法是抽查存货盘点日期前后的购货发票与验收报告（或入库单），档案中的每张发票均附有验收报告（或入库单）。12 月底入账的发票如果附有 12 月

31日或之前的验收报告（或入库单），则货物肯定已经入库，并包括在本年的实地盘点存货范围内；如果验收报告日期为次年1月份的日期，则货物不会列入年底实地盘点存货范围内；反之，如果仅有验收报告（或入库单）而并无购货发票，则应认真审核每一验收报告单上面是否加盖“暂估入库”。

【案例12—1】 MYZ公司结转发出产品成本计价采用先进先出法，注册会计师从库存商品明细账发现：年初结存产品1 000件，单价200元；当年第一批完工入库1 000件，单价220元；第二批入库2 500件，单价240元；第三批入库1 500件，单价210元；第四批入库2 500件，单价220元，共销售6 200件，结转成本1 425 000元，截止审计日结存2 300件，保留成本460 000元。

要求：分析库存商品明细账有无问题，并指出所存在的问题。

【案例分析】 注册会计师应采用先进先出法对发出产品进行复核，经复核发现发出产品计价存在错误，企业最后库存产品2 300件，结存成本为460 000元，单价为200元，其结存数量小于最后一批入库产品的数量2 500件，库存产品单价本应与最后一批入库产品单价220元一致，但实际却为200元，从而使库存产品成本少计46 000元，结转的发出产品销售成本多计了46 000元。其结果虚增了产品销售成本，虚减利润，导致少交所得税，同时使库存产品计价偏低。对此注册会计师应建议被审计单位加以调整。

第四节　主营业务成本审计

一、存货成本构成的审查

存货成本包括直接材料成本、直接人工成本、制造费用等内容。存货来源渠道不同，其成本的构成不同，相应的审计内容会有差异，下面以自制产成品存货为例，介绍存货成本的审计方法。

（一）直接材料成本的审查

直接材料成本的审查一般应从审阅材料和生产成本明细账入手，抽查有关的费用凭证，验证企业产品直接耗用材料的数量、计价和材料费用分配是否真实、合理。其实质性程序主要包括：

（1）抽查产品成本计算单，检查直接材料成本的计算是否正确，材料费用的分配标准与计算方法是否合理和适当，是否与材料费用分配汇总表中该产品分摊的直接材料费用相符。

（2）检查直接材料耗用数量的真实性，有无将非生产用材料计入直接材料费用。

（3）分析比较同一产品前后各年度的直接材料成本，看是否有重大波动。若有，应查明原因。

（4）抽查材料发出及领用的原始凭证，检查领料单的签发是否经过授权，材料发出汇总表是否经过适当的人员复核，材料单位成本计价方法是否适当，计算是否正确并及时入账。

（5）对采用定额成本或标准成本的企业，应检查直接材料成本差异的计算、分配与会计处理是否正确，并查明直接材料的定额成本、标准成本在本年度内有无重大变更。

【案例12—2】 注册会计师在审查甲公司2013年年度材料发出业务时发现，12月份该公司生产领用A材料的计划成本为9 000 000元，车间领用1 000 000元，本月份材料成本差异率为−1%。

有关账务处理如下：

结转发出材料计划成本时：

借：生产成本	9 000 000	
制造费用	1 000 000	
贷：原材料		10 000 000

结转发出材料成本差异时：

借：生产成本	100 000	
贷：材料成本差异		100 000

要求：（1）指出上述记录存在的问题；

（2）作出当期账项调整建议。

【案例分析】 材料成本差异应是节约差，该企业按超支差结转，使成本提高200 000元；另外，成本差异的结转未按材料的领用去向结转。注册会计师应建议被审计单位作如下账务调整：

借：材料成本差异	200 000	
贷：生产成本		190 000
制造费用		10 000

（二）直接人工成本的审查

直接人工成本由生产工人的工资及据其计提的其他职工薪酬组成，其实质性程序的内容主要包括：

（1）抽查产品成本计算单，检查直接人工成本的计算是否正确，人工费用的分配标准与计算方法是否合理和适当，是否与人工费用分配汇总表中该产品分摊的直接人工费用相符。

（2）将本年度直接人工成本与前期进行比较，分析有无异常波动，并查明原因。

（3）分析比较本年度各个月份的人工费用发生额，如有异常波动，应查明原因。

（4）结合应付职工薪酬的检查，抽查人工费用会计记录及会计处理是否正确。

（5）对采用标准成本法的企业，应抽查直接人工成本差异的计算、分配与会计处理是否正确，并查明直接人工的标准成本在本年度内有无重大变更。

（三）制造费用的审查

制造费用是企业为生产产品或提供劳务而发生的间接费用，应分配计入有关的产品成本中，其实质性程序主要包括：

（1）获取或编制制造费用汇总表，并与明细账、总账核对相符，抽查制造费用中的重大数额项目及例外项目是否合理。

（2）审阅制造费用明细账，检查其核算内容及范围是否正确，并应注意是否存在异常会计事项，如有，则应追查至记账凭证及原始凭证，重点查明被审计单位有无将不应列入成本费用的支出计入制造费用。

（3）必要时，对制造费用实施截止测试，即检查资产负债表日前后若干天的制造费用明细账及其凭证，确定有无跨期入账的情况。

（4）检查制造费用的分配是否合理。重点查明制造费用的分配方法是否符合被审计单位自身的生产技术条件，是否体现受益原则，分配方法一经确定，是否在相当期间内保持稳定，有无随意变更的情况；分配率和分配额的计算是否正确，有无以人为估计数代替分配数的情况。对按预定分配率分配费用的被审计单位，还应查明计划与实际差异是否及时调整。

（5）对于采用标准成本法的被审计单位，应抽查标准制造费用的确定是否合理，计入成本计算单的数额是否正确，制造费用的计算、分配与会计处理是否正确，并查明标准制造费用在本年度内有无重大变动。

【案例 12—3】 A 注册会计师 2014 年 1 月在审查甲企业 2013 年 12 月份制造费用发生额时，其中一笔结转本月应支付租金 600 000 元，引起注册会计师的注意，经审查有关原始凭据，发现该企业当月租赁一生产车间，租赁期 1 年，双方合同协议租赁费 1 200 000 元，进一步查询有关会计人员，反映该企业采取“五五”摊销法进行账务处理。

要求：针对上述情况，指出该企业存在的问题，并提出调账建议。

【案例分析】 该项业务的处理违反《企业会计准则》规定。经营性租赁费用，支付数额大的应在租赁期间内合理摊销，经营性租赁费用不是低值易耗品，不能采用“五五”摊销法。若属于被审计单位会计人员业务不熟，应予以纠正，若属于有意加大成本费用，虚减利润，应追究责任，并作账务调整。

调账分录如下：

借：其他应付款——应付租赁费　　500 000

　贷：以前年度损益调整　　500 000

二、主营业务成本审计的目标

主营业务成本审计的目标一般包括：确定利润表中记录的主营业务成本是否已发生；确定所有应当记录的主营业务成本是否均已记录；确定主营业务成本是否已记录于正确的会计期间；确定主营业务成本的计算是否正确、是否与主营业务收入相匹配；确定主营业务成本在财务报表中的列报是否恰当。

三、主营业务成本审计的实质性程序

对主营业务成本的实质性测试，应通过审阅主营业务收入明细账、库存商品明细账等记录并核对有关原始凭证和记账凭证进行。主营业务成本实质性程序主要包括：

（1）获取或编制主营业务成本明细表，与明细账和总账核对，看其是否相符。

（2）编制生产成本及销售成本倒轧表，与总账核对，看其是否相符。

（3）分析比较本年度与上年度主营业务成本总额，以及本年度各月份的主营业务成本金额，如有重大波动和异常情况，应查明原因。

（4）结合生产成本的审计，抽查主营业务成本结转数额的正确性，并检查其是否与主营业务收入配比。

(5) 检查主营业务成本账户中的重大调整事项（如销售退回等）是否有其充分理由。

(6) 审查主营业务成本在财务报表中是否已恰当列报。

【案例 12—4】 注册会计师审查甲企业 2013 年利润表的主营业务成本时，了解到该企业采用计划成本进行成本的日常核算，第 4 季度生产成本账的记录详，如 12—1 所示。

表 12—1 **生产成本** 单位：元

日期	借方	贷方	余额
10 月 1 日			4 000
10 月 31 日	47 200	48 000	3 200
11 月 30 日	36 000	40 000	(800)
12 月 31 日	46 800	52 000	(6 000)

12 月底该企业生产车间尚有在产品 200 件，每件平均成本 38 元，第 4 季度已对外销售产品 80%，库存量占 20%。

要求：计算完工产品转出的成本差异额，并提出处理意见。

【案例分析】 该企业第 4 季度末生产成本账出现赤字金额，是因为完工转出产品时贷记"生产成本"科目，由于产品计划成本高于实际成本而出现了赤字。因此需要查明企业是否设置了"产品成本差异"账，并及时登记和分配成本差异额。第 4 季度完工转出产品成本差异额为节约差 13 600 元[即(4 000+47 200+36 000+468 00−7 600)−(48 000+40 000+52 000)]。具体处理意见为：对已销售的产品，应审查是否结转了成本差异，其所应分配的差异额为 10 880 元（即 13 600×80%，节约差异），如未结转，应提请被审计单位更正，否则便会虚增产品成本；对于库存未销售的产成品，则不必结转成本差异。

第五节 应付职工薪酬审计

一、应付职工薪酬审计的目标

在一般企业中，职工薪酬（Employee Fmolument）在成本费用中所占比重较大。如果职工薪酬计算错误，就会影响到成本费用和利润的正确性。所以，注册会计师应重视对职工薪酬业务的审计。职工薪酬业务的审计涉及应付职工薪酬及相关成本费用账户。本节内容介绍应付职工薪酬项目的审计。

应付职工薪酬审计的目标一般包括：确定期末应付职工薪酬是否存在；确定应付职工薪酬是否是被审计单位应履行的支付义务；确定应付职工薪酬计提和支出依据是否合理、记录是否完整；确定应付职工薪酬期末余额是否正确；确定应付职工薪酬是否已按照会计准则的规定在财务报表中作出恰当列报。

二、应付职工薪酬的实质性程序

（一）取得或编制应付职工薪酬明细表

注册会计师应取得或自行编制应付职工薪酬明细表，复核加计是否正确，并与报表数、总账数和明细账合计数核对是否相符。

（二）对应付职工薪酬实施实质性分析程序

（1）检查各月职工薪酬的发生额是否有异常波动，若有，则查明波动原因是否合理。

（2）将本期职工薪酬总额与上期进行比较，要求被审计单位解释其增减变动原因，或取得公司管理当局关于员工职工薪酬标准的决议。

（3）结合员工社保缴纳情况，明确被审计单位员工范围，检查是否与关联公司员工工薪混淆列支。

（三）检查应付职工薪酬的核算内容

应付职工薪酬包括工资、职工福利、社会保险费、住房公积金、工会经费、职工教育经费等明细项目。外商投资企业按规定从净利润中提取的职工奖励及福利基金，也应在本项目核算。同时应检查职工薪酬的计提是否正确，分配方法是否合理并与上期一致，并将应付职工薪酬计提数与相关的成本、费用项目相核对。

（四）检查职工薪酬的计量和确认

（1）检查应付职工薪酬的范围、标准是否符合相关规定。国家有规定计提基础和比例的，应当按照国家规定的标准计提，如医疗保险费、失业保险费、住房公积金、工会经费以及职工教育经费等；国家没有规定计提基础和比例的，应据实列支。

（2）注册会计师应特别关注，企业的非货币性福利支出的处理是否适当：检查以自产产品或外购商品发放给职工的非货币性福利，是否根据受益对象，按照该产品的公允价值，计入相关资产成本或当期损益，同时确认应付职工薪酬；对于难以认定受益对象的非货币性福利，是否直接计入当期损益和应付职工薪酬；检查无偿向职工提供住房的非货币性福利，是否根据受益对象，将该住房每期应计提的折旧计入相关资产成本或当期损益，同时确认应付职工薪酬；检查租赁住房等资产供职工无偿使用的非货币性福利，是否根据受益对象，将该住房每期应付的租金计入相关资产成本或当期损益，同时确认应付职工薪酬。

（五）审阅应付职工薪酬明细账

抽查应付职工薪酬各明细项目的支付与使用情况，特别是对大额项目的支付与使用情况的凭证，检查是否符合有关规定，是否履行审批程序。

（六）检查薪酬制度

检查被审计单位的薪酬制度是否合法合理。如果被审计单位实行工效挂钩，应取得效益工资发放额的认定证明，复核确定可予发放的效益工资的有关指标，检查其计提额和发放额是否正确，是否作纳税调整；如果被审计单位实行计税工资制，应取得被审计单位平均人数证明，并进行复核，计算可准予税前列支的费用额，对超支部分的工薪作纳税调整。

（七）检查辞退福利核算

检查被审计单位的辞退福利是否按权责发生制核算，计提是否有充分的依据，即是否存在经董事会审批、未来一年内拟实施的不可撤销的职工辞退计划。

（八）确定应付职工薪酬的列报是否恰当

审查资产负债表上的应付职工薪酬项目，数字是否与审定数相符，应付职工薪酬确认所采用的会计政策是否已在财务报表附注中披露。

第六节　其他相关项目审计

在生产与存货循环中，除以上介绍的财务报表项目或会计科目之外，还有材料采购、原材料、周转材料、材料成本差异、库存商品、存货跌价准备等项目。限于本教材篇幅，对这些项目审计的阐述，一般只直接列示其相应的实质性程序。需要强调的是，这些项目的实质性程序并非一成不变，注册会计师在审计时，应视具体审计情况，运用职业判断合理增删。

一、材料采购的审计

对材料采购项目的审计，首先，应获取或编制材料采购明细表，复核加计是否正确，并与总账数核对是否相符。在此基础上，实施以下实质性程序：

（1）检查期末材料采购，核对有关凭证，对大额材料采购追查至相关的购货合同及购货发票，复核采购成本的正确性，并抽查后期入库情况。

（2）查阅资产负债表日前后材料采购增减变动的有关账簿记录和收料报告单等资料。

（3）检查有无跨期现象，如有，则应做出记录，必要时作调整建议。

（4）审核材料采购账户有关材料成本差异发生额的计算处理是否正确。

（5）审核有无长期挂账事项，如有应查明原因，必要时应作调整建议。

二、原材料的审计

对原材料的审计，首先，应获取或编制原材料明细表，复核加计是否正确，并与总账数、明细账合计数核对是否相符；同时抽查核对明细账是否与仓库台账、卡片记录相符。在此基础上，实施以下实质性程序：

（1）对期末原材料余额与上期期末余额进行比较，解释其波动原因，并对大额异常项目进行调查。

（2）现场观察被审计单位的期末原材料盘点情况，取得原材料盘点资料和盘盈、盘亏报告表，作重点抽查，并注意查明账实不符原因，有关盘盈盘亏的审批手续是否完备，账务处理是否正确；存放在外的库存材料，应现场查看或函询核实。

（3）检查原材料的入账基础和计价方法是否正确，是否前后期一致。在以实际成本计价条件下，应以所抽取原材料样本的单位成本与原材料明细账及购货发票核对；在以计划成本计价条件下，应以样本的单位成本与原材料明细账、原材料成本差异明细账及购货发票核对。

(4) 根据被审计单位原材料计价方法，抽查年末结存量较大的原材料的计价是否正确。若原材料以计划成本计价，还应检查“材料成本差异”账项发生额、转销额是否计算正确。

(5) 查阅资产负债表日前后原材料增减变动的有关账簿记录和原始凭证，检查有无跨期现象，如有，则应作出记录，必要时作调整建议。

(6) 结合原材料的盘点，检查期末有无料到单未到的情况。如有应查明是否已暂估入账，其暂估价是否合理。

三、周转材料的审计

企业的周转材料主要包括包装物、低值易耗品，以及企业（建造承包商）的钢模板、木模版、脚手架等。下面主要说明包装物和低值易耗品的审计。

（一）包装物的审计

对包装物的审计，首先，应获取或编制包装物明细表，复核加计是否正确，并与总账数、明细账合计数核对是否相符，同时抽查核对明细账是否与仓库台账、卡片记录相符。在此基础上，实施以下实质性程序：

(1) 对期末包装物余额与上期期末余额进行比较，解释其波动原因，并对大额异常项目进行调查。

(2) 现场观察被审计单位的期末包装物盘点情况，取得包装物盘点资料和盘盈、盘亏报告表，作重点抽查，并注意查明账实不符原因，有关审批手续是否完备，账务处理是否正确，存放在外的包装物，应现场查看或函询核实。

(3) 检查包装物的入账基础和计价方法是否正确，是否前后一致；检查发出包装物的计价基础，抽查若干月发出包装物汇总表的正确性；根据被审计单位包装物计价方法，抽查期末结存量较大的包装物的计价是否正确，若包装物以计划成本计价，还应检查“材料成本差异”账项发生额、转销是否计算正确。

(4) 审核有无长期挂账包装物事项，如有应查明原因，必要时提出调整建议。

(5) 查阅资产负债表日前后包装物增减变动的有关账簿记录和原始凭证，检查有无跨期现象，如有则应作出记录，必要时提出调整建议。

(6) 结合包装物的盘点，检查期末有无料到单未到情况，如有则应查明是否已暂估入账，其暂估价是否合理；检查出租、出借包装物的会计处理是否正确。

（二）低值易耗品的审计

对低值易耗品的审计，首先应获取或编制低值易耗品明细表，复核加计是否正确，并与总账数、明细账合计数核对是否相符。然后实施以下实质性程序：

(1) 检查低值易耗品入库和领用的手续是否齐全，会计处理是否正确。

(2) 检查低值易耗品摊销方法是否正确，前后期是否一致。

(3) 审核有无长期挂账低值易耗品事项，如有，则查明原因，必要时提出调整建议。

四、材料成本差异的审计

对材料成本差异的审计，首先，应获取或编制材料成本差异明细表，复核加计是否正确，并与总账数、明细账合计数核对是否相符。在此基础上实施以下实质性程序：

(1) 对每月材料成本差异率实施分析程序，检查是否有异常波动，注意是否存在调节成本现象；

(2) 抽查若干月发出材料汇总表，检查材料成本差异的分配是否正确，并注意分配方法前后期是否一致。

五、库存商品的审计

对库存商品的审计，首先，应获取或编制库存商品明细表，复核加计是否正确，并与总账数、明细账合计数核对是否相符；同时与仓库台账、卡片抽查核对相符。在此基础上，实施以下实质性程序：

(1) 现场观察被审计单位库存商品盘点情况，取得库存商品盘点资料和盘盈、盘亏报告表，作重点抽查。并注意查明账实不符原因，有关审批手续是否完备，账务处理是否正确；对冷背、残次、呆滞的库存商品是否已计提了足额的跌价准备。

(2) 查核库存商品的计价方法，检查其前后期是否一致。对自制商品、产品等，在实际成本计价条件下，应以样本的单位成本与库存商品明细账及成本计算单核对；在计划成本计价条件下，应以样本的单位成本与库存商品明细账、商品成本差异明细账及成本计算单核对。对库存外购商品，在以实际成本计价条件下，应以样本的单位成本与库存商品明细账及购货发票核对；在以计划成本计价条件下，应以样本的单位成本与库存商品明细账、商品成本差异明细账及购货发票核对。

(3) 抽查库存商品入库单，核对库存商品的品种、数量与入账记录是否一致，并检查入库库存商品的实际成本是否与“生产成本”科目的结转额相符。

(4) 抽查库存商品的发出凭证，核对转出库存商品的品种、数量和实际成本与“主营业务成本”是否相符。

(5) 审阅库存商品明细账，检查有无长期挂账库存商品事项，如有，查明原因，必要时作调整。

复习思考题

1. 简述生产与存货循环涉及的主要凭证与会计记录。
2. 简述生产与存货循环内部控制的内容及控制测试的步骤。
3. 简述存货成本审计的目标及实质性程序的内容。
4. 存货监盘的具体程序有哪些？
5. 存货截止测试的含义和主要方法是什么？
6. 简述应付职工薪酬审计的目标及实质性程序。
7. 原材料审计的实质性程序有哪些？

第十三章 筹资与投资循环审计

学习目标

通过本章的学习，了解筹资与投资循环的主要业务内容、凭证和记录；理解筹资与投资循环内部控制及测试；熟悉筹资与投资循环业务的审计目标；掌握其他相关项目审计的实质性程序；熟练掌握借款审计、所有者权益审计及投资审计的实质性程序。

第一节 筹资与投资循环概述

筹资与投资循环（Financing and Investing Cycle）是由筹资和投资活动的交易事项所构成。筹资活动是指企业为满足生存和发展的需要，通过改变企业资本及债务规模和构成而筹集资金的活动。投资活动是指企业为享有被投资单位分配的利润，或为谋求其他利益，将资产让渡给其他单位而获得另一项资产的活动。实施筹资与投资循环审计，首先必须明确本循环的主要业务活动及其所涉及的主要凭证与会计记录。

一、主要业务活动

（一）筹资所涉及的主要业务活动

(1) 审批授权。企业借款筹集资金需经管理层的审批，其中债券的发行每次均要由董事会授权；企业发行股票必须依据国家有关法规或企业章程的规定，报经企业董事会、股东大会及中国证监会“发审委”核准。

(2) 签订合同或协议。向银行或其他金融机构融资须签订借款合同，发行债券须签订债券契约和债券承销或包销协议，合同或协议中应明确借款的金额、利率、利息计算和支付方式、期限和本金偿还方式等。

(3) 获得资金。签订合同或协议后，企业可以在规定的期限内或按照规定的程序实际取得银行或金融机构划入的款项或债券、股票的融入资金，用于企业的经营和投资活动。

(4) 计算利息或股利。企业应按有关借款合同或协议的规定，及时计算利息或股利，以利于企业合法有效地履行合同义务，同时也利于对资金获得成本进行计量与控制。

(5) 偿还本息或发放股利。银行借款或发行债券应按有关合同或协议的规定偿还本息，对于融入的股本，则应根据股东大会的决定发放股利。

(二) 投资所涉及的主要业务活动

(1) 审批授权。与筹资业务一样，投资业务也应由企业的高层管理机构进行审批，以控制投资风险。

(2) 取得证券或其他投资。企业可以通过购买股票或债券进行投资，也可以通过与其他单位合资、联营、参股，形成股权投资。企业在投资时应着重注意分析投资的风险与收益，尽量采取组合投资方式分散投资风险，还应取得与投资有关的证明。

(3) 获取投资收益。企业投资的目的无疑是获取投资收益，投资收益表现为股权投资的股利收入、债券投资的利息收入以及证券买卖差价等其他投资收益。

(4) 转让证券或收回其他投资。企业可以通过转让证券实现投资的收回；如果企业是与其他单位合资、联营或参股形成的投资，则只有在合资或联营合同期满，或由于严重亏损、一方不履行协议等特殊原因导致企业解散时，才能收回投资。

二、主要凭证与会计记录

注册会计师在审计筹资和投资循环时，涉及的凭证和记录较多，主要包括以下方面。

(一) 债券和股票

债券是公司依据法定程序发行、约定在一定期限内还本付息的有价证券。股票是公司签发的证明股东所持有股份的凭证。

(二) 债券契约

债券契约是明确债券持有人与发行企业双方所拥有的权利与义务的书面文件，其内容一般包括：债券发行的批准情况，债券的面值、总额、利率，受托管理人及证书，保证人，利息支付和本金偿还的方式及时间安排，拟采取的紧急保障措施等。

(三) 公司债券存根簿

企业发行记名公司债券应记载的内容一般包括：债券持有人的姓名或者名称及住所，债券持有人取得债券的日期及债券的编号，债券总额、债券的票面金额、债券的利率、债券还本付息的期限和方式，债券的发行日期。发行无记名债券的应当在公司的债券存根簿上记载债券总额、利率、偿还期限和方式、发行日期和债券编号。

(四) 借款合同或协议

借款合同或协议是指公司向银行或其他金融机构借入款项时与其签订的有关借款金额、借款期限、利率、担保或抵押方式等事项的合同或协议。

(五) 股东名册

对于发行记名股票的公司，股东名册应记载的内容一般包括：股东的姓名或者名称及住所，各股东所持股份数，各股东所持股票的编号，各股东取得其股份的日期。对于发行无记名股票的公司，股东名册应当记载其股票数量、编号及发行日期。

（六）承销或包销协议

公司向社会公开发行股票或债券时，应当由依法设立的证券经营机构承销或包销，公司应与其签订承销或包销协议。

（七）对外投资合同或协议

对外投资合同或协议是指企业同被投资单位签订的有关投资额、出资方式、权利安排等事项的合同或协议。

（八）其他有关文件和凭证

筹资和投资业务中的重要记录还包括董事会决议、股东大会决议等文件，有关记账凭证和会计账簿等。

第二节　筹资与投资循环的控制测试

一、筹资活动的内部控制及其测试

（一）筹资活动的内部控制

筹资活动由借款交易和股东投资组成。企业的借款交易涉及短期借款、长期借款和应付债券，其内部控制基本类似。股东投资增减变动的业务较少而金额较大，注册会计师在审计时一般直接进行实质性测试。筹资活动的内部控制一般包括下列内容：

1. 授权审批控制

适当授权及审批可明显提高筹资活动效率，降低筹资风险，防止由于缺乏授权、审批而出现的舞弊现象。

2. 职务分离控制

职责分工、明确责任是筹资循环内部控制的重要手段。筹资业务中应分离的职务包括：筹资计划编制人与审批人适当分离，以利于审批人独立地评价计划的优劣；经办人员不能接触会计记录；会计记录人员与负责收、付款的人员分离，有条件的应聘请独立的机构负责支付业务；证券保管人员与会计记录人员分离。

3. 收入款项的控制

为了能使企业的内部控制系统有效执行，客观、公正地证实企业会计记录的可信性，防止以筹资业务为名进行不正当活动或者以伪造会计记录来掩盖不正当活动的事项发生，企业最好委托独立的代理机构筹资。

4. 付出款项的控制

无论何种筹资形式都面临利息的支付或股利的发放等支付款项的问题。由于企业债券受息人社会化的特征，企业可开出单张支票，委托有关代理机构代发，从而减少支票签发次数，降低舞弊可能。另外，还应定期核对利息支付清单和开出支票总额。股利发放要以董事会或股东大会有关发放股利的决议文件为依据。

5. 实物保管控制

债券和股票都应设立相应的登记簿，详细登记已核准发行的债券和股票有关事项，如签发日期、到期日期、支付方式、支付利率、当时市场利率、金额等。

6. 会计记录控制

筹资业务的会计处理较为复杂，因此会计记录的控制尤为重要。企业应及时地按正确的金额、合理的方法，在适当的账户和合理的会计期间予以正确记录，注册会计师应通过询问、观察、查阅有关资料等方法了解筹资循环内部控制的完善程度。

（二）筹资活动的控制测试

对筹资活动的内部控制进行控制测试是在了解内部控制要点后，对于控制较强的部分，测试其健全、有效程度，从而最终对筹资活动的内部控制作出评价。这种控制测试主要包括以下工作：

1. 审查授权批准

注册会计师测试授权审批控制，可以直接向管理当局询问，并查看有关记录。如，对于长期借款，审查企业高层管理机构是否制定举债政策及审批程序，是否审慎作出举债决策，是否制定合理的借还款计划，并按规定程序报经审批。

2. 审查职责分工

注册会计师应审查筹资活动的授权、执行、记录和实物保管等是否严格分工。对职务分离控制的控制测试可以采取跟踪业务的方法，实施调查各有关方面的情况；对收入和偿还款项控制的控制测试可以结合货币资金业务的内部控制测试进行；对实物保管控制的控制测试可以采取实地调查的方法。

3. 审查会计记录

注册会计师应审查筹资活动是否建立了严密的账簿体系和记录制度，并定期检查。此项测试应采取账务追索收集证据的方法。例如，对于长期借款取得、使用和偿还情况，会计记录是否能够及时、完整的反映，会计人员是否对明细账和总账进行了全面登记，并定期检查和核对其是否相符。

注册会计师在对筹资活动的内部控制实施控制测试的基础上对其进行分析、评价，以确定控制的强弱点及其可依赖程度，据以确定实质性程序的性质、时间和范围，并针对控制的薄弱环节提出改进建议。

二、投资活动的内部控制及其测试

（一）投资活动的内部控制

投资活动的内部控制应该包括以下几个方面：

1. 授权审批控制

企业投资必须编制投资计划，详细说明投资的对象、投资目的、影响投资收益的风险。投资计划在执行前必须严格审核，审查的内容主要有：对证券市场的估计是否合理；投资收益的估算是否正确；投资的理由是否恰当；计划购入的证券能否达到投资目的等。所有投资计划及其审批应当用书面文件予以记录。

2. 职责分工控制

合法的投资业务应在业务的授权、执行、会计记录以及资产的保管方面等都有明确的分工，任何一项投资业务的全过程或过程中的某一重要环节不得由一人或一个机构独立负责。这种合理的职责分工所形成的相互牵制机制，有利于避免或减少投资业务中发生错误或舞弊的可能性，并且一旦发生，也能及时发现，从而将企业的损失控制到最低限度。

3. 资产保全控制

企业对投资资产（股票和债券）一般有两种保管方式：一种方式是由独立的专门机构保管。例如，企业在拥有数额较大的投资资产的情况下，委托银行、证券公司、信托投资公司等进行保管。这些机构拥有专门的保存和防护措施，可以防止各种证券及单据的失窃或毁损，并且由于它们与投资业务的会计记录工作是完全分离的，可以大大降低舞弊的可能性。另一种方式是由企业自行保管，在这种方式下，必须建立严格的相互牵制制度，即至少要由两名以上人员共同控制，不得一人单独接触证券。对于任何证券的存入和取出，要将证券名称、数量、价值及存取的日期、数量等详细记录于证券登记簿内，并由在场的经手人员签名。

4. 会计记录控制

对于股票或债券类投资，无论是企业拥有的还是由他人保管的，都要进行完整的会计记录，并对其增减变动及投资收益的实现情况进行相关会计核算。具体而言，应对每一种股票或债券分别设立明细分类账，并详细记录其名称、面值、证书编号、数量、取得日期、经纪人（或证券商）名称、购入成本、收取的股息或利息等。对于联营投资类的其他投资也应设置明细账，核算其他投资的投出及其投资收益和投资收回等业务，并对投资的形式、投向、投资的计价以及投资收益等作出详细的记录。

5. 投资收益控制

不同投资形成的投资收益内容是不同的。短期投资因为主要是购买有价证券，所以对投资收益的监控就是及时掌握证券市场的行情变动，或者由投资管理部门，或者由财务部门进行该项控制；而对于长期投资，若以非证券购买方式进行投资，应对接受投资方行使所有权进行监督，若以证券购买方式进行投资，则应对证券市场行情和投资的使用情况进行控制。

（二）投资活动的控制测试

对投资活动的内部控制进行控制测试的目的在于检查投资活动内部控制系统的设计和执行情况，以判明其对被审计单位错误和舞弊发生的有效抑制程度，进而据以确定实质性程序的重点、范围和数量，以达到确保审计质量和提高审计效率的目的。投资活动的控制测试内容包括：

1. 审查授权批准

对于投资计划的审批授权控制，主要通过查阅有关计划资料、文件或直接向管理当局询问进行审查。如通过查阅企业最高管理机构的会议纪要、证券投资的各类权益证明文书、联营投资中的投资协议、合同和章程等来了解投资循环授权批准制度的执行情况。

2. 审查职责分工

对于投资项目的授权、执行、保管和记录是否严格分工，即对于职务分离控制的测试，注册会计师可以采取实地调查、跟踪业务的方法进行。

3. 审查资产保管

注册会计师应审查有无健全的有价证券保管制度，审阅内部相关人员对有价证券进行定期盘点的报告，重点审阅盘点方法是否适当，盘点结果与会计记录进行核对的情况，以及出现差异的处理是否合规等。如果各期盘点报告的结果未发现账实间存在差异（或差异不大），说明投资活动的内部控制比较健全有效。

4. 审查会计记录

注册会计师应审查投资活动的核算方式是否符合有关财务制度的规定，相关投资收益的会计处理是否正确。注册会计师可从各类投资业务的明细账中抽取部分会计分录，按"原始凭证——明细账——总账"顺序核对有关数据和情况，判断其会计处理过程是否合规完整，并据以核实上述了解的有关内部控制是否健全，是否得到有效的执行。

5. 审查投资收益

注册会计师应审查对投资收益的监控是否适当，对此可以采取查阅分析报告或资料的方法进行测试。

注册会计师在完成上述工作后，取得了有关内部控制是否健全、有效的证据，并在工作底稿中标明投资活动内部控制的强弱点，对投资业务内部控制进行总体评价，确认对投资业务内部控制的可依赖程度，进而确定实质性测试的程序和重点。

【案例 13—1】 A和B注册会计师于2013年12月1日至7日对YZ公司筹资与投资循环的内部控制进行了解和测试，并在相关审计工作底稿中记录了了解和测试的事项，摘录如下：YZ公司股东大会批准董事会的投资权限为1亿元以下。董事会决定由总经理负责实施。总经理决定由证券部负责总额在1亿元以下的股票买卖。YZ公司规定：公司划入营业部的款项由证券部申请，由会计部审核，总经理批准后划入公司在营业部开立的资金账户。经总经理批准，证券部直接从营业部资金账户支取款项。证券买卖、资金存取的会计记录由会计部处理。A和B注册会计师了解和测试投资的内部控制系统后发现：证券部在某营业部开户的有关协议及补充协议未经会计部或其他部门审核。根据总经理的批准，会计部已将9 000万元汇入该户。证券部处理证券买卖的会计记录，月底将证券买卖清单交给会计部，会计部据以汇总登记。

要求：根据上述摘录，请代A和B注册会计师指出筹资与投资循环内部控制的缺陷，并提出改进建议。

【案例分析】 YZ公司筹资与投资循环内部控制的缺陷有：

（1）由证券部直接支取款项使授权与执行职务未得到分离，不易保证款项安全。应建议YZ公司从资金账户支取款项时，由会计部审核和记录，由证券部办理。

（2）与证券投资有关的活动要由两个部门控制。有关协议未经独立部门审查，会使有关的条款未全部在协议中载明，可能存在协议外的约定。建议YZ公司与营业部的协议应经会计部或法律部审查。证券部自己处理证券买卖的会计处理，业务的执行与记录的不相容职务未分离，并且未得到适当的授权和批准。月末会计部汇总登记证券投资记录，未及时按每一种证券分别设立明细账，详细核算。应建议YZ公司由会计部负责对投资进行核算，及时分品种设立明细账详细核算。

第三节　借款相关项目审计

一、短期借款审计

（一）短期借款审计的目标

短期借款审计的目标一般包括：确定资产负债表中记录的短期借款是否存在；确定所有应当记录的短期借款是否均已记录；确定记录的短期借款是否为被审计单位应当履行的现时义务；确定短期借款是否以恰当的金额包括在财务报表中，与之相关的计价调整是否已恰当记录；确定短期借款是否已按照企业会计准则的规定在财务报表中作出恰当列报。

（二）短期借款的实质性程序

注册会计师应根据短期借款年末余额的大小、占负债总额的比重、以前年度发现问题的多少、内部控制的强弱等确定其实质性测试的程序和方法。短期借款的实质性程序通常包括：

（1）获取或编制短期借款明细表。注册会计师应首先获取或编制短期借款明细表，复核其加计数是否正确，并与明细账和总账核对相符。

（2）函证短期借款的实有数。注册会计师应在期末短期借款余额较大或认为必要时向银行或其他债权人函证短期借款。

（3）检查短期借款的增加。对年度内增加的短期借款，注册会计师应检查借款合同和授权批准，了解借款数额、借款条件、借款日期、还款期限、借款利率，并与相关会计记录相核对。

（4）检查短期借款的减少。对年度内减少的短期借款，注册会计师应检查相关记录和原始凭证，核实还款数额。

（5）检查有无到期未偿还的短期借款。注册会计师应检查相关记录和原始凭证，检查被审计单位有无到期未偿还的短期借款，如有，则应查明是否已向银行提出申请并经同意后办理延期手续。

（6）复核短期借款利息。注册会计师应根据短期借款的利率和期限，复核被审计单位短期借款的利息计算是否正确，有无多算或少算利息的情况，如有未计利息和多计利息，应做出记录，必要时进行调整。

（7）检查外币借款的折算。如果被审计单位有外币短期借款，注册会计师应检查外币短期借款的增减变动是否按业务发生时的市场汇率或期初市场汇率折合为记账本位币金额；期末是否按市场汇率将外币短期借款余额折合为记账本位币金额；折算差额是否按规定进行会计处理；折算方法是否前后期一致。

（8）检查短期借款在财务报表上的列报是否恰当。企业的短期借款在资产负债表上通常设“短期借款”项目单独列示，对于因抵押而取得的短期借款，应在资产负债表附注中揭示。注册会计师应注意被审计单位对短期借款项目的披露是否充分。

二、长期借款审计

（一）长期借款审计的目标

长期借款审计的目标一般包括：确定资产负债表中记录的长期借款是否存在；确定所有应当记录的长期借款是否均已记录；确定记录的长期借款是否为被审计单位应当履行的现时义务；确定长期借款是否以恰当的金额包括在财务报表中，与之相关的计价调整是否已恰当记录；确定长期借款是否已按照企业会计准则的规定在财务报表中作出恰当列报。

（二）长期借款的实质性程序

长期借款的实质性程序通常包括：

(1) 获取或编制长期借款明细表，复核其加计数是否正确，并与明细账和总账核对相符。

(2) 了解金融机构对被审计单位的授信情况以及被审计单位的信用等级评估情况，了解被审计单位获得短期借款和长期借款的抵押和担保情况，评估被审计单位的信誉和融资能力。

(3) 对年度内增加的长期借款，应检查借款合同和授权批准，了解借款数额、借款条件、借款日期、还款期限、借款利率，并与相关会计记录相核对。

(4) 检查长期借款的使用是否符合借款合同的规定，重点检查长期借款使用的合理性。

(5) 向银行或其他债权人函证重大的长期借款。

(6) 对年度内减少的长期借款，注册会计师应检查相关记录和原始凭证，核实还款数额。

(7) 检查年末有无到期未偿还的借款，逾期借款是否办理了延期手续，分析计算逾期借款的金额、比率和期限，判断被审计单位的资信程度和偿债能力。

(8) 计算长期借款在各个月份的平均余额，选取适用的利率匡算利息支出总额，并与财务费用的相关记录核对，判断被审计单位是否高估或低估利息支出，必要时进行适当调整。

(9) 检查非记账本位币折合记账本位币时采用的折算汇率，折算差额是否按规定进行会计处理。

(10) 检查借款费用的会计处理是否正确。

(11) 检查企业抵押长期借款的抵押资产的所有权是否属于企业，其价值和实际状况是否与抵押契约中的规定相一致。

(12) 检查企业重大的资产租赁合同，判断被审计单位是否存在资产负债表外融资的现象。

(13) 检查长期借款在财务报表上的列报是否恰当。注册会计师应根据审计结果，确定被审计单位长期借款在资产负债表上的列示是否充分，并注意长期借款的抵押和担保是否已在财务报表附注中作了充分的说明。

【案例 13—2】 注册会计师在审查悦达股份有限公司 2013 年年度财务报表时，发现该公司在年度内向中国工商银行举借长期借款一笔，长期借款合同规定：(1) 长期借款以公司的商品为担保；(2) 该公司债务与所有者权益之比应经常保持低于5∶3；(3) 分发股利须经银行同意；(4) 自2014年1月1日起分期归还借款。

要求：如果不考虑相关的内部控制系统，注册会计师审查长期借款项目时，应审查哪些内容？

【案例分析】 注册会计师针对该公司的长期借款，应审查下列内容：

(1) 审查该公司长期借款是否经公司董事会批准，有无会议记录。

(2) 查明长期借款合同中的所有限制条件。

(3) 验证长期借款利息费用和应计利息的计算是否正确，复核相关的会计记录是否健全、完整。

(4) 计算债务和所有者权益之比，核实是否低于5∶3的比例。

(5) 查明有无一年内到期的长期借款，并检查在资产负债表中的列示是否恰当。

(6) 抽查商品明细记录中有无“充作担保”的记录。

三、应付债券审计

(一) 应付债券审计的目标

应付债券审计的目标一般包括：确定资产负债表中记录的应付债券是否存在；确定所有应当记录的应付债券是否均已记录；确定记录的应付债券是否为被审计单位应当履行的现时义务；确定应付债券是否以恰当的金额包括在财务报表中，与之相关的计价调整是否已恰当记录；确定应付债券是否已按照企业会计准则的规定在财务报表中作出恰当列报。

(二) 应付债券的实质性程序

应付债券的实质性程序一般包括：

(1) 取得或编制应付债券明细表。同其他负债项目的实质性程序一样，注册会计师应首先取得或编制应付债券明细表，并同有关的明细分类账和总分类账核对相符。应付债券明细账通常应包括债券名称、承销机构、发行日、到期日、债券总额（面值）、实收金额、折价和溢价及其摊销、应付利息、担保情况等内容。

(2) 检查债券交易的有关原始凭证。检查债券交易的各项原始凭证，是确定应付债券金额及其合法性的重要程序，注册会计师应作好以下工作：①检查企业现有债券副本，确定其发行是否合法，各项内容是否同相关的会计记录相一致；②检查企业发行债券所收入现金的收据、汇款通知单、送款登记簿及相关的银行对账单；③检查用以偿还债券的支票存根，并检查利息费用的计算；④检查已偿还债券数额同应付债券借方发生额是否相符；⑤如果企业发行债券时已作抵押或担保，注册会计师还应检查相关契约的履行情况。

(3) 检查应计利息、债券折（溢）价摊销及其会计处理是否正确。此项工作一般可通过检查债券利息、溢价、折价等账户分析表来进行。该表可让被审计单位代为编制，注册会计师加以检查，也可由注册会计师自行编制。

(4) 函证“应付债券”账户期末余额。为了确定“应付债券”账户期末余额的真实性，注册会计师如果认为必要，可以直接向债权人及债券的承销人或包销人进行函证。函证内容应包括应付债券的名称、发行日、到期日、利率、已付利息期间、年内偿还的债券、资产负债表日尚未偿还的债券余额及注册会计师认为应包括的其他重要事项。

(5) 检查到期债券的偿还。对到期债券的偿还，注册会计师应检查相关会计记录，检查其会计处理是否正确。对可转换公司债券持有人行使转换权利，将其持有的债券转换为股票，则应检查其转股的会计处理是否正确。

(6) 检查利息费用的会计处理是否正确。对应付债券利息费用会计处理的审查，可比照前述长期借款利息费用的审查进行，主要是看资本化的处理是否合理。

(7) 检查应付债券是否已恰当列报。注册会计师应根据审计结果，确定被审计单位应付债券在财务报表上的披露是否充分，应注意有关应付债券的类别是否已在财务报表附注中作了充分的说明。

【案例 13—3】 注册会计师在审查宏达股份有限公司 2013 年 12 月 31 日资产负债表中的“应付债券”项目时，收集到下列资料：(1) 本年度该公司发行为期 5 年的公司债券，债券合同中规定，凡违反合同内任何条款，所有公司债券立即自动到期；(2) 公司应保持不低于 1∶1 的速动比率，如果低于该比率，该年度中公司高级管理人员的工资应低于 60 万元；(3) 该公司应将为公司债券担保的财产，按其实际价值向保险公司投保；(4) 该公司提供担保的财产，应按规定及时纳税。

要求：针对上述情况，注册会计师除评审应付债券的内部控制系统外，应审查哪些内容？

【案例分析】 针对宏达股份有限公司应付债券的具体情况，注册会计师应审查以下内容：

(1) 审查债券合同中的各种条款，查明该公司有无违反债券合同条款。

(2) 核实自发行年度起各年末资产负债表中的速动比率，一旦低于 1∶1 时，应立即审查高级管理人员的工资是否低于 60 万元。

(3) 查明该公司为债券担保财产的种类、数量、价值和投保金额，并向保险公司和有关单位进行函证。

(4) 向税务机关函证，查明对债券合同规定的资产纳税情况，审查实际纳税额与账簿记录是否一致。

四、长期应付款审计

(一) 长期应付款审计的目标

长期应付款审计的目标一般包括：确定资产负债表中记录的长期应付款是否存在；确定所有应当记录的长期应付款是否均已记录；确定记录的长期应付款是否为被审计单位应当履行的现时义务；确定长期应付款是否以恰当的金额包括在财务报表中，与之相关的计价调整是否已恰当记录；确定长期应付款是否已按照企业会计准则的规定在财务报表中作出恰当列报。

(二) 长期应付款的实质性程序

长期应付款的实质性程序通常包括：

(1) 获取或编制长期应付款明细表，复核加计是否正确，并与报表数、总账数和明细账合计数核对是否相符；检查长期应付款的内容是否符合企业会计准则的规定。

（2）检查各项长期应付款相关的契约，有无抵押情况。对融资租赁固定资产应付款，还应审阅融资租赁合约规定的付款条件是否履行，检查授权批准手续是否齐全，并作适当记录。

（3）向债权人函证重大的长期应付款。

（4）检查各项长期应付款本息的计算是否准确，会计处理是否正确。

（5）检查与长期应付款有关的汇兑损益是否按规定进行了会计处理。

（6）检查长期应付款的列报是否恰当，注意一年内到期的长期应付款应列入流动负债。

【案例13—4】 注册会计师在审查茂源股份有限公司2013年12月31日资产负债表的长期应付款项目时，发现该公司该年度1月初以融资租赁方式租入设备一台，已投入使用，经协商议定租金为400 000元，租期为5年，使用年限为10年，折旧方法采用直线法。租赁期满后，该项设备即归伟达公司所有。据租约规定，租金从第2年起支付，4年内付清。该公司财务经理认为，第1年未付租金，所以也不应计提折旧。

要求：注册会计师能否同意该公司的会计处理？应建议该公司如何进行会计处理？

【案例分析】 注册会计师不能同意该公司的会计处理。按照企业会计准则规定，第1年虽然没有支付租金，但仍应计提折旧。支付租金的方式，应不影响融资租入固定资产折旧的计提。注册会计师可建议该公司在该年度应提折旧40 000元（即400 000÷10），并作如下会计分录：

借：制造费用	40 000	
贷：累计折旧——融资租入固定资产		40 000

五、财务费用审计

（一）财务费用审计的目标

财务费用审计的目标一般包括：确定利润表中记录的财务费用是否已发生，且与被审计单位有关；确定所有应当记录的财务费用是否均已记录；确定与财务费用有关的金额及其他数据是否已恰当记录；确定财务费用是否已记录于正确的会计期间；确定财务费用是否已记录于恰当的账户；确定财务费用是否已按照企业会计准则的规定在财务报表中作出恰当列报。

（二）财务费用的实质性程序

财务费用的实质性程序通常包括：

（1）获取或编制财务费用明细表，复核加计是否正确，与报表数、总账数和明细账合计数核对是否相符。

（2）将本期、上期财务费用各明细项目作比较分析，必要时比较本期各月的财务费用，如有重大波动和异常情况，应查明原因，扩大审计范围或增加测试量。

（3）检查利息支出明细账，确认利息支出的真实性及正确性，检查各项借款期末应计利息有无预计入账，注意检查现金折扣的会计处理是否正确。

（4）检查汇兑损失明细账，检查汇兑损益计算方法是否正确，核对所用汇率是否正确，前后期是否一致。

（5）检查“财务费用——其他”明细账，注意检查大额金融机构手续费的真实性与正确性。

（6）审阅下期期初的财务费用明细账，必要时，对财务费用实施截止测试，检查财务费用各项目有无跨期入账的现象，对于重大跨期项目，应作必要调整。

（7）检查从其他企业或非银行金融机构取得的利息收入是否按规定计缴营业税。

（8）检查财务费用的列报是否恰当。

第四节　所有者权益相关项目审计

一、所有者权益相关项目审计的目标

所有者权益相关项目审计的目标一般包括：确定资产负债表中列示的各项目是否存在；确定应当列示的各项目是否完整；确定各项目是否以恰当的金额列示在财务报表中，与之相关的计价调整是否已恰当记录；确定各项目是否已按照企业会计准则的规定在财务报表中作出恰当列报。

二、实收资本（股本）的实质性程序

实收资本（股本）的实质性程序通常包括：

（1）获取或编制实收资本（股本）增减变动情况明细表，复核加计是否正确，与报表数、总账数和明细账合计数核对是否相符。

（2）查阅公司章程、股东大会、董事会会议记录中有关实收资本（股本）的规定。收集与实收资本（股本）变动有关的董事会会议纪要、合同、协议、公司章程及营业执照。公司设立批文、验资报告等法律性文件，并更新永久性档案。

（3）检查实收资本（股本）增减变动的原因，查阅其是否与董事会纪要、补充合同、协议及其他有关法律性文件的规定一致，逐笔追查至原始凭证，检查其会计处理是否正确。注意有无抽资或变相抽资的情况，如有，应取证核实，作恰当处理。对首次接受委托的客户，除取得验资报告外，还应检查并复核记账凭证及进账单。

（4）对于以资本公积、盈余公积和未分配利润转增资本的，应取得股东（大）会等资料，并审核是否符合国家有关规定。

（5）以权益结算的股份支付，取得相关资料，检查是否符合相关规定。

（6）中外合作企业根据合同规定在合作期间归还投资的，检查以下内容：①如系直接归还投资，检查是否符合有关的决议与公司章程和投资协议的规定，款项是否已付出，会计处理是否正确；②如系以利润归还投资，还需检查是否与利润分配的决议相符，并检查与利润分配有关会计处理是否正确。

（7）根据证券登记公司提供的股东名录，检查被审计单位及其子公司、合营企业与联营企业是否有违反规定的持股情况。

（8）以非记账本位币出资的，检查其折算汇率是否符合规定。

（9）检查认股权证及其有关交易，确定委托人及认股人是否遵守认股合约或认股权证中的有关规定。

（10）检查实收资本（股本）的列报是否恰当。

三、资本公积的实质性程序

资本公积的实质性程序通常包括：

（1）获取或编制资本公积明细表，复核加计是否正确，并与报表数、总账数和明细账合计数核对相符。

（2）收集与资本公积变动有关的股东（大）会决议，董事会会议纪要、资产评估报告等文件资料，更新永久性档案。首次接受委托的，应检查期初资本公积的原始发生依据。

（3）根据资本公积明细账，对股本溢价、其他资本公积各明细的发生额逐项进行审查。

①对股本溢价，应取得董事会会议纪要、股东（大）会决议、有关合同、政府批文，追查至银行收款等原始凭证，结合相关科目的审计，检查会计处理是否正确，注意发行股票溢价收入的计算是否已扣除股票发行费用。

②检查以权益法核算的被投资单位除净损益以外所有者权益的变动，被审计单位是否已按其享有的份额入账，会计处理是否正确；处置该项投资时，应注意是否已转销与其相关的资本公积。

③对拨款转入，审阅有关的拨款批文，检查拨款项目的完成情况，结合专项应付款的审计，检查会计处理是否正确。

④以权益结算的股份支付，取得相关资料，检查在权益工具授予日期和行权日的会计处理是否正确。

⑤对自用房地产或存货转换为采用公允价值计量的投资性房地产，若转换日公允价值大于账面价值，差额是否正确记入本科目，若转换日公允价值小于账面价值，检查差额是否正确计入公允价值变动损益；处置投资性房地产，检查相关的资本公积是否已转销。

⑥对可供出售金融资产形成的资本公积，结合相关科目检查金额和相关会计处理是否正确：当可供出售金融资产转为采用成本或摊余成本计量时，已记入本科目的公允价值变动是否按规定进行了会计处理；当可供出售金融资产发生减值时，已记入本科目的公允价值变动是否转入资产减值损失；当已减值的可供出售金融资产公允价值回升时，区分权益工具和债务工具分别确定其会计处理是否正确。

⑦若有同一控制下企业合并，应结合长期股权投资科目，检查被审计单位（合并方）取得的被合并方所有者权益账面价值的份额与支付的合并对价账面价值的差额计算是否正确；是否依次调整本科目、盈余公积和未分配利润。

⑧被审计单位将回购的本单位股票予以注销、用于奖励职工或转让，其会计处理是否正确。

⑨对于在资产负债表日，满足运用套期会计方法条件的现金流量套期和境外经营净投资套期产生的利得和损失是否进行了正确的会计处理。

⑩对资本公积转增资本，应取得股东（大）会决议、董事会会议纪要和政府批文等，检查资本公积转增资本是否符合有关规定，会计处理是否正确。

(4) 检查资本公积各项目，考虑对所得税的影响。

(5) 记录资本公积中不能转增资本的项目。

(6) 确定资本公积的列报是否恰当。

【案例 13—5】 注册会计师 A 在审查华盛股份有限公司“营业外收入”明细账时，发现其中一笔业务摘要为“接受捐赠 80 000 元”，记账凭证为 205＃。调阅了 205＃记账凭证，其会计分录为：

借：银行存款 80 000

　贷：营业外收入 80 000

所附原始凭证，一为捐赠协议，一为银行存款回执，证明确为捐赠。

要求：判断上述会计处理是否正确，并提出调整建议。

【案例分析】 该公司会计人员把应作为资本公积的捐赠未列入“资本公积”账户，使利润虚增。对此，注册会计师应建议被审计单位冲销原会计记录，并作账务处理如下：

借：银行存款 80 000

　贷：资本公积 80 000

四、盈余公积的实质性程序

盈余公积的实质性程序通常包括：

(1) 取得或编制盈余公积明细表，复核加计是否正确，并与报表数、总账数和明细账合计数核对相符。

(2) 收集与盈余公积变动有关的董事会会议纪要、股东（大）会决议以及政府主管部门、财政部门批复等文件资料，进行审阅，并更新永久性档案。

(3) 对法定盈余公积和任意盈余公积的发生额逐项审查至原始凭证：

①审查法定盈余公积和任意盈余公积的计提顺序、计提基数、计提比例是否符合有关规定，会计处理是否正确。

②审查盈余公积的减少是否符合有关规定，取得董事会会议纪要、股东（大）会决议，予以核实，检查有关会计处理是否正确。

(4) 审查盈余公积的列报是否恰当。

五、未分配利润的实质性程序

未分配利润的实质性程序通常包括：

(1) 获取或编制利润分配明细表。复核加计是否正确，与报表数、总账数及明细账合计数核对是否相符。

(2) 检查未分配利润期初数与上期审定数是否相符，涉及损益的上期审计调整是否正确入账。

(3) 收集和检查与利润分配有关的董事会会议纪要、股东（大）会决议、政府部门批文及有关合同、协议、公司章程等文件资料，更新永久性档案。对照有关规定确认利润分配的合法性。

(4) 检查本期未分配利润变动除净利润转入以外的全部相关凭证，结合所获取的文件资料，确定其会计处理是否正确。

（5）了解本年利润弥补以前年度亏损的情况，如果已超过弥补期限，且已因为抵扣亏损而确认递延所得税资产的，应当进行调整。

（6）结合以前年度损益调整科目的审计，检查以前年度损益调整的内容是否真实、合理，注意对以前年度所得税的影响。对重大调整事项应逐项核实其发生原因、依据和有关资料、复核数据的正确性。

（7）审查未分配利润的列报是否恰当。

六、应付股利的实质性程序

应付股利的实质性程序通常包括：

（1）获取或编制应付股利明细表，复核加计是否正确，并与报表数、总账数和明细账合计数核对是否相符。

（2）审阅公司章程和股东（大）会决议中有关股利的规定，了解股利分配标准和发放方式是否符合有关规定并经法定程序批准。若被审计单位董事会或类似机构通过利润分配方案拟分配现金股利或利润的注意是否披露。

（3）检查应付股利的发生额，是否根据股东（大）会决定的利润分配方案，从可供分配利润中计算确定，并复核应付股利计算和会计处理的正确性。

（4）检查股利支付的原始凭证的内容、金额和会计处理是否正确。

（5）审查现金股利是否按公告规定的时间、金额予以发放结算，非标准手之零星股东股利有否采用适当方法结算，对无法结算及委托发放而长期未结的股利是否做出适当处理。

（6）审查应付股利的列报是否恰当。

第五节　投资相关项目审计

一、投资相关项目审计的目标

投资相关项目审计的目标一般包括：确定资产负债表中列示的各项目是否存在；确定所有应当列示的各项目是否完整；确定列示的各项目是否由被审计单位拥有或控制；确定各项目是否以恰当的金额列示在财务报表中，与之相关的计价调整是否已恰当记录；确定各项目是否已按照企业会计准则的规定在财务报表中做出恰当列报。

二、交易性金融资产的实质性程序

交易性金融资产的实质性程序通常包括：

（1）获取或编制交易性金融资产明细表，复核加计是否正确，并与报表数、总账数和明细账合计数核对相符。

（2）对期末结存的相关交易性金融资产，向被审计单位核实其持有目的，检查本科目核算范围是否恰当。

（3）获取股票、债券及基金等交易流水单及被审计单位证券投资部门的交易记录，与明细账核对，检查会计记录是否完整、会计处理是否正确。

（4）监盘库存交易性金融资产，并与相关账户余额进行核对，如有差异，应查明原因，并做出记录或进行适当调整。

（5）向相关金融机构发函询证交易性金融资产期末数量以及是否存在变现限制（与存出投资款一并函证），记录函证过程。取得回函时应检查相关签章是否符合要求。

（6）抽取交易性金融资产增减变动的相关凭证，检查其原始凭证是否完整合法，会计处理是否正确。

（7）复核与交易性金融资产相关的损益计算是否准确，并与公允价值变动损益及投资收益等有关数据核对。

（8）复核股票、债券及基金等交易性金融资产的期末公允价值是否合理，相关会计处理是否正确。

（9）关注交易性金融资产是否存在重大的变现限制。

（10）检查交易性金融资产的列报是否恰当。

三、可供出售金融资产的实质性程序

可供出售金融资产的实质性程序通常包括：

（1）获取或编制可供出售金融资产明细表，复核加计是否正确，并与总账数和明细账合计数核对相符。

（2）获取可供出售金融资产对账单，与明细账核对，并检查其会计处理是否正确。

（3）检查库存可供出售金融资产，并与相关账户余额进行核对，如有差异，应查明原因，并做出记录或进行适当调整。

（4）向相关金融机构发函询证可供出售金融资产期末数量，并记录函证过程。取得回函时应检查相关签章是否符合要求。

（5）对期末结存的可供出售金融资产，向被审计单位核实其持有目的，检查本科目核算范围是否恰当。

（6）抽取可供出售金融资产增减变动的相关凭证，检查其原始凭证是否完整合法，会计处理是否正确。

（7）复核可供出售金融资产的期末公允价值是否合理，检查会计处理是否正确。

（8）如果可供出售金融资产的公允价值发生较大幅度下降，并且预期这种下降趋势属于非暂时性的，应当检查被审计单位是否计提资产减值准备，计提金额和相关会计处理是否正确。

（9）已确认减值损失的可供出售金融资产，当公允价值回升时，检查其相关会计处理是否正确。注意债券等债务工具应从资产减值损失科目转回；股票等权益工具则应从资本公积转回，不得从当期损益转回。

（10）如果债券等债务工具类可供出售金融资产发生减值，检查相关利息的计算和会计处理是否正确。

（11）检查可供出售金融资产出售时，其相关损益计算及会计处理是否正确，已计入资本公积的价值累计变动额是否转入投资收益科目。

（12）复核可供出售金融资产划转为持有至到期投资的依据是否充分，会计处理是否正确。

（13）检查债券投资计入损益的利息所采用的利率是否正确。

（14）结合银行借款等科目，了解是否存在已用于债务担保的可供出售金融资产。如有，则应取证并做相应的记录，同时提请被审计单位做恰当披露。

（15）检查可供出售金融资产的列报是否恰当。

四、持有至到期投资的实质性程序

持有至到期投资的实质性程序通常应包括：

（1）获取或编制持有至到期投资明细表，复核加计是否正确，并与总账数和明细账合计数核对相符。

（2）获取持有至到期投资对账单，与明细账核对，并检查其会计处理是否正确。

（3）检查库存持有至到期投资，并与账面余额进行核对，如有差异，应查明原因，并做出记录或进行适当调整。

（4）向相关金融机构发函询证持有至到期投资期末数量，并记录函证过程。取得回函时应检查相关签章是否符合要求。

（5）对期末结存的持有至到期投资资产，核实被审计单位持有的目的和能力，检查本科目核算范围是否恰当。

（6）抽取持有至到期投资增加的记账凭证，注意其原始凭证是否完整合法，成本、交易费用和相关利息的会计处理是否符合规定。

（7）抽取持有至到期投资减少的记账凭证，检查其原始凭证是否完整合法，会计处理是否正确。

（8）根据相关资料，确定债券投资的计息类型，结合投资收益科目，复核计算利息采用的利率是否恰当，相关会计处理是否正确，检查持有至到期投资持有期间收到的利息会计处理是否正确。检查债券投资票面利率和实际利率有较大差异时，被审计单位采用的利率及其计算方法是否正确。

（9）结合投资收益科目，复核处置持有至到期投资的损益计算是否准确，已计提的减值准备是否同时结转。

（10）检查当持有目的改变时，持有至到期投资划转为可供出售金融资产的会计处理是否正确。

（11）结合银行借款等科目，了解是否存在已利用于债务担保的持有至到期投资。如有，则应取证并做相应的记录，同时提请被审计单位做恰当披露。

（12）当有客观证据表明持有至到期投资发生减值时，应当复核相关资产项目的预计未来现金流量现值，并与其账面价值进行比较，检查相关准备计提是否充分。

（13）如果发生减值，检查相关利息的计算及处理是否正确。

（14）检查持有至到期投资的列报是否恰当，注意1年内到期的持有至到期投资是否已重分类至1年内到期的非流动资产。

【案例13—6】 ABC公司于2013年1月2日从证券市场上购入MD公司于2009年1月1日发行的债券，该债券5年期，票面年利率为4.72%，到期日为2017年1月1日，到期日一次归还本金和利息。ABC 公司购入债券的面值为 2 500 万元，实际支付价款为 2 000 万元。ABC 公司购入后将其划分为持有至到期投资。购入债券的实际利率为 10%，ABC 公司的会计资料显示，该公司 2013 年对此笔业务进行了如下会计处理：

2013 年 1 月 2 日购入债券时：

借：持有至到期投资——成本　　2 000

　贷：银行存款　　2 000

2013 年 12 月 31 日：

借：持有至到期投资——应计利息　　118

　　　　　　　　　——利息调整　　82

　贷：投资收益　　200

要求：ABC 公司对上述业务的会计处理是否正确？编制相应的审计调整分录。

【案例分析】 ABC 公司购入债券时应以债券面值作为该持有至到期投资的入账价值，而不应以实际支付的价款入账，注册会计师本应建议 ABC 公司进行审计调整，但由于相应的审计调整分录仅涉及“持有至到期投资”项目的明细科目。

借：持有至到期投资——成本　　500

　贷：持有至到期投资——利息调整　　500

并不影响财务报表上“持有至到期投资”项目的金额，因此注册会计师无须建议公司进行调整。

五、长期股权投资的实质性程序

长期股权投资的实质性程序通常包括：

(1) 获取或编制长期股权投资明细表，复核加计是否正确，并核对与总账数和明细账合计数是否相符；结合长期股权投资减值准备科目与报表数核对相符。

(2) 根据有关合同和文件，确认股权投资的股权比例和持有时间，检查股权投资核算方法是否正确。

(3) 对于重大的投资，向被投资单位函证被审计单位的投资额、持股比例及被投资单位发放股利等情况。

(4) 对于应采用权益法核算的长期股权投资，获取被投资单位已经注册会计师审计的年度财务报表，如果未经注册会计师审计，则应考虑对被投资单位的财务报表实施适当的审计或审阅程序：

①复核投资收益时，应以取得投资时被投资单位各项可辨认资产等的公允价值为基础，对被投资单位的净利润进行调整后加以确认；被投资单位采用的会计政策及会计期间对被投资单位的财务报表进行调整，据以确认投资损益。

②将重新计算的投资收益与被审计单位所计算的投资收益相核对，如有重大差异，则查明原因，并做适当调整。

③检查被审计单位按权益法核算长期股权投资，在确认应分担被投资单位发生的净亏损时，应首先冲减长期股权投资的账面价值，其次冲减其他实质上构成对被投资单位净投资的长期权益账面价值（如长期应收款等）；如果按照投资合同和协议约定被审计单位仍需承担额外损失义务的，应按预计承担的义务确认预计负债，并与预计负债中的

相应数字核对无误；被投资单位以后期间实现盈利的，被审计单位在其收益分享额弥补未确认的亏损分担额后，恢复确认收益分享额。审计时，应检查被审计单位会计处理是否正确。

④检查除净损益以外被投资单位所有者权益的其他变动，是否调整计入所有者权益。

(5) 对于采用成本法核算的长期股权投资，检查股利分配的原始凭证及分配决议等资料，确定会计处理是否正确；对被审计单位实施控制而采用成本法核算的长期股权投资，比照权益法编制变动明细表，以备合并报表使用。

(6) 对于成本法和权益法相互转换的，检查其投资成本的确定是否正确。

(7) 确定长期股权投资的增减变动的记录是否完整，会计处理是否正确。

(8) 期末对长期股权投资进行逐项检查，以确定长期股权投资是否已经发生减值。

(9) 结合银行借款等的检查，了解长期股权投资是否存在质押、担保情况。如有，则应详细记录并提请被审计单位进行充分披露。

(10) 检查长期股权投资在资产负债表上是否已恰当列报。与被审计单位人员讨论确定是否存在被投资单位由于所在国家和地区及其他方面的影响，其向被审计单位转移资金的能力受到限制的情况。如存在，应详细记录受限情况，并提请被审计单位充分披露。

【案例 13—7】 注册会计师 2014 年 2 月 12 日在对 ABC 公司 2013 年年度财务报表进行审计时，了解到该公司 2013 年 1 月 15 日购入 MON 公司的股票 3 000 万股，MON 公司总股份为 10 000 万股，该公司对 MON 公司的投资采用权益法核算。当期 MON 公司因持有的可供出售金融资产公允价值的变动计入资本公积的金额为 300 万元，ABC 公司作了如下会计处理：

借：长期股权投资——其他权益变动　　　　900 000

　贷：投资收益　　　　900 000

要求：分析存在的问题，提出处理意见，并编制调整分录。

【案例分析】 存在问题：根据企业会计准则规定，因被投资企业除净损益以外所有者权益的变动，投资企业应按持股比例计算应享有的份额，增加长期股权投资（其他权益变动），并增加资本公积（其他资本公积）。ABC 公司在 MON 公司持有的可供出售金融资产公允价值的变动计入资本公积时，不作增加资本公积（其他资本公积）处理，而确认为投资收益，这显然是错误的。

处理意见：注册会计师人员应提请 ABC 公司调整会计记录。其调账分录如下：

借：投资收益　　　　900 000

　贷：资本公积——其他资本公积　　　　900 000

六、投资性房地产的实质性程序

投资性房地产的实质性程序通常包括：

(1) 获取或编制投资性房地产明细表，复核加计是否正确，并与总账数和明细账合计数核对相符；结合累计摊销（折旧）、投资性房地产减值准备科目与报表数核对相符。

(2) 检查纳入投资性房地产范围的建筑物和土地使用权是否符合企业会计准则的规定。

(3) 检查投资性房地产后续计量模式选用的依据是否充分。与上年政策进行比较，确定后续计量模式的一致性。如不一致，则详细记录变动原因。

（4）确定投资性房地产后续计量选用公允价值模式政策是否恰当，计算复核期末计价是否正确：

①询问并获取相关资料，评价被审计单位确定公允价值采用方法的适当性。公允价值选用的合理性，包括公司的决策程序、公允价值的确定方法、估值模型的选择、披露的充分性等。

②被审计单位投资性房地产的后续计量采用公允价值模式计价的，期末，应逐项检查公允价值的确定依据是否充分，公允价值变动损益计算是否正确，会计处理是否正确。与公允价值变动损益项目中的相应数字核对相符。

③如果需利用专家等的工作，应对专家的执业资格和胜任能力、工作结果等进行评价。

（5）投资性房地产后续计量选用成本计量模式，确定投资性房地产累计摊销（折旧）政策是否恰当，计算复核本年度摊销（折旧）的计提是否正确：

①了解被审计单位所使用的建筑物折旧率和土地使用权摊销率，确定其是否恰当。

②确认被审计单位除已提足折旧的建筑物外，其他投资性房地产均已计提折旧和摊销。

③根据投资性房地产的平均水平测算全年的摊销（折旧）额，并与投资性房地产中的累计折旧和摊销本期增加数相核对，如有差异，查明原因。

④将本期累计折旧和摊销金额与利润表其他业务成本中的相应数字核对无误。

（6）期末对成本计量的投资性房地产进行如下逐项检查，以确定投资性房地产是否已经发生减值：

①核对投资性房地产减值准备本期与以前年度计提方法是否一致，如有差异，查明政策调整的原因，并确定政策改变对本期损益的影响，提请被审计单位做适当披露。

②确有出现导致其可收回金额低于账面价值的情况，将可收回金额低于账面价值的差额作为投资性房地产减值准备予以计提，并与投资性房地产的减值准备本期增加数相核对，如有差异，查明原因。

③将本期减值准备计提金额与利润表资产减值损失中的相应数字核对无误。

④检查投资性房地产减值准备是否按单项资产（或资产组）计提，计提依据是否充分，是否得到适当批准，减值损失是否转回。

（7）确定投资性房地产后续计量模式的转换是否恰当：

①检查董事会等决议文件，确定后续计量模式改变的适当性，会计处理的正确性，并提请被审计单位进行充分披露。

②检查投资性房地产成本计量模式转为公允价值计量模式是否作为会计政策变更进行追溯调整期初留存收益处理；采用公允价值计量模式的投资性房地产不得从公允价值计量模式转为成本计量模式。

（8）如被审计单位投资性房地产与其他资产发生相互转换的，应检查转换依据是否充分，是否经过有效批准，转换日房地产成本计量是否正确，会计处理是否正确。

（9）获取租赁合同等文件，重新计算租金收入，并与利润表其他业务收入中的相应数字核对无误。

(10) 检查本期对投资性房地产进行改良或装修的会计处理是否正确。

(11) 检查有无与关联方的投资性房地产购售活动，是否经适当授权，交易价格是否公允。

(12) 结合银行借款等项目的审计，了解建筑物、土地使用权是否存在抵押、担保情况。如有，则应详细记录，并提请被审计单位进行充分披露。检查投资性房地产的保险情况。

(13) 检查投资性房地产是否已恰当列报。

第六节 其他相关项目审计

在筹资与投资循环中，除以上介绍的财务报表项目或会计科目之外，还有其他应收款、其他应付款、预计负债、所得税费用、递延所得税资产、递延所得税负债、资产减值准备、公允价值变动损益、营业外收入、营业外支出等项目。限于本教材篇幅，对这些项目审计的阐述，一般只直接列示其相应的实质性程序。需要强调的是，这些项目的实质性程序并非一成不变，注册会计师在审计时，应视具体审计情况，运用职业判断合理增删。

一、其他应收款的实质性程序

其他应收款的实质性程序通常包括：

(1) 获取或编制其他应收款明细表，复核加计是否正确，并与报表数、总账数和明细账合计数核对是否相符；检查其他应收款的账龄分析是否正确；分析有贷方余额的项目，查明原因，必要时作重新分类调整；结合应收账款明细账余额查验是否有双方同时挂账的项目，核算内容是否重复，必要时做出适当调整；标明应收关联方（包括持股5%以上的股东）的款项，并注明合并报表时应予抵消的数字。

(2) 判断选择一定金额以上、账龄较长或异常的明细账户余额发函询证，编制函证结果汇总表。

(3) 对发出询证函未能收到回函的样本，采用替代审计程序，如查核下期明细账，或追踪至其他应收款发生时的原始凭证。特别注意是否存在抽逃资金、隐藏费用的现象。

(4) 检查资产负债表日后的收款事项，确定有无未及时入账的债权。

(5) 分析明细账户，对于长期未能收回的项目，应查明原因，确定是否可能发生坏账失。

(6) 对非记账本位币结算的其他应收款，检查其采用的折算汇率是否正确。

(7) 检查转作坏账损失项目，是否符合规定并办妥审批手续。

(8) 检查其他应收款的列报是否恰当。

二、其他应付款的实质性程序

其他应付款的实质性程序通常包括：

(1) 获取或编制其他应付款明细表，复核加计是否正确，并与报表数、总账数和明细账合计数核对是否相符；分析有借方余额的项目，查明原因，必要时作重分类调整；结合应付账款、其他应付款明细余额，查明有否双方同时挂账的项目，核算内容是否重复，必要时作重分类调整；标出应付关联方（包括持股5%以上的股东）的款项，并注明合并报表时应抵消的金额。

（2）请被审计单位协助，在其他应付款明细表上标出截至审计日已支付的其他应付款项，抽查付款凭证、银行对账单等，并注意这些凭证发生日期的合理性。

（3）判断选择一定金额以上和异常的明细余额，检查其原始凭证，并考虑向债权人发函询证。

（4）对非记账本位币结算的其他应付款，检查其折算汇率是否正确。

（5）审核资产负债表日后的付款事项，确定有无未及时入账的其他应付款。

（6）检查长期未结的其他应付款，并作妥善处理。

（7）检查其他应付款中关联方的余额是否正常，如数额较大或有其他异常现象，应查明原因，追查至原始凭证并作适当披露。

（8）检查其他应付款的列报是否恰当。

【案例 13—8】 注册会计师B在审查宏源股份有限公司2013年无形资产时，发现新增“无形资产——商誉”4 000 000元。注册会计师作进一步审查得知：宏源股份有限公司将甲公司的资产作为整体购进，甲公司的有形资产总额为8 000 000元，负债总额为2 000 000元，近5年每年平均获利810 000元，预计今后较长时期内保持这一获利水平，经了解，同行业的正常资本收益率为9%。据此，宏源股份有限公司购买甲公司的付款总额为10 200 000元，并将其中的4 200 000元作为商誉入账。

要求：注册会计师验证宏源股份有限公司确认商誉价值的合理性，并发表审计意见。

【案例分析】 根据上述资料，注册会计师确定的商誉价值计算如下：

（1）甲公司的净资产价值：6 000 000（元）

（2）正常资本收益率：9%

（3）按9%计算的年获得额（1）×（2）：540 000（元）

（4）预计可望年获利额：810 000（元）

（5）预计可望年获超额收益（4）－（3）：270 000（元）

（6）将超额收益本金化（5）÷（2）：3 000 000（元）

因此，甲公司的商誉价值为3 000 000元。

注册会计师认为，将甲公司的商誉价值确定为4 200 000元是不合理的。合理的方法应该是：宏源股份有限公司付款总额10 200 000元，而实际净有形资产价值和商誉价值只有9 000 000元（即6 000 000＋3 000 000），多付的1 200 000元应按有形资产净值与商誉价值的比例分摊，即净有形资产价值应按6 800 000元（即6 000 000＋1 200 000×6 000 000÷9 000 000）入账，商誉价值应按3 400 000元（即3 000 000＋1 200 000×3 000 000÷9 000 000）入账。

三、预计负债的实质性程序

预计负债的实质性程序通常包括：

（1）获取或编制预计负债明细表。复核加计是否正确，并与报表数、总账数和明细账合计数核对是否相符。

（2）向相关银行函证担保事项。

（3）对已涉诉并已判决的对外担保，取得并审阅棚关法院判决书。

（4）对已涉诉但尚未判决的对外担保，取得被审计单位律师或法律顾问的法律意见。

（5）检查预计负债的估计是否准确，会计处理是否正确。

（6）检查预计负债的列报是否恰当。

四、所得税费用的实质性程序

所得税费用的实质性程序通常包括：

（1）获取或编制所得税费用明细表、递延所得税资产明细表、递延所得税负债明细表，核对与明细账合计数、总账及报表数是否相符。

（2）根据审计结果和税法规定，核实当期的纳税调整事项，确定应纳税所得额，计算当期所得税费用。

（3）根据期末资产及负债的账面价值与其计税基础之间的差异，以及未作为资产和负债确认的项目的账面价值与按照税法的规定确定的计税基础的差异，计算递延所得税资产、递延所得税负债期末应有余额，并根据递延所得税资产、递延所得税负债期初余额，倒轧出递延所得税费用（收益）。

（4）将当期所得税费用与递延所得税费用之和与利润表上的“所得税”项目金额相核对。

（5）确定所得税费用、递延所得税资产、递延所得税负债是否已在财务报表中恰当列报。

五、递延所得税资产的实质性程序

递延所得税资产的实质性程序通常包括：

（1）获取或编制递延所得税资产明细表，复核加计是否正确，并与报表数、总账数和明细账合计数核对是否相符。

（2）检查被审计单位采用的会计政策是否恰当，前后期是否一致。

（3）检查被审计单位用于确认递延所得税资产的税率是否正确。

（4）检查递延所得税资产增减变动记录，以及可抵扣暂时性差异的形成原因，确定是否符合有关规定、计算是否正确，预计转销期是否适当，并特别关注以下事项：

①对根据税法规定可用以后年度税前利润弥补的亏损及税款抵减所形成的递延所得税资产，检查其计算及会计处理是否正确。

②对非同一控制下企业合并中取得资产、负债的入账价值与其计税基础不同形成的可抵扣暂时陛差异，检查其计算及会计处理是否正确。

③检查是否存在同时具有下列特征的交易，因资产或负债的初始确认而产生的递延所得税资产不应予以确认而被审计单位予以确认的情况：一是该项交易不是企业合并；二是交易发生时既不影响会计利润也不影响应纳税所得额（或可抵扣亏损）。

④检查被审计单位对子公司、联营企业及合营企业投资相关的可抵扣暂时性差异。在同时满足下列条件时，是否确认相应的递延所得税资产：其一，暂时性差异在可预见的未

来很可能转回；其二，未来很可能获得用来抵扣可抵扣暂时性差异的应纳税所得额。

（5）检查被审计单位是否在资产负债表日对递延所得税资产的账面价值进行复核，如果预计未来期间很可能无法获得足够的应纳税所得额用以抵扣递延所得税资产，应当减记递延所得税资产的账面价值。

（6）当适用税率发生变化时，检查被审计单位是否对递延所得税资产进行重新计量，对其影响数的会计处理是否正确。

（7）检查递延所得税资产的列报是否恰当。

六、递延所得税负债的实质性程序

递延所得税负债的实质性程序通常包括：

（1）获取或编制递延所得税负债明细表，复核加计正确。并与报表数、总账数和明细账合计数核对相符。

（2）检查被审计单位采用的会计政策是否恰当，前后期是否一致。

（3）检查被审计单位用于确认递延所得税负债的税率是否正确。

（4）检查递延所得税负债增减变动记录，以及应纳税暂时性差异的形成原因确定是否符合有关规定，计算是否正确，预计转销期是否适当，并特别关注以下事项：

①对非同一控制下企业合并中取得资产、负债的入账价值与其计税基础不同形成的应纳税暂时性差异，检查其计算及会计处理是否正确。

②检查是否存在下列交易中产生的递延所得税负债不应予以确认，而被审计单位予以确认的情况。其一，商誉的初始确认；其二，同时具有下列特征的交易中产生的资产或负债的初始确认：该项交易不是企业合并；交易发生时既不影响会计利润也不影响应纳税所得额（或可抵扣亏损）。

③检查是否存在被审计单位对子公司、联营企业及合营企业投资相关的应纳税暂时性差异，在同时满足下列条件时，不应确认相应的递延所得税负债而被审计单位予以确认的情况：一是被审计单位能够控制暂时性差异的转回时间；二是该暂时性差异在可预见的未来很可能不会转回。

（5）当适用税率发生变化时，检查被审计单位是否对递延所得税负债进行重新计量，对其影响数的会计处理是否正确。

（6）检查递延所得税负债的列报是否恰当。

七、资产减值准备的实质性程序

资产减值准备的实质性程序通常包括：

（1）获取或编制资产减值损失明细表，复核加计是否正确。并与报表数、总账数和明细账合计数核对是否相符。

（2）检查资产减值损失核算内容是否符合规定。

（3）对本期增减变动情况检查如下：对本期增加及转回的资产减值损失，与坏账准备等科目进行交叉钩稽；对本期转销的资产减值损失，结合相关资产科目的审计，检查会计处理是否正确。

（4）检查资产减值损失的列报是否恰当。

八、公允价值变动损益的实质性程序

（1）获取或编制公允价值变动损益明细表，复核加计是否正确，与报表数、总账数及明细账合计数核对是否相符。

（2）根据公允价值变动损益明细账，对交易性金融资产（负债）、衍生工具、套期保值业务和投资性房地产等各明细发生额逐项检查：

①在资产负债表日，被审计单位是否将交易性金融资产（负债）的公允价值与其账面价值的差额记入本科目；处置交易性金融资产（负债）时，是否将原已记入本科目的公允价值变动金额转入投资收益。

②在资产负债表日，被审计单位是否将衍生金融工具的公允价值与其账面价值的差额记入本科目；终止确认衍生金融工具时。其会计处理是否正确。

③对于在资产负债表日，满足运用套期会计方法条件的现金流量套期和境外经营净投资套期产生的利得和损失，是否进行了正确的会计处理。

④以公允价值模式计量的投资性房地产的公允价值变动损益，应结合对应科目，检查其初始成本确定是否正确，期末公允价值确定是否合理；处置时原公允价值变动（含记入本科目和资本公积）有无正确结转至其他业务成本。

（3）检查公允价值变动损益的列报是否恰当。

九、营业外收入的实质性程序

营业外收入的实质性程序通常包括：

（1）获取或编制营业外收入明细表，复核加计是否正确，并与报表数、总账数及明细账合计数核对是否相符。

（2）检查营业外收入的核算内容是否符合会计准则的规定。

（3）抽查营业外收入中金额较大或性质特殊的项目，审核其内容的真实性和依据的充分性。

（4）对营业外收入中各项目，包括非流动资产处理利得、非货币性资产交换利得、债务重组利得、政府补助、盘盈利得、接受捐赠利得等相关账户记录核对相符，并追查至相关原始凭证。

（5）检查营业外收入的列报是否恰当。

十、营业外支出的实质性程序

营业外支出的实质性程序通常包括：

（1）获取或编制营业外支出明细表，复核加计是否正确，并与报表数、总账数及明细账合计数核对是否相符。

（2）检查营业外支出内容是否符合会计准则的规定。

（3）对营业外支出的各项目，包括非流动资产处理损失、非货币性资产交换损失、债务重组损失、盘亏损失、公益性捐赠支出等，与固定资产、无形资产等相关账户记录核对相符，并追查至相关原始凭证。

（4）检查是否存在非公益性捐赠支出、税收滞纳金、罚金、罚款支出、各种赞助会费支出，必要时进行应纳税所得额调整。

(5) 对非常损失，应详细检查有关资料、被审计单位实际损失和保险理赔情况及审批文件，检查有关会计处理是否正确。

(6) 检查营业外支出的列报是否恰当。

复习思考题

1. 筹资循环包括哪些主要环节？投资循环包括哪些环节？

2. 筹资循环审计有哪些具体目标？投资循环审计有哪些具体目标？

3. 筹资循环的内部控制测试包括哪些主要程序？

4. 简述交易性金融资产的审计目标。

5. 所有者权益项目审计的目标是什么？

6. 简述长期借款以及应付债券的实质性程序。

7. 简述股本、资本公积、盈余公积以及未分配利润的实质性程序。

8. 简述交易性金融资产、可供出售金融资产、持有至到期投资、长期股权投资、投资性房地产和投资收益的实质性程序。

9. 如何对资产减值准备实施实质性程序？

10. 如何对递延所得税资产与递延所得税负债实施实质性程序？

第十四章 货币资金与特殊项目审计

学习目标

通过本章的学习，了解货币资金和业务循环的关系；熟悉货币资金与特殊项目审计的目标；掌握货币资金的内部控制及其控制测试，以及特殊项目审计程序；熟练掌握库存现金、银行存款的实质性程序。

第一节 货币资金与交易循环概述

货币资金包括库存现金、银行存款、其他货币资金等，是企业资产的重要组成部分，是流动性最强的资产，也是企业进行生产经营必不可少的物质条件。企业的生产经营过程，实质上就是货币资金的垫支、支付过程和货币资金的回收、分配过程的结合，企业的全部经营活动都可以通过货币资金表现出来，同时货币资金也是不法分子盗窃、贪污、挪用的重要对象。因此，货币资金审计是企业资产负债表审计的一个重要组成部分，由于货币资金较容易产生弊端，货币资金审计的风险较高，需要花费的时间相对较长，审计的范围相对较广。实施货币资金审计，首先必须明确货币资金与交易循环的关系及其所涉及的主要凭证与会计记录。

一、货币资金与交易循环的关系

货币资金与各交易循环中的业务活动存在着密切的关系。一些最终影响货币资金的错误只有在对销售与收款、购货与付款、生产与存货、筹资与投资的业务循环的审计测试中才会被发现。例如，未给顾客开票、未按销售额开票、两次支付卖方发票或支付未经验收的货物或劳务等，在现金余额测试中都不会被发现。但是货币资金付款和货币资金收款的错误可在货币资金的业务测试中被发现，或通过对其余额测试程序发现。货币资金与各交易循环的关系，如图 14—1 所示。

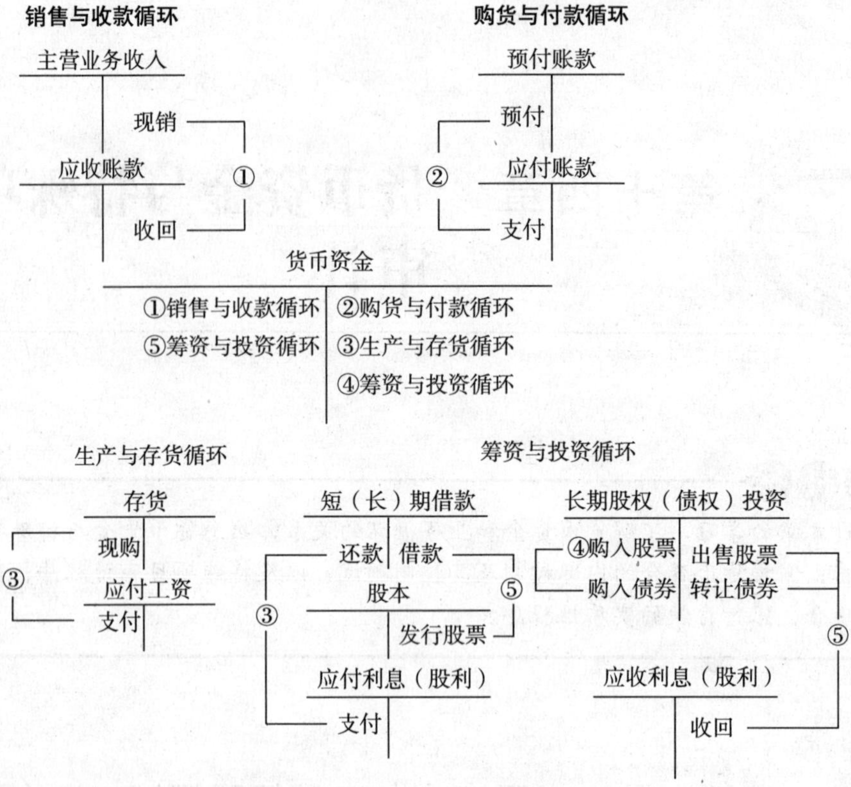

图 14—1　货币资金与交易循环的关系

二、主要凭证与会计记录

货币资金涉及的主要凭证和会计记录有以下几个方面：

(1) 库存现金盘点表。

库存现金盘点表是反映库存现金盘点情况的重要书面文件，被审计单位库存现金盘点必须由出纳人员和会计主管人员参加，注册会计师实施监盘。

(2) 银行对账单。

银行对账单是银行和企业核对账务的联系单，也是证实企业业务往来的记录，其反映的主体是银行和企业，内容是企业的资金，是对企业资金流转的记录。

(3) 银行存款余额调节表。

是由企业编制的，用来调整企业银行存款账面余额与银行对账单余额之间的差异的调节表。

(4) 有关科目的记账凭证。

如库存现金收付款凭证、银行存款收付款凭证。

(5) 有关会计账簿。

如库存现金日记账、银行存款日记账。

第二节　货币资金的控制测试

一、货币资金的内部控制

为确保货币资金的安全完整，保证货币资金核算与管理的正确性、合规性，企业必须健全货币资金的内部控制政策与程序。良好的货币资金内部控制一般应包括以下内容：

（一）岗位分工及授权批准

会计部门是主管货币资金的职能部门，应配备专职的出纳人员和有关核算人员，负责货币资金的收支、保管和核算工作。在货币资金核算和管理工作中，应贯彻内部牵制的组织原则，实行钱账分管，即管钱的人不管账，管账的人不管钱。负责货币资金收支和保管的出纳人员，除了登记库存现金和银行存款日记账，不得兼作收入、费用、债务账簿以及总账的登记工作，这是企业货币资金内部控制的一项最基本的要求。

对货币资金业务应建立严格的授权批准制度，明确审批人员对货币资金业务的授权批准方式、权限、程序、责任和相关控制措施，规定经办人员办理货币资金业务的职责范围和工作要求。按照申请、审批、复核、支付办理货币资金支付业务，对重要的货币资金支付业务，应实行联签制度，并建立责任追究制度。严禁未经授权的机构或人员办理货币资金业务或直接接触货币资金。

（二）现金及银行存款的管理

企业应建立库存现金限额管理制度，加强现金库存限额的管理，超过限额的现金应及时存入银行，不属于现金开支范围的业务一律通过银行办理转账结算。现金收入应及时存入银行，不得私设"小金库"，不得账外设账，严禁收款不入账。遵守银行结算纪律，加强对银行结算凭证的填制、传递及保管等环节的管理与控制。指定专人定期核对银行账户，每月至少核对一次，编制银行存款余额调节表，将银行存款账面余额与银行对账单调节相符。定期和不定期地进行库存现金盘点，确保现金账面余额与实际库存相符。

（三）票据及印章的管理

企业应设立票据记簿，对票据的购买、保管、领用、背书、贴现、转让、注销等环节进行登记，明确各环节相应的职责权限和程序，防止空白票据的遗失和被盗用。企业应加强银行预留印鉴的管理，财务专用章应由专人保管，个人名章须由本人或其授权人员保管。严禁一人保管支付款项所需的全部印章。按规定需由负责人签字或盖章的经济业务，必须严格履行签字或盖章手续。

（四）检查监督

企业应建立对货币资金的检查监督制度，明确监督检查机构及人员的职责权限，定期或不定期检查：不相容岗位是否存在混岗情况，授权审批业务是否存在越权行为，印章的保管是否符合要求，票据保管与使用手续是否健全等。另外，企业的内部审计部门应加强对货币资金收支业务的审计。企业还应当不定期地组织检查小组，对货币资金的收支进行抽查。

二、货币资金的控制测试

货币资金的控制测试主要包括如下内容：

（一）了解货币资金内部控制

注册会计师可以根据实际情况采用不同的方法实现对货币资金内部控制的了解。通常，注册会计师可以采用编制流程图和调查表的方法来调查和描述货币资金内部控制。编制货币资金内部控制流程图是货币资金控制测试的重要步骤。注册会计师在编制之前应通过询问、观察等调查手段收集必要的资料，然后根据所了解的情况编制流程图。对中小企业，也可采用编写货币资金内部控制调查表的方法。若年度审计工作底稿中已有以前年度的流程图，注册会计师可根据调查结果加以修正，以供本年度审计之用。有时，注册会计师还需要执行穿行测试来证实对交易流程和相关控制的了解。注册会计师还应观察被审计单位是否进行了适当的职责划分；检查货币资金收支内部控制有关的文件；检查货币资金预算，并对其与实际的差异进行审核。在了解货币资金内部控制时，注册会计师应当注意检查货币资金内部控制是否健全并严格执行。

（二）抽取并检查收款凭证

如果货币资金收款的内部控制不强，很可能发生贪污舞弊或挪用等情况。为测试货币资金收款的内部控制，注册会计师应选取一定数量的收款凭证，做如下的检查：核对收款凭证与存入银行账户的日期和金额是否相符；核对货币资金、银行存款日记账的收入金额是否正确；核对收款凭证与银行对账单是否相符；核对收款凭证与应收账款等相关明细账的有关记录是否相符；核对实收金额与销货发票等相关凭据是否一致。

（三）抽取并检查付款凭证

为测试货币资金付款的内部控制，注册会计师应选取一定数量的货币资金付款凭证，做如下检查：检查付款的授权批准手续是否符合规定；核对货币资金、银行存款日记账的付出金额是否正确；核对付款凭证与银行对账单是否相符；核对付款凭证与应付账款等相关明细账的记录是否一致；核对实付金额与购货发票等相关凭据是否相符。

（四）抽取并检查日记账与总账

注册会计师应抽取一定期间的库存现金、银行存款日记账与总账核对。首先，注册会计师应抽取一定期间的库存现金、银行存款日记账，检查其有无计算错误，加总是否正确无误。如果检查中发现问题较多，说明被审计单位货币资金的会计记录不够可靠。其次，注册会计师应根据日记账提供的线索，核对总账中的库存现金、银行存款、应收账款、应付账款等有关账户的记录。

（五）抽取并检查银行存款余额调节表

为验证银行存款记录的正确性，注册会计师必须抽取一定期间的银行存款余额调节表，将其与银行对账单、银行存款日记账及总账进行核对，确定被审计单位是否按月正确编制并复核银行存款余额调节表。另外，注册会计师还应对银行存款调节表的编制程序进行检查：根据会计记录、银行对账单、支票存根、银行存款日记账和总账等重新执行银行存款余额调节表的编制程序，以检查银行存款余额调节表的编制是否正确。

（六）评价货币资金的内部控制

注册会计师在完成了上述程序之后，应对货币资金的内部控制进行评价。评价时，注册会计师应首先确定货币资金的内部控制可依赖的程度以及存在的薄弱环节和缺点，据以确定在货币资金实质性程序中对哪些环节可以适当减少审计程序，哪些环节应增加审计程序，以降低审计风险。

第三节　货币资金审计

一、库存现金审计

（一）库存现金审计的目标

库存现金包括人民币现金和外币现金，是企业资产中流动性最强的一种资产。尽管库存现金在企业资产总额中比重不大，但企业发生舞弊事件大都与库存现金有关，因此，注册会计师应该重视库存现金的审计。

库存现金审计的目标一般应包括：确定被审计单位资产负债表的货币资金项目中的库存现金是否确实存在；是否为被审计单位所拥有或控制；确定被审计单位在特定期间内发生的现金收支业务是否均记录完毕，有无遗漏；确定库存现金余额是否正确；确定库存现金是否已按照企业会计准则的规定在财务报表中作出恰当列报。

（二）库存现金的实质性程序

库存现金的实质性程序一般包括以下内容：

1. 核对库存现金日记账

注册会计师测试现金余额的起点，是核对库存现金日记账与总账的余额是否相符。如果不相符，应查明原因，并做出适当调整。

2. 监盘库存现金

监盘库存现金是证实资产负债表中所列现金是否存在的一项主要审计程序。注册会计师应对被审计单位突击盘点。企业盘点库存现金，通常包括对已收到但未存入银行的现金、零用金、找换金等的盘点。盘点库存现金的时间和人员应视被审计单位的具体情况而定，但必须有现金出纳员和被审计单位会计主管人员参加，并由注册会计师进行监盘。盘点和监盘库存现金的步骤和方法主要有：

（1）制定监盘计划，确定监盘时间。对库存现金的监盘最好实施突击性的检查，时间最好选择在上午上班前或下午下班时进行，盘点的范围一般包括被审计单位各部门经管的现金。在进行现金盘点前，应由出纳员将现金集中起来存入保险柜。必要时可加以封存，然后由出纳员把已办妥现金收付手续的收付款凭证登入库存现金日记账。如被审计单位库存现金存放部门有两处或两处以上的，应同时进行盘点。

（2）审阅库存现金日记账并同时与现金收付凭证相核对，一方面检查库存现金日记账的记录与凭证的内容和金额是否相符；另一方面了解凭证日期与库存现金日记账日期是否相符或接近。

（3）由出纳员根据库存现金日记账加计累计发生额并结出现金结余。

（4）盘点保险柜的现金实存数，同时编制“库存现金盘点表”（格式，如表 14—1 所示），分币种、面值列示盘点金额。

表 14—1　　　　库存现金监盘表

被审计单位：________	索引号：________
项目：________	财务报表截止日/期间：________
编制：________	复核：________
日期：________	日期：________

检查盘点记录

项目		项次	人民币	美元	某外币
上一日账面库存余额		①			
盘点日未记账传票收入金额		②			
盘点日未记账传票支出金额		③			
盘点日账面应有金额		④＝①＋②－③			
盘点实有库存现金数额		⑤			
盘点日应有与实有差异		⑥＝④－⑤			
差异原因分析	白条抵库（张）				
追溯调整	报表日至审计日库存现金付出总额				
	报表日至审计日库存现金收入总额				
	报表日库存现金应有余额				
	报表日账面汇率				
	报表日余额折合本位币金额				

实有库存现金盘点记录

面额	人民币		美元		某外币	
1 000 元	张	金额	张	金额	张	金额
500 元						
100 元						
50 元						
10 元						
5 元						
2 元						
1 元						
0.5 元						
0.2 元						
0.1 元						
合计						

本位币合计				

出纳员：　　　　会计主管人员：　　　　监盘人：　　　　检查日期：

审计说明：

（5）若在资产负债表日后进行盘点，应调整至资产负债表日的金额。

（6）将盘点金额与库存现金日记账余额进行核对，如有差异，应查明原因，并做出记录或适当调整。

（7）若有冲抵库存现金的借条、未提现支票、未作报销的原始凭证、应在“库存现金盘点表”中注明或做出必要的调整。

3. 抽查大额库存现金收支

注册会计师应检查大额现金收支的原始凭证是否齐全、原始凭证是否完整、有无授权批准、记账凭证和对原始凭证是否相符、账务处理是否正确、是否记录于恰当的会计期间等项内容。

4. 检查现金收支的正确截止

被审计单位资产负债表的货币项目中的库存现金数额，应以结账日实有数额为准。因此，注册会计师必须验证现金收支的截止日期。通常，注册会计师可考虑对结账日前后一段时期内现金收支凭证进行审计，以确定是否存在跨期事项，考虑是否应提出调整建议。

5. 检查库存现金是否在财务报表上恰当列报

根据企业会计准则规定，库存现金在资产负债表的“货币资金”项目中反映，注册会计师应在实施上述审计程序后，确定库存现金账户的期末余额是否恰当，进而确定库存现金是否在资产负债表上作了恰当列报。

【案例 14—1】　2014 年 1 月 20 日，注册会计师李伟、赵杰在对某企业 2013 年 12 月 31 日资产负债表审计中，查得“货币资产”项目中的库存现金为 1 062.10 元。1 月 21 日上午 8 时，李伟、赵杰对该企业出纳员王琳所经营的现金进行了清点。该企业 1 月 20 日现金日记账余额是 832.10 元，清点结果如下：

（1）现金实有数 627.34 元。

（2）在保险柜中有下列单据已收、付款但未入账。

①职工刘阳 6 月 4 日预借差旅费 200 元，已经领导批准。

②职工刘钢借据一张，金额 140 元，未经批准，也没有说明用途。

③在保险柜中，有已收款但未记账的凭证共 4 张，金额 135.24 元。

（3）银行核定该企业库存现金限额为 800 元。

（4）经核对 1 月 1 日——20 日的收付款凭证和现金日记账，核实 1 月 1 日——20 日收入现金数为 2 350 元、支出现金数为 2 580 元正确无误。

要求：根据以上资料，编制库存现金盘点表，核实库存现金实有数，并核实 2013 年 12 月 31 日资产负债表所列数字是否正确，对现金收支、留存管理的合法性提出审计意见。

【案例分析】 该企业的库存现金盘点表详见表 14—2。

表 14—2　　库存现金盘点表

单位：　　编制：李伟　日期：2014 年 1 月 21 日

复核：赵杰　日期：2014 年 1 月 22 日

币别：人民币　　2014 年 1 月 21 日　　单位：元

项目		工作底稿	金额	备注
实点库存现金金额			627.34	
加：已付讫未入账的支出凭证	1 份		200.00	
加：白条抵库数	1 份		140.00	
减：已收未入账的收入凭证	4 份		135.24	
减：代保管理现金情况	份			
库存现金实际占用额			832.10	
库存现金账面金额（2014 年 1 月 20 日）			832.10	
银行核定库存现金金额			800.00	
现金管理人：王琳　会计主管：黄平				

根据表 14—2 资料可知：

(1) 该企业库存现金没有发生短缺。账面余额应为 767.34 元（即 832.10＋135.24－200）；现金实有数为 627.34 元，加上白条抵库数（应由出纳员退回）140 元，与账面余额相符。

(2) 2013 年 12 月 31 日库存现金应有数为 997.34 元（即 767.34－2 350＋2 580），与 2013 年 12 月 31 日资产负债表中“货币资金”项目的库存现金数 1 062.10 元不相符，说明该库存现金数 1 062.10 元是不正确的，建议调整为 997.34 元。

(3) 该企业库存现金收支、留存中存在不合法现象：一是有白条抵库数 140 元，违反现金管理制度；二是超限额留存现金，2013 年 12 月 31 日超限额 197.34 元，违反库存现金限额的有关规定。

二、银行存款审计

（一）银行存款审计的目标

银行存款是企业存入银行和其他非银行金融机构的各种存款。企业收入的款项，除国家另有规定外，都应在当日解交银行。企业一切支出，除规定可以用现金支付外，都必须通过银行办理转账结算。银行存款较之现金，其业务涉及面广，内容复杂，金额较大，收付款凭证数量较多，因而是货币资金审计的重要组成部分。

银行存款审计的目标主要包括：确定被审计单位资产负债表中的银行存款在财务报表日是否确实存在，是否为被审计单位所拥有；确定被审计单位在特定期间内发生的银行存款收支业务是否均以记录完毕，有无遗漏；确定银行存款的余额是否正确；确定银行存款在财务报表上的列报是否恰当。

（二）银行存款的实质性程序

1. 核对银行存款日记账

注册会计师在审查银行存款余额时，首先应做的是核对银行存款日记账余额与总账余额两者是否相符。如果不相符，注册会计师应查明原因，将其作为继续审查银行存款余额的基础。

2. 实施实质性分析程序

注册会计师应比较银行存款余额的本期实际数与预算数以及与上年度账户的差异变动，对本期数字与上期实际数或本期预算数的异常差异或显著波动必须进一步追查原因，确定审计重点。尤其应注意的是银行存款中定期存款所占的比例，以确定企业是否存在高息资金拆借。如存在高息资金拆借，应进一步分析拆出资金的安全性。

3. 审查银行存款余额调节表

审查结算日银行存款余额调节表是证实资产负债表所列货币资金中银行存款是否存在的一个重要方法。注册会计师对银行存款余额调节表的审计主要包括：

（1）核实调节表数据计算的正确性。注册会计师对银行存款余额调节表数据计算正确性的核实，主要应从以下几个方面来进行：核实银行对账单、银行存款余额调节表上的列示是否正确；将银行对账单记录与银行日记账逐笔核对，核实银行存款调节表上各调节项目的列示是否真实完整，任何漏记、多记调节项目的现象都应引起注册会计师的高度警惕；在银行存款日记账账面余额和银行对账单余额的基础上，复核上述未达账项及其加减调节情况，并验证调节后两者的余额计算是否正确、是否相符。如不相符，说明其中一方或双方存在记账差错，并要进一步追查原因、扩大测试范围。

（2）调查未达账项的真实性。未达账项的真实性调查主要包括以下几个方面：列示未兑现支票清单，注明开票日期和收款人姓名或单位，并调查金额较大的未兑现支票、可提现的未兑现支票以及注册会计师认为较为重要的未兑现支票；追查截止日银行对账单上的在途存款，并在银行存款余额调节表上注明存款日期；审查至截止日银行已收、被审计单位未收的款项的性质及其款项来源；审查至截止日银行已付、被审计单位未付款项的性质及其款项来源。对于未达账项（包括银行方面和被审计单位方面的），一般应追查至此年初的银行对账单，查明年终的银行对账单，查明年终的未达账项，并从日期上进一步判断业务发生的真实性，注意有无利用未达账项来掩饰某种舞弊行为。

银行存款余额调节表可以由被审计单位编制、注册会计师审核，也可以由注册会计师自行编制，这主要取决于检查风险的可接受水平。

4. 函证银行存款余额

注册会计师在执行审计业务时，可以以被审计单位的名义向有关单位发函询证，各金融机构要在收到询证函之日起 10 个工作日内，根据函证的具体要求，及时回函并可按照国家的有关规定收取询证费用。

函证银行存款余额是证实资产负债表所列银行存款是否存在的重要程序。通过向往来银行的函证，注册会计师不仅可以了解企业资产的存在，同时还可以了解欠银行的债务。函证还可用于发现企业未登记的银行借款。

函证时，注册会计师应向被审计单位在本年存过款的所有金融机构发函，其中包括企业存款账户已结清的银行，因为有可能存款账户已结清，但仍有银行借款或其他负债存在。同时，虽然注册会计师已直接从某一银行取得了银行对账单和所有已付支票，但仍应向这一银行进行函证。以下列示的是银行询证函参考格式。

银行询证函

编号：

__________（银行）：

本公司聘请的____________会计师事务所正在对本公司的财务报表进行审计，按照中国注册会计师执业准则的要求，应当询证本公司与贵行的存款、借款往来等事项。下列数据出自本公司账簿记录，如与贵行记录相符，请在本函下端“数据证明无误”处签章证明；如有不符，请在“数据不符”处列明不符金额。有关询证费用可直接从本公司____________账户中收款。回函请直接寄至__________会计师事务所。

通信地址：

邮编：　　　　　　　　电话：　　　　　　　　传真：

截至　　年　月　日止，本公司银行存款、借款账户余额等列示如下：

1. 银行存款

账户名称	银行账号	币种	利率	余额	备注

2. 银行借款

银行账号	币种	余额	借款日期	还款日期	利率	借款条件	备注

3. 其他事项　　　　　　　　　　　　　　　　　　　　（公司签章）（日期）

结论：1. 数据证明无误　　　　　　　　　　　　　　　（银行签章）（日期）

2. 数据不符，请列明不符金额　　　　　　　　　（银行签章）（日期）

5. 抽查大额银行存款收支

注册会计师应抽查大额银行存款（包括外埠存款、银行汇票存款、银行本票存款、信用证存款、存出投资款等）收支的原始凭证，检查其内容是否完整，有无授权批准，计算是否正确，凭证所反映的经济业务是否真实，凭证的编制是否正确等，并核对相关账户的进账情况。如有与被审计单位生产经营业务无关的收支事项，应查明原因并作相应的记录。应特别注意检查被审计单位与关联方之间的任何大额或不寻常的付款业务。

6. 检查银行存款收支的正确截止

被审计单位资产负债表上的银行存款数额，应以结账日实有数额为准。因此，注册会计师必须验证银行存款收支的截止日期。通常，注册会计师可以对结账日前后一段时期内银行存款收支凭证进行审计，以确定是否存在跨期事项。企业资产负债表上银行存款数字应当包括当年最后一天收到的所有存放在银行的款项，而不得包括其后收到的款项；同样，企业年终前开出的支票，不得在年后入账。为了确保银行存款收付的正确截止，注册会计师应当在清点支票及支票存根时，确定各银行账户最后一张支票的号码，同时查实该号码之前的所有支票均已开出。在结账日未开出的支票及其后开出的支票，均不得作为结账日的存款收付入账。

7. 检查银行存款是否在财务报表上恰当列报

根据企业会计准则规定，企业的银行存款在资产负债表上"货币资金"项目下反映。所以，注册会计师应在实施上述审计程序后，确定银行存款账户的期末余额是否正确，并判断其在资产负债表"货币资金"项目中是否作了恰当披露。

【案例 14—2】 A 和 B 注册会计师对通达纺织股份有限公司 2013 年 12 月 31 日的资产负债表进行审计。在审查资产负债表"货币资金"项目时，发现该公司 2013 年 12 月 31 日的银行存款数额为 67 000 元，银行存款账面余额为 70 000 元。派审计助理人员向开户银行取得对账单一张，2013 年 12 月 31 日的银行存款余额为 84 000 元。另外，查有下列未达账款和记账差错：

(1) 12 月 23 日公司送存转账支票 11 600 元，银行尚未入账。

(2) 12 月 24 日公司开出转账支票 10 600 元，持票人尚未到银行办理转账手续。

(3) 12 月 25 日委托银行收款 20 600 元，银行已收妥入账，但收款通知尚未到达公司。

(4) 12 月 30 日银行代付水费 6 300 元，但银行付款通知单尚未到达该公司。

(5) 12 月 15 日收到银行收款通知单金额 7 700 元，公司入账时将银行存款增加数错记成 7 000 元。

要求：根据上述资料，编制银行存款余额调节表，核实 2013 年 12 月 31 日资产负债表上"货币资金"项目中银行存款数额的正确性。

【案例分析】 银行存款余额调节表详见表 14—3。

表 14—3　　银行存款余额调节表

单位：通达纺织股份有限公司　　2013 年 12 月 31 日　　单位：元

项　目	金额	项　目	金额
公司银行存款账面余额	70 000	开户银行对账单余额	84 000
加：银行已收，公司未收的款项	20 600	加：公司已收，银行未收的款项	11 600
减：银行已付，公司未付的款项	6 300	减：单位已付，银行未付的款项	10 600
加：企业记账差错数	700		
调节后的存款余额	85 000	调节后的存款余额	85 000

审计主管：王明　　审计员：李平　　会计主管：赵琳　　会计员：周伟

从银行存款余额调节表可以看出，通达纺织股份有限公司 2013 年 12 月 31 日银行存款的数额双方都为 85 000 元，从而证明公司银行存款账面余额 70 000 元基本属实。可见，资产负债表上的"货币资金"项目中的银行存款数 67 000 元的真实性程度较差，建议应加以调整。

三、其他货币资金审计

（一）其他货币资金审计的目标

其他货币资金包括企业到外地进行临时或零星采购而汇往采购地银行开立采购专户的款项所形成的外埠存款、企业为取得银行汇票按照规定存入银行的款项所形成的银行汇票存款、企业为取得银行本票按照规定存入银行的款项所形成的银行本票存款、信用卡存款和信用证保证金存款等。其他货币资金审计是货币资金审计的组成部分。

其他货币资金审计的目标主要包括：确定被审计单位资产负债表的货币资金项目中的其他货币资金在资产负债表日是否确实存在，是否为被审计单位所拥有或控制；确定被审计单位在特定期间内发生的其他货币资金收支业务是否均记录完毕，有无遗漏；确定其他货币资金余额是否正确；确定其他货币资金是否已按照企业会计准则的规定在财务报表中作出恰当列报。

（二）其他货币资金的实质性程序

1. 获取或编制其他货币资金明细表

（1）复核银行汇票存款、银行本票存款、信用卡存款、信用证保证金存款、存出投资款、外埠存款等加计是否正确，各明细账期末合计数与总账数是否相符。

（2）检查非记账本位币其他货币资金的折算汇率及折算是否正确。

2. 取得并检查其他货币资金余额调节表

（1）取得被审计单位银行对账单，检查被审计单位提供的银行对账单是否存在涂改或修改的情况，确定银行对账单金额的正确性，并与银行回函结果核对是否一致，抽样核对账面记录的已付款金额及存款金额是否与对账单记录一致。应将保证金户对账单与相应的交易进行核对。检查保证金与相关债务的比例和合同约定是否一致。特别关注是否存在有保证金发生，而被审计单位账面无对应的保证事项的情形。若信用卡持有人是被审计单位职员，应取得该职员提供的确认书，并应考虑进行调整。

（2）获取资产负债表日的其他货币资金存款余额调节表，检查调节表中加计数是否正确，调节后其他货币资金日记账余额与银行对账单余额是否一致；

（3）检查调节事项的性质和范围是否合理，如存在重大差异应作审计调整。

3. 函证其他货币资金

函证银行汇票存款、银行本票存款、信用卡存款、信用证保证金存款、存出投资款、外埠存款等期末余额，并记录函证过程，编制其他货币资金函证结果汇总表，检查银行回函。

4. 抽查大额其他货币资金收付记录

（1）抽取若干大额的或有疑问的其他货币资金的原始凭证进行测试，检查其内容是否完整、有无授权批准、记账凭证与原始凭证是否相符、账务处理是否正确、是否记录于恰当的会计期间等项内容，并核对其进账情况。

（2）检查其他货币资金存款账户存款人是否为被审计单位，若存款人非被审计单位，应获取该账户户主和被审计单位的书面声明，确认资产负债表日是否需要调整。

（3）关注是否有质押、冻结等对变现有限制，或存放在境外，或有潜在回收风险的款项。

5. 检查其他货币资金收付的正确截止

抽取资产负债表日前后若干天的其他货币资金收付凭证实施截止测试，如有跨期收支事项，应考虑是否应提出调整建议。

6. 检查其他货币资金是否在财务报表上恰当列报

根据企业会计准则的规定，其他货币资金在资产负债表的“货币资金”项目中反映，所以，注册会计师应在实施上述审计程序后，确定其他货币资金的期末余额是否恰当，进而确定其他货币资金是否在资产负债表上作出了恰当列报。

第四节　特殊项目审计

一、会计政策、会计估计变更和差错更正审计

（一）会计政策、会计估计变更和差错更正审计的目标

会计政策、会计估计变更和差错更正审计的目标主要包括：确定会计政策变更是否合法、合理；确定会计估计变更和差错更正是否合理；确定会计政策、会计估计变更和差错更正的会计处理是否正确；确定会计政策、会计估计变更和差错更正在财务报表附注中的披露是否适当。

（二）会计政策、会计估计变更和差错更正审计的程序

1. 检查会计政策、会计估计变更是否存在

获取被审计单位提供的会计政策、会计估计说明，与前期采用的会计政策、会计估计进行比较，以识别会计政策、会计估计的变更。注册会计师应获取有关的书面说明，并与上期审计工作底稿中的该说明进行比较，检查是否存在会计政策、会计估计变更。

2. 检查会计政策、会计估计变更是否合法、合理

查阅企业会计准则和有关财经法规，以及被审计单位股东大会、董事会、管理当局有关会议记录，判断会计政策、会计估计变更是否合法、合理，是否经过适当的审批程序。按有关规定，企业会计政策只有符合财经法规和会计准则规定，或者这种变更能够提供有关企业财务状况、经营成果和现金流量等更可靠、更相关的会计信息时才能变更。

3. 检查会计估计变更和会计差错更正的合理性

获取与会计估计变更和会计差错更正相关的资料并对其进行检查，判断会计估计变更和会计差错更正的合理性。与会计估计变更相关的资料主要是导致其变更的新政策、法规和新信息等。与会计差错更正有关的资料主要指正确的会计处理和导致出现会计差错的资料、信息等。通过检查这些资料和询问被审计单位管理层，确定需要进行会计估计变更的项目，并对其是否进行了会计估计变更作出评价。

4. 运用独立估计

注册会计师可在对被审计单位充分了解的基础上，采用抽样技术，对一项或多项会计估计变更项目进行独立、客观地分析，并与被审计单位的会计估计进行比较，已确定被审

计单位会计估计的合理性。在运用独立估计时，还应评价其依据的数据和假设的合理性，并测试其计算过程。如果独立估计与被审计单位会计估计之间存在明显差异，注册会计师应查明原因，分析判断其是否合理，如果不合理，应提请被审计单位作出调整。

5. 复核能够证实会计估计变更的期后事项

发生在资产负债表日后、审计报告前的期后事项可能会提供有关被审计单位的会计估计变更合理性的审计证据。如资产负债表日前已经营困难的被审计单位债务人在资产负债表日后破产，可能导致被审计单位相应的应收账款无法收回，这一期后事项将证实期末所计提坏账准备的合理性提供进一步的审计证据。注册会计师复核这类期后事项，有助于减少甚至省略对被审计单位会计估计变更过程的检查以及需要进行的独立估计工作；而且，该审计程序从实际发生结果的角度来证实会计估计的合理性，得出的结论也更加接近实际情况。需要注意的是，并非所有的会计估计变更事项都会在审计报告日之前发生，因此该审计程序的适用范围有限。

6. 检查会计记录，确定其会计处理是否正确

检查与会计政策、会计估计变更和差错更正相关的会计记录，确定其会计处理是否正确，是否按会计准则的要求相应采用追溯调整法、未来适用法和追溯重述法。

7. 检查有无滥用会计政策、会计变更

检查企业有无滥用会计政策、会计变更的情况，如为了增加利润将加速折旧法改为平均年限法，当利润高于预期时，又将平均年限法改为加速折旧法。若存在此类问题，应提请被审计单位予以更正；若被审计单位拒绝调整，且需调整事项又会对财务报表的公允表达产生重大影响，如导致被审计单位由亏损变为盈利时，注册会计师应视具体情况出具保留意见或否定意见的审计报告。

8. 检查会计政策、会计估计变更和差错更正的披露是否恰当

企业变更会计政策应在财务报表附注中披露变更的性质、内容和原因，当期和各个列报前期财务报表中受影响的项目名称和调整金额，无法进行追溯调整的，说明该事实和原因及开始使用变更后会计政策的时点及具体应用情况；变更会计估计时，也应在财务报表附注中披露变更的内容和理由，会计估计变更对当期和未来期间的影响数；更正会计差错时，应再在财务报表附注中披露前期差错的性质，各个列报前期财务报表中受影响的项目名称和更正金额，无法进行追溯调整的，说明该事实和原因以及对前期差错开始更正的时点、具体更正情况。

二、关联方及其交易审计

（一）关联方及其交易审计的目标

关联方及其交易审计的目标主要包括：确定关联方及其交易是否真实存在；确定关联方交易的记录是否完整；确定关联方交易的会计处理是否正确；确定关联方及其交易的披露是否恰当。

（二）关联方及其交易审计的程序

1. 了解被审计单位及其环境

关联方及其交易通常具有隐蔽性和多样性的特点，是财务报表审计的重大风险领域，

注册会计师应对其进行全面了解：(1) 了解被审计单位的性质，明确其所有权结构以及所有者与其他成员或单位之间的关系，考虑关联方关系是否已经得到识别、关联方交易是否已经恰当核算；(2) 了解被审计单位组织结构，考虑复杂组织结构可能导致的重大错报风险，包括财务报表合并、长期股权投资核算以及特殊目的实体核算等问题；(3) 了解被审计单位经营活动，考虑其关联方交易的存在；(4) 了解被审计单位投资活动，考虑不能纳入合并范围的投资；(5) 了解被审计单位的筹资活动，考虑关联方融资和实际受益股东；(6) 在识别财务报表重大错报风险时，应将重大关联方交易作为可能表明被审计单位存在重大错报风险的事项或情况之一。

2. 识别关联方的存在

注册会计师应获取由治理层和管理层提供的所有已知关联方名称的信息，并进行复核，具体做法：(1) 复核以前年度工作底稿，确认已识别的关联方名称；(2) 复核被审计单位识别关联方的程序；(3) 询问管理层和关键管理人员是否与其他单位存在隶属关系；(4) 复核投资者记录，以确定主要投资者的名称，在适当情况下，从股权登记机构获取主要投资者的名单；(5) 查阅股东会和董事会的会议纪要，以及其他相关的法定记录；(6) 询问其他注册会计师和前任注册会计师所知悉的其他关联方；(7) 复核被审计单位向监管机构所报送的所得税申报表和其他信息。

3. 识别关联方交易

注册会计师应实施以下审计程序以识别关联方交易：(1) 了解被审计单位与关联方相关的内部控制；(2) 关注异常交易：价格、利率、担保和付款条件异常的交易，商业理由明显不合逻辑的交易，实质与形式不符的交易，处理方式异常的交易，与某些顾客或供应商进行大量或重大交易，未予记录的交易等；(3) 执行交易和余额的细节测试；(4) 查阅股东会和董事会的会议纪要；(5) 复核大额或异常的交易、余额账户的会计记录，特别关注接近报告期末或在报告期末确认的交易；(6) 复核对债权债务关系的询证函回函以及来自银行的询证函回函，以发现担保关系和其他关联方交易；(7) 复核投资交易。

如果注册会计师在审计过程中识别出以前未识别的关联方交易，或者识别出治理层和管理层没有披露的关联方交易，注册会计师可考虑实施以下追加审计程序：(1) 立即将这一情况传达给项目组的其他成员，使其确定该情况是否影响到已实施审计程序所得出的结果；(2) 要求管理层在最新识别的关联方的基础上识别与该关联方的其他所有交易，以便注册会计师进行进一步的评价；(3) 了解被审计单位对于关联方的控制，并调查被审计单位以前未识别或未披露关联方交易的原因；(4) 如果发现管理层有意不予识别或不予披露关联方交易的情形，注册会计师应将这一情况通知被审计单位的治理层，并评价这一情况对审计工作其他方面的影响，尤其要考虑管理层提供的有关关联方信息完整性的声明是否可靠。

4. 检查已识别的关联方交易

注册会计师应将测试被审计单位与关联方发生的重大交易作为审计工作的重点，同时考虑关联方交易的类型、性质和范围及其对财务报表的影响，以确定已识别的关联方交易是否已恰当记录或披露。为获取充分适当的审计证据，注册会计师可考虑实施以下审计程序：(1) 了解交易的商业目的；(2) 检查发票、合同和其他相关资料，如验收报告、货运单据等；(3) 确定交易是否已得到治理层或管理层的批准；(4) 检查关联方交易在财务报表上的披露是否充分。

注册会计师应检查关联方交易披露的充分性，同时对关联方交易为公平交易的披露进行评价。根据企业会计准则的规定，被审计单位管理层，只有在提供确凿证据的情况下，才能披露关联方交易是公平交易。管理层提供的证据通常包括：将与关联方交易的条款与一个或多个非关联方交易的条款进行比较、聘请外部专家确定此类交易的市场价格、与公开市场上大量相似交易的条款进行比较。注册会计师应结合关联方交易准则的规定对关联方交易为公平交易的披露作出评价。

5. 获取管理层声明

注册会计师应当就下列事项获取管理层声明：(1) 提供的关于关联方信息的完整性；(2) 在财务报表中关联方及其交易披露的充分性。如果注册会计师对被审计单位关联方及其交易相关信息的真实性、完整性有疑虑，可以要求管理层单独出具关联方及其交易声明，详细说明其识别关联方的程序、关联方的名称、关联方交易授权和批准的程序、关联方交易的内容和金额等。在下列情形下，注册会计师也可以向治理层和管理层的其他人员获取有关书面说明。这些情形包括：(1) 治理层批准某项特殊的关联方交易，该项交易对关联方产生重大影响，并且涉及管理层；(2) 治理层就某些关联方交易向注册会计师作出口头声明；(3) 治理层在关联方交易中享有财务或其他权益；治理层对编制财务报表负责。

6. 确定出具非无保留意见审计报告的情形

注册会计师在关联方和关联方交易审计中应根据不同情况，出具相应的非无保留意见审计报告。(1) 如果无法就关联方及其交易获取充分、适当的审计证据，或者关联方及其交易的披露不充分，注册会计师应出具恰当的非无保留意见审计报告。(2) 如果注册会计师无法就关联方及其交易获取充分、适当的审计证据，应视同审计范围受到限制，并据其对财务报表的影响程度，出具保留意见或无法表示意见的审计报告。(3) 如果被审计单位未能按照企业会计准则及相关会计制度的规定，在财务报表中对关联方及其交易进行充分披露，注册会计师应据其对财务报表的影响程度，出具保留意见或否定意见的审计报告。(4) 如果被审计单位关联方交易的会计处理不符合适用的会计准则及相关会计制度的规定，注册会计师应据其对财务报表的影响程度，出具保留意见或否定意见的审计报告。(5) 如果管理层拒绝签署必要的声明，注册会计师应将其视为审计范围受到限制，出具保留意见或无法表示意见的审计报告。

7. 审查关联方及其交易的披露是否恰当

注册会计师应按照适用的会计准则及相关规定，确定被审计单位对关联方关系及其交易的披露是否恰当。

【案例 14—3】 A注册会计师2014年2月23日审计甲公司2013年财务报表时，了解一下情况：甲公司2013年年度以一厂房为乙公司（与甲公司同为丙控股公司的子公司）提供贷款担保，厂房原价1 000万元，据此担保，乙公司从银行获得贷款800万元。甲公司2013年年度还以6 600万元的售价（高出市场价600万元）出售产品（增值税率17%）给母公司，并确认为2013年年度的主营业务收入，结转相应成本5 400万元，货款尚未结算。

要求：指出存在的问题及注册会计师的审计处理意见。

【案例分析】 根据上述资料，A注册会计师检查甲公司的财务报表附注，发现甲公司已披露了存在控制关系的关联方企业类型、名称、法定代表人、注册地、注册资本及其变化、企业的主营业务、所持股份或权益及其变化；披露了不存在关联方关系的性质、采购货物、销售货物的交易金额和相对比例以及期间应收应付款项的余额及其相对比例、定价政策。

根据《企业会计准则第36号——关联方披露》的规定，甲公司在财务报表附注中应披露母公司和子公司的名称、业务性质、注册地、注册资本及其变化，母公司对该公司或者该公司对子公司的持股比例和表决权比例。同时，发生关联方交易的，应当在附注中披露该关联方关系的性质、交易类型及交易金额、未结算项目的金额、条款和条件，以及有关提供或取得担保的信息，未结算应收项目的坏账准备金额和定价政策。为此，建议甲公司应对为关联方乙公司提供担保，以及高于市场价向其母公司销售产品的事项，在财务报表附注中作出披露。

三、持续经营假设审计

（一）持续经营假设审计的目标

持续经营假设审计的目标主要包括：确定被审计单位的持续经营假设是否合理；根据被审计单位持续经营假设的情况，确定财务报表项目的分类和计价基础是否需要作出调整；确定被审计单位对影响持续经营假设的事项或情况是否作了恰当的披露。

（二）持续经营假设审计的程序

(1) 了解被审计单位及其环境，考虑是否存在可能导致对持续经营能力产生重大疑虑的事项或情况及相关经营风险。注册会计师一旦识别出这些事项或情况，除实施相关的进一步审计程序外，还应考虑其是否影响评估的重大错报风险。

(2) 实施风险评估程序，考虑与持续经营有关的事项或情况，以便及时与管理层讨论并复核其针对已识别的持续经营问题制定的应对计划。

(3) 如果管理层已对持续经营能力作出初步评估，注册会计师应复核该初步评估及管理层提出的应对计划；如果管理层没有对持续经营能力作出初步评估，注册会计师应与管理层讨论运用持续经营假设的理由，询问是否存在影响持续经营假设的情况，并提请管理层对持续经营能力作出评估。

(4) 询问管理层是否知悉超出评估期间的、可能导致对持续经营能力产生重大疑虑的事项或情况及相关经营风险，这些事项可能对注册会计师考虑管理层运用持续经营假设编制财务报表的适当性产生重大影响。

(5) 如果识别出可能导致持续经营能力产生重大疑虑的事项或情况，注册会计师应采取下列进一步审计程序：①复核管理层依据持续经营能力评估结果提出的应对计划；②通过实施必要的审计程序，包括考虑管理层提出的应对计划和其他缓解措施的效果，获得充分、适当的审计证据以确认是否存在与此类事项或情况相关的重大不确定；③向管理层获取有关应对计划的书面说明。

(6) 注册会计师应实施必要的审计程序，获取充分、适当的审计证据，以判断管理层提出的应对计划是否可行，以及应对计划的结果是否能够改善持续经营能力。这些必要的审计程序包括：①与管理层分析和讨论现金流量预测、盈利预测和其他相关预测；②与管理层分析和讨论最近的中期财务报表；③复核债券和借款协议条款并确定是否存在违约情况；④审阅股东会、董事会以及相关委员会会议有关财务困境的记录；⑤向被审计单位律师询问是否存在针对被审计单位的诉讼或索款，并向其询问管理层对诉讼或索款结果及其对财务影响的估计是否合理；⑥确认财务支持协议的存在性、合法性和可行性，并对提供财务支持的关联方或第三方的财务能力作出评价；⑦考虑被审计单位准备如何处理尚未履行的客户订单；⑧复核期后事项并考虑是否可能改善或影响持续经营能力。

（7）根据获取的审计证据，确定可能导致持续经营能力产生重大疑虑的事项或情况是否存在重大不确定性，并视情况作出审计处理：

①如果被审计单位在编制财务报表时运用持续经营假设是适当的，但可能导致对持续经营能力产生重大疑虑的事项或情况存在重大不确定性，注册会计师应当考虑：财务报表是否已经描述导致对持续经营能力产生重大疑虑的主要事项或情况，以及管理层针对这些事项或情况提出的应对计划；财务报表是否已经明确指出可能导致对持续经营能力产生重大疑虑的主要事项或情况存在重大不确定性，被审计单位可能无法在正常的经营过程中变现资产、清偿债务。如果财务报表已作出充分披露，注册会计师应出具带强调事项段的无保留意见审计报告，以强调可能导致对持续经营能力产生重大疑虑的事项或情况存在重大不确定性的事实，并提醒财务报表使用者注意财务报表附注中对有关事项的披露。在极端情况下，如同时存在多项重大不确定性，注册会计师应考虑出具无法表示意见审计报告，而不是带强调事项段的无保留意见审计报告。

②如果财务报表未能作出充分披露，注册会计师应出具保留意见或否定意见的审计报告。审计报告应具体提及可能导致对持续经营能力产生重大疑虑的事项或情况存在重大不确定性的事实，并指明财务报表未对该事实作出披露。

③如果判断被审计单位将不能持续经营，但财务报表仍然按照持续经营假设编制，注册会计师应出具否定意见的审计报告。

④如果管理层认为编制财务报表时运用持续经营假设不再适当，选用了其他基础编制财务报表，注册会计师应实施补充的审计程序。如果认为管理层选用的其他编制基础是适当的，且财务报表已作出充分披露，注册会计师可以出具带强调事项段的无保留意见审计报告，提醒财务报表使用者关注管理层选用的其他编制基础。

⑤如果管理层未对持续经营能力作出初步评估，获管理层评估持续经营能力涵盖期间少于自资产负债表日起的12个月，或存在超出管理层评估期间的事项或情况并影响重大时，注册会计师应提请管理层对持续经营能力作出评估，或将评估期间延伸至资产负债表日起的12个月。如果管理层拒绝注册会计师的要求，注册会计师应将其视为审计范围受到限制，考虑出具无法表示意见的审计报告。

⑥如果管理层在资产负债表日后严重拖延对财务报表的签署或批准，注册会计师应考虑拖延签署或批准的原因。当拖延原因涉及管理层评估持续经营能力有关的事项或情况时，注册会计师应考虑是否有必要实施追加的审计程序，以及是否存在可能导致对持续经营能力产生重大疑虑的事项或情况存在重大不确定性。

复习思考题

1. 简述货币资金的特点及其与各业务循环的关系。
2. 货币资金的审计目标有哪些?
3. 如何进行货币资金内部控制测试?
4. 如何审查银行存款的截止?
5. 在银行存款的实质性程序中,如何运用函证程序?如何审查银行存款余额调节表?
6. 简述库存现金审计的一般程序。
7. 其他货币资金的实质性程序包括哪些内容?
8. 简述关联方及其交易的实质性程序。
9. 简述持续经营假设审计的一般程序。

第十五章　完成审计工作与审计报告

学习目标

通过本章的学习，了解审计报告的作用、管理当局声明书和律师声明书；熟悉审计结果的评价和审计工作底稿的复核；掌握期初余额、期后事项和或有事项的审计程序；明确出具各种审计意见的情形；掌握标准审计报告、非标准审计报告的内容与格式，编写审计报告的步骤和撰写要求。

第一节　完成审计工作

完成审计工作是审计工作的最后一个阶段，完成审计工作是注册会计师在执行了对各项循环的测试后，为编制与签发审计报告前进行的综合性工作，是财务报表审计的最后阶段。完成审计工作阶段，注册会计师要评价审计结果，确定审计意见，提出审计报告。这一阶段所作出的决定，对审计报告有着直接而重要的影响。

一、期初余额审计

（一）期初余额的含义

本节主要阐述注册会计师首次接受委托对被审计单位财务报表进行审计所涉及的期初余额审计问题。首次接受委托是指注册会计师在被审计单位财务报表首次接受审计或上期财务报表由前任注册会计师审计的情况下接受的审计委托。期初余额（Opening Balance）指期初已存在的账户余额。它是以上期期末余额为基础，反映了前期的交易或事项和上期采用的会计政策的结果。

注册会计师进行财务报表审计时，是对被审计单位所审期间财务报表发表审计意见，一般无需专门对期初余额发表审计意见，但因为期初余额是本期财务报表的基础，所以要对期初余额实施适当的审计程序，并考虑相关审计结论对所审计财务报表发表审计意见的影响。注册会计师应当根据期初余额对所审计财务报表的影响程度，合理运用专业判断，以确定期初余额的审计范围。注册会计师应从以下三个方面判断期初余额对本期财务报表的影响程度：一是上期结转至本期的余额；二是上期所采用的会计政策；三是上期期末已存在的或有事项及承诺。

（二）期初余额的审计目标

对首次接受委托业务，注册会计师对期初余额进行审计，应当获取充分、适当的审计证据，实现下列审计目标：（1）期初余额不存在对本期财务报表产生重大影响的错报；（2）上期期末余额已正确结转至本期，或在适当的情况下已做出重新表述；（3）被审计单位一贯运用恰当的会计政策，或对会计政策的变更做出正确的会计处理和恰当的列报。

（三）期初余额的审计程序

期初余额的审计程序一般包括以下内容：

1. 确定上期期末余额是否已正确结转至本期，或在适当的情况下已作出重新表述

上期期末余额是否已正确结转至本期主要是指：（1）上期账户余额计算正确；（2）上期账户余额与各明细账余额合计数或日记账余额合计数相等；（3）上期各总账余额和相应的明细账余额或日记账余额已经分别恰当的过入本期的总账和相应的明细账或日记账。

2. 确定期初余额是否反映被审计单位运用会计政策的恰当性和一贯性

注册会计师应当了解、分析被审计单位选用的会计政策是否恰当，是否符合企业会计准则的要求，且在本期财务报表中是否得到一贯运用。如果发现会计政策发生变更，应审核其变更理由是否充分，会计处理是否正确、列报是否恰当。

3. 了解上期财务报表是否经过审计

如果上期财务报表由前任注册会计师审计，后任注册会计师可通过查阅前任注册会计师的审计工作底稿，以获取有关期初余额的充分、适当的审计证据；但应考虑前任注册会计师的独立性和专业胜任能力；必要时与前任注册会计师进行沟通。

4. 实施进一步的审计程序

如果上期财务报表未经审计，或通过查阅前任注册会计师的工作底稿后对期初余额不能得出满意结论，注册会计师应该根据期初余额有关账户的不同性质，实施相应的审计程序，获取充分、适当的审计证据。

（1）对于流动资产和流动负债，注册会计师通常可通过本期实施的审计程序获取部分审计证据。对于存货，注册会计师还应当实施下列一项或多项审计程序：查阅前任注册会计师工作底稿；复核上期存货盘点记录及文件；检查与上期存货有关的交易记录；运用毛利百分比法等进行分析。

（2）对于非流动资产和非流动负债，注册会计师通过检查形成期初余额的会计记录和其他信息，可以获取较充分、适当的审计证据。在某些情况下，注册会计师可以向第三方函证期初余额，或实施追加的审计程序。

5. 考虑账户的性质和本期财务报表中的重大错报风险

注册会计师应当重点关注期初余额中性质重要、对本期财务报表中的重大错报风险产生较大影响的财务报表项目。

6. 考虑期初余额对本期财务报表的重要程度

如果期初余额本身或者对于本期财务报表而言并不重要，则注册会计师无须对其予以

特别关注。只有当期初余额对于本期财务报表重要时，注册会计师才需要对其予以特别关注并实施专门的审计程序。

如果上期财务报表已由前任注册会计师审计，并发表了非无保留意见，注册会计师应当按照审计准则的规定，在评估本期财务报表重大错报风险时，评价导致对上期财务报表发表非无保留意见的事项的影响。

（四）期初余额审计对审计报告的影响

在对期初余额实施审计程序后，注册会计师应当分析已获取的审计证据，区分不同情况形成对被审计单位期初余额的审计结论，在此基础上确定其对本期财务报表出具审计报告的影响：

（1）如果无法获取有关期初余额的充分、适当的审计证据，注册会计师应当出具保留意见或无法表示意见的审计报告。

（2）如果认为期初余额存在对本期财务报表产生重大影响的错报，且错报的影响未能得到恰当的会计处理或适当的列报，注册会计师应当出具保留意见或否定意见的审计报告。

（3）如果认为与期初余额相关的会计政策未能在本期得到一贯运用，并且会计政策的变更未能得到正确的会计处理或恰当的列报，注册会计师应当出具保留意见或否定意见的审计报告。

二、期后事项审计

（一）期后事项的含义和种类

期后事项（Subsequent Events）是指资产负债表日至审计报告日之间发生的事项以及审计报告日后发现的事实。

根据期后事项的定义，期后事项可以按时段划分为三个阶段：如图15—1所示，第一时段是资产负债表日后至审计报告日，我们称之为“第一时段期后事项”；第二时段是审计报告日后至财务报表报出日，我们称之为“第二时段期后事项”；第三时段是财务报告报出日后，我们称之为“第三时段期后事项”。

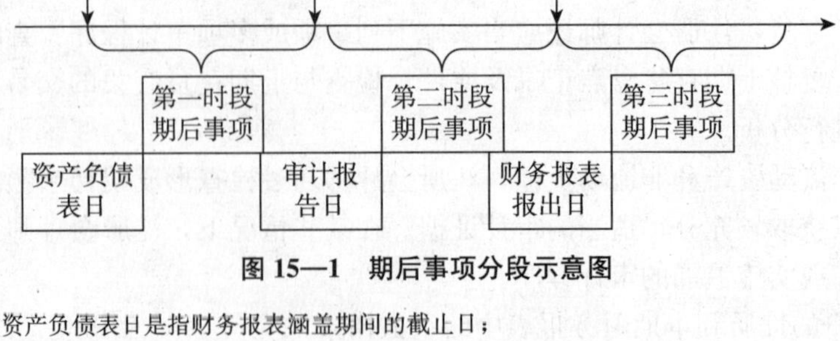

图15—1　期后事项分段示意图

说明：①图中资产负债表日是指财务报表涵盖期间的截止日；

②财务报表批准日，即审计报告日是指被审计单位董事会、管理层或类似机构已经认可对财务报表负责的日期；

③财务报表报出日是指财务报表和审计报告提供给第三方的日期。

注册会计师应当考虑期后事项对被审计单位财务报表公允性的影响和对审计报告的影响。影响被审计单位财务报表和审计报告的期后事项有两类：（1）对资产负债表日已经存在的情况提供证据的事项；该类事项由于资产负债表日已经存在，按当时的证据已经进行会计处理，但期后又有新的或进一步的证据证明当时的会计处理不够适当，需要进行会计调整。因该类事项影响财务报表金额，需提请被审计单位管理层调整财务报表及其相关的披露信息，称为“资产负债表日后调整事项”；（2）对资产负债表日后发生的情况提供证据的事项。即资产负债表日后发生的情况的事项。该类事项虽不影响财务报表金额，但可能影响对财务报表的正确理解，需要提请被审计单位管理层在财务报表附注中做适当的披露，称为“资产负债表日后非调整事项”。

1. 资产负债表日后调整事项

这类事项既为被审计本位管理层确定财务报表日账户余额提供信息，也为注册会计师核实这些余额提供补充证据。如果这类期后事项的金额重大，应提请被审计单位对本年度财务报表及相关账户的余额进行调整。常见的这类事项有：

（1）资产负债表日后诉讼案件结案，法院判决证实了企业在资产负债表日已经存在现时义务，需要调整原先确认的与该诉讼案件相关的预计负债，或确认一项新负债。

（2）资产负债表日后取得确凿证据，表明某项资产在资产负债表日发生了减值或者需要调整该项资产原先确认的减值金额。

（3）资产负债表日后进一步确定了资产负债表日前购入资产的成本或售出资产的收入。

（4）资产负债表日后发现了财务报表舞弊或差错。

2. 资产负债表日后非调整事项

这类事项因不影响资产负债表日财务状况，所以不需要调整被审计单位的本期财务报表。但如果被审计单位的财务报表因此可能受到误解，就应在财务报表附注中予以适当披露。这类非调整的事项通常有：（1）资产负债表日后发生重大诉讼、仲裁、承诺；（2）资产负债表日后资产价格、税收政策、外汇汇率发生重大变化；（3）资产负债表日后因自然灾害导致资产发生重大损失；（4）资产负债表日后发行股票和债券以及其他巨额举债；（5）资产负债表日后资本公积转增资本；（6）资产负债表日后发生巨额亏损；（7）资产负债表日后发生企业合并或处置子公司；（8）资产负债表日后企业利润分配方案中拟分配的以及经审议批准宣告发放的股利或利润。

（二）截至审计报告日发生的期后事项

注册会计师应当实施必要的审计程序，获取充分、适当的审计证据，以确定截至审计报告日发生的、需要在财务报表中调整或披露的事项是否均已得到识别。对于资产负债表日至审计报告日之间发生的期后事项，注册会计师负有主动识别的义务，应当设计专门的审计程序来识别这些期后事项，并根据这些事项的性质判断其对财务报表的影响，进而确定是进行调整，还是予以披露。

注册会计师应当尽量在接近审计报告日时，实施旨在识别需要在财务报表中调整或披露事项的审计程序。这些程序包括：

（1）复核被审计单位管理层建立的用于确保识别期后事项的程序。

（2）查阅股东会、董事会及其专门委员会在资产负债表日后举行的会议的纪要，并在不能获取会议纪要时询问会议讨论的事项。

（3）查阅最近的中期财务报表，如认为必要和适当，还应当查阅预算、现金流量预测及其他相关管理报告。

（4）向被审计单位律师或法律顾问询问有关诉讼和索赔事项。

（5）向管理层询问是否发生可能影响财务报表的期后事项。

在向管理层询问可能影响财务报表的期后事项时，注册会计师询问的内容主要包括：①根据初步或尚无定论的数据作出会计处理的项目的现状；②是否发生新的担保、借款或承诺；③是否出售或购进资产，或者计划出售或购进资产；④是否已发行或计划发行新的股票或债券，是否已签订或计划签订合并或清算协议；⑤资产是否被政府征用或因不可抗力而遭受损失；⑥在风险领域和或有事项方面是否有新进展；⑦是否已作出或考虑作出异常的会计调整；⑧是否已发生或可能发生影响会计政策适当性的事项。

在实施了上述用以识别期后事项的审计程序后，如果知悉对财务报表有重大影响的期后事项，注册会计师应当考虑这些事项在财务报表中是否得到恰当的会计处理或是否在财务报表附注中予以充分披露。

（三）审计报告日后至财务报表报出日前知悉的事实

在审计报告日后，注册会计师没有义务针对财务报表实施审计程序或进行专门查询期后事项。审计报告日至财务报表报出日期间发生的事实属于“第二时段期后事项”，由于注册会计师针对被审计单位的审计业务此时已经结束，要识别这一阶段的期后事项比较困难，因此无法承担主动识别第二阶段期后事项的审计责任。但是，在这一阶段，因被审计单位财务报表尚未报出，如果被审计单位发生影响财务报表公允表达的事实，管理层有责任告知注册会计师。注册会计师还可能通过新闻媒体、举报，监管部门告知等渠道被动获悉影响财务报表的期后事项。

在审计报告日后至财务报表报出日前，如果知悉了某事实，且若在审计报告日知悉可能导致修改审计报告，注册会计师应当：（1）与管理层讨论该事项；（2）确定财务报表是否需要修改；（3）如果需要修改，询问管理层将如何在财务报表中处理该事项。

1. 管理层修改财务报表的考虑

如果管理层修改财务报表，注册会计师应当：根据具体情况对有关修改实施必要的审计程序；同时，除非存在下属特殊情形适用，注册会计师应将用以识别期后事项的审计程序延伸至新的审计报告日，并针对修改后的财务报表出具新的审计报告。新的审计报告日不应早于修改后的财务报表被批准的日期。

但注册会计师对获悉的第二阶段期后事项的处理存在下列特殊情况，这种特殊情况是：在有关法律法规或适用的财务报告编制基础未禁止的情况下，如果管理层对财务报表的修改仅限于反映导致修改的期后事项的影响，被审计单位的董事会、管理层或类似机构也仅对有关修改进行批准，注册会计师可以仅针对有关修改部分将审计程序延伸至新的审计报告日。在这种情况下，注册会计师应当选用下列处理方式之一：

（1）修改审计报告，针对财务报表修改部分增加补充报告日期，从而表明注册会计师对期后事项实施的审计程序仅限于财务报表相关附注所述的修改。

（2）出具新的或经修改的审计报告，在强调事项段或其他事项段中说明注册会计师对期后事项实施的审计程序仅限于财务报表相关附注所述的修改。

2. 管理层不修改财务报表，且审计报告未提交时的处理

如果注册会计师认为管理层应该修改会计报表，而管理层不修改财务报表，且审计报

告尚未提交给被审计单位，注册会计师应当按照规定，出具保留意见或否定意见的审计报告。

3. 管理层不修改财务报表，且审计报告已提交时的处理

如果注册会计师认为管理层应该修改会计报表，而管理层不修改财务报表，但审计报告已经提交给被审计单位，注册会计师应当通知管理层不要将财务报表和审计报告向第三方报出。如果财务报表在未经必要修改的情况下仍被报出，注册会计师应当采取适当措施，以设法防止财务报表使用者信赖该审计报告。注册会计师采取的措施取决于自身的权利和义务以及所征询的法律意见。

（四）财务报表报出日后知悉的事实

注册会计师在财务报表报出后知悉的事实，属于第三时段期后事项。注册会计师没有义务针对财务报表实施任何审计程序。但这并不排除注册会计师可能会通过新闻媒体等其他渠道被动获悉对财务报表产生重大影响的期后事项的可能性。

在财务报表报出后，如果知悉在审计报告日已存在的、可能导致修改审计报告的事实，注册会计师应当考虑是否需要修改财务报表，并与管理层进行讨论，同时根据具体情况采取相应措施。

1. 管理层修改了财务报告的考虑

如果管理层修改了财务报表，注册会计师应当：(1) 根据具体情况对有关修改实施必要的审计程序；(2) 复核管理层采取的措施能否确保所有收到原财务报表和审计报告的人士了解这一情况；(3) 将审计程序延伸至新的审计报告日，并针对修改后的财务报表出具新的审计报告，新的审计报告日不应早于修改后的财务报表被批准的日期；(4) 在特殊情况下修改审计报告或提供新的审计报告。

注册会计师应当在新的或经修改的审计报告中增加强调事项段或其他事项段，提醒财务报表使用者关注财务报表附注中有关修改原财务报表的详细原因和注册会计师提供的原审计报告。

2. 管理层未采取任何行动时的处理

如果管理层没有采取必要措施确保所有收到原财务报表和审计报告的人士了解这一情况，也没有在注册会计师认为需要修改的情况下修改财务报表，注册会计师应当采取措施防止财务报表使用者信赖该审计报告，并将拟采取的措施通知治理层。注册会计师采取的措施取决于自身的权利和义务以及所征询的法律意见。

如果知悉此类期后事项时，已临近公布下一期财务报表，且能够在下一期财务报表中进行充分披露，注册会计师应当根据法律、法规的规定确定是否仍有必要提请被审计单位修改财务报表，并出具新的审计报告。

三、或有事项审计

（一）或有事项的含义和种类

或有事项（Contingency Events）是指过去的交易或者事项形成的，其结果须由某些未来事项的发生或不发生才能决定的不确定事项。常见的或有事项主要包括：未诉讼或未决仲裁、债务担保、产品质量保证（含产品安全保证）、亏损合同、重组义务、环境污染

整治、承诺等。注册会计师对被审计单位发生的或有事项应当给予必要的关注。并且，由于或有事项具有不确定性这一重要特征，其结果只能由未来发生的事项确定，需要注册会计师具备相当程度的专业判断能力。

（二）或有事项审计的目标

注册会计师对或有事项进行审计所要达到的审计目标一般包括：确定或有事项是否存在和完整；确定或有事项的确认和计量是否符合企业会计准则的规定；确定或有事项的列报是否恰当。在审计或有事项时，注册会计师尤其要关注财务报表反映的或有事项的完整性。

（三）或有事项审计的程序

注册会计师在审计完成阶段进行或有事项的审计有两点好处：一是有利于掌握或有事项的最新信息，提高审计效率和效果；二是有利于专门实施一些审计程序，来验证或复核或有事项的完整性。但是，注册会计师并不限于在完成审计工作阶段才关注或有损失。许多或有损失项目的审计，往往作为其他审计事项的一个组成部分，而不是在完成审计阶段才作为一个独立的部分来执行。例如，所得税的争执也可作为分析所得税费用、复核往来通信档案的一部分加以核实。

由于或有事项的种类不同，注册会计师在审计被审计单位的或有事项时，所采取的程序也各不相同。但总结起来，针对或有事项的审计程序通常包括如下内容：

(1) 了解被审计单位与识别或有事项有关的内部控制制度。

(2) 阅读截至审计报告完成日被审计单位历次董事会及股东大会会议记录，确定是否存在有关未诉讼或未决仲裁、债务担保、产品质量保证（含产品安全保证）、亏损合同、重组义务、环境污染整治、承诺等等方面的记录。

(3) 向与被审计单位有业务往来的银行函证，或检查与往来银行之间的借款协议或往来函件，以查找有关应收票据贴现、背书抵押及贷款担保。

(4) 检查审计期间与税务机关的税务结算报告，检查有无税款拖延及存在税务纠纷。

(5) 向被审计单位律师或法律顾问函证，以获取其确认意见，表明对资产负债表日已存在的以及资产负债表日至复函日所存在的或有损失的意见。

(6) 向被审计单位管理当局取得其书面声明。获取其对已按照企业会计准则的规定对全部事项作了恰当反应的承诺。

（四）获取律师声明书

注册会计师在对被审计单位期后事项和或有损失时，需要向被审计单位的法律顾问何律师进行函证。以获取其对资产负债表日就已存在的以及资产负债表日至其复函日这一时期内存在的期后事项和或有事项等有关的审计证据。被审计单位律师对函证问题的答复和说明，就是律师声明书，它是注册会计师获取期后事项和或有事项证据的一种主要手段。

致被审计单位律师的标准审计询问函，通常应使用被审计单位的信笺书写，并由被审计单位管理人员签名和寄出。被审计单位应对曾为其进行法律代理或咨询的所有律师寄发审计询问函。标准审计询问函应包括以下内容：

(1) 由被审计单位列具一份清单，说明律师已在很大程度上涉足的重要的未决或正面临的诉讼、索赔等事项；或函请律师准备一份这样的清单。

（2）由被审计单位列具一份清单，说明律师已在很大程度上涉足的尚未认定的索赔等事项。

（3）被审计单位就已列具的每一事项准备采取的法律行动，不利结果发生的可能性和可能造成的损失金额或范围大小，向律师进行调查，要求律师提供有关资料和说明。

（4）要求律师确认未列出的或有事项及其影响；或者说明被审计单位的清单是完整的。

（5）由被审计单位以书面形式将有关责任告知律师。律师根据其职业判断，如认为有必要在财务报表上反映某一法律事项时，应通知被审计单位。此外．还要求律师直接向注册会计师说明，他本人理解这些责任。

（6）要求律师就其答复中所受限制的原因及性质进行确认，并予以说明。

审计询问函应要求律师将接近审计报告日的或有事项直接回函告知注册会计师。被审计单位律师对函证问题的答复和说明就是律师声明书。它可以作为审计证据，并足以使注册会计师解释并报告有关或有事项。律师声明书的格式和措辞没有定式，但律师声明书的内容会直接影响注册会计师发表审计意见的类型。

注册会计师应根据该律师的职业声誉来确定律师声明书的合理性。如果注册会计师熟悉该律师的职业声誉，就不需要作专门的查询，否则应查询该律师的职业背景、声誉及其在法律界的地位，并考虑在律师协会中获取信息。若这些方面都能令人满意，除非律师关于被审计单位或有事项的意见是不合情理的，注册会计师一般会接纳律师声明书中的意见。如果律师声明书指出或有事项产生有利结果的可能性很大，或者争论的事项并不重要，那么，注册会计师可以签发无保留意见的审计报告。如果律师声明书指出或有事项可能引起不利结果，或者潜在损失发生的金额和范围都具有重大不确定性。在这种情况下，如果被审计单位的资产负债表上充分披露了这一不确定事项，注册会计师可签发带强调事项段的无保留意见审计报告。

倘若律师拒绝回答审计询问函，或律师声明书表明律师拒绝提供信息或隐瞒信息，或者对被审计单位叙述的情况不加修正，注册会计师应认为审计范围受到限制。这种情况下，注册会计师应根据或有事项的重要性程度，对被审计单位财务报表发表保留意见或无法表示意见。

四、管理层书面声明

管理层声明（Management Representation）是指被审计单位管理层向注册会计师提供的书面陈述，用以确认某些事项或支持其他审计证据。管理层声明具有以下两方面作用：一是明确管理层对财务报表的责任。被审计单位管理层在声明书中对提供给注册会计师的有关资料的真实性、合法性和完整性做出正面陈述，并明确承认对财务报表负责；二是提供审计证据。被审计单位管理层声明书把管理层对注册会计师的询问所做的答复以书面方式予以记录，可作为书面证据。如果管理层修改书面声明或不按注册会计师要求提供书面声明，注册会计师应警觉被审计单位存在重大问题的可能性。另外，注册会计师要求管理层提供书面声明而非口头声明，可以促使管理层更加认真地对待声明所涉及的事项，从而提高声明的质量。

（一）管理层对财务报表责任的认可

注册会计师应当获取审计证据，以确定管理层认可其按照适用的会计准则和相关会计制度的规定编制财务报表的责任，并且已批准财务报表。向管理层获取书面声明是获取此类审计证据的一种方法。注册会计师应当就下列事项向管理层获取书面声明：（1）管理层认可其设计和实施内部控制以防止或发现并纠正错报的责任；（2）管理层认为注册会计师在审计过程中发现的未更正错报，无论是单独还是汇总起来考虑，对财务报表整体均不具有重大影响。

（二）将管理层声明作为审计证据，并形成审计工作底稿

如果合理预期不存在其他充分、适当的审计证据，注册会计师应当就对财务报表具有重大影响的事项向管理层获取书面声明。注册会计师要求管理层提供的书面声明可仅限于单独或汇总起来对财务报表产生重大影响的事项。当管理层声明的事项对财务报表具有重大影响时，注册会计师应当实施下列审计程序：（1）从被审计单位内部或外部获取佐证证据；（2）评价管理层声明是否合理并与获取的其他审计证据（包括其他证明）一致；（3）考虑做出声明的人员是否熟知所声明的事项。

注册会计师不应以管理层声明替代能够合理预期获取的其他审计证据。如果不能获取对财务报表具有或可能具有重大影响的事项的充分、适当的审计证据，而这些证据预期是可以获取的，即使已收到管理层就这些事项做出的声明，注册会计师仍应将其视为审计范围受到限制。如果管理层的某项声明与其他审计证据相矛盾，注册会计师应当调查这种情况。必要时，重新考虑管理层做出的其他声明的可靠性。

（三）对管理层声明的记录

管理层声明包括书面声明和口头声明。书面声明作为审计证据通常比口头声明可靠。书面声明可采取下列形式：（1）管理层声明书；（2）注册会计师提供的列示其对管理层声明的理解并经管理层确认的函；（3）董事会及类似机构的相关会议纪要，或已签署的财务报表副本。管理层声明书一般涉及关于财务报表、信息的完整性以及确认、计量和列报三个方面的内容。管理层声明书标明的日期通常与审计报告日一致。但在某些情况下，注册会计师也可能在审计过程中或审计报告日后就某些交易或事项获取单独的声明书。

（四）管理层拒绝提供声明时的措施

如果管理层拒绝提供注册会计师认为必要的声明，注册会计师应当将其视为审计范围受到限制，出具保留意见或无法表示意见的审计报告。在这种情况下，注册会计师应当评价审计过程中获取的管理层其他声明的可靠性，并考虑管理层拒绝提供声明是否可能对审计报告产生其他影响。

第二节　评价审计结果

在审计完成阶段汇总审计测试结果，进行更具综合性的审计工作，如评价审计中的重大发现，汇总审计差异，撰写审计总结，复核审计工作底稿和财务报表等。在此基础上，

评价审计结果，在与客户沟通以后，确定应出具的审计报告的意见类型和措辞，进而编制并致送审计报告，终结审计工作。

一、评价审计中的重大发现

在审计完成阶段，项目合伙人和审计项目组考虑的重大发现和事项的例子包括：(1) 中期复核中的重大发现及其对审计方法的影响；(2) 涉及会计政策的选择、运用和一贯性的重大事项，包括相关披露；(3) 就识别出的重大风险，对审计策略和计划的审计程序所作的重大修正；(4) 在与管理层和其他人员讨论重大发现和事项时得到的信息；(5) 与注册会计师的最终审计结论相矛盾或不一致的信息。

对实施的审计程序的结果进行评价，可能全部或部分地揭示出以下事项：(1) 为了实现计划的审计目标，是否有必要对重要性进行修订；(2) 对审计策略和计划的审计程序的重大修正，包括对重大错报风险评估结果的重要变动；(3) 对审计方法有重要影响的值得关注的内部控制缺陷和其他缺陷；(4) 财务报表中存在的重大错报或漏报，包括相关披露和其他审计调整；(5) 项目组成员内部，或项目组与项目质量控制复核人员或提供咨询的其他人员之间，就重大会计和审计事项达成最终结论所存在的意见分歧；(6) 在实施审计程序时遇到的重大困难；(7) 向事务所内部有经验的专业人士或外部专业顾问咨询的事项；(8) 与管理层或其他人员就重大发现以及与注册会计师的最终审计结论相矛盾或不一致的信息进行的讨论。

注册会计师在审计计划阶段对重要性的判断，与其在评估审计差异时对重要性的判断是不同的。如果在审计完成阶段修订后的重要性水平远远低于在计划阶段确定的重要性水平，注册会计师应重新评估已经获得的审计证据的充分性和适当性。重要性的任何变化都要求注册会计师重新评估重大错报上限和审计策略。

如果审计项目组内部、项目组与被咨询者之间以及项目合伙人与项目质量控制复核人员之间存在意见分歧，审计项目组应当遵循事务所的政策和程序予以妥善处理。

二、汇总审计差异

在完成按业务循环进行的控制测试，针对财务报表项目的实质性程序以及特殊项目的审计后，对审计项目组成员在审计中发现的被审计单位的会计处理与适用的财务报告编制基础的规定的不一致，即审计差异，注册会计师应根据审计重要性原则初步确定并汇总，并建议被审计单位进行调整，使经审计的财务报表所载信息能够公允地反映被审计单位的财务状况，经营成果和现金流量。对审计差异的“初步确定并汇总”直至形成“经审计的财务报表”的过程，主要是通过编制审计差异调整表和试算平衡表得以完成的。

（一）编制审计差异调整表

审计差异按是否需要调整账户记录可分为核算错误和重分类错误。核算错误是因被审计单位对经济业务进行了不正确的会计核算而引起的错误，用重要性原则来衡量核算错误，又可把核算错误区分为建议调整的不符事项和不建议调整的不符事项（即未调整不符事项）；重分类错误是因被审计单位未按适用的财务报告编制基础列报财务报表而引起的错误。例如，被审计单位在应付账款项目中反映的预付款项、在应收账款项目中反映的预收款项等。

无论是建议调整的不符事项、重分类错误还是未调整不符事项，在审计工作底稿中通常都是以会计分录的形式反映的。由于审计中发现的错误往往不止一两项，为便于审计项目的各级负责人综合判断，分析和决定，也为了便于有效编制试算平衡表以评价经审计的财务报表，通常需要将这些建议调整的不符事项、重分类错误以及未调整不符事项分别汇总至“账项调整分录汇总表”、“重分类调整分录汇总表”与“未更正错报汇总表”。3 张汇总表的参考格式分别如表 15—1、表 15—2 和表 15—3 所示。

表 15—1　　账项调整分录汇总表

序号	内容及说明	索引号	调整内容				影响利润表＋（一）	影响资产负债表＋（一）
			借方项目	借方金额	贷方项目	贷方金额		

与被审计单位的沟通：

参加人员：

被审计单位：____________________

审计项目组：____________________

被审计单位的意见：____________________

结论：

是否同意上述审计调整：____________________

被审计单位授权代表签字：____________________　日期：____________

表 15—2　　重分类调整分录汇总表

序号	内容及说明	索引号	调整项目和金额			
			借方项目	借方金额	贷方项目	贷方金额

与被审计单位的沟通：

参加人员：

被审计单位：____________________

审计项目组：______________________________

被审计单位的意见：______________________________

____

____

结论：

是否同意上述审计调整：______________________________

被审计单位授权代表签字：______________________________ 日期：______________

表 15—3 **未更正错报汇总表**

序号	内容及说明	索引号	调整内容				备注
			借方项目	借方金额	贷方项目	贷方金额	

未更正错报的影响：

项目	金额	百分比	计划百分比
1. 总资产	______	______	______
2. 净资产	______	______	______
3. 销售收入	______	______	______
4. 费用总额	______	______	______
5. 毛利	______	______	______
6. 净利润	______	______	______

注册会计师确定了建议调整的不符事项和重分类错误后，应以书面方式及时征求被审计单位对需要调整财务报表事项的意见。若被审计单位予以采纳，应取得被审计单位同意调整的书面确认；若被审计单位不予采纳，应分析原因，并根据未调整不符事项的性质和重要程度，确定是否在审计报告中予以反映，以及如何反映。

（二）编制试算平衡表

试算平衡表是注册会计师在被审计单位提供的未审财务报表的基础上，考虑调整分录、重分类分录等内容以确定已审数与报表披露数的表式。有关资产负债表和利润表的试算平衡表的参考格式分别如表 15—4 和表 15—5 所示。需要说明以下几点：

(1) 试算平衡表中的“期末未审数”和“审计前金额”列，应根据被审计单位提供的未审计财务报表填列。

(2) 试算平衡表中的“账项调整”和“调整金额”列，应根据经被审计单位同意的“账项调整分录汇总表”填列。

(3) 试算平衡表中的“重分类调整”列，应根据经被审计单位同意的“重分类调整分录汇总表”填列。

(4) 在编制完试算平衡表后，应注意核对相应的钩稽关系。例如，资产负债表试算平衡表左边的“期末未审数”列合计数、“期末审定数”列合计数应分别等于其右边相应各列合计数；资产负债表试算平衡表左边的“账项调整”列中的借方合计数与贷方合计数之差应等于右边的“账项调整”列中的贷方合计数与借方合计数之差；资产负债表试算平衡表左边的“重分类调整”列中的借方合计数与贷方合计数之差应等于右边的“重分类调整”列中的贷方合计数与借方合计数之差等。

表 15—4　　　　资产负债表试算平衡表

项目	期末未审数	账项调整		重分类调整		期末审定数	项目	期末未审数	账项调整		重分类调整		期末审定数
		借方	贷方	借方	贷方				借方	贷方	借方	贷方	
货币资金							短期借款						
交易性金融资产							交易性金融负债						
应收票据							应付票据						
应收账款							应付账款						
预付账款							预收账款						
应收利息							应付职工薪酬						
其他应收款							应交税费						
存货							应付利息						
一年内到期的非流动资产							应付股利						
其他流动资产							其他应付款						
可供出售金融资产							一年内到期的非流动负债						
持有至到期的投资							其他流动负债						
长期应收款							长期借款						
投资性房地产							应付债券						
固定资产							长期应付款						
在建工程							专项应付款						
工程物资							预计负债						
固定资产清理							递延所得税负债						
无形资产							其他非流动负债						
开发支出							实收资本						
商誉							资本公积						
长期待摊费用							盈余公积						
递延所得税资产							未分配利润						
其他非流动资产													
合计							合计						

表 15—5 **利润表试算平衡表工作底稿**

被审计单位：________ 索引号：________

项目：________ 财务报表截止日/期间：________

编制：________ 复核：________

日期：________ 日期：________

项目		审计前金额	调整金额		审定金额
			借方	贷方	
一、	营业收入				
	减：营业成本				
	营业税金及附加				
	销售费用				
	管理费用				
	财务费用				
	资产减值损失				
	加：公允价值变动损益				
	投资收益				
二、	营业利润				
	加：营业外收入				
	减：营业外支出				
三、	利润总额				
	减：所得税费用				
四、	净利润				

三、复核审计工作底稿和财务报表

（一）对财务报表总体合理性实施分析程序

在审计结束或临近结束时，注册会计师需要运用分析程序的目的是确定经审计调整后的财务报表整体是否与对被审计单位的了解一致，是否具有合理性。注册会计师应当围绕这一目的运用分析程序。

在运用分析程序进行总体复核时，如果识别出以前未识别的重大错报风险，注册会计师应当重新考虑对全部或部分各类别的交易、账户余额、披露评估的风险是否恰当，并在此基础上重新评价之前计划的审计程序是否充分，是否有必要追加审计程序。

（二）评价审计结果

注册会计师评价审计结果，主要是为了确定审计意见的类型以及在整个审计工作中是否遵循了审计准则。

1. 对重要性和审计风险进行最终的评价

对重要性和审计风险进行最终评价，是注册会计师决定发表何种类型审计意见的必要过程。该过程可通过以下两个步骤来完成：

（1）确定可能的错报金额。可能的错报金额包括已经识别的具体错报和推断误差。

（2）根据财务报表层次重要性水平，确定可能的错报金额的汇总数（即可能错报总额）对整个财务报表的影响程度。

应当注意的是：这里的可能错报总额一般是指各财务报表项目可能的错报金额的汇总数，也包括上一期间的任何未更正可能错报对本期财务报表的影响。注册会计师应当将可能错报总额同计划审计阶段确定的财务报表层次重要性水平相比较。如果该重要性水平在审计过程中已作过修正，则应当按修正后的财务报表层次重要性水平进行比较。

通过比较分析，如果注册会计师得出结论，审计风险处在一个可接受的水平，则可以直接根据审计结果发表意见；如果注册会计师认为审计风险不能接受，则应追加审计测试或者说服被审计单位作必要调整，以便将重大错报的风险降低到可接受的水平。否则，注册会计师应慎重考虑该审计风险对审计报告的影响。

2. 对财务报表形成审计意见并草拟审计报告

在完成审计工作阶段，为了对财务报表整体发表适当的意见，必须将这些分散的审计结果加以汇总和评价，综合考虑在审计过程中收集到的全部证据，然后再逐级交给部门经理和主任会计师认真复核。在对审计意见形成最后决定之前，会计师事务所通常要与被审计单位召开沟通会。在沟通会上，注册会计师可口头报告本次审计所发现的问题，并说明建议被审计单位作必要调整或表外披露的理由。当然，被审计单位管理层也可以在会上申辩其立场。最后，双方达成一致意见。如果达成一致意见，注册会计师一般即可签发标准审计报告，否则，注册会计师则可能不得不发表其他类型的审计意见。

（三）复核审计工作底稿

会计师事务所应当建立完善的审计工作底稿分级复核制度。对审计工作底稿的复核可分为两个层次：项目组内部复核和独立的项目质量控制复核。

1. 项目组内部复核

项目组内部复核又分为两个层次：项目负责经理的现场复核和项目合伙人的复核。

（1）项目负责经理的现场复核。由项目负责经理对工作底稿的复核属于第一级复核。该级复核通常在审计现场完成，以便及时发现和解决问题，争取审计工作的主动。

（2）项目合伙人的复核。项目合伙人对审计工作底稿实施复核是项目组内部最高级别的复核。该复核既是对项目负责经理复核的再监督，也是对重要审计事项的把关。

2. 独立的项目质量控制复核

项目质量控制复核是指在出具报告前，对项目组作出的重大判断和在准备报告时形成的结论作出客观评价的过程。项目质量控制复核也称独立复核。

3. 复核审计工作底稿的内容

在签发审计报告前，对审计工作底稿复核的主要内容包括以下四个方面：

（1）审计程序的恰当性。复核所用的审计程序是否符合审计计划的要求，这些审计程序在审计过程中是否得到了充分应用，所有审计程序是否已完成并且在审计工作底稿中予以恰当记录。

（2）审计工作底稿的充分性。复核已获取的审计工作底稿是否足以支持注册会计师所发表的审计意见；对已经收集的被审计单位的概况资料、经济业务情况、内部控制系统及会计记录等，连同注册会计师制定的审计计划、审计程序以及所采用的审计步骤、方法，是否都已编入审计工作底稿；每份审计工作底稿的标题、编制日期、资料来源及资料的性质等基本要素是否完整；相关审计工作底稿是否表述清晰、记录有序并足以自明等。

（3）审计过程中是否存在重大遗漏。复核是否存在会导致须进一步查询和追加审计程序的事项；是否存在涉及会计准则或未遵循有关管理机构要求的重大事项；所有例外事项是否已经查清并已记录；是否存在审计步骤不完善或存在未解决的问题；是否存在前期审计中注明的至今未解决的重大事项；是否存在与被审计单位未达成一致意见的未解决的会计和审计事项；是否存在严重影响被审计单位财务报表反映的其他事项。

（4）审计工作是否符合会计师事务所的质量要求。复核和检查注册会计师在审计工作中是否遵循了独立性原则；对助理注册会计师是否进行了指导和监督；对超越注册会计师知识范围的事项是否向有关专家或机构进行了咨询；是否遵循了会计师事务所的内部管理制度；注册会计师和助理人员的知识、专业技能是否符合要求；是否已经实现了审计目标；提出的审计结论是否与工作结果一致。

第三节　审计报告的意义、作用和种类

一、审计报告的意义

一般来说，审计报告是指审计人员根据有关规范的要求，对审计项目实施了必要的审计程序后出具的，用于阐明审计结果、做出审计评价、表明审计意见或建议的书面文件。就民间审计而言，审计报告（Audit Report）是指注册会计师根据审计准则的规定，在执行审计的基础上，对财务报表发表审计意见的书面文件。

审计报告是注册会计师在完成审计工作后向委托人提交的最终产品，具有以下特征：（1）注册会计师应当按照审计准则的规定执行审计工作；（2）注册会计师在实施审计工作的基础上才能出具审计报告；（3）注册会计师通过对财务报表发表意见以履行业务约定书约定的责任；（4）注册会计师应当以书面形式出具审计报告。

编制审计报告是注册会计师完成约定审计事项的一个非常重要的步骤，它是一项总结性的工作，其重要意义表现在以下几个方面：（1）审计报告是注册会计师完成审计任务，表达审计意见或结论的主要方式；（2）审计报告是明确注册会计师的责任，发挥审计鉴证作用的重要条件；（3）审计报告是审计档案的重要组成部分。

二、审计报告的作用

注册会计师签发的审计报告，主要具有鉴证、保护和证明三方面作用。

（一）鉴证作用

注册会计师签发的审计报告，不同于政府审计和内部审计的审计报告，是以超然独立的第三者身份，对被审计单位财务报表合法性、公允性发表意见。这种意见具有法定证明效力，可以起到鉴证作用，因而能够得到政府及其各部门和社会各界的普遍认可。

（二）保护作用

注册会计师通过审计，可以对被审计单位财务报表出具不同类型审计意见的审计报告，以提高或降低财务报表使用者对财务报表的信赖程度，能够在一定程度上对被审计单位的财产、债权人和股东权益及企业利害关系人的利益起到保护作用。如投资者为了减少投资风险，在进行投资之前，需要查阅被投资企业的财务报表和注册会计师的审计报告，了解被投资企业的经营情况和财务状况。投资者根据注册会计师的审计报告作出投资决策，可以降低其投资风险。

（三）证明作用

审计报告是对注册会计师审计任务完成情况及其结果所作的总结，它可以表明审计工作的质量并明确注册会计师的审计责任。因此，审计报告可以对审计工作质量和注册会计师的审计责任起证明作用。通过审计报告，可以证明注册会计师在审计过程中是否实施了必要的审计程序，是否以审计工作底稿为依据发表审计意见，发表的审计意见是否与被审计单位的实际情况相一致，审计工作的质量是否符合要求。

三、审计报告的种类

审计报告可以按照不同标准，划分为不同的类型。

（一）按照审计报告使用的目的分类

(1) 公布目的的审计报告。一般用于对企业股东、投资者、债权人等非特定利益关系者公布的附送财务报表的审计报告。

(2) 非公布目的的审计报告。一般是用于经营管理、合并或业务转让、融通资金等特定目的而实施审计的审计报告。这类审计报告是分发给特定使用者的，如经营者、合并或业务转让的关系人、提供信用的金融机构等。

（二）按审计报告的格式分类

(1) 标准审计报告。是指格式和措辞基本统一的审计报告，一般适用于对外公布的审计报告。

(2) 非标准审计报告。是指格式和措辞不统一，可以根据具体审计项目的问题来决定的审计报告，一般适用于非公布的审计报告。

（三）按照审计报告的详略程度分类

(1) 简式审计报告，又称短式审计报告。是指注册会计师对应公布的财务报表进行审计后所编制的简明扼要的审计报告。具有标准格式，一般适用于公布目的，具有标准审计报告的特点。

(2) 详式审计报告，又称长式审计报告。是指对审计对象所有重要的经济业务和情况都要做详细说明和分析的审计报告。一般适用于非公布目的，具有非标准审计报告的特点。

此外，审计报告还可按审查的财务报表的不同，分为年度财务报表审计报告、中期财务报表审计报告和清算审计报告；按审计内容和范围的不同，分为财政财务审计报告、财经法纪审计报告和经济效益审计报告；按审计工作性质和要求不同，分为标准审计报告、一般审计报告和特殊审计报告。

四、审计意见的形成和审计报告的类型

（一）审计意见的形成

注册会计师应当就财务报表是否在所有重大方面按照适用的财务报告编制基础编制并实现公允反映形成审计意见。为了形成审计意见，针对财务报表整体是否不存在由于舞弊或错误导致的重大错报，注册会计师应当得出结论，确定是否已就此获取合理保证。

1. 评价财务报表合法性应当考虑的内容

（1）财务报表是否充分披露了选择和运用的重要会计政策。

（2）选择和运用的会计政策是否符合适用的财务报告编制基础，并适合被审计单位的具体情况。

（3）管理层做出的会计估计是否合理。

（4）财务报表列报的信息是否具有相关性、可靠性、可比性和可理解性。

（5）财务报表是否做出充分披露，使财务报表使用者能够理解重大交易和事项对被审计单位财务状况、经营成果和现金流量的影响。

2. 评价财务报表公允性应当考虑的内容

（1）经管理层调整后的财务报表，是否与注册会计师对被审计单位及其环境的了解一致。

（2）财务报表的整体列报、结构和内容是否合理。

（3）财务报表（包括相关附注）是否公允地反映了相关交易和事项。

（二）审计报告的类型

注册会计师审计报告分为标准审计报告和非标准审计报告。

标准审计报告是指不含有说明段、强调事项段、其他事项段或其他任何修饰性用语的无保留意见的审计报告。其中，无保留意见是指当注册会计师认为财务报表在所有重大方面按照适用的财务报告编制基础编制并实现公允反映时发表的审计意见。包含其他报告责任段，但不含有强调事项段或其他事项段的无保留意见的审计报告也被视为标准审计报告。

非标准审计报告，是指带强调事项段或其他事项段的无保留意见的审计报告和非无保留意见的审计报告。非无保留意见的审计报告包括保留意见的审计报告、否定意见的审计报告和无法表示意见的审计报告。

第四节　标准审计报告

一、审计报告的要素

审计报告应当包括下列要素：标题；收件人；引言段；管理层对财务报表的责任段；

注册会计师的责任段；审计意见段；注册会计师的签名和盖章；会计师事务所的名称、地址和盖章；报告日期。

二、标题

审计报告应当具有标题，统一规范为“审计报告”。

三、收件人

审计报告的收件人是指注册会计师按照业务约定书的要求呈送审计报告的对象，一般是指审计业务的委托人。审计报告应当按照审计业务的约定载明收件人的全称。针对整套通用目的财务报表出具的审计报告，审计报告的呈送对象通常为被审计单位的全体股东或董事会。

四、引言段

审计报告的引言段应当包括下列方面：(1) 指出被审计单位的名称；(2) 说明财务报表已经审计；(3) 指出构成整套财务报表的每一财务报表的名称；(4) 提及财务报表附注(包括重要会计政策概要和其他解释性信息)；(5) 指明构成整套财务报表的每一财务报表的日期或涵盖的期间。

此外，审计意见应当涵盖由适用的财务报告编制基础所确定的整套财务报表。在许多通用目的编制基础中，财务报表包括资产负债表、利润表、现金流量表、所有者权益（股东）变动表，以及重要会计政策概要和其他解释性信息。补充信息也可能被认为是财务报表的必要组成部分。

五、管理层对财务报表的责任段

管理层对财务报表的责任段应当说明，编制财务报表是管理层的责任，这种责任包括：(1) 按照适用的财务报告编制基础编制财务报表，并使其实现公允反映；(2) 设计、执行和维护必要的内部控制，以使财务报表不存在由于舞弊或错误导致的重大错报。

审计报告中对管理层责任的说明包括提及这两种责任，有利于区分管理层和注册会计师的责任，降低财务报表使用者误解注册会计师责任的可能性。

六、注册会计师的责任段

注册会计师的责任段应当说明下列内容：

(1) 注册会计师的责任是在执行审计工作的基础上对财务报表发表审计意见。

(2) 注册会计师按照中国注册会师审计准则的规定执行了审计工作。中国注册会计师审计准则要求注册会计师遵守中国注册会计师职业道德守则，计划和执行审计工作以对财务报表是否不存在重大错报获取合理保证。

(3) 审计工作涉及实施审计程序，以获取有关财务报表金额和披露的审计证据。选择的审计程序取决于注册会计师的判断，包括对由于舞弊或错误导致的财务报表重大错报风险的评估。在进行风险评估时，注册会计师考虑与财务报表编制和公允列报相关的内部控制，以设计恰当的审计程序，但目的并非对内部控制的有效性发表意见。审计工作还包括评价管理层选用会计政策的恰当性和作出会计估计的合理性，以及评价财务报表的总体列报。

（4）注册会计师相信获取的审计证据是充分、适当的，为其发表审计意见提供了基础。

如果接受委托，结合财务报表审计对内部控制的有效性发表意见，注册会计师应当省略上述第3项中“但目的并非对内部控制的有效性发表意见”的术语。

七、审计意见段

审计意见段应当说明，财务报表是否按照适用的企业会计准则和相关会计制度的规定编制，是否在所有重大方面公允反映了被审计单位的财务状况、经营成果和现金流量。

如果认为财务报表符合下列所有条件，注册会计师应当出具无保留意见的审计报告：

（1）财务报表已经按照适用的会计准则和相关会计制度的规定编制，在所有重大方面公允反映了被审计单位的财务状况、经营成果和现金流量。

（2）注册会计师已经按照中国注册会计师审计准则的规定计划和实施审计工作，在审计过程中未受到限制。

当出具无保留意见的审计报告时，注册会计师应当以“我们认为”作为意见段的开头，并使用“在所有重大方面”、“公允反映”等术语。

无保留意见意味着，注册会计师通过实施审计工作，认为被审计单位财务报表的编制符合合法性和公允性的要求，合理保证财务报表不存在重大错误，因而对被审计单位的财务报表无保留地表示满意。

当注册会计师出具的无保留意见的审计报告不附加说明段、强调事项段或任何修饰性用语时，该报告称为标准审计报告。

八、注册会计师的签名和盖章

审计报告应当由注册会计师签名和盖章。注册会计师在审计报告上签名和盖章，有利于明确法律责任。

九、会计师事务所的名称、地址和盖章

审计报告应当载明会计师事务所的名称和地址，并加盖会计师事务所公章。

十、报告日期

审计报告应当注明报告日期。审计报告日不应早于注册会计师获取充分、适当的审计证据（包括管理层认可对财务报表的责任且已批准财务报表的证据），并在此基础上对财务报表形成审计意见的日期。

在确定审计报告日时，注册会计师应当确信已获取下列两方面的审计证据：（1）构成整套财务报表的所有报表（包括相关附注）已编制完成；（2）被审计单位的管理层已经认可其对财务报表负责。

下面列示标准审计报告的参考格式：

审计报告

××审字【2014】××××××号

ABC股份有限公司全体股东：

我们审计了后附的ABC股份有限公司（以下简称ABC公司）财务报表，包括2013年12月31日的资产负债表，2013年年度的利润表、股东权益变动表和现金流量表以及财务报表附注。

一、管理层对财务报表的责任

编制和公允列报财务报表是ABC公司管理层的责任。这种责任包括：(1) 按照企业会计准则的规定编制财务报表，并使其实现公允反映；(2) 设计、执行和维护必要的内部控制，以使财务报表不存在由于舞弊或错误导致的重大错报。

二、注册会计师的责任

我们的责任是在执行审计工作的基础上对财务报表发表审计意见。我们按照中国注册会计师审计准则的规定执行了审计工作。中国注册会计师审计准则要求我们遵守中国注册会计师职业道德守则，计划和执行审计工作以对财务报表是否不存在重大错报获取合理保证。

审计工作涉及实施审计程序，以获取有关财务报表金额和披露的审计证据。选择的审计程序取决于注册会计师的判断，包括对由于舞弊或错误导致的财务报表重大错报风险的评估。在进行风险评估时，注册会计师考虑与财务报表编制和公允列报相关的内部控制，以设计恰当的审计程序，但目的并非对内部控制的有效性发表意见。审计工作还包括评价管理层选用会计政策的恰当性和作出会计估计的合理性，以及评价财务报表的总体列报。

我们相信，我们获取的审计证据是充分、适当的，为发表审计意见提供了基础。

三、审计意见

我们认为，上述财务报表在所有重大方面按照企业会计准则的规定编制，公允反映了ABC公司2013年12月31日的财务状况以及2013年年度的经营成果和现金流量。

××会计师事务所（盖章）　　　　中国注册会计师

中国××市　　　　______________

二〇一四年×月×日　　　　中国注册会计师

____

第五节　非标准审计报告

非标准审计报告，是指标准审计报告以外的其他审计报告，包括带强调事项段的无保留意见的审计报告和非无保留意见的审计报告。

一、带强调事项段的无保留意见审计报告

（一）强调事项段的含义

审计报告的强调事项段是指注册会计师在审计意见段之后增加的对重大事项予以强调的段落。

强调事项应当同时符合下列条件：(1) 可能对财务报表产生重大影响，但被审计单位进行了恰当的会计处理，且在财务报表中作出充分披露；(2) 不影响注册会计师发表的审计意见。

从审计理论上讲，注册会计师在审计意见段之前增加说明段，用来说明发表保留意见、否定意见和无法表示意见的理由；而在意见段之后增加强调事项段，只是增加审计报告的信息含量，提高审计报告的有用性，不影响发表的审计意见。如果以强调事项段代替发表审计意见，就会导致审计报告类型出现混乱。

（二）增加强调事项段的情形

(1) 对持续经营能力产生重大疑虑。当存在可能导致对持续经营能力产生重大疑虑的事项或情况，但不影响已发现的意见时，注册会计师应当在审计意见段之后增加强调事项段对此予以强调。

(2) 重大不确定事项。当存在可能对财务报表产生重大影响的不确定事项（持续经营问题除外）、但不影响已发表的审计意见时，注册会计师应当考虑在审计意见段之后增加强调事项段对此予以强调。不确定事项是指其结果依赖于未来行动或事项，不受被审计单位的直接控制，但可能影响财务报表的事项。

(3) 其他审计准则规定增加强调事项段的情形。

除上述两种情形以及其他审计准则规定的增加强调事项段的情形外，注册会计师不应在审计报告的审计意见段之后增加强调事项段或任何解释性段落，以免财务报表使用者产生误解。

由于增加强调事项段是为了提醒财务报表使用者关注某些事项，并不影响注册会计师的审计意见，为了使财务报表使用者明确这一点，注册会计师应当在强调事项段中指明，该段内容仅用于提醒财务报表使用者关注，并不影响已发表的审计意见。具体讲，增加强调事项段不能代替下列情形：(1) 根据审计业务的具体情况，注册会计师需要发表保留意见、否定意见或无法表示意见；(2) 适用的财务报告编制基础要求管理层在财务报表中作出的披露。

下面列示带强调事项段的无保留意见的审计报告的参考格式：

审计报告

××审字【2014】××××××号

ABC 股份有限公司全体股东：

我们审计了后附的 ABC 股份有限公司（以下简称 ABC 公司）财务报表，包括 2013 年 12 月 31 日的资产负债表，2013 年年度的利润表、股东权益变动表和现金流量表以及财务报表附注。

一、管理层对财务报表的责任

编制和公允列报财务报表是ABC公司管理层的责任。这种责任包括：（1）按照企业会计准则的规定编制财务报表，并使其实现公允反映；（2）设计、执行和维护必要的内部控制，以使财务报表不存在由于舞弊或错误导致的重大错报。

二、注册会计师的责任

我们的责任是在执行审计工作的基础上对财务报表发表审计意见。我们按照中国注册会计师审计准则的规定执行了审计工作。中国注册会计师审计准则要求我们遵守中国注册会计师职业道德守则，计划和执行审计工作以对财务报表是否不存在重大错报获取合理保证。

审计工作涉及实施审计程序，以获取有关财务报表金额和披露的审计证据。选择的审计程序取决于注册会计师的判断，包括对由于舞弊或错误导致的财务报表重大错报风险的评估。在进行风险评估时，注册会计师考虑与财务报表编制和公允列报相关的内部控制，以设计恰当的审计程序，但目的并非对内部控制的有效性发表意见。审计工作还包括评价管理层选用会计政策的恰当性和做出会计估计的合理性，以及评价财务报表的总体列报。

我们相信，我们获取的审计证据是充分、适当的，为发表审计意见提供了基础。

三、审计意见

我们认为，上述财务报表在所有重大方面按照企业会计准则的规定编制，公允反映了ABC公司2013年12月31日的财务状况以及2013年年度的经营成果和现金流量。

四、强调事项

我们提醒财务报表使用者关注，如财务报表附注×所述，ABC公司在2013年发生亏损××万元，在2013年12月31日，流动负债高于资产总额××万元。ABC公司已在财务报表附注×充分披露了拟采取的改善措施，但其持续经营能力仍然存在重大不确定性。本段内容不影响已发表的审计意见。

××会计师事务所（盖章）　　　　　　中国注册会计师

中国××市　　　　　　　　　　　　　____________

二〇一四年×月×日　　　　　　　　中国注册会计师

____

二、非无保留意见的审计报告

非无保留意见的审计报告包括保留意见的审计报告、否定意见的审计报告或无法表示意见的审计报告。

（一）影响发表非无保留意见的情形

当存在下列情形之一时，如果认为对财务报表的影响是重大的或可能是重大的，注册会计师应当出具非无保留意见的审计报告：

1. 注册会计师与管理层存在分歧

(1) 注册会计师与管理层在会计政策选用方面的分歧。主要体现在：管理层选用的会计政策不符合通用的会计准则和相关会计制度的规定；管理层选用的会计政策不符合具体情况的需要；管理层选用了不适当的会计政策；管理层选用的会计政策没有按照适用的会计准则和相关会计制度的要求得到一贯运用。

(2) 注册会计师与管理层在会计估计方面的分歧。主要体现在：管理层没有对所有应当进行会计估计的项目做出会计估计；管理层没有识别出可能影响做出会计估计的相关因素；管理层没有充分收集做出会计估计所依赖的相关数据；管理层没有正确提出会计估计依据的假设；管理层没有依据数据、假设和其他因素对事项的金额做出正确估计。

(3) 注册会计师与管理层在财务报表披露方面的分歧。主要体现在：管理层没有按照适用的会计准则和相关会计制度的要求披露所有的信息，或者没有充分、清晰地披露所有信息。

2. 审计范围受到限制

审计范围可能受到下列两方面的限制：

(1) 客观环境造成的限制。例如，出于被审计单位存货的性质或位置特殊等原因导致注册会计师无法实施存货监盘等。在客观环境造成限制的情况下，注册会计师应当考虑是否可能实施替代审计程序，以获取充分、适当的审计证据。

(2) 管理层造成的限制。例如，管理层不允许注册会计师观察存货盘点，或者不允许对特定账户余额实施函证等。在管理层造成限制的情况下，注册会计师应当提请管理层放弃限制。如果管理层不配合，注册会计师应当考虑这一事项对风险评估的影响以及是否可能实施替代审计程序，以获取充分、适当的审计证据。

当出具非无保留意见的审计报告时，注册会计师应当在注册会计师的责任段之后、审计意见段之前增加说明段，清楚地说明导致所发表意见或无法发表意见的所有原因，并在可能情况下，指出其对财务报表的影响程度。审计报告的说明段是指审计报告中位于审计意见段之前用于描述注册会计师对财务报表发表保留意见、否定意见或无法表示意见理由的段落。

(二) 保留意见的审计报告

保留意见是指注册会计师对被审计单位财务报表某些表达的公允性持有所保留态度。它表明了对被审计单位财务报表总体上的肯定，但由于某些或个别事项的存在，影响了被审计单位财务报表的表达，使无保留意见的条件不完全具备，因而注册会计师对无保留意见加以修正，对影响事项提出保留意见，并表示对该意见负责。

如果认为财务报表就其整体是公允的，但还存在下列情形之一时，注册会计师应当出具保留意见的审计报告：

(1) 会计政策的选用、会计估计地做出或财务报表的披露不符合适用的会计准则和相关会计制度的规定，虽影响重大，但不至于出具否定意见的审计报告。

(2) 因审计范围受到限制，不能获取充分、适当的审计证据，虽影响重大，但不至于出具无法表示意见的审计报告。

只有当注册会计师认定财务报表就其整体而言是公允的，但还存在对财务报表产生重大影响的情形，才能出具保留意见；如果注册会计师认为报告的情况极为严重，则应出具否定意见或无法表示意见。因此，保留意见应认为是一种在不能提出无保留意见的情况下最不严厉的意见。

当出具保留意见的审计报告时，注册会计师应当在审计意见段中使用“除……的影响外”等专业术语。如因审计范围受到限制，注册会计师还应当在注册会计师的责任段中提及这一情况。

下面列示保留意见的审计报告的参考格式（审计范围受到限制）：

审计报告

××审字【2014】××××××号

ABC股份有限公司全体股东：

我们审计了后附的ABC股份有限公司（以下简称ABC公司）财务报表，包括2013年12月31日的资产负债表，2013年年度的利润表、股东权益变动表和现金流量表以及财务报表附注。

一、管理层对财务报表的责任

编制和公允列报财务报表是ABC公司管理层的责任。这种责任包括：(1)按照企业会计准则的规定编制财务报表，并使其实现公允反映；(2)设计、执行和维护必要的内部控制，以使财务报表不存在由于舞弊或错误导致的重大错报。

二、注册会计师的责任

我们的责任是在实施审计工作的基础上对财务报表发表审计意见。除本报告“三、导致保留意见的事项”所述事项外，我们按照中国注册会计师审计准则的规定执行了审计工作。中国注册会计师审计准则要求我们遵守职业道德守则，计划和实施审计工作以对财务报表是否不存在重大错报获取合理保证。

审计工作涉及实施审计程序，以获取有关财务报表金额和披露的审计证据。选择的审计程序取决于注册会计师的判断，包括对由于舞弊或错误导致的财务报表重大错报风险的评估。在进行风险评估时，注册会计师考虑与财务报表编制相关的内部控制，以设计恰当的审计程序，但目的并非对内部控制的有效性发表意见。审计工作还包括评价管理层选用会计政策的恰当性和作出会计估计的合理性，以及评价财务报表的总体列报。

我们相信，我们获取的审计证据是充分、适当的，为发表审计意见提供了基础。

三、导致保留意见的事项

ABC公司2013年12月31日的应收账款余额×××万元，占资产总额的××%。由于ABC公司未能提供债务人的地址，我们无法实施函证以及其他审计程序，以获取充分、适当的审计证据。

四、审计意见

我们认为，除了前段所述未能实施函证可能产生的影响外，ABC公司财务报表已经按照企业会计准则的规定编制，在所有重大方面公允反映了ABC公司2013年12月31日的财务状况以及2013年年度的经营成果和现金流量。

××会计师事务所（盖章）　　　　中国注册会计师

中国××市　　　　______________

二〇一四年×月×日　　　　中国注册会计师

____

（三）否定意见的审计报告

否定意见是指与无保留意见相反，提出否定财务报表公允地反映被审计单位财务状况、经营成果和现金流量的审计意见。无论是注册会计师还是被审计单位都不希望发表此类意见的审计报告。

当未调整事项、未确定事项等对财务报表的影响程度在一定范围内时，注册会计师可以发表保留意见。但是如果其影响程度超出一定范围，以致财务报表无法被接受，被审计单位的财务报表已失去其价值，注册会计师就不能发表保留意见，又不应不发表意见，而只能发表否定意见。

如果认为财务报表没有按照适用的会计准则编制，未能在所有方面公允反映被审计单位的财务状况、经营成果和现金流量，注册会计师应当出具否定意见的审计报告。

当出具否定意见的审计报告时，注册会计师应当在意见段中使用“由于上述问题造成的重大影响”、“由于受到前段所述事项的重大影响”等专业术语。

下面列示否定意见的审计报告的参考格式：

审计报告

××审字【2014】××××××号

ABC股份有限公司全体股东：

我们审计了后附的ABC股份有限公司（以下简称ABC公司）财务报表，包括2013年12月31日的资产负债表，2013年年度的利润表、股东权益变动表和现金流量表以及财务报表附注。

一、管理层对财务报表的责任

编制和公允列报财务报表是ABC公司管理层的责任。这种责任包括：(1) 按照企业会计准则的规定编制财务报表，并使其实现公允反映；(2) 设计、执行和维护必要的内部控制，以使财务报表不存在由于舞弊或错误导致的重大错报。

二、注册会计师的责任

我们的责任是在执行审计工作的基础上对财务报表发表审计意见。我们按照中国注册会计师审计准则的规定执行了审计工作。中国注册会计师审计准则要求我们遵守中国注册会计师职业道德守则，计划和执行审计工作以对财务报表是否不存在重大错报获取合理保证。

审计工作涉及实施审计程序，以获取有关财务报表金额和披露的审计证据。选择的审计程序取决于注册会计师的判断，包括对由于舞弊或错误导致的财务报表重大错报风险的评估。在进行风险评估时，注册会计师考虑与财务报表编制和公允列报相关的内部控制，以设计恰当的审计程序，但目的并非对内部控制的有效性发表意见。审计工作还包括评价管理层选用会计政策的恰当性和做出会计估计的合理性，以及评价财务报表的总体列报。

我们相信，我们获取的审计证据是充分、适当的，为发表审计意见提供了基础。

三、导致否定意见的事项

如财务报表附注×所述，ABC公司2013年持有甲有限公司股份××%，但采用成本法核算。如果按权益法核算，ABC公司2013年12月31日的长期投资账面价值将减少×××万元，净利润将减少×××万元，从而导致ABC公司2013年由盈利×××万元变为亏损×××万元。

四、审计意见

我们认为，由于受到前段所述事项的重大影响，ABC公司财务报表没有按照企业会计准则的规定编制，未能在所有重大方面公允反映ABC公司2013年12月31日的财务状况以及2013年年度的经营成果和现金流量。

××会计师事务所（盖章）　　　　中国注册会计师

中国××市

二〇一四年×月×日　　　　中国注册会计师

（四）无法表示意见的审计报告

无法表示意见是指注册会计师由于审计范围受到限制，无法形成关于财务报表公允性的审计意见。

如果审计范围受到限制可能产生的影响非常重大和广泛，不能获取充分、适当的审计证据，以至无法对财务报表发表意见，注册会计师应当出具无法表示意见的审计报告。

无法表示意见不同于否定意见，它仅仅适用于注册会计师在审计过程中由于审计范围受到严重限制。而要发表否定意见，注册会计师必须有足够的证据证实被审计单位财务报表表达不合法、不公允。

当出具无法表示意见的审计报告时，注册会计师应当删除注册会计师的责任段，并在审计意见段中使用“由于审计范围受到限制可能产生的影响非常重大和广泛”、“我们无法对上述财务报表发表意见”等专业术语。

下面列示无法表示意见的审计报告的参考格式：

审计报告

××审字【2014】××××××号

ABC股份有限公司全体股东：

我们审计了后附的ABC股份有限公司（以下简称ABC公司）财务报表，包括2013年12月31日的资产负债表，2013年年度的利润表、股东权益变动表和现金流量表以及财务报表附注。

一、管理层对财务报表的责任

编制和公允列报财务报表是ABC公司管理层的责任。这种责任包括：(1)按照企业会计准则的规定编制财务报表，并使其实现公允反映；(2)设计、执行和维护必要的内部控制，以使财务报表不存在由于舞弊或错误导致的重大错报。

二、导致无法表示意见的事项

ABC公司未对2013年12月31日的存货进行盘点，金额为×××万元，占期末资产总额的45%。我们无法实施存货监盘，也无法实施其他替代审计程序，以对期末存货的数量和状况获取充分、适当的审计证据。

三、审计意见

由于上述审计范围受到限制可能产生的影响非常重大和广泛，我们无法对ABC公司财务报表发表审计意见。

××会计师事务所（盖章）　　　　中国注册会计师

中国××市　　　　______________

二〇一四年×月×日　　　　中国注册会计师

____

第六节　编制审计报告的步骤和要求

一、编制审计报告的步骤

编制审计报告是一项严格而细致的工作。为确保审计报告的质量，注册会计师应掌握编制审计报告的步骤和要求，认真做好审计报告的编制工作。一般来说，编制审计报告需要经过以下几个步骤。

（一）整理和分析审计工作底稿

审计小组的每位成员都应整理好自己的审计工作底稿，着重列举审计中所发现的问题。审计项目负责人应对全部审计工作底稿中的记录、证据和有关结论进行检查、复核和分析，也可召开汇报讨论会。检查和复核审计工作底稿，应仔细审阅，检查注册会计师的审计是否严格遵守了审计准则要求，被审计单位的会计核算是否能使注册会计师按专业要求进行审计并形成有效的审计工作底稿。通过对工作底稿的检查、复核、分析，进行去伪存真、去粗取精、由此及彼、由表及里的思考筛选，按重要性原则提炼出有价值的资料，形成初步的审计结论，作为编写审计报告的基础。对审计工作底稿进行整理和分析的情况，也应当在审计工作底稿中予以记录和说明。

（二）提出被审计单位财务报表的调整建议

在整理和分析审计工作底稿的基础上，注册会计师应向被审计单位介绍审计情况、初步结论和对于会计事项、报表项目的调整意见，提请被审计单位加以调整。一般来说，注册会计师发现被审计单位会计账簿和财务报表的数据、内容或处理方法有错误，应提请改正。对于会计处理不当或其他应该调整的事项（如或有损失、期后事项），应提请被审计单位予以调整，或在审计报告中予以说明。

（三）确定审计报告意见的类型和措辞

注册会计师在了解被审计单位是否接受提出的调整意见以及是否已经作了调整以后，可以确定审计报告意见的类型和措辞。这是编写审计报告的主要内容。

如被审计单位财务报表已经调整，其合法性予以确认以后，除专业要求说明者外，审计报告不必将被审计单位已调整的事项再作说明。如果被审计单位由于某种原因未能接受调整建议，注册会计师应当根据需要调整事项的性质和重要程度。确定是否在审计报告中予以反映。对于期后事项的影响，除被审计单位已调整报表附注或说明者外，注册会计师也应根据其性质和重要程度，确定是否在审计报告中予以说明。

（四）撰写审计报告

注册会计师在整理、分析工作底稿和提请调整财务报表，并确定审计意见类型和措辞后，应拟定出审计报告提纲，概括和汇总审计工作底稿所提供的资料。审计报告一般由审计项目负责人编写，如由助理人员编写时，须由审计项目负责人复核、校对。标准审计报告必须按前述规定的形式、结构和专业术语进行表述，以便为各使用者所理解。审计报告完稿后，应经过会计师事务所业务负责人的复核，主要对审计报告的意见及审计证据的充分性与适当性进行检查，确保出具的审计报告客观、公正和实事求是。审计报告经审核、修改定稿并完成签署后，正本直接报送委托人，副本归档存查。

二、编写审计报告的要求

为充分发挥审计报告的作用，编写各类审计报告时应符合下列基本要求：

（一）语言清晰简练

审计报告旨在表达审计意见，是非常严肃的实用文体。写作审计报告时语言必须清晰准确，简洁洗练。一方面要注意用词清楚明确，文字朴实，对问题的定性、定量应慎重斟酌，恰如其分，切忌使用模棱两可的文字和夸张的语言，不需追求文辞华丽，也不需像理论文章一样推理论述。另一方面，审计报告要开门见山，不要转弯抹角，文字不宜写得过长，做到有话即长，无话则短。总之，审计报告应达到事实清楚，责任明确，意见表达准确，便于使用者理解。

（二）证据确凿充分

审计报告向使用者传递信息，提供其决策的依据。因此审计报告所列的事实或材料必须确凿充分。这也是发挥审计报告作用的关键所在。为此，审计报告一定要从实际出发，凭事实说话，切不可泛泛而谈，言之无物，更不可虚构材料，提供伪证。一方面，审计报告所列事实必须确凿可靠，引用资料必须经过复核，运用的依据必须查对原文和出处；另一方面，审计报告所列事实必须具备充分性，应足以支持审计意见的形成，决不能凭主观愿望对被审计单位财务状况、经营成果提出意见或结论。

（三）态度客观公正

客观公正是审计工作的根本原则。编写审计报告必须持客观公正的态度，遵守注册会计师的审计准则，决不能丧失注册会计师独立、客观、公正的立场。审计报告中作出判断或提出意见，不论是给予肯定、表示保留还是表示否定，都必须站在客观公正的立场上，不能先入为主，带有个人成见或单凭印象草率表示意见。对于涉及审计责任的事项，态度更应明朗，不能含糊其辞或故意采用模棱两可之词。这是保证审计报告权威性的先决条件。

（四）内容全面完整

编写审计报告要做到内容完整、重点突出，并按审计业务委托书约定的时间认真及时地完成报告工作。内容全面完整是指审计报告要按审计报告准则规定的形式、结构和内容编写。书写形式上，应当能清楚地表明收件人、签发人、签发单位；主体部分按照审计准则规定的结构编写；签署和时间要齐全。还应注意，所谓审计报告要全面完整，并不是面面俱到。相反，说明和表述审计意见时，应重点突出，充分揭示被审计单位所存在的影响财务报表的重要事项，而对于一些无足轻重的枝节问题可以不写。

复习思考题

1. 什么是期初余额？为何要对期初余额进行审计？
2. 试述期初余额审计对审计报告的影响。
3. 什么是期后事项？它有哪几种类型？
4. 如何判断期后事项对审计意见的影响？
5. 根据相关审计准则的要求，注册会计师在审计过程中，应与被审计单位管理层沟通的事项有哪些？
6. 简述审计报告的含义和作用。
7. 简述审计报告的类型和基本情况。
8. 出具无保留意见审计报告需要满足什么条件？
9. 试述影响发表非无保留意见的情形。

第十六章 特殊审计领域

学习目标

通过本章的学习，了解特殊目的审计业务的含义和发表意见的要求；理解验资的含义、作用、类型；熟悉验资的审验范围、审验方法、审验要求；掌握各种特殊目的审计业务的审计报告；熟练掌握验资报告的要素及编制。

第一节 对特殊目的审计业务出具审计报告

一、特殊目的审计业务的含义和发表意见的要求

（一）特殊目的审计业务的含义

特殊目的审计业务是指注册会计师接受委托，对下列财务信息进行审计并出具审计报告的业务：

（1）按照企业会计准则和相关会计制度以外的其他基础（简称特殊基础）编制的财务报表。特殊基础通常包括计税基础、收付实现制基础和监管机构的报告要求等。

（2）财务报表的组成部分。财务报表的组成部分，包括财务报表特定项目、特定账户或特定账户的特定内容。

（3）合同的遵守情况。例如，对贷款合同遵守情况发表审计意见；对专利技术、商标使用权等转让协议遵守情况发表审计意见。

（4）简要财务报表。

（二）发表审计意见的要求

注册会计师应当复核和评价在执行特殊目的审计业务过程中获取的审计证据和由此得出的结论，以此作为发表审计意见的基础。

在复核和评价执行特殊目的审计业务过程中获取的审计证据时，注册会计师应当根据已获取的审计证据，评价是否已对所审计财务信息整体不存在重大错报获取了合理保证。

这种评价包括：(1) 是否已获取了充分、适当的审计证据，并把所审计财务信息的重大错报风险降至可接受的低水平；(2) 已识别但尚未更正的错报的影响；(3) 财务信息是否按照适用的编制基础的特定要求编制和列报。

并非在所有的特殊目的审计业务中均需对上述内容进行评价。注册会计师应当结合特殊目的审计业务的实际情况选择上述全部或部分内容，以复核和评价审计证据及其得出的审计结论。

二、总体要求

(一) 承接业务的一般要求

在执行特殊目的审计业务时，注册会计师实施的审计程序的性质、时间和范围因业务具体情况的不同而存在差异。在承接特殊目的审计业务前，注册会计师应当与委托人就业务性质、审计报告的格式和内容等达成一致意见。

(二) 了解所审计信息的用途及可能的使用者

特殊目的审计业务所审计财务信息一般是为了满足特定使用者的特定需要，具有特定用途。因此，在计划审计工作时，注册会计师应当通过与委托人的沟通，详细了解所审计财务信息的用途和可能的使用者。

(三) 说明审计报告分发和使用的限制

注册会计师对特殊目的审计业务出具的审计报告只能为特定使用者用于该特定用途。为了避免审计报告被用于非预定目的，注册会计师可以在审计报告的审计意见段之后，增加说明出具审计报告的目的，以及在分发和使用上的限制。

(四) 审计报告的要素

除对简要财务报表出具的审计报告外，对其他特殊目的审计业务出具的审计报告应当包括下列要素：

1. 标题

标题中应当包含表明业务性质的“审计”一词，通常用“审计报告”。

2. 收件人

审计报告的收件人是指注册会计师按照业务约定书的要求致送审计报告的对象，一般是指审计业务的委托人。审计报告应当载明收件人的全称。

3. 引言段

引言段应当说明下列内容：(1) 审计的财务信息；(2) 被审计单位管理层的责任和注册会计师的责任。

4. 范围段

范围段应当说明执行特殊目的审计业务依据的审计准则和注册会计师已实施的工作。

5. 审计意见段

审计意见段应当清楚地说明对财务信息发表的审计意见。

6. 注册会计师的签名和盖章

审计报告应当由注册会计师签名并盖章。

7. 会计师事务所的名称、地址及盖章

审计报告应当载明会计师事务所的名称和地址，并加盖会计师事务所公章。

8. 报告日期

审计报告应当注明报告日期。审计报告的日期不应早于注册会计师获取充分、适当的审计证据（包括管理层认可对财务信息的责任且已批准财务信息的证据），并在此基础上对财务信息形成审计意见的日期。

（五）审计报告格式被指定时的处理

在某些情况下，委托人需将财务信息提供给政府监管部门、信托人、保险人、其他单位或个人。这些机构和个人可能对审计报告的格式进行指定，而所指定的审计报告的格式可能不符合本准则的要求。例如，所指定的审计报告可能要求证明某些事实，或者对超出审计范围之外的某些事项发表意见，或者省略必须具备的措辞等。

在这种情况下，注册会计师应当考虑指定格式报告的实质要求及措辞。如果委托人指定格式报告的实质要求及措辞与本准则规定不一致，注册会计师应当通过修改指定格式报告的措辞，以使其符合本准则的规定；或者另附一份按照本准则要求编制的审计报告。

（六）所审计信息是基于某项合同条款的考虑

如果所审计的信息基于某项合同的条款，注册会计师应当考虑管理层在编制信息时是否已对所依据的合同做出重要解释。如果采用另一合理的解释将会对所编制财务信息产生重大差异，则该项解释就是重要的。同时，注册会计师应当考虑对合同做出的重要解释是否已在财务信息中得到清晰的披露，并考虑是否有必要在审计报告中提醒信息使用者注意财务信息附注中对这些解释的描述。

三、对按照特殊基础编制的财务报表出具的审计报告

（一）特殊基础的主要类型

特殊基础是指除企业会计准则和相关会计制度以外的其他基础。特殊基础通常包括下列基础：

1. 计税基础

按照计税基础编制的财务报表通常用于企业向税务部门进行纳税申报，其特定使用者为被审计单位管理层和税务部门。

2. 收付实现制基础

按收付实现制基础编制的财务报表通常提供给企业的贷款人，以便于他们了解企业的现金流量信息，其特定使用者为被审计单位管理层和被审计单位贷款人。

3. 监管机构的报告要求

监管机构可能对企业报送的财务报表提出特殊要求。按监管机构的报告要求编制的财务报表通常提供给特定的监管部门，以便于他们对企业进行某方面监管的需要，其特定使用者为被审计单位管理层和相应的监管机构。

（二）出具审计报告的特殊考虑

1. 对引言段的特殊考虑

对按照特殊基础编制的财务报表，注册会计师应当在审计报告的引言段中指明财务报

表编制的基础，或提醒财务报表使用者注意财务信息附注中对编制基础做出的说明。

2. 对审计意见段的特殊考虑

审计意见应当说明财务报表是否按照指定的特殊基础编制。

（三）对财务报表标题或附注的考虑

注册会计师应当考虑按照特殊基础编制的财务报表的标题或附注。注册会计师应当考虑财务报表的标题或附注是否清楚表明，该财务报表并非按照企业会计准则和相关会计制度的规定编制。如果按照特殊基础编制的财务报表未能冠以适当的标题，或特殊基础未得到充分披露，注册会计师应当出具恰当的非无保留意见的审计报告。

按照特殊基础编制的财务报表出具的审计报告的参考格式：

【参考格式 16—1】 对按照计税基础编制的财务报表出具的审计报告（无保留意见）

审 计 报 告

ABC 合伙企业全体合伙人：

我们审计了后附的 ABC 合伙企业按照所得税基础编制的财务报表，包括 2013 年 12 月 31 日的所得税基础资产负债表，2013 年年度的所得税基础收入和费用表以及财务报表附注。这些财务报表的编制是 ABC 合伙企业管理层的责任，我们的责任是在实施审计工作的基础上对这些财务报表发表审计意见。

我们按照中国注册会计师审计准则的规定执行了审计工作。中国注册会计师审计准则要求我们遵守职业道德守则，计划和实施审计工作以对这些财务报表是否不存在重大错报获取合理保证。审计工作涉及实施审计程序，以获取有关财务报表金额和披露的证据。选择的审计程序取决于我们的判断，包括对由于舞弊或错误导致的财务报表重大错报风险的评估。在进行风险评估时，我们考虑与财务报表编制相关的内部控制，以设计恰当的审计程序，但目的并非对内部控制的有效性发表意见。审计工作还包括评价管理层选用会计政策的恰当性和做出会计估计的合理性，以及评价财务报表的总体列报。我们相信，我们获取的审计证据是充分、适当的，为发表审计意见提供了基础。

我们认为，ABC 合伙企业上述财务报表已经按照所得税基础编制，在所有重大方面公允反映了 ABC 合伙企业 2013 年 12 月 31 日的财务状况以及 2013 年年度的收入和费用情况。

ABC 合伙企业上述财务报表是为了满足纳税申报的需要按照所得税基础编制的，不适用于其他目的。因此，本报告仅供 ABC 合伙企业以及税务机关使用，不得用于其他目的。

××会计师事务所　　　　　　　　　　中国注册会计师：×××
（盖章）　　　　　　　　　　　　　　（签名并盖章）
中国××市　　　　　　　　　　　　　中国注册会计师：×××
二〇一四年×月×日　　　　　　　　　　（签名并盖章）

【参考格式 16—2】 对按照收付实现制基础编制的财务报表出具的审计报告（无保留意见）

审 计 报 告

ABC 股份有限公司全体股东：

我们审计了后附的 ABC 股份有限公司（以下简称 ABC 公司）按照收付实现制基础编

制的2013年年度现金收入和支出表。该财务报表的编制是ABC公司管理层的责任。我们的责任是在实施审计工作的基础上对这些财务报表发表审计意见。

我们按照中国注册会计师审计准则的规定执行了审计工作。中国注册会计师审计准则要求我们遵守职业道德守则，计划和实施审计工作以对这些财务报表是否不存在重大错报获取合理保证。审计工作涉及实施审计程序，以获取有关财务报表金额和披露的审计证据。选择的审计程序取决于我们的判断，包括对由于舞弊或错误导致的财务报表重大错报风险的评估。在进行风险评估时，我们考虑与财务报表编制相关的内部控制，以设计恰当的审计程序，但目的并非对内部控制的有效性发表意见。审计工作还包括评价管理层选用会计政策的恰当性和评价财务报表的总体列报。我们相信，我们获取的审计证据是充分、适当的，为发表审计意见提供了基础。

我们认为，ABC公司的现金流入和支出表已经按照收付实现制基础编制，在所有重大方面公允反映了ABC公司2013年年度的收入和支出情况。

正如附注×所述，ABC公司上述财务报表是为了向××银行申请贷款需提供现金流量信息而按照收付实现制基础编制的，可能不适用于其他目的。因此，本报告仅供ABC公司以及××银行使用，不得用于其他目的。

××会计师事务所　　　　　　　　　　中国注册会计师：×××

（盖章）　　　　　　　　　　　　　　（签名并盖章）

中国××市　　　　　　　　　　　　　中国注册会计师：×××

二〇一四年×月×日　　　　　　　　　（签名并盖章）

四、对财务报表组成部分出具的审计报告

（一）承接业务的要求

注册会计师可能应委托人的要求对财务报表的一个或多个组成部分发表审计意见。这种类型的业务可以作为一项独立的业务予以承接，也可以连同财务报表审计一起承接。财务报表的组成部分相对于整套财务报表而言，可能是指：(1) 单个财务报表，如资产负债表等；(2) 财务报表特定项目，如应收账款等；(3) 特定账户，如库存商品等；(4) 特定账户的特定内容，如主营业务收入中的某产品销售收入、其他业务收入中的租金收入、专利权收入等。

（二）确定审计范围应当考虑的因素

在确定财务报表组成部分的审计范围时，注册会计师应当考虑与所审计的财务报表组成部分相互关联，且可能对其具有重大影响的其他财务报表项目；在对财务报表的组成部分出具报告时，注册会计师不仅要考虑所审计的财务报表组成部分，也要考虑与其相关的其他财务信息。

（三）重要性概念的应用

对财务报表组成部分出具审计报告也应当考虑重要性概念。由于仅对财务报表组成部分出具审计报告，因此，与对整套财务报表进行审计相比，在确定其重要性水平时运用的判断基础不同，所确定的重要性相对较低。这意味着，与对整套财务报表出具报告时对该组成部分的审计相比，注册会计师通常要实施更广泛的审计程序，收集更多的审计证据。

如何确定重要性水平主要从财务报表组成部分使用者依据组成部分财务信息做出的经济决策的角度考虑。

（四）出具审计报告的特殊考虑

1. 审计报告不应后附整套财务报表

为避免信息使用者误认为对财务报表组成部分出具的审计报告与整套财务报表相关，注册会计师应当提请委托人不应将整套财务报表附于审计报告后。

2. 对引言段的特殊考虑

对财务报表组成部分出具审计报告时，注册会计师应当在审计报告中指明财务报表组成部分的编制基础，或提及规定编制基础的协议。

3. 对审计意见段的特殊考虑

审计意见应当说明财务报表组成部分是否按照指定的编制基础编制。

4. 已对财务报表整体出具审计报告的特殊考虑

如果已对整套财务报表出具否定意见或无法表示意见的审计报告，只有在组成部分并不构成财务报表的主要部分时，注册会计师才可以对组成部分出具审计报告。否则，会对整套财务报表的审计报告产生影响。

财务报表组成部分出具的审计报告的参考格式：

【参考格式 16—3】 对特定账户出具的审计报告（应收账款明细表）

审 计 报 告

ABC 股份有限公司全体股东：

我们审计了后附的 ABC 股份有限公司（以下简称 ABC 公司）按照企业会计准则和《××会计制度》的规定编制的 2013 年 12 月 31 日的应收账款明细表及其附注（以下简称应收账款明细表）。应收账款明细表的编制是 ABC 公司管理层的责任，我们的责任是在实施审计工作的基础上对应收账款明细表发表审计意见。

我们按照中国注册会计师审计准则的规定执行了审计工作。中国注册会计师审计准则要求我们遵守职业道德守则，计划和实施审计工作以对应收账款明细表是否不存在重大错报获取合理保证。审计工作涉及实施审计程序，以获取有关应收账款明细表金额和披露的证据。选择的审计程序取决于我们的判断，包括对由于舞弊或错误导致的应收账款明细表及其附注重大错报风险的评估。在进行风险评估时，我们考虑与应收账款明细表编制相关的内部控制，以设计恰当的审计程序，但目的并非对内部控制的有效性发表意见。审计工作还包括评价管理层选用会计政策的恰当性和做出会计估计的合理性，以及评价应收账款明细表的总体列报。我们相信，我们获取的审计证据是充分、适当的，为发表审计意见提供了基础。

我们认为，ABC 公司应收账款明细表已经按照企业会计准则的规定编制，在所有重大方面公允反映了 ABC 公司 2013 年 12 月 31 日的应收账款情况。

××会计师事务所	中国注册会计师：×××
（盖章）	（签名并盖章）
中国××市	中国注册会计师：×××
二〇一四年×月×日	（签名并盖章）

五、对合同的遵守情况出具的审计报告

（一）合同遵守情况的业务类型

注册会计师可能应委托人的要求对合同的遵守情况出具审计报告。常见的合同遵守情况包括：（1）贷款合同遵守情况；（2）专利技术转让协议遵守情况。

（二）承接合同遵守情况审计业务的要求

只有当合同遵守情况的总体方面与会计和财务事项相关，且在注册会计师专业胜任能力范围内时，注册会计师才能承接该项业务。如果该项业务的某些方面超越注册会计师的专业胜任能力，注册会计师应当考虑利用专家的工作。

（三）出具审计报告的特殊考虑

1. 对引言段的特殊考虑

注册会计师应当在审计报告的引言段中指明已经对合同所涉及的财务与会计事项的遵守情况进行了审计。

2. 对审计意见段的特殊考虑

审计意见应当说明被审计单位是否遵守了合同的特定条款。

3. 审计报告的使用规定

为防止审计报告被滥用，注册会计师应当在审计意见段之后增加对审计报告使用规定的强调事项段，指明审计报告仅供被审计单位与签订该合同的另一方使用，不得作为其他用途。

对合同遵守情况出具的审计报告的参考格式：

【参考格式 16—4】 对贷款合同遵守情况出具的审计报告

审 计 报 告

ABC 股份有限公司全体股东：

我们审计了 ABC 股份有限公司（以下简称 ABC 公司）2013 年×月×日与××银行××分行签订的贷款合同所涉及的财务与会计方面的规定的遵循情况。遵循这些财务与会计规定是 ABC 公司管理层的责任，我们的责任是在实施审计工作的基础上对 ABC 公司是否遵循了上述贷款合同所涉及的财务与会计规定发表审计意见。

我们按照中国注册会计师审计准则的规定执行了审计工作。中国注册会计师审计准则要求我们遵守职业道德守则，计划和实施审计工作以对 ABC 公司遵循该贷款合同所涉及的财务与会计规定的情况获取合理保证。审计工作涉及实施审计程序，以获取 ABC 公司是否遵循了有关财务与会计规定的审计证据。我们相信，我们获取的审计证据是充分、适当的，为发表审计意见提供了基础。

我们认为，截至 2013 年 12 月 31 日，ABC 公司在所有重大方面遵循了 2013 年×月×日与××银行××分行签订的贷款合同所涉及的财务与会计的规定。

本报告仅供 ABC 公司与××银行××分行使用，不得用于其他目的。

××会计师事务所　　　　　　　　　　　　中国注册会计师：×××

（盖章）　　　　　　　　　　　　　　　　（签名并盖章）

中国××市　　　　　　　　　　　　　　中国注册会计师：×××

二〇一四年×月×日　　　　　　　　　　　　　　（签名并盖章）

六、对简要财务报表出具的审计报告

（一）对简要财务报表出具审计报告的情形

为了满足某些财务报表使用者对被审计单位财务状况和经营成果主要情况的了解，被审计单位可能依据年度已审计财务报表编制一份简要财务报表。只有对简要财务报表所依据的财务报表发表了审计意见，注册会计师才可对简要财务报表出具审计报告。

（二）简要财务报表的标题

简要财务报表应当冠以适当的标题，以指明其所依据的已审计财务报表。

（三）审计报告的术语限制

简要财务报表并未包含年度已审计财务报表中的所有信息。注册会计师在对简要财务报表发表审计意见时，不应使用"在所有重大方面"、"公允反映"等术语。否则，预期使用者可能会认为简要财务报表包括了企业会计准则和相关会计制度所要求的所有披露。

（四）简要财务报表的审计程序

为了对简要财务报表发表审计意见，注册会计师应当实施下列程序：(1) 评价简要财务报表是否充分披露其简化性质，并指出其所依据的财务报表；(2) 当简要财务报表不是附于其所依据的财务报表之后时，评价简要财务报表是否清楚地说明了可从哪些途径获得其所依据的财务报表；(3) 比较简要财务报表和其所依据的财务报表中的相关信息，确定简要财务报表是否与其所依据的财务报表中的相关信息一致，或者能够从所依据的财务报表中的相关信息重新计算得到；(4) 评价简要财务报表是否包括了必要的信息，以使其在特定环境中不会产生误导。

（五）审计报告的要素

对简要财务报表出具的审计报告应当包括下列要素：(1) 标题；(2) 收件人；(3) 指出简要财务报表所依据的已审计财务报表；(4) 提及对已审计财务报表出具的审计报告的日期和意见类型；(5) 审计意见段；(6) 强调事项段；(7) 注册会计师的签名和盖章；(8) 会计师事务所的名称、地址及盖章；(9) 报告日期。

对简要财务报表出具的审计报告的参考格式：

【参考格式 16—5】　已审计财务报表为无保留意见（审计报告日期相同）

审　计　报　告

ABC 股份有限公司全体股东：

后附的 ABC 股份有限公司（以下简称 ABC 公司）简要财务报表所依据的是以 2013 年 12 月 31 日为会计期间截止日的财务报表。简要财务报表包括 2013 年 12 月 31 日简要资产负债表及 2013 年年度的简要利润表、简要股东权益变动表、简要现金流量表及其附注。我们于 2014 年 4 月 10 日对简要财务报表所依据的财务报表出具了无保留意见的审计报告。

我们认为，ABC 公司简要财务报表中的信息在所有重大方面与其依据的已审计财务报表一致。

为了更好地理解ABC公司的财务状况、经营成果以及我们实施审计工作的范围，上述简要财务报表应当与已审计财务报表及其审计报告一并阅读。

××会计师事务所　　　　　　　　　　中国注册会计师：×××
（盖章）　　　　　　　　　　　　　　（签名并盖章）
中国××市　　　　　　　　　　　　中国注册会计师：×××
二〇一四年×月×日　　　　　　　　　（签名并盖章）

第二节　验　资

一、验资概述

（一）验资的含义

验资是指注册会师依法接受委托，对被审验单位注册资本的实收情况或注册资本及实收资本的变更情况进行审验，并出具验资报告。

（二）注册资本及实收资本的含义

（1）注册资本。注册资本是指被审验单位在公司登记机关依法登记的全体出资者的出资额。有限责任公司的注册资本为在公司登记机关依法登记的全体股东认缴的出资额；采取发起设立方式设立的股份有限公司，其注册资本为在公司登记机关依法登记的全体发起人认购的股本总额；采取募集设立方式设立的股份有限公司，其注册资本为在公司登记机关依法登记的实收股本总额。

（2）实收资本。实收资本是被审验单位全体股东或者发起人实际交付并经公司登记机关依法登记的出资额或者股本总额。

（3）验资截止日的含义。验资截止日是指注册会计师所验证的注册资本实收情况或注册资本及实收资本变更情况的截止日期，是注册会计师审验结论成立的一个特定时点。

（三）验资类型

验资类型有设立验资和变更验资两种。

1. 设立验资

设立验资是指注册会计师对被审验单位申请设立登记时的注册资本实收情况进行的审验。需要注册会计师进行设立验资的情况主要包括：

（1）被审验单位向公司登记机关申请设立登记时全体股东的一次性全部出资和分次出资的首次出资；

（2）公司新设合并、分立，新设立的公司向公司登记机关申请设立登记。

2. 变更验资

变更验资是指注册会计师对被审验单位申请变更登记时的注册资本及实收资本的变更

情况进行的审验。

需要注册会计师进行变更验资的情况主要包括：

（1）被审验单位出资者（包括原出资者和新出资者）新投入资本，增加注册资本及实收资本；

（2）分次出资的非首次出资，增加实收资本，但注册资本不变；

（3）被审验单位以资本公积、盈余公积、未分配利润转增注册资本及实收资本；

（4）被审验单位因吸收合并变更注册资本及实收资本；

（5）被审验单位因派生分立、注销股份或依法收购股东的股权等减少注册资本及实收资本；

（6）被审验单位整体改制，包括由非公司制企业变更为公司制企业或由有限责任公司变更为股份有限公司时，以净资产折合实收资本。

需要指出的是，公司因出资者、出资比例等发生变化，注册资本及实收资本金额不变，需要按照有关规定向公司登记机关申请办理变更登记，但不需要进行变更验资。

（四）被审验单位的含义

被审验单位是指在中华人民共和国境内拟设立或已设立的，依法应当接受验资的有限责任公司和股份有限公司。

（五）出资者和被审验单位的责任

按照法律法规以及协议、合同、章程的要求出资，提供真实、合法、完整的验资资料，保护资产的安全、完整，是出资者和被审验单位的责任。

（六）注册会计师的责任

按照审计准则的规定，对被审验单位注册资本的实收情况或注册资本及实收资本的变更情况进行审验，出具验资报告，是注册会计师的责任。

二、业务约定书

（一）了解被审验单位基本情况与初步评估验资风险

1. 了解被审验单位基本情况

注册会计师应当了解被审验单位基本情况，考虑自身独立性和专业胜任能力，初步评估验资风险，以确定是否接受委托。

对于变更验资，注册会计师应当查阅被审验单位的前期验资报告、近期财务报表、审计报告和其他与本次验资有关的资料，以了解被审验单位以前注册资本的实收情况。

2. 初步评估验资风险

验资风险主要源自两个方面，一是被审验单位管理层的诚信度、所提供验资资料的真实性与完整性；二是注册会计师的专业胜任能力和职业道德水平。

下列事项通常导致注册资本实收情况或注册资本及实收资本变更情况发生重大错报风险：

（1）验资业务委托渠道复杂或不正常；

（2）验资资料存在涂改、伪造痕迹或验资资料互相矛盾；

（3）被审验单位或随意更换或不及时提供验资资料，或只提供复印件不提供原件；

（4）自然人出资、家庭成员共同出资或关联方共同出资；

(5) 出资人之间存在分歧；

(6) 被审验单位拒绝或阻挠注册会计师实施重要审验程序，如被审验单位拒绝或阻挠注册会计师实施银行存款函证、实物资产监盘等程序，或不执行法律规定的程序，如非货币财产应当评估而未评估等；

(7) 被审验单位处在高风险行业；

(8) 非货币财产计价的主观程度高或其计价需要依赖大量的主观判断；

(9) 验资付费远远超出规定标准或明显不合理。

(二) 与委托人的沟通

注册会计师应当就委托目的、出资者和被审验单位的责任以及注册会计师的责任、审验范围、时间要求、验资收费、报告分发和使用的限制等主要事项与委托人沟通，并达成一致意见。

(三) 签订业务约定书

如果接受委托，注册会计师应当与委托人就双方达成一致的事项签订业务约定书。业务约定书经双方签章确认，表示委托事项成立。

三、计划和程序

(一) 验资计划

注册会计师执行验资业务，应当编制验资计划，对验资工作做出合理安排。

1. 验资计划的种类

验资计划包括总体验资计划和具体验资计划。总体验资计划是注册会计师对验资业务做出的总体安排；具体验资计划是注册会计师对拟实施审验程序的性质、时间和范围做出的具体安排。

由于未预期事项、条件的变化或在实施审验程序中获取的审验证据的变化等原因，注册会计师可以在验资过程中对总体验资计划和具体验资计划做出必要的更新和修改。

2. 验资计划的内容

(1) 总体验资计划的内容。总体验资计划通常包括验资类型、委托目的和审验范围；以往的验资和审计情况；重点审验领域；验资风险评估；对专家工作的利用；验资工作进度及时间、收费预算；验资小组组成及人员分工；质量控制安排。

(2) 具体验资计划的内容。具体验资计划通常包括与各审验项目有关的审验目标；审验程序；执行人及完成工作日期。其一般通过编制各审验项目的审验程序表体现。

(二) 获取注册资本实收情况明细表或注册资本、实收资本变更情况明细表

注册会计师应当向被审验单位获取注册资本实收情况明细表或注册资本、实收资本变更情况明细表。这是被审验单位的一种书面声明，是注册会计师应当获取的重要证据之一，有助于分清被审验单位和注册会计师各自的责任。

(三) 审验范围

1. 设立验资的审验范围

设立验资的审验范围一般限于与被审验单位注册资本实收情况有关的事项，包括出资

者、出资币种、出资金额、出资时间、出资方式和出资比例等。

2. 变更验资的审验范围

变更验资的审验范围一般限于与被审验单位注册资本及实收资本增减变动情况有关的事项。

（四）审验程序

1. 审验方法

注册会计师应当关注出资者的出资金额、出资时间、出资方式、出资比例等内容是否符合法律法规以及协议、章程的规定。

对于出资者投入的资本及其相关的资产、负债，注册会计师应当分别采用下列方法进行审验：

（1）以货币出资的，应当在检查被审验单位开户银行出具的收款凭证、对账单及银行询证函回函等的基础上，审验出资者的实际出资金额，并关注全体股东的货币出资额占注册资本的比例是否符合法定要求。对于股份有限公司向社会公开募集的股本，还应当检查证券公司承销协议、募股清单和股票发行费用清单等。

（2）以实物出资的，应当观察、检查实物，审验其权属转移情况，并按照国家有关规定在资产评估的基础上审验其价值。如果被审验单位是外商投资企业，注册会计师应当按照国家有关外商投资企业的规定，审验实物出资的价值。

（3）以知识产权、土地使用权等无形资产出资的，应当审验其权属转移情况，并按照国家有关规定在资产评估的基础上审验其价值。如果被审验单位是外商投资企业，注册会计师应当按照国家有关外商投资企业的规定，审验无形资产出资的价值。

（4）以净资产折合实收资本的，或以资本公积、盈余公积、未分配利润转增注册资本及实收资本的，应当在审计的基础上按照国家有关规定审验其价值。

（5）以货币、实物、知识产权、土地使用权以外的其他财产出资的，注册会计师应当审验出资是否符合国家有关规定。

2. 审验要求

（1）对非货币财产作价出资的审验要求。无论是设立验资还是变更验资，对于出资者以实物、知识产权和土地使用权等非货币财产作价出资的，注册会计师应当在出资者依法办理财产权转移手续后予以审验。注册会计师都应当检查上述出资财产办理财产权转移手续的证明文件，验证其出资前是否归属于出资者，出资后是否归属于被审验单位。

（2）对于设立验资的首次验资注册会计师应当关注的事项。对于设立验资，如果出资者分次缴纳注册资本，注册会计师应当关注全体出资者的首次出资额和出资比例是否符合国家有关规定。这里需要关注两种情形。一是关注有限责任公司全体股东的首次出资额是否不低于公司注册资本的百分之二十，且不低于法定的注册资本最低限额。二是关注发起设立的股份有限公司全体发起人的首次出资额是否不低于公司注册资本的百分之二十。

（3）对于变更验资注册会计师应当关注的事项。对于变更验资，注册会计师应当关注被审验单位以前的注册资本实收情况，并关注出资者是否按照规定的期限缴纳注册资本。

3. 利用专家工作

注册会计师在审验过程中利用专家协助工作时，应当考虑其专业胜任能力和客观性，并对利用专家工作结果所形成的审验结论负责。

4. 验资事项声明

注册会计师应当向出资者和被审验单位获取与验资业务有关的重大事项的书面声明。与验资业务有关的重大事项的书面声明通常包括下列内容：

（1）出资者及被审验单位的责任；

（2）非货币财产的评估和价值确认情况；

（3）出资者对出资财产在出资前拥有的权利，是否未设定担保及已办理财产权转移手续；

（4）净资产折合实收资本情况及相关手续办理情况；

（5）验资报告的使用；

（6）其他对验资产生重大影响的事项。

验资事项声明书标明的日期通常与验资报告日一致。

四、验资报告

（一）验资报告要素

1. 标题

验资报告的标题应当统一规范为“验资报告”。

2. 收件人

验资报告的收件人是指注册会计师按照业务约定书的要求致送验资报告的对象，一般是指验资业务的委托人。验资报告应当载明收件人的全称。

对拟设立的公司，收件人通常是公司登记机关预先核准的名称并加“（筹）”。

3. 范围段

验资报告的范围段应当说明审验范围、出资者和被审验单位的责任、注册会计师的责任、审验依据和已实施的主要审验程序等。

4. 意见段

验资报告的意见段应当说明已审验的被审验单位注册资本的实收情况或注册资本及实收资本的变更情况。

（1）设立验资报告意见段内容。对于设立验资，注册会计师在意见段中应当说明被审验单位申请登记的注册资本金额、约定的出资时间，并说明截至特定日期止，被审验单位已收到全体出资者缴纳的注册资本情况，包括实收注册资本金额（实收资本），各种出资方式的出资金额。

（2）注册会计师对变更验资发表审验意见的特殊考虑。对于变更验资，注册会计师仅对本次注册资本及实收资本的变更情况发表审验意见。

（3）变更验资报告意见段内容。注册会计师在意见段中应当说明原注册资本及实收资本金额，增资或减资的依据，申请增加或减少注册资本及实收资本金额，约定的增资或减资的时间，变更后的注册资本金额。并说明截至特定日期止被审验单位注册资本及实收资本变更情况，包括实际收到或实际减少的注册资本及实收资本金额，各种出资方式的增资金额或减资方式的减资金额。

5. 说明段

验资报告的说明段应当说明验资报告的用途、使用责任及注册会计师认为应当说明的其他重要事项。对于变更验资，注册会计师还应当在验资报告说明段中说明对以前注册资本实收情况审验的会计师事务所名称及其审验情况，并说明变更后的累计注册资本实收金额。

验资报告具有法定证明效力，供被审验单位申请设立登记或变更登记及据以向出资者签发出资证明时使用。验资报告不应被视为对被审验单位验资报告日后资本保全、偿债能力和持续经营能力等的保证。委托人、被审验单位及其他第三方因使用验资报告不当所造成的后果，与注册会计师及其所在的会计师事务所无关。

注册会计师认为应当说明的其他重要事项包括：

（1）注册会计师与被审验单位在注册资本及实收资本的确认方面存在异议，且无法协商一致，注册会计师应当在验资报告说明段中清晰地反映有关事项及其差异和理由。

（2）已设立公司尚未对注册资本的实收情况或注册资本及实收资本的变更情况作出相关会计处理；

（3）被审验单位由于严重亏损而导致增资前的净资产小于注册资本及实收资本；

（4）验资截止日至验资报告日期间注册会计师发现的影响审验结论的重大事项；

（5）注册会计师发现的前期出资不实的情况以及明显的抽逃出资迹象；

（6）其他事项。

6. 附件

验资报告的附件应当包括已审验的注册资本实收情况明细表或注册资本、实收资本变更情况明细表和验资事项说明等。

设立验资的验资事项说明主要包括：

（1）基本情况。说明公司名称，公司类型，公司组建及审批情况（需要批准的），股东或发起人的名称或者姓名，公司名称预先核准情况等。

（2）申请的注册资本及出资规定。说明公司申请的注册资本额、各股东或者发起人的认缴或者认购额、出资时间、出资方式，如果是以募集方式设立的股份有限公司，还应当说明发起人认购的股份和该股份占公司股份总数的比例等。

（3）审验结果。说明公司实收资本额、实收资本占注册资本的比例、各股东或者发起人实际缴纳出资额、出资时间、出资方式等。

（4）其他事项。注册会计师认为应当说明的其他重要事项。

变更验资的验资事项说明主要包括：

（1）基本情况。说明公司名称，公司类型，公司组建及审批情况（需要批准的），变更前后各股东或者发起人的名称或者姓名、出资额和出资方式、出资时间，申请变更前后的注册资本及实收资本金额等。

（2）新增资本的出资规定或减资规定。说明申请新增的注册资本数额或实收资本数额，出资者、出资方式、出资时间；或减资数额、减资者、减资方式、减资时间等。

（3）审验结果。增加注册资本或实收资本的，应当说明被审验单位实际收到各出资者的新增注册资本及实收资本，或新增实收资本的情况；减少注册资本及实收资本的，除说明减资者、减资币种、减资金额、减资时间、减资方式和减资后的出资者、出资金额、出资比例及减资后的净资产和实收资本（股本）外，还应当说明公司履行公司法规定程序情况和股东或者发起人对公司债务清偿或者债务担保情况。

7. 注册会计师的签名和盖章

验资报告应当由两名注册会计师签名并盖章。合伙会计师事务所出具的验资报告，应当由一名对验资项目负最终复核责任的合伙人和一名负责该项目的注册会计师签名并盖章。有限责任会计师事务所出具的验资报告，应当由会计师事务所主任会计师或其授权的副主任会计师和一名负责该项目的注册会计师签名并盖章。

8. 会计师事务所的名称、地址及盖章

验资报告应当载明会计师事务所的名称和地址，并加盖会计师事务所公章。

9. 报告日期

验资报告日期是指注册会计师完成审验工作的日期。

（二）拒绝出具验资报告并解除业务约定情形

注册会计师在审验过程中，遇有下列情形之一时，应当拒绝出具验资报告并解除业务约定：

（1）被审验单位或出资者不提供真实、合法、完整的验资资料的；

（2）被审验单位或出资者对注册会计师应当实施的审验程序不予合作，甚至阻挠审验的；

（3）被审验单位或其出资者坚持要求注册会计师作不实证明的。

例如，遇有下列情形之一时，注册会计师应当拒绝出具验资报告并解除业务约定：

（1）出资者投入的实物、知识产权、土地使用权等资产的价值难以确定；

（2）被审验单位及其出资者不按国家有关规定对出资的实物、知识产权、土地使用权等非货币财产进行资产评估或价值鉴定、办理有关财产权转移手续；

（3）被审验单位减少注册资本或合并、分立时，不按国家有关规定进行公告、债务清偿或提供债务担保；

（4）外汇管理部门在外方出资情况询证函回函中注明附送文件存在虚假、违规等情况；

（5）出资者以法律法规禁止的劳务、信用、自然人姓名、商誉、特许经营权或者设定担保的财产等作价出资；

（6）首次出资额和出资比例不符合国家有关规定；

（7）全体股东的货币出资比例不符合国家有关法律法规规定。

（三）验资报告参考格式

【参考格式 16—6】 适用于拟设立有限责任公司股东一次全部出资

验 资 报 告

××有限责任公司（筹）：

我们接受委托，审验了贵公司（筹）截至××年×月×日止申请设立登记的注册资本实收情况。按照法律法规以及协议、章程的要求出资，提供真实、合法、完整的验资资料，保护资产的安全、完整是全体股东及贵公司（筹）的责任。我们的责任是对贵公司（筹）注册资本的实收情况发表审验意见。我们的审验是依据《中国注册会计师审计准则第 1602 号——验资》进行的。在审验过程中，我们结合贵公司（筹）的实际情况，实施了检查等必要的审验程序。

根据协议、章程的规定，贵公司（筹）申请登记的注册资本为人民币××元，由全体股东于××年×月×日之前一次缴足。经我们审验，截至××年×月×日止，贵公司（筹）已收到全体股东缴纳的注册资本（实收资本），合计人民币××元（大写）。各股东以货币出资××元，实物出资××元。

［如果存在需要说明的重大事项增加说明段］

……

本验资报告供贵公司（筹）申请办理设立登记及据以向全体股东签发出资证明时使用，不应被视为是对贵公司（筹）验资报告日后资本保全、偿债能力和持续经营能力等的保证。因使用不当造成的后果，与执行本验资业务的注册会计师及本会计师事务所无关。

附件：1. 注册资本实收情况明细表

2. 验资事项说明

××会计师事务所　　　　　　　　　　中国注册会计师：×××

（盖章）　　　　　　　　　　（主任会计师/副主任会计师）

（签名并盖章）

中国××市　　　　　　　　　　中国注册会计师：×××

（签名并盖章）

×年×月×日

附件1

注册资本实收情况明细表

截至　年　月　日止

被审验单位名称：　　　　　　　　　　货币单位：

股东名称	认缴注册资本		实际出资情况									
									实收资本			
											其中：货币出资	
	金额	出资比例	货币	实物	知识产权	土地使用权	其他	合计	金额	占注册资本总额比例	金额	占注册资本总额比例
合计												

附件2

验资事项说明

一、基本情况

××公司（筹）（以下简称贵公司）系由××（以下简称甲方）和××（以下简称乙

方）共同出资组建的有限责任公司，于××年×月×日取得××［公司登记机关］核发的××号《企业名称预先核准通知书》，正在申请办理设立登记。（如果该公司在设立登记前须经审批，还需说明审批情况。）

二、申请的注册资本及出资规定

根据协议、章程的规定，贵公司申请登记的注册资本为人民币××元，由全体股东于××年×月×日之前一次缴足。其中：甲方认缴人民币××元，占注册资本的×%，出资方式为货币××元，实物（机器设备）××元；乙方认缴人民币××元，占注册资本的×%，出资方式为货币。

三、审验结果

截至××年×月×日止，贵公司已收到甲方、乙方缴纳的注册资本（实收资本）合计人民币××元，实收资本占注册资本的100%。

（一）甲方实际缴纳出资额人民币××元。其中：货币出资××元，于××年×月×日缴存××公司（筹）在××银行开立的人民币临时存款账户××账号内；于××年×月×日投入机器设备××［名称、数量等］，评估价值为××元，全体股东确认的价值为××元。

××资产评估有限公司已对甲方出资的机器设备进行了评估，并出具了［文号］资产评估报告。

甲方已与贵公司于××年×月×日就出资的机器设备办理了财产交接手续。

（二）乙方实际缴纳出资额人民币××元。其中：货币出资××元，于××年×月×日缴存××公司（筹）在××银行开立的人民币临时存款账户××账号。

［如果股东的实际出资金额超过其认缴的注册资本金额，应当说明超过部分的处理情况］

（三）全体股东的货币出资金额合计××元，占注册资本总额的×%。

四、其他事项

【参考格式16—7】 适用于有限责任公司股东分次出资非首次验资

验资报告

××有限责任公司：

我们接受委托，审验了贵公司截至××年×月×日止已登记的注册资本第2期实收情况。按照法律法规以及协议、章程的要求出资，提供真实、合法、完整的验资资料，保护资产的安全、完整是全体股东及贵公司的责任。我们的责任是对贵公司注册资本的第2期实收情况发表审验意见。我们的审验是依据《中国注册会计师审计准则第1602号——验资》进行的。在审验过程中，我们结合贵公司的实际情况，实施了检查等必要的审验程序。

根据协议、章程的规定，贵公司登记的注册资本为人民币××元，应由全体股东分××期于××年×月×日之前缴足。本次出资为第2期，出资额为人民币××元，由××（以下简称甲方）、××（以下简称乙方）于××年×月×日之前缴足。经我们审验，截至××年×月×日止，贵公司已收到甲方、乙方缴纳的第2期出资，即本期实收注册资本人民币××元（大写），贵公司新增实收资本人民币××元（大写）。各股东以货币出资××元，实物出资××元，知识产权出资××元。

[如果存在需要说明的重大事项增加说明段]

……

同时我们注意到，贵公司本次股东出资前（变更前）的累计实收注册资本（实收资本）为人民币××元，已经××会计师事务所审验，并于××年×月×日出具××[文号]验资报告。截至××年×月×日止，贵公司股东本次出资连同第1期出资，累计实缴注册资本为人民币××元，贵公司的实收资本为人民币××元，占已登记注册资本总额的×%。

本验资报告供贵公司申请办理实收资本变更登记及据以向全体股东签发出资证明时使用，不应被视为是对贵公司验资报告日后资本保全、偿债能力和持续经营能力等的保证。因使用不当造成的后果，与执行本验资业务的注册会计师及本会计师事务所无关。

附件：1. 本期注册资本实收情况明细表

2. 累计注册资本实收情况明细表

3. 验资事项说明

××会计师事务所　　　　中国注册会计师：×××

（盖章）　　　　（主任会计师/副主任会计师）

（签名并盖章）

中国××市　　　　中国注册会计师：×××

（签名并盖章）

×年×月×日

附件1

本期注册资本实收情况明细表

截至　年　月　日止

被审验单位名称：　　　　货币单位：

股东名称	认缴注册资本		本期认缴注册资本		本期实际出资情况							
											其中：货币出资	
	金额	出资比例	金额	占注册资本总额比例	货币	实物	知识产权	土地使用权	其他	合计	金额	占注册资本总额比例
合计												

附件 2

累计注册资本实收情况明细表

截至　年　月　日止

被审验单位名称：　　　　　　　　　　　　　　　　　　　　　　　　货币单位：

<table>
<tr><th rowspan="3">股东名称</th><th colspan="2">认缴注册资本</th><th colspan="2">前期累计实收资本</th><th colspan="2">本期新增实收资本</th><th colspan="4">累计实收资本</th></tr>
<tr><th rowspan="2">金额</th><th rowspan="2">占注册资本总额比例</th><th rowspan="2">金额</th><th rowspan="2">占注册资本总额比例</th><th rowspan="2">金额</th><th rowspan="2">占注册资本总额比例</th><th rowspan="2">金额</th><th rowspan="2">占注册资本总额比例</th><th colspan="2">其中：货币出资</th></tr>
<tr><th>金额</th><th>占注册资本总额比例</th></tr>
<tr><td></td><td></td><td></td><td></td><td></td><td></td><td></td><td></td><td></td><td></td><td></td></tr>
<tr><td></td><td></td><td></td><td></td><td></td><td></td><td></td><td></td><td></td><td></td><td></td></tr>
<tr><td></td><td></td><td></td><td></td><td></td><td></td><td></td><td></td><td></td><td></td><td></td></tr>
<tr><td></td><td></td><td></td><td></td><td></td><td></td><td></td><td></td><td></td><td></td><td></td></tr>
<tr><td></td><td></td><td></td><td></td><td></td><td></td><td></td><td></td><td></td><td></td><td></td></tr>
<tr><td></td><td></td><td></td><td></td><td></td><td></td><td></td><td></td><td></td><td></td><td></td></tr>
<tr><td>合计</td><td></td><td></td><td></td><td></td><td></td><td></td><td></td><td></td><td></td><td></td></tr>
</table>

附件 3

验资事项说明

一、基本情况

××公司（以下简称贵公司）系由××（以下简称甲方）和××（以下简称乙方）共同出资组建的有限责任公司，于××年×月×日取得××［公司登记机关］核发的××号《企业法人营业执照》。根据协议、章程的规定，贵公司登记的注册资本为人民币××元，由全体股东分××期于××年×月×日之前缴足。本次变更前贵公司的实收资本为人民币××元，系甲方和乙方的第 1 期出资，其中甲方以货币出资××元，乙方以实物出资××元，已经××会计师事务所审验。本次出资为第 2 期，出资额为人民币××元，本次变更后实收资本增加至××元，注册资本不变。

二、本次新增实收资本的出资规定

根据协议、章程的规定，本次出资由甲方和乙方于××年×月×日之前缴足。其中：甲方认缴人民币××元，占注册资本的×%，出资方式为货币××元，实物（房屋）××元，知识产权（专利权）××元；乙方认缴人民币××元，占注册资本的×%，出资方式为货币。

三、本次出资的审验结果

截至××年×月×日止，贵公司已收到甲方、乙方第 2 期缴纳的注册资本（实收资本）人民币××元。

（一）甲方第 2 期缴纳的出资额人民币××元。其中：货币出资××元，于××年×月×日缴存××公司在××银行开立的人民币临时存款账户××账号内；于××年×月×日投入房屋××［名称、数量等］，评估价值为××元，全体股东确认的价值为××元；于××年×月×日投入专利权××［名称、有效状况等］，评估价值为××元，全体股东确认的价值为××元。

××资产评估有限公司已对甲方出资的房屋、专利权进行了评估，并出具了［文号］资产评估报告。

甲方已与××公司于××年×月×日就出资的房屋办妥所有权过户手续，并于××年×月×日就出资的专利权办妥转让登记手续。

（二）乙方第 2 期缴纳的出资额人民币××元。以货币出资××元，于××年×月×日缴存××公司在××银行开立的人民币临时存款账户××账号内。

（三）本次变更后甲方出资为人民币××元，占注册资本的×%，占累计实收资本的×%；乙方出资为人民币××元，占注册资本的×%，占累计实收资本的×%。变更后贵公司的实收资本为人民币××元，占注册资本的×%。

（四）全体股东的累计货币出资金额××元，占注册资本的×%。

四、其他事项

复习思考题

1. 出具审计报告的特殊目的审计业务包括哪些？
2. 对各种特殊目的审计业务如何出具审计报告？
3. 简析验资的含义、作用、类型。
4. 简析验资的审验范围、审验方法、审验要求。
5. 如何出具验资报告？

参考文献

[1] 汪寿成，肖青玲，石文先．审计学．武汉：华中科技大学出版社，2013.
[2] 郝振平，刘霄仑．审计学（第2版）．北京：北京大学出版社，2013.
[3] 秦荣生，卢春泉．审计学．北京：中国人民大学出版社，2011.
[4] 李相志．审计学．北京：清华大学出版社，2010.
[5] 张运莲，董学秀．审计学．北京：化学工业出版社，2009.
[6] 刘正毓．审计学．北京：北京交通大学出版社，2009.
[7] 张世体．审计学原理．上海：立信会计出版社，2009.
[8] 高翠莲．基础审计（第3版）．北京：高等教育出版社，2009.
[9] 程腊梅，王宏．审计学．北京：机械工业出版社，2009.
[10] 赵雪媛，丁瑞玲．审计学．北京：清华大学出版社，北京交通大学出版社，2009.
[11] 杨明增，孙文刚．审计学．济南：山东人民出版社，2009.
[12] 张蔚文．审计学．广州：华南理工大学出版社，2008.
[13] 周英虎．审计学．北京：中国财政经济出版社，2008.
[14] 王拓，薛永刚．审计基础与实务．北京：科学出版社，2008.
[15] 中国注册会计师协会．中国注册会计师执业准则指南（上、下）．北京：中国财政经济出版社，2007.
[16] 中华人民共和国财政部．中国注册会计师执业准则指南．北京：中国财政经济出版社，2006.

图书在版编目（CIP）数据

审计学/周洋，张振华，孙立新主编；中国高等教育学会组织编写．—北京：中国人民大学出版社，2014.8

普通高等教育“十二五”应用型本科规划教材·专业课（经营）系列

ISBN 978-7-300-19462-2

Ⅰ.①审… Ⅱ.①周… ②张… ③孙 ④中 Ⅲ.①审计学-高等学校-教材 Ⅳ.①F239.0

中国版本图书馆CIP数据核字（2014）第183609号

普通高等教育“十二五”应用型本科规划教材·专业课（经营）系列

审计学

中国高等教育学会 组织编写

主 编 周 洋 张振华 孙立新

副主编 胡晓清 刘 丽 初 征

Shenjixue

出版发行	中国人民大学出版社		
社 址	北京中关村大街31号	邮政编码	100080
电 话	010－62511242（总编室）		010－62511770（出版部）
	010－82501766（邮购部）		010－62514148（门市部）
	010－62515195（发行公司）		010－62515275（盗版举报）
网 址	http://www.crup.com.cn		
	http://www.ttrnet.com（人大教研网）		
经 销	新华书店		
印 刷	北京昌联印刷有限公司		
规 格	185 mm×260 mm 16开本	版 次	2014年8月第1版
印 张	21.5	印 次	2018年7月第3次印刷
字 数	508 000	定 价	42.00元

教师信息反馈表

为了更好地为您服务，提高教学质量，中国人民大学出版社愿意为您提供全面的教学支持，期望与您建立更广泛的合作关系。请您填好下表后以电子邮件或信件的形式反馈给我们。

您使用过或正在使用的我社教材名称		版次	
您希望获得哪些相关教学资料			
您对本书的建议（可附页）			
您的姓名			
您所在的学校、院系			
您所讲授的课程名称			
学生人数			
您的联系地址			
邮政编码		联系电话	
电子邮件（必填）			
您是否为人大社教研网会员	□ 是，会员卡号：________ □ 不是，现在申请		
您在相关专业是否有主编或参编教材意向	□ 是　□ 否 □ 不一定		
您所希望参编或主编的教材的基本情况（包括内容、框架结构、特色等，可附页）			

我们的联系方式：北京市西城区马连道南街 12 号

中国人民大学出版社应用技术分社

邮政编码：100055

电话：010-63311862

网址：http://www.crup.com.cn

E-mail：smooth.wind@163.com